해커스임용

김인식 ET
Excellent Teacher

교육학 논술 콕콕

만점 서브노트

해커스임용

# 김인식

## 약력

충남대학교 교육학과 졸업
충남대학교 대학원 교육학박사

**현 |** 해커스임용학원 교육학 대표교수
　　침례신학대학교 유아교육과 겸임교수(2017~현재)
　　(주) ET 교육학논술연구소 대표이사

**전 |** 대전외고 등 대전시내 중등 공립학교 교사(1987~2000)
　　중부대학교 유아교육과 겸임교수(2005~2013)
　　박문각임용고시학원 교육학 대표교수(2006~2019)
　　아모르임용학원 교육학 대표교수(2020)

## 저서

ET 김인식 교육학 논술 콕콕 키워드 마인드맵, 해커스패스
ET 김인식 교육학 논술 콕콕 1~2, 해커스패스
ET 김인식 교육학 논술 따까뚜까 1~2, 북이그잼
ET 김인식 교육학 논술 따까뚜까: 영역별 서브노트, 북이그잼
ET 김인식 교육학 논술 톡톡 1~2, 박문각
ET 김인식 교육학 논술 톡톡 영역별 서브노트, 박문각
시험에 바로 써먹는 개념집, 미래가치
ET 김인식 교육학 논술 상/하, 박문각 에듀스파
김인식 교육학 객관식 기출분석, 특수교육PASS
교육학개론, 양서원
고등학교 윤리과 수행평가의 실제, 원미사

## 주요 논문

중학교 자체평가 도구 개발에 관한 연구(1991, 석사학위논문)
고등학교 교사 수업평가에 관한 연구(1998, 박사학위논문)
상황변인에 따른 고등학생의 교사수업평가 분석(1999, 교육과정연구)
고등학생의 학업성취에 영향을 미치는 관련변인에 대한 회귀분석(2001, 교육학연구)
학생의 수업평가 방법에 의한 학교교사와 학원강사의 수업 질 분석(2003, 교육학연구)
유치원 교육실습에서 교육일기 쓰기가 예비유아교사의 교사 효능감, 교육신념 및 교사가 느끼는 조직건강에 미치는 효과(2011, 한국산학기술학회논문지)
사회적지원, 부부갈등, 자기효능감, 양육스트레스와 영아기 어머니의 양육행동간 경로분석(2012, 한국산학기술학회논문지)
유아교사의 영양지식, 질병예방지식, 식이자아효능감 및 유아식생활지도 간의 관련성(2012, 유아교육학논집)

## 상훈

교육리더 부문 고객감동 & POWER 수상(2013, 스포츠서울)
교육혁신 부문 한국을 이끄는 혁신리더 대상(2013, 2015, 2017, 2018, 2019, 뉴스메이커)
교사임용학원 부문 대한민국 미래경영대상(2016, 헤럴드 경제)
전문직 교육 부문 대한민국인물대상(2016, 2019 대한민국 인물 대상 선정위원회)
혁신교육 부문 대한민국 혁신한국인 & 파워브랜드 베스트어워드(2016, 2017 월간 한국인)
대한민국 교육서비스 부문 교육산업대상(2017, 헤럴드 경제)
교육서비스부문 소비자 만족 브랜드 대상 1위(2017, 조선일보)
우수강사 표창(2017, 침례신학대학교)
혁신리더[교육산업]부문 2019 자랑스러운 혁신한국인 & 파워브랜드 대상(2019, 월간 한국인)

# 김인식 교육학 논술 연간 강좌 계획

| 시기 | 강좌 | 강의 안내 | 교재 |
|------|------|----------|------|
| 1-2월<br>[8주] | ET 기본 콕콕<br>1단계 | • 교육학의 기본 내용을 파악하는 강좌로서 교육학을 체계적으로 이해하는 과정<br>• 암기학습 '쪽지시험' – 키워드 암기 시작 : 정규수업 후 매시간 수업 내용을 기반으로 중요 내용의 키워드 쪽지시험 실시<br>• '거꾸로 수업 지도' – 수업결손 방지 : 스터디를 조직하여 스터디원 간에 상호 교수 & 그날 수업 내용 중 의문사항에 대해 김인식 교수님이 피드백 제공(2022년 모든 수업에 '거꾸로 수업 지도'반은 동일하게 운영)<br>※ 정규 수업 + 암기학습 쪽지시험 진행(직·인강생 제공) (신설) | 2023 대비<br>ET 김인식<br>교육학 논술<br>콕콕 1,2 |
| | 영역별 특강<br>(인강 제공) | 교육사(한국사/서양사), 2015 개정교육과정, 교육행정 | 프린트물 및<br>기본서 |
| 3-5월<br>[10주] | ET 심화 콕콕<br>2단계 | • 1~2월 강의 수강생과 이전에 교육학을 수강한 경험이 있는 재수생 이상을 위한 수업<br>　(수업 분량이 많아 10주 수업으로 진행)<br>• 기본 내용을 바탕으로 논술에 출제될 만한 내용을 중심으로 이론의 깊이를 완성해 감으로써 자신감을 갖는 과정<br>• 암기학습 '쪽지시험' – 키워드 암기 + 이론 풍부화 : 정규수업 후 매시간 수업 내용을 기반으로 중요 내용에 대해 자신의 말로 개념을 짧게 정리하는 형식의 쪽지시험을 실시하여 실제 논술시험에 대비<br>　– 실시 후 점검이 끝나면 귀가<br>※ 정규 수업 + 암기학습 쪽지시험 진행(직·인강생 제공) (신설) | 2023 대비<br>ET 김인식<br>교육학 논술<br>콕콕 1,2 |
| | 영역별 특강<br>(인강 제공) | • 교육사(한국사/서양사), 2015 개정교육과정, 교육행정<br>• 1-2월 수업 분 중 교육통계, 연구파트 | 프린트물 및<br>기본서 |
| 5-6월<br>[6주] | ET 핵심 콕콕<br>3단계 | • 임용 객관식·논술 기출문제 분석과 함께 교육행정고시 기출문제를 참조하여 『ET 김인식 교육학 논술 콕콕 키워드 마인드맵』을 활용하며 핵심 키워드가 무엇인지를 확인하고 논술의 서·결론 쓰기 연습을 통해 서론과 결론을 쓰는 것에 대한 두려움을 없애는 단계<br>• 이를 위해 매시간 수업 내용을 기반으로 개념을 다시 한번 점검하는 쪽지시험과 함께 논술 중 가장 어렵다는 서론과 결론을 써보는 연습을 통해 자신감 UP(첨삭 병행)<br>※ 정규 수업 + 암기학습 쪽지시험 진행(직인강생 제공) (신설) | 2023 대비<br>ET 김인식<br>교육학 논술<br>콕콕 1,2 /<br>키워드 마인드맵 |
| 6월 | 공개 모의고사<br>(6월 3째주) | 실제 시험처럼 OMR 답안지에 작성해보며 진행 | 프린트물 |
| 7-8월<br>[8주] | ET 문풀 콕콕<br>4단계 | • 출제빈도가 가장 높은 문제의 형식에 맞춘 문제풀이 형식의 논술문제를 통해 논술 작성<br>• 서브노트를 이용하여 내용 정리 + 그 내용들 중 문제풀이를 통해 자신의 지식을 완성시킴<br>　= 실제 시험의 형식에 적응해 가는 과정<br>• 첨삭도 병행하여 본 수업을 통해 논술에 대한 체계적인 자신감 Full-up!<br>※ 정규 수업 + 암기학습 쪽지시험 진행(직·인강생 제공) (신설) | 2023 대비<br>ET 김인식<br>교육학 논술<br>콕콕 만점<br>서브노트 |
| 9-11월<br>[10주] | ET 모고 콕콕<br>5단계 | • 9월(4주) : 엄선된 문제를 가지고 영역별 모의고사를 실시하는 과정으로 실전에 대비하여 고득점을 획득하기 위한 전략 – 영역별 모의고사는 모의고사 실시 전 영역별 내용을 미리 스스로 정리하도록 하기 위함<br>• 10-11월(6주) : 통합 실전 모의고사를 실시함으로써 실전과 동일한 문제를 경험하도록 하며, 나머지 시간에는 스스로 정리할 시간을 부여<br>• 2주에 한 번 정도 첨삭이 이루어지고 결과를 피드백<br>※ 정규 수업 + 암기학습 쪽지시험 진행(직·인강생 제공) (신설) | 프린트물 |
| 11월 | 핵심특강 | 교육학 총정리 특강(수강생 무료 / 비수강생 유료) | 서브노트 |

※ 강좌 계획은 상황에 따라 변경될 수 있으며, 세부 계획은 강좌별 수업계획서를 참조

이제 **해커스임용 강의**를
더욱 편리하고 스마트하게 수강하자!

# 해커스 ONE
# 통합 앱

지금 바로! 구글 플레이와 앱스토어에서
**해커스 ONE 다운로드 받기**

---

## 01 관심분야 설정과 빠른 수강 신청

## 02 간편해진 강좌 수강과 학습 관리

## 03 과목별 교재 구매

## 04 최근 본 콘텐츠 & 새로운 소식

---

# 핵심이론만 콕콕 담아 효과적으로 학습하는 만점 서브노트!

"아무것도 염려하지 말고 오직 모든 일에 기도와 간구로 너희 구할 것을 감사함으로 하나님께 아뢰라.
그리하면 모든 지각에 뛰어난 하나님의 평강이 그리스도 예수 안에서 너희 마음과 생각을 지키시리라."

(빌 4:6-7)

본 서브노트는 이전의 『ET 김인식 교육학 영역별 서브노트』라는 이름으로 출판되었던 것을 다시 한번 더 수정·보완하고 체계를 잡아 개정 출간한 것입니다.

## 〈ET 김인식 교육학 논술 콕콕 만점 서브노트〉는 이런 점이 좋습니다.

### 1. 꼭 필요한 **핵심 이론**만 모아 **한 권**으로 정리하였습니다.

방대한 교육학 이론 중 중요한 개념과 내용만 엄선하여 한 권에 모두 수록하였습니다. 핵심 이론을 간단하고 쉬운 설명과 함께 표 형식으로 정리하여 효율적인 학습을 돕습니다.

### 2. **과목별 핵심키워드**만 담은 **구조도**로 이론의 흐름을 한눈에 파악할 수 있습니다.

학습 전에 과목별 핵심 내용과 필수로 학습해야 할 개념을 쉽게 파악할 수 있고, 학습 후에는 인출연습을 통하여 키워드를 암기할 수 있습니다. 이때 '인출개수 표시' 요소를 활용한다면 좀 더 효과적인 학습이 가능합니다.

### 3. 최근 3개년 **교육학 기출문제 분석** 내용과 **모범답안**을 수록하였습니다.

최신 교육학 기출 내용을 꼼꼼하게 분석하고 개념을 익히면서 출제 경향을 파악하고, 실전 감각을 높일 수 있습니다. 또한 완성도 높은 모범답안을 통해 교육학 답안 작성 방법을 알 수 있고, 나의 답안과 비교해보며 부족한 부분을 보완할 수 있습니다.

이 서브노트는 지금 현장에서 학생들을 가르치고 계신 '김군'의 것을 발판삼아 다시 각색하고 보완하여 만들어진 것인바, 특정 한 사람의 도식에 의한 것일 수 있기 때문에 자신에게 맞지 않는 부분이나 서술은 자신의 말로 덧붙이며 사용하는 것이 바람직합니다.

이 노트가 만들어질 수 있도록 근간을 만들어 준 '김군'에게 감사를 드리며, 다시 새롭고 이쁘게 편집해 주신 출판팀에 감사를 전합니다.

Excellent Teacher 김인식

# 목차

## PART 1 교육의 이해

키워드로 흐름잡기

## PART 2 교육철학

키워드로 흐름잡기

## PART 3 서양 교육사

키워드로 흐름잡기

## PART 4 교육사회학

키워드로 흐름잡기

## PART 5 교육심리학

키워드로 흐름잡기

## PART 6 생활지도와 상담

키워드로 흐름잡기

## PART 7 교육과정

키워드로 흐름잡기

# 교육학 만점을 콕콕! 똑똑한 서브노트 활용법

## 한 권으로 교육학 완전 정복! 단계별 맞춤학습!

**STEP 1**

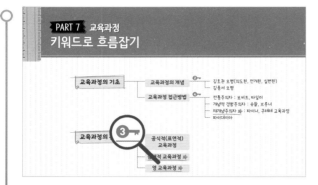

### 키워드로 흐름잡기

핵심키워드만 담은 구조도를 파트별로 수록하였습니다. 본격적인 이론 학습 전에 핵심 키워드를 한눈에 파악하여 학습의 흐름을 잡을 수 있습니다

### 인출단서 열쇠 🔑

키워드마다 인출해야 할 하위 내용의 개수를 표시하였습니다. 백지 인출연습 시 숫자를 확인하고 그 수만큼 하위 내용을 떠올려 보는 연습을 통해 효과적인 키워드 암기학습이 가능합니다.

**STEP 2**

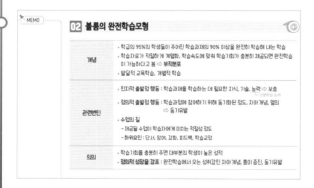

### 교육학 핵심 이론 학습

방대한 교육학 이론 중 핵심만 모아 표 형식으로 간략히 정리하였습니다. 꼭 필요한 이론을 다양한 학습요소를 활용하여 빠르고 효율적으로 학습할 수 있습니다.

### 단권화 학습

충분한 메모 공간을 제공하여 단권화에 유용합니다. 교재를 여러 번 복습하면서 보조단면에 스스로 내용을 정리하여 나만의 서브노트를 만들어 보세요.

**마무리**

### 2020~2022학년도 교육학 기출 분석

최근 3개년 교육학 기출문제 분석 내용을 수록하였습니다. 이론 학습 후 문제를 풀어보면서 마무리 실전 대비가 가능하며, 최신 출제경향까지 파악할 수 있습니다.

### 모범답안 수록

교수님이 직접 작성한 '모범답안'을 통해 교육학 논술 문제의 답을 확인할 수 있습니다. 모범답안을 꼼꼼히 분석하며 답안 작성 방법을 익히고, 나의 답안과 비교해 보며 부족한 부분을 보완할 수 있습니다.

# 학습요소 똑소리나게 활용하기!

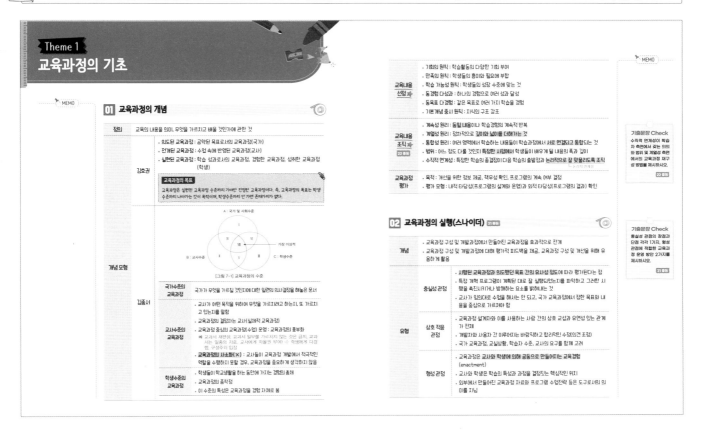

| | | |
|---|---|---|
| 00 중등 | 기출되었던 개념에 기출학년도 표시 | 참고   알아두면 학습에 도움이 되는 개념 |
| 기출문장 Check | 논술형 기출문제 중 기출 개념과 관련된 문장 수록 | 형광펜   중요한 키워드 또는 문장 |
| ⭐ | 필수로 암기해야 할 중요한 개념 | 부연설명   개념 이해를 돕는 부연설명 |

# 합격이 보이는 **중등임용 시험 Timeline**

**사전예고**      **시행계획 공고**      **원서접수**

6~8월      9~10월      10월

## 사전예고
- **대략적 선발 규모 (= 가 T.O.)** : 선발예정 과목 및 인원
- **전반적 일정** : 본 시행계획 공고일, 원서접수 기간, 제1차 시험일 등
- 사전예고 내용은 변동 가능성 높음

## 원서접수
- 전국 17개 시·도 교육청 중 1개의 교육청에만 지원 가능
- 시·도 교육청별 온라인 채용시스템으로만 접수 가능
- **준비물** : 한국사능력검정시험 (심화) 3급 이상, 사진

> **참고** 한국사능력검정시험 관련 유의사항
> – 제1차 시험 예정일로부터 역산하여 5년이 되는 해의 1월 1일 이후에 실시된 시험에 한함 (2023학년도 중등임용 시험의 경우 2017. 1. 1. 이후 실시된 시험에 한함)
> – 제1차 시험 예정일 전까지 취득한 인증등급 이상인 인증서에 한하여 인정함

## 시행계획 공고
- **확정된 선발 규모 (= 본 T.O.)** : 선발예정 과목 및 인원
- **상세 내용** : 시험 시간표, 제1~2차 시험 출제 범위 및 배점, 가산점 등
- 추후 시행되는 시험의 변경 사항 공지

☑ **아래 내용만은 놓치지 말고 '꼭' 확인하세요!**
☐ 응시하고자 하는 과목의 선발예정 인원
☐ 원서접수 일정 및 방법
☐ 제1~2차 시험 일정
☐ 스캔 파일 제출 대상자 여부 및 제출 필요 서류
☐ 가산점 및 가점 대상자 여부 & 세부사항

## 제1차 시험
**11월**

## 제1차 합격자 발표
**12월**

## 제2차 시험
**1월**

## 최종 합격자 발표
**2월**

### 제1차 합격자 발표
- 제1차 시험 합격 여부
- 과목별 점수 및 제1차 시험 합격선
- 제출 필요 서류
- 제2차 시험 일정 및 유의사항

### 제2차 시험
- 교직적성 심층면접
- **수업능력 평가** : 교수 · 학습 지도안 작성, 수업실연 등(일부 과목은 실기 · 실험 포함)
- 제1차 합격자 대상으로 시행됨
- 시 · 도별/과목별 과목, 배점 등이 상이함

### 최종 합격자 발표
- 최종 합격 여부
- 제출 필요 서류 및 추후 일정

### 제1차 시험
- **준비물** : 수험표, 신분증, 검은색 펜, 수정테이프, 아날로그 시계
- 간단한 간식 또는 개인 도시락 및 음용수(별도 중식시간 없음)
- **시험과목 및 배점**

| 구분 | 1교시: 교육학 | 2교시: 전공 A | | 3교시: 전공 B | |
|---|---|---|---|---|---|
| 출제분야 | 교육학 | 교과교육학(25~35%) + 교과내용학(75~65%) | | | |
| 시험 시간 | 60분 (09:00~10:00) | 90분 (10:40~12:10) | | 90분 (12:50~14:20) | |
| 문항 유형 | 논술형 | 기입형 | 서술형 | 기입형 | 서술형 |
| 문항 수 | 1문항 | 4문항 | 8문항 | 2문항 | 9문항 |
| 문항 당 배점 | 20점 | 2점 | 4점 | 2점 | 4점 |
| 교시별 배점 | 20점 | 40점 | | 40점 | |

# 교육학 논술 답안 작성 Guide

## STEP 1 논제 분석
🕐 권장 소요시간: 약 10~20분

(1) 문제지의 지시문, 예시, 배점(채점기준)을 통해 중심내용과 키워드를 확인한다.
(2) ❶~❸에 주어진 세부 단서를 파악하고 작성방향과 본론 개요를 구상한다.
　❶ **지시문** : 작성해야 할 답안의 전체 주제와 구성요소
　❷ **제시문** : 답안 작성의 바탕이 되는 학교 현장에서의 사례, 교사의 수업 관련
　　　　　　　고민 등이며, 배점(채점기준)에 대한 세부 단서를 주는 내용
　❸ **배점** : 답안에 포함되어야 할 문항별 세부 주제와 형식 조건

## STEP 2 개요 작성
🕐 권장 소요시간: 약 5~15분

(1) 구상한 답안의 서술구조와 작성방향을 간략하게 개요표로 작성한다.
(2) 본론에 들어갈 내용을 주어진 가짓수에 맞춰 키워드 위주로 정리한다.
(3) 초안의 작성 목적이 문제가 요구한 항목별 답안과 관련 교육학 지식, 키워드를
　　빠짐없이 적는 것인 만큼, 문제지와 대조하며 누락한 내용이 없는지 확인한다.

**참고**
• 초안 작성 용지는 B4 크기의 2면으로 구성, 원하는 방식으로 자유롭게 작성 가능
• 시험 종료 후 답안지 제출 시 초안 작성 용지는 제출하지 않음

## STEP 3 답안 완성
🕐 권장 소요시간: 약 10~20분

(1) 앞서 짜놓은 개요에 따라 답안 작성을 시작한다. 답안은 각 문항이 요구하는
　　중심 키워드를 포함하여 두괄식으로 작성하는 것이 좋다.
(2) 서론 – 본론 – 결론에 해당하는 내용을 순서에 맞게 작성한다.
(3) 답안 작성 완료 후 잘 작성되었는지를 마지막으로 한 번 더 검토한다.

**참고**
• 답안지는 B4 크기의 OMR 2면이며, 답안 작성란은 줄글 형식으로 제공됨
• 필요한 내용 위주로 간결하게 작성하고, 식별 가능한 글씨체로 작성해야 함

## 💬 답안지 작성 관련 Q&A

**Q 기본적인 답안 작성 방법이 궁금해요.**

교육학 논술은 답안지 2면이 주어지며, 지정된 답안란에 답안을 작성하면 됩니다. 답안란을 벗어 **A**
난 부분이나 초안 작성 용지에 적은 답안은 인정되지 않으므로 꼭 주어진 답안란에 작성합니다.

**Q 반드시 알아야 하는 주의사항이 있나요?**

답안란에 수정액 또는 수정테이프를 사용할 수 없으므로, 부분 수정이 필요한 경우 삭제할 부 **A**
분에 두 줄(=)을 긋고 수정할 내용을 작성하거나 일반적인 글쓰기 교정부호를 사용합니다. 이때
주의할 점은 특정 부분을 강조하는 밑줄, 기호가 금지된다는 점입니다. 전체 수정이 필요할
경우에는 답안지를 교체할 수도 있습니다.

**Q 글자 수나 분량의 제한은 없나요?**

글자 수와 분량에는 제한이 없습니다. 다만 불필요한 수식어나 미사여구는 채점하지 않으므로
문항에서 요구한 내용을 간결하게 작성하는 것이 좋습니다.

**Q 시험 종료 후 시험지와 답안지를 모두 제출해야 하나요?**

답안지만 제출하며, 시험지와 초안 작성 용지는 제출하지 않습니다. 답안지를 제출할 때는 답안 **A**
을 작성하지 않은 빈 답안지도 함께 제출해야 하며 성명, 수험번호, 쪽 번호를 기재해야 합니다.

---

**[ 답안 작성 연습 TIP ]**

- 문제 풀이와 답안지 작성은 기본이론 학습을 완료한 후 일정 수준 이상의 인출이 가능할 때 시작하는 것을 권장합니다.
- 기출문제, 기출변형문제, 모의고사 등의 실제 임용 교육학 시험 대비용 문제를 풀이하는 것이 가장 좋습니다.
- 가능한 한 고사장과 비슷한 환경을 조성하고, 실제 시험시간에 맞게 답안을 작성하는 연습을 하는 것이 중요합니다.
- 채점 시 문항에서 요구하는 키워드와 주제를 정확한 내용으로 빠짐없이 포함했는지 확인해야 합니다.

# 한눈에 보는 **교육학 논술 출제경향**

## 1. 기출 연도별 논술 제시문 출제경향 분석

| 시험 | 스토리텔링 | 제시문 형태 | 출제 내용 | | 영역 |
|---|---|---|---|---|---|
| **2013학년도 특수 추가** | 학습동기 유발 – 원인과 해결책 | 교사와 학부모 상담 대화문 | 지능이론 – IQ해석 | | 교육심리 |
| | | | 동기이론 – 원인, 해결책 | 기대×가치이론 | |
| | | | | 매슬로이론 | |
| **2014학년도** | 수업에 소극적인 이유와 해결책 | 초임교사와 중견교사대화문 | 동기 미유발 | 잠재적 교육과정 관점 | 교육과정 |
| | | | | 문화실조 관점 | 교육사회학 |
| | | | 동기유발 전략 | 협동학습 차원 | 교육방법 |
| | | | | 형성평가 활용 차원 | 교육평가 |
| | | | | 교사지도성 차원 | 교육행정 |
| **2014학년도 전문상담 추가** | 부적응 행동 해결 & 수업효과성 | 성찰일지 | 청소년 비행이론 – 차별교제이론, 낙인이론 | | 교육사회학 |
| | | | 상담 기법 | 행동중심 상담 | 생활지도와 상담 |
| | | | | 인간중심 상담 | |
| | | | 수업 효과성 전략 | 학문중심 교육과정 근거 | 교육과정 |
| | | | | 장학활동 | 교육행정 |
| **2015학년도** | 우리 교육의 문제점과 개선방안 | 분임토의 결과 발표 | 교육목적 – 자유교육 관점 | | 교육의 이해 |
| | | | 교육과정 – 백워드 설계 특징 | | 교육과정 |
| | | | 동기유발 위한 과제 제시 방안 | | 교육심리 & 교육방법 |
| | | | 학습조직 – 구축 원리 | | 교육행정 |
| **2015학년도 전문교과 추가** | 교사의 과제 – 학교이해 & 수업 이해 | 학교장 특강 | 기능론 – 선발 배치 기능 및 한계 | | 교육사회학 |
| | | | 학교조직 – 관료제와 이완결합체 특징 | | 교육행정 |
| | | | 교수 설계 – ADDIE(분석, 설계) | | 교육방법 |
| | | | 준거지향 평가 – 개념과 장점 | | 교육평가 |
| **2016학년도** | 교사 역량 – 수업, 진로지도, 학교 내 활동 | 자기개발 계획서 | 경험형 교육과정 – 장 · 단점 | | 교육과정 |
| | | | 형성평가 – 기능과 전략 | | 교육평가 |
| | | | 에릭슨 – 심리적 유예 개념 | | 교육심리 |
| | | | 반두라 – 간접적 강화 개념 | | |
| | | | 비공식 조직 – 순기능과 역기능 | | 교육행정 |
| **2017학년도** | 2015 개정 교육과정 구현방안 | 학교현장 목소리 | 교육기획 – 개념과 효용성 | | 교육행정 |
| | | | 교육과정 재구성 – 계속성, 계열성, 통합성 | | 교육과정 |
| | | | 학생참여 수업 – 구성주의 수업(학습지원과 교수활동) | | 교육방법 |
| | | | 내용 타당도 – 개념 | | 교육평가 |
| **2018학년도** | 학생 다양성 고려한 교육 | 교사 대화문 | 워커 교육과정 – 명칭, 학교 적용 이유(특징) | | 교육과정 |
| | | | PBL – 학습자 역할, 문제 특성과 학습 효과 | | 교육방법 |
| | | | 절대평가 – 명칭, 개인차에 대한 해석 | | 교육평가 |
| | | | 성장 · 능력 참조 평가 – 개념 | | |
| | | | 동료장학 – 명칭, 활성화 방안 | | 교육행정 |
| **2019학년도** | 수업개선을 위한 교사의 반성적 실천 | 수업 성찰 기록 | 가드너 다중지능(세부적) | | 교육심리 |
| | | | 타일러 학습경험 선정 원리 | | 교육과정 |
| | | | 잠재적 교육과정 개념 | | |
| | | | 척도법(평정척도법) | | 교육연구법 |
| | | | 문항내적합치도 | | 교육평가 |
| | | | 변혁적 리더십 | | 교육행정 |

| 학년도 | 제시문 주제 | 형식 | 세부 내용 | 영역 |
|---|---|---|---|---|
| 2020학년도 | 토의식 수업 활성화 방안 | 교사협의회 자료 | 비고츠키 – 지식론, 지식 성격, 교사와 학생역할 | 교육과정 & 교육방법 |
| | | | 영 교육과정 시사점 | 교육과정 |
| | | | 중핵교육과정 – 명칭과 장단점 | 교육과정 |
| | | | 정착수업 원리 | 교육공학 |
| | | | 위키활용 수업(웹기반수업) 문제점 | 교육공학 |
| | | | 스타인호프 – 기계문화 명칭, 해결책 | 교육행정 |
| 2021학년도 | 학생의 선택과 결정의 기회를 확대하는 교육 | 편지형식 | 스나이더 교육과정 운영 관점 – 충실성 · 형성 관점 | 교육과정 |
| | | | 자기 평가 – 교육적 효과와 실행방안 | 교육평가 |
| | | | 온라인 수업(인터넷 활용수업) – 학습자 분석과 환경 분석의 예 | 교육공학 |
| | | | 토론 게시판 활성화 방안 | 교육방법, 교육공학 |
| | | | 의사결정 모형 – 합리모형, 점증모형 | 교육행정 |
| 2022학년도 | 학교 내 교사 간 활발한 정보 공유를 통한 교육의 내실화 | 대화문 | 교육과정 – 수직적 연계성 의의, 교육과정 재구성 방안 | 교육과정 |
| | | | 교육평가 – 진단 방안, 평가결과 해석 기준 (성장 · 능력 · 준거참조 평가) | 교육평가 |
| | | | 교수전략 – 딕과 캐리의 교수전략 개발 단계 전략, 온라인 수업 고립감 해소 방안 | 교육방법, 교육공학 |
| | | | 교원연수 – 학교 중심 연수 종류 및 지원 방안 | 교육행정 |

## 2. 내용 영역별 기출 출제 현황

| 내용 영역 | 학년도 | | | | | | | | | | | |
|---|---|---|---|---|---|---|---|---|---|---|---|---|
| | 2013 (추가) | 2014 | 2014 (추가) | 2015 | 2015 (추가) | 2016 | 2017 | 2018 | 2019 | 2020 | 2021 | 2022 |
| 교육의 이해 | ○ | | | | ○ | | | | | | | |
| 교육철학 | | | | | | | | | | | | |
| 서양 교육사 | | | | | | | | | | | | |
| 한국 교육사 | | | | | | | | | | | | |
| 교육사회학 | | ○ | ○ | ○ | | | | | | | | |
| 교육심리학 | | | | | | ○ | | | ○ | | | |
| 생활지도와 상담 | | ○ | | | | | | | | | | |
| 교육과정 | | ○ | ○ | | ○ | ○ | ○ | ○ | ○ | ○ | ○ | ○ |
| 교육평가 | | | ○ | | ○ | ○ | ○ | ○ | | | ○ | ○ |
| 교육통계 | | | | | | | | | | | | |
| 교육연구 | | | | | | | | | ○ | | | |
| 교육방법 | | ○ | ○ | | ○ | ○ | ○ | | | ○ | ○ | ○ |
| 교육공학 | | | | | | | | | | ○ | ○ | ○ |
| 교육행정 | | ○ | ○ | ○ | ○ | ○ | ○ | ○ | ○ | ○ | ○ | ○ |

# 나만의 맞춤 학습 플랜

- 임용시험 응시 경험이 없는 학습자
- 이전 시험의 교육학 점수가 17점 미만이었던 학습자
- 교육학 필수 이론을 꼼꼼히 학습하고 싶은 학습자

| | 1일 | 2일 | 3일 | 4일 | 5일 | 6일 |
|---|---|---|---|---|---|---|
| **1주** | **PART 1** 교육의 이해<br>☐ 키워드로 흐름잡기<br>p.18<br><br>☐ Theme 1~2<br>p.20~30 | **PART 2** 교육철학<br>☐ 키워드로 흐름잡기<br>p.34~35<br><br>☐ Theme 1~2<br>p.36~40 | ☐ Theme 3~4<br>p.41~49 | **PART 3** 서양 교육사<br>☐ 키워드로 흐름잡기<br>p.52~53<br><br>☐ Theme 1~3<br>p.54~59 | ☐ Theme 4~5<br>p.60~65 | ☐ Theme 6~7<br>p.66~71 |
| **2주** | **PART 4** 교육사회학<br>☐ 키워드로 흐름잡기<br>p.74~76<br><br>☐ Theme 1~2<br>p.78~85 | ☐ Theme 3~4<br>p.86~99 | **PART 5** 교육심리학<br>☐ 키워드로 흐름잡기<br>p.102~104<br><br>☐ Theme 1<br>p.106~115 | ☐ Theme 2~3<br>p.116~128 | ☐ Theme 4~5<br>p.129~141 | ☐ Theme 6~8<br>p.142~151 |
| **3주** | **PART 6** 생활지도와 상담<br>☐ 키워드로 흐름잡기<br>p.154~155<br><br>☐ Theme 1~3<br>p.156~170 | **PART 7** 교육과정<br>☐ 키워드로 흐름잡기<br>p.174~175<br><br>☐ Theme 1~2<br>p.176~182 | ☐ Theme 3<br>p.183~186 | ☐ Theme 4~6<br>p.187~197 | **PART 8** 교육평가<br>☐ 키워드로 흐름잡기<br>p.200~201<br><br>☐ Theme 1~2<br>p.202~208 | ☐ Theme 3~4<br>p.209~219 |
| **4주** | **PART 9** 교육통계<br>☐ 키워드로 흐름잡기<br>p.222<br><br>☐ Theme 1~2<br>p.224~227 | **PART 10** 교육연구<br>☐ 키워드로 흐름잡기<br>p.230<br><br>☐ Theme 1~2<br>p.232~233 | ☐ Theme 3~4<br>p.234~239 | **PART 11** 교육방법<br>☐ 키워드로 흐름잡기<br>p.242~245<br><br>☐ Theme 1~2<br>p.246~256 | ☐ Theme 3<br>p.257~277 | ☐ Theme 4~6<br>p.278~289 |
| **5주** | **PART 12** 교육공학<br>☐ 키워드로 흐름잡기<br>p.292<br><br>☐ Theme 1~2<br>p.294~305 | **PART 13** 교육행정<br>☐ 키워드로 흐름잡기<br>p.308~311<br><br>☐ Theme 1<br>p.312~315 | ☐ Theme 2~3<br>p.316~327 | ☐ Theme 4~5<br>p.328~334 | ☐ Theme 6~8<br>p.335~341 | **부록**<br>☐ 교육학 기출문제<br>분석(최근 3개년)<br>p.344~355 |

**2주 학습 플랜**

- 이전에 임용시험 응시 경험이 있는 학습자
- 이전 시험의 교육학 점수가 17점 이상이었던 학습자
- 교육학 필수 이론을 빠르게 효율적으로 학습하고 싶은 학습자

|  | 1일 | 2일 | 3일 | 4일 | 5일 | 6일 |
|---|---|---|---|---|---|---|
| **1주** | ☐ PART 1<br>교육의 이해<br>p.18~30<br><br>☐ PART 2<br>교육철학<br>p.34~39 | ☐ PART 3<br>서양 교육사<br>p.52~71 | ☐ PART 4<br>교육사회학<br>p.74~99 | ☐ PART 5<br>교육심리학<br>p.102~151 | ☐ PART 6<br>생활지도와 상담<br>p.154~170 | ☐ PART 7<br>교육과정<br>p.174~197 |
| **2주** | ☐ PART 8<br>교육평가<br>p.200~219<br><br>☐ PART 9<br>교육통계<br>p.222~227 | ☐ PART 10<br>교육연구<br>p.230~239 | ☐ PART 11<br>교육방법<br>p.242~289 | ☐ PART 12<br>교육공학<br>p.292~305 | ☐ PART 13<br>교육행정<br>p.308~341 | ☐ **부록**<br>교육학 기출문제<br>분석(최근 3개년)<br>p.344~355 |

**학습 플랜 활용 Tip**

- 학습 시 본 학습 플랜을 활용하면, 더욱 효율적으로 학습일정을 관리할 수 있습니다.
- 매일 당일 학습 분량을 공부한 후 박스에 하나씩 체크해나가며 목표를 달성해 보세요.
- 더욱 꼼꼼히 학습하고자 하는 경우에는 각 학습 플랜을 선택한 후 1일 분량을 2일에 나누어 학습하세요.
- '5주 학습 플랜'으로 학습 후, '2주 학습 플랜'으로 다시 학습하면 좀더 체계적인 복습이 가능합니다.

교원임용 교육 1위,

해커스임용 teacher.Hackers.com

# PART 1
# 교육의 이해

**Theme 1** 교육의 개념
**Theme 2** 교육의 유형

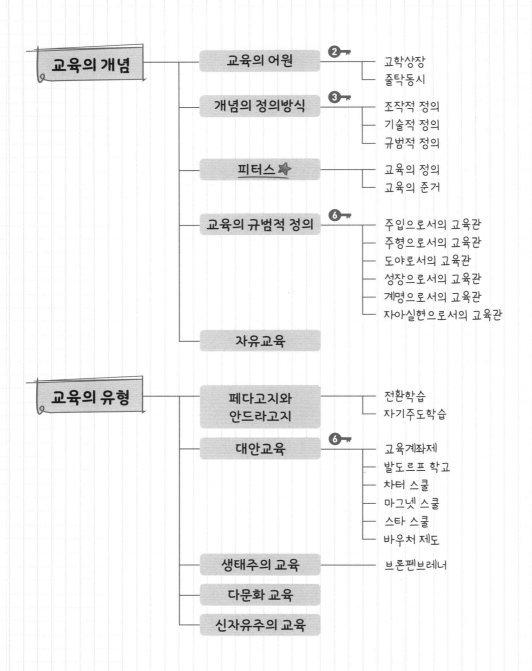

교육의 개념

- 교육의 어원 ②🔑
  - 고학상장
  - 줄탁동시
- 개념의 정의방식 ③🔑
  - 조작적 정의
  - 기술적 정의
  - 규범적 정의
- 피터스★
  - 교육의 정의
  - 교육의 준거
- 교육의 규범적 정의 ⑥🔑
  - 주입으로서의 교육관
  - 주형으로서의 교육관
  - 도야로서의 교육관
  - 성장으로서의 교육관
  - 계명으로서의 교육관
  - 자아실현으로서의 교육관
- 자유교육

교육의 유형

- 페다고지와 안드라고지
  - 전환학습
  - 자기주도학습
- 대안교육 ⑥🔑
  - 교육계좌제
  - 발도르프 학교
  - 차터 스쿨
  - 마그넷 스쿨
  - 스타 스쿨
  - 바우처 제도
- 생태주의 교육
  - 브론펜브레너
- 다문화 교육
- 신자유주의 교육

# 교육의 개념

## 01 교육의 어원

| 교학상장 | • 서로 가르치고 배우면서 성장<br>　　└ 교사도 공부 필요(가르치며 배움)<br>• 교사도 학생을 가르침으로써 성장하고, 제자 역시 배움으로써 나아짐 |
|---|---|
| 줄탁동시 | • 줄 : 아동의 내재적 성장력의 계발<br>• 탁 : 교사의 교도 훈련성<br>• 동시 : 타인과 관계 속에서 자신의 삶이 형성됨<br>• 가장 이상적인 사제지간을 지칭 ⇨ 사제지간의 상호작용(사제동행) |

## 02 개념의 정의방식

| 조작적 정의 | • 연구의 대상(객관적) ⇨ 누구나 동일하게 해석<br>• 관찰 가능한 형태, 추상성 제거(객관적 정의) |
|---|---|
| 기술적 정의 | • 하나의 개념을 이미 알고 있는 다른 말로 설명(가치중립적, 객관적)<br>• 교육이 추구해야 할 가치나 목적이 배제된 채로 정의<br>• 교육에 수단적 또는 외재적 가치가 개입 |
| 규범적 정의 | • 교육활동 속에 들어 있는 가치나 그 기준을 드러내는 것으로, 가치를 내포함<br>　⇨ 내재적 가치 : 교육의 목적이 교육 그 자체에 있음, 그러나 교육의 목적성과 시대적<br>　　　상황에 따라 달라짐<br>• 교육관을 만들어 냄<br>　예 체벌의 정당성을 논하고 싶으면 규범적으로 정의하면 되며, 체벌이 가치지향적이<br>　　라면 허용될 수도 있음 |

## 03 피터스

### I. 교육의 정의

교육은 미성숙한 아동을 인간다운 삶의 형식 안으로 입문하도록 도와주는 과정

### 2. 교육의 준거

| 교육목적<br>: 규범적 준거 | • 규범적 준거는 교육목적을 가치 있는 것, 즉 **내재적 가치**에 둠 ⇨ 도덕교육 강조<br>　　예 자아실현<br>• 내재적 가치를 가르치고 배울 때 교육이 됨(외재적 가치는 훈련) |
|---|---|
| 교육내용<br>: 인지적 준거 | • 인지적 준거는 교육내용을 '지식, 이해, 인지적 안목'으로 함<br>　⇨ 지식 전달과 획득이 없으면 교육적 활동이 불가능하기 때문<br>• **인지적 안목** : 넓은 시야, 즉 지식분야, 영역의 관계를 바라볼 수 있는 능력<br>　⇨ 부르너의 '지식의 구조', 백워드 교육과정의 '영속한 이해'와 비슷 |
| 교육방법<br>: 과정적 준거 | • 과정적 준거는 교육방법을 **학습자의 의식과 자발성**에 둠<br>• **의식** : 목표는 무엇인지, 배우고 있는 내용은 무엇인지 등을 파악하고 있는 것<br>• 교사는 학습자 의식을 위해 수업목표 제시, 자발성을 위해 동기유발 필요 |

# 04 교육의 규범적 정의

| 주입으로서의<br>교육관 | 교사중심, 지식·원리 등을 주입·전달<br>└ 학습자는 피동 |
|---|---|
| 주형으로서의<br>교육관 | • 틀에 넣어서 만듦<br>              └ 조형, 변별자극과 차별 강화를 이용<br>• 교사중심 : S ⇨ R，Shaping ≒ 조건화<br>             └ 행동주의 심리학 입장<br>• 인간관 : 백지설, 기능론적 관점<br>            └ 로크에게 영향을 받음 |
| 도야로서의<br>교육관 | • **도야(훈련)** : <u>훌륭한 사람이 되도록 갈고 닦는 것</u>으로, 도야의 목적은 인격완성에 있고<br>                           └ 인격도야<br>  자유교육의 맥락과 일치함<br>• **심리학적 배경** : 능력심리학(**부소능력**), <u>심리적 형식</u><br>                                └ 기억하고 추리하는 힘, 정신적 활동<br>• **목적** : 정신력을 길러 인격을 완성하는 것, 인간의 내면적 요소 계발<br>• **내용** : 7자유과 등의 교과 중시, 교과형 교육과정의 철학이 됨<br>• **방법** : 독서, 근육을 단련시키듯 **훈련(= 노력)**이 필요<br>  ⇨ 어려운 교과를 힘들여 공부하는 이유이기도 함<br>• **전이이론** : 형식도야설<br>  – 내용이 아닌 형식 강조<br>  – 기본능력만 훈련하면 어느 분야에나 적용 가능<br>• 이러한 도야로서의 교육관은 우리나라 교육의 현실이라고 볼 수 있으나, 우리나라는<br>  원초적인 지식의 습득을 강조하므로, 도야로서의 교육관을 통하여 인격완성을 달성할<br>  수 있도록 마음의 내면성을 길러내는 교육과 연결지어야 함 |
| 성장으로서의<br>교육관 | • 학습자중심의 **흥미** 강조 ⇨ 교사는 **보조·협력·안내**<br>                          └ 방임, 강제 ×<br>• 자연주의 철학 – **대표자** : 루소, 듀이<br><br>  **자연주의 철학**<br>  • **기본가정** : 자연스러운 교육, 억지×, 강제 ×<br>  • **인간관** : 성선설<br>  • **교육목적** : 인간의 자연성(착한 본성) 계발 ⇨ 루소 – 자연인(= 고상한 야인)<br>  • **교육내용** : 자연 자체(사물) ⇨ 교육의 목적이 자연인을 육성하는 것이기 때문에, 교육내용도<br>    인위적이지 않고 자연스러운 자연, 그 자체를 말하는 것<br>  • **교육방법** : 자연스럽게, 직관교수(관찰), 시청각교육 ⇨ 자연은 인위적으로 성장하는 것이 아<br>    니라 자연스러운 방법으로 성장하므로, 인간도 자연스러운 방법으로 교육하는 것이 맞음<br>  • **교사관·교육관** : 소극적 교육 ⇨ 우리나라식 조기교육 ×, 억지로 하지 않는 점에서 소극적<br>  • **발달 수준에 맞게 가르쳐라.**<br>    – 언제 : 출생과 동시에(조기교육 = 가정교육)<br>    – 발달 수준에 맞는 교육 ⇨ 수준에 맞는 적극적 교육 |

| | |
|---|---|
| 계명으로서의<br>교육관 | • 교육을 통하여 지식, 규범, 원리를 획득하는 일은 지혜를 가지게 하는 일<br>• 교육은 인간을 무지에서부터 해방시켜 주는 일<br>• 지식의 구조와 그 탐구의 원리를 배움 ⇨ 학문중심 교육과정 입장<br>• 대표자 : 브루너 '지식의 구조(뼈대)' ≒ 피터(Peter)의 '인지적 안목(지식의 형식)'<br>　　　　　└ 건물의 구조, 뼈대를 알면 건물 유추가능(발견학습) ⇨ 무엇인지 스스로 탐구(탐구학습)<br>• 발견학습 : 교사중심의 장점과 학생중심의 장점의 합<br>　　　　　　└ 효율성　　└ 학습자 소외 × |

**교사(학생)중심 교육관의 장·단점**

| 구분 | 고사중심 | 학생중심 |
|---|---|---|
| 장점 | 효율성 ↑ | 학습자 소외 방지 |
| 단점 | 학습자 소외 | 효율성 ↓ |

| | |
|---|---|
| 자아실현으로<br>서의 교육관 | • 철학적 배경 : 실존주의(주체성), 주체적으로 나를 만듦(= 자아실현) |

**실존주의(≒ 생철학)**

• 실존주의 : 진정으로 내가 존재하는가? ⇨ 실존주의
• 생철학 : 진정으로 나의 삶은 무엇인가? ⇨ 생철학
• 자아실현 방법 : 소외감 × (주체성) ⇨ 진정한 인격적 만남, 대화　예 1:1 만남
　　　　　　　└ 마르크스의 '비판철학'과는 다른 소외(외부에 의한 소외)

| | |
|---|---|
| | • 인간중심 교육관(심리학, 철학) : 인간성 상실 극복<br>• 학생이 학교에서 생활하면서 경험한 경험활동의 총체 ⇨ 따라서 모든 것이 교육적<br>• 강의식 수업 ×, 완벽하게 학습자중심의 수업 |

## 05 자유교육 15 중등

| 개념 | • 노예가 아닌 자유인을 위한 교육, 귀족을 위한 교육<br>• 정치가를 위한 교육, 기본덕목인 **인격완성, 도덕성** 계발<br>• 정신적 자유교육 강조 : 직업교육이 아닌 교양교육(일반교육) |
|---|---|
| 기본 입장 | • **교육목적** : 정치인 양성 ⇨ 필수요인 : 도덕성(= 인격교육, 교양교육)<br>• **내용** : **7자유과**를 통한 인격완성<br>• **특징**<br>　- 지식과 이해를 추구하는 교육이라는 점에서 합리적 마음의 발달을 지향<br>　- 지식의 내재적 가치 추구, 이론적 지식의 강조, 지적능력 배양 중시, 이성 중시, 아리스토<br>　　텔레스부터 |

**기출문장 Check**

자유교육 관점에서 보는 교육의 목적을 논하시오.

15 중등

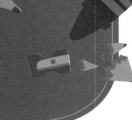

# Theme 2
# 교육의 유형

## 01 페다고지(아동교육학)와 안드라고지(성인교육학)

### I. 페다고지 vs 안드라고지

| 구분 | 페다고지 | 안드라고지(노울즈) |
|------|----------|-------------------|
| 별칭 | • 아동교육학<br>• 아동을 대상으로 하는 학교교육학 | • 성인교육학<br>• 성인을 대상으로 하는 사회교육학 |
| 모델 | 교사 주도적 모델 | 학습자 주도 모델 |
| 학습자 | 교사의 지시에 의해 학습하고 평가받음 | • 독립적으로 학습하고 자기주도적이므로, 교사는 행동할 수 있도록 용기를 북돋아줌<br>• 학습자의 학습 성향은 생활·과업·문제 중심적 |
| 학습자 경험 | 학습자의 경험이 학습현장에서 큰 가치가 없음 | 학습자의 경험이 학습에서 유용한 자원 |
| 학습 준비도 기준 | 학령에 따라 표준화된 교육과정에 의하여 학습내용을 설정 | • 학습자의 학습 준비도에 따라 교육과정 편성<br>• 일상생활의 문제를 해결하기 위해 학습 |
| 학습 지향면 | 교과목 지향적 | 성과 지향적 |
| 배울거리 | 사회가 기대하는 것을 배우기 때문에, 교육과정은 미리 일목요연하게 결정되어 있음 | 학습자가 필요로 하는 것을 배우기 때문에, 교육과정은 그들의 생활 속에서 조직됨 |
| 학습에 대한 안내 | 미리 주지되어 있어, 교과의 형태로 교육과정이 조직됨 | 학습경험은 학습자의 경험에 기초하여, 사람들은 그들이 배운 것을 중심으로 행동 |

## 2. 전환학습

| | |
|---|---|
| 개념 | • 이전의 학습경험과 확연히 구분되는 의미구조 변화와 새로운 의미부여로 기존의 관점을 전환 ⇨ 성찰<br>• 학습자가 자신과 세계를 보는 방식을 변화시키는 과정<br>• 총체적 관점이나 시각을 비판적으로 인식하여 새로운 의미를 창출<br>• 학습자 내부에서 발생하는 인지적 과정을 집중적으로 규명함 |
| 특징 | • 경험 : 자신의 경험에서 얻은 의미관점이 다른 사람과 다르다는 인식에서 전환하거나 전혀 새로운 경험에서도 인식의 전환 ⇨ 자신의 모든 경험을 인정, 학습자의 경험을 소중한 자원으로 여김<br>• 비판적 반성 : 경험을 비판적으로 반성 ⇨ 기존의 경험이 아닌 새로운 가치의 경험이 효율적인 반성을 유도<br>• 개인의 발달 : 관점 전환을 통한 전환학습으로 고차적 의미부여<br>　예 삶의 전환 |

## 02 자기주도학습

| | |
|---|---|
| 기본 가정 | • 성인학습의 하나로, 학습의 주도권을 학습자가 가짐 ⇨ 미리 정해진 것 없이 학습자가 모두 스스로 해결<br>• 자신의 삶에 책임을 짐 |
| 목적 | 자신의 현실문제를 스스로 해결, 미래학습능력·자기주도학습능력 신장, 기초지식 교육<br>　　　　　　　　　　　　　　　　　　└ 지식의 범람으로 모든 지식을 가르칠 수 없어<br>　　　　　　　　　　　　　　　　　　　 스스로 지식을 탐구할 수 있는 능력 필요 |
| 수업목표 | 특정한 어떤 것이 아니라 다양한 것을 포함하므로 미리 설정될 수 없음 |
| 교육내용 | • 학습자가 관심을 갖는 다양한 것<br>　　└ 체계적인 것으로 선정 불가, 보편적이고 객관적인 것 아님<br>• 학습자의 경험이 중요한 학습자원이 됨<br>• 문제 : 생활·과업중심의 문제 |
| 교육방법 | • 특정한 방법이 아닌 다양한 방법 사용, 과정 중시<br>• 지식을 암기하는 것이 아니라 다양하게 재해석, 학습자 차원에서 다양성을 강조<br>• 초인지 전략 사용<br>• 내적 동기 중시<br>• 개별학습 or 협동학습 ⇨ 다양한 수업방법 |
| 평가 | 학습자 스스로 |

# 03 대안교육

| 개념 | • 현재의 교육이 잘 되지 않아 그 대안으로 나온 교육<br>　　　　　　　　　　　└ 최선이 아님, 차선책<br>• 교육의 인간화 : '교육을 제대로 하자.'<br>• '자유'와 '개방'의 의미가 내포<br>　　└ 학생　└ 교사 | |
|---|---|---|
| 이념 | • 공동체 가치 추구 : 나도 소중하므로 남도 각자 모두 소중함 ⇨ 개인주의<br>　　　　　　　　　　　　　　　　　└→ 이기주의 : 남을 죽이고 나만 중요<br>• 노작교육<br>　- 학생들의 자발적이고 능동적인 정신과 신체의 작업을 중심 원리로 하여 행하는 교육<br>　- 주로 공작, 원예, 요리 따위의 손의 활동을 중심<br>• 생명존중과 사회적 협동 | |
| 특성 | • 자연친화적 삶 추구, 공동체<br>• 지역사회에 뿌리 내린 작은 학교<br>• 교육주체의 원상회복을 지향 ⇨ 교사와 학생의 관계를 상호적인 관계로 회복<br>• '나'의 변화를 통한 교육을 지향 | |
| 유형 | 교육계좌제 | 다양한 학습경험을 종합적으로 누적 관리하는 것<br>└ 종합학습기록부 : 학교 내외에서 이루어진 다양한 형태의 학습경험을 인정하는 제도, 학점은행제 관점 |
| | 발도르프<br>학교 | • 8년에 걸친 담임교사의 지속적인 기능<br>• 졸업 때까지 동일 교사가 담임을 맡는 것을 원칙으로 함<br>• 수업방식<br>　- 에포크 수업 : 3 ~ 4주간 단위, 매일 첫 두 시간에 일정한 교과 집중 지도<br>　- 오이리트미 : 일종의 정신적 율동, 언어와 음, 정신적 법칙성 등을 몸짓과 동작 표현<br>　- 포르멘 수업 : 표현력을 길러주는 교육, 형태에 대한 감각을 길러주는 것 |
| | 차터 스쿨 | • 학교와 교육청이 계약을 맺고 헌장에 따라 실시하며, 헌장으로 자율성을 증대시키고 평가로 책무성을 확인<br>　예 자율형 사립고, 자율형 공립고, 단위학교 책임경영제<br>• 학부모와 학생에게 선택권을 보장<br>• 상부의 간섭 없이 자율적으로 학교 운영이 가능(자율성)<br>• 정해진 계약기간 동안 학생들의 교육결과에 책임을 짐(책무성)<br>• 공립학교 간에 경쟁체제를 도입하여 교육의 질을 높이고자 함 |
| | 마그넷 스쿨 | 일반 학과목 공부는 자기가 다니는 학교에서, 전문과정은 마그넷 스쿨에서 학습함<br>예 특성화고 |
| | 스타 스쿨 | 인공위성을 통한 학교<br>예 EBS |

| 바우처 제도<br>(프리드만) | • 교육비를 쿠폰 형식으로 지급하고, 본인이 원하는 학교에 제시하며, 학교는 쿠폰을 정부에 제시하여 사후에 교육비를 수령하는 제도<br>⇨ 학부모들이 특정 학교를 선택하여 학교에 등록금 대신 쿠폰을 제출, 학교는 이 쿠폰을 정부의 지원금과 교환<br>• 학교경쟁 ⇨ <u>수요자중심의 교육</u> ⇨ <u>자유로운 학교 선택권</u><br>┗ 학생에게 선택권<br>• 단점<br>  - 바우처보다 많은 비용이 드는 교육기관에 등록하기 위해 개인이 추가적으로 돈을 지불해야 하기 때문에 소득격차가 오히려 더 심해짐<br>  - 저소득층은 추가비용에 대한 지불능력이 없어 더 질이 나쁜 학교에 갈 수밖에 없고, 경우에 따라서 공립학교보다 낙후한 사교육을 받을 가능성이 있음 |
|---|---|

## 현대 정보화사회의 특징

• **철학적** : 포스트모더니즘
• **경제·정치적** : 신자유주의
• **교육적** : 학교 안(구성주의), 학교 밖(평생교육, 대안교육)

[그림 1-1] 정보화사회의 교육

## 04 생태주의 교육

### I. 개념
① 조화를 강조하는 교육
② 교사와 학생의 조화 ⇨ 상호작용 강조
③ 학생중심 교육

### 2. 브론펜브레너의 생태학 이론

| 개념 | • 개인의 발달은 유전과 환경 모두의 영향을 받음 ⇨ 학생을 이해하기 위해 환경과 상호작용에 관심<br>• 개인의 발달에 영향을 미치는 지배적인 환경은 연령 증가에 따라 미시체계에서 바깥층의 체계로 점차 이동함 | |
|------|------|------|
| 체계 | 미시체계 | 개인과 개인의 가까운 주변에서 일어나는 직접적인 활동과 상호작용<br>예 가족, 학교 |
| | 중간체계 | 미시체계들 간의 연결이나 상호 관계<br>예 부모의 학교 참여, 가정학습 |
| | 외체계 | 아동과 직접 상호작용을 하지는 않지만 아동 발달에 영향을 미치는 환경<br>예 부모의 직장, 형제의 학교, 지역사회 기관, 교회, 병원 |
| | 거시체계 | 아동의 성장과 발달에 전반적인 영향을 미치며 하위 체계에서 일관되게 나타나는 것<br>예 문화적 가치 및 태도, 대중매체, 법 |
| | 시간체계<br>(연대체계) | 아동의 환경에서 발생하는 사건들의 양식과 생애 전환점이 되는 사건<br>예 노화와 기술발전(개인적인 특별한 사건) |

# 05 다문화 교육

| 개념 | • 일상적으로 접하는 다문화권의 사람들과 대립·갈등하지 않고, 조화롭게 서로를 존중하며 살아가기 위해 실시하는 교육<br>• **문화상대주의** : 서로 다른 생활양식이나 가치체계는 그대로 존중되어야 하고, 그 진위의 판단 또한 자체 기준에 따라 이루어져야 한다는 사상체계 |
|---|---|
| 목적 | • 학습자로 하여금 자신의 생활방식과 다른 문화 및 그 문화를 가진 사람을 이해하고 존중함<br>• 학습자로 하여금 문화적 다양성의 가치와 힘을 알게 함<br>• 학습자가 새로운 문화를 받아들여 기존의 생활과 다른 생활을 해야 할 경우 그 적응 능력을 기름<br>• 사회적 편견과 그에 따른 대립·갈등을 타파하여 궁극적으로는 사회 구성원들의 삶의 질 향상 추구 |
| 내용 | • **타 문화에 대한 정보지식** : 타 문화에 대한 정확하고 객관적인 정보와 지식을 알아야 부정적 편견과 오해 제거 ⇨ 다문화 이해교육<br>• **자문화 중심주의 타파** : 자기문화에 대한 우월감은 타 문화와 대립·갈등의 요인<br>• **외국어 구사능력 향상** : 외국 문화에 대한 이해를 가져올 가장 강력한 도구<br>• **관용심 함양**<br>• **자기문화에 대한 자부심 함양** : 다문화 교육이 자기문화에 대한 열등의식을 가져오면 안 됨 |
| **다문화 교육 차원**⭐<br>(Banks) | • **편견 감소** : 타 문화를 인정하고 이해함<br>• **내용 통합** : 교육과정 재편성을 통해 타 문화를 교육과정으로 인정<br>• **공평한 교수법** : 보상교육 실시, 다양한 교수법 활용<br>• **지식 구성 과정** : 지식이 형성되는 과정에서 어떠한 영향을 미치는지 이해<br>• **학생의 역량을 강화하는 학교문화와 조직** : 다문화 출신 학생들의 역량을 강화하는 학교 문화 창조 |
| 한계 | • 타 문화를 이해·존중함에 있어서 그 범위의 문제<br>⟨예⟩ 반인륜적 행위<br>• 자문화 자부심 + 타 문화 존중심 ⇨ 이론적 기능, but 실제적 × |

## 06 신자유주의 교육

| 개념 | • 복지보다 자유를 강조하는 이념 ⇨ 자본의 경제 이데올로기와 정치·경제적 정책방향<br>• **수요자 중심** : 수요자 중심의 선택권을 부여하여 수요자 요구에 부응하기 위해 공급자는 교육의 질을 제고시키기 위한 노력이 요구됨(책무성)<br>• 공립학교의 비효율적 운영의 근본 원인은 학교 교육체제 내의 획일적 통제에 있으며, 이것은 선택과 경쟁이라는 방식을 통해 해결 가능함 |
|---|---|
| 교육 논리 | • **교육문제에 대한 시장원리 도입** : 경쟁 구조의 창출<br>• **노동의 유연성을 제고하는 교육변화** : 자율적·창의적 교육 강조<br>• 자본이데올로기의 강화 |
| 교육 방향 | • 수요자중심의 교육과 교육 선택권 부여<br>• 단위학교 자율성 확대<br>• 학교 간 경쟁 체제 형성<br>• 성과급제도 도입<br>• <u>교사 강의평가제 도입</u><br>    └ 책무성 |
| 특징 | • 시장원리를 사회 구성의 기본원리로 간주, 시장의 원리인 '효율성 기준'이 개인 및 사회 집단의 보편적 행위 규준임<br>• 자율성 확대에 따른 **책무성을 강조**, 개인은 행위 선택에 있어서 평등하고 자유로울 뿐 아니라 선택한 행위의 결과에 대해서는 책임을 감수함<br>• **능력 지배의 사회** : 사회의 발전이 자유로운 개인 능력과 행위에 따라 개인들 간 경쟁을 통해서 이루어진다는 신념을 수용하는 사회라는 점에서 능력 위주의 사회임 |
| 신자유주의적 관점에서의 공교육 문제 ✏ | • <u>교육자원 활용 및 교육서비스 전달 체제의 비효율성</u>과 공립학교 교육의 질적 수준을<br>    └ 관료주의 체제 ⇨ 불필요한 통제 ⇨ 획일성 조장, 다양성 억제<br>들 수 있음<br>• 공교육이 학부모 및 학생의 교육 선택의 자유를 제한함으로써 다양화 수용을 못하는 문제 반생<br>• **공립학교에 대한 비판** : 학교 간 경쟁 부재로 인한 교육 수준의 질적 저하<br>    예 학력 수준 저하, 장기결석, 학교 간 전학률의 증가 |
| 장·단점 | • **장점(기능론적 관점)** : 학교 현장의 나태한 모습들이 경쟁을 통해 개혁됨, 가고 싶은 학교에 다닐 수 있음<br>• **단점(갈등론적 관점)** : 상급학교 진학을 위한 입시교육에 치중, 재생산 강화 |

# PART 2
# 교육철학

# 키워드로 흐름잡기

**교육철학의 기초**

- **교육철학의 기능** 🔑4
  - 사변적 기능
  - 분석적 기능
  - 평가적 기능
  - 종합적 기능
- **교육철학의 영역** 🔑4
  - 존재론
  - 인식론 ⭐
  - 가치론
  - 논리학
- **교육목적론** ⭐ 🔑2
  - 내재적 목적 ⭐
  - 외재적 목적
- **지식의 종류** 🔑2
  - 방법적 지식
  - 명제적 지식

**미국의 4대 교육철학** 🔑4

- 진보주의 교육철학
- 본질주의 교육철학
- 항존주의 교육철학
- 재건주의 교육철학

**현대 교육철학** 🔑8

- 실존주의 교육철학 ——— 고수방법 ⭐ : 볼노브, 부버
- 구조주의 교육철학
- 포스트모더니즘 교육철학 ——— 푸코
- 구성주의 교육론
- 분석적 교육철학
- 현상학적 교육철학 ——— 메를로 퐁티
- 해석학적 교육철학
- 비판철학 ——— 프레이리

**유교의 교육철학**

- 유교사상의 전개
- 주자와 성리학의 교육사상
- 양명학의 교육사상

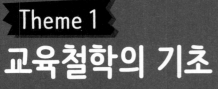

# Theme 1
# 교육철학의 기초

## 01 교육철학의 기능

| 사변적 기능 | • 새로운 제언과 아이디어 창출, 교육문제에 대하여 제언을 하는 정신적 기능을 의미<br>• 교육목표 설정 시에 사용 |
|---|---|
| 분석적 기능 | • 논리적 근거를 명백히 하여 가치기준을 밝히는 것<br>• 교육에 관한 논의에 사용되는 개념들을 명료화, 언어의 의미를 분명히 함(명료화) |
| 평가적 기능 | • 교육적 적합성 여부의 평가<br>• 교육의 가치판단에 관한 것(교육이론과 실천원리의 당위성 규명) |
| 종합적 기능 | • 통합적 기능, 전체로서의 의미<br>• 교육에 관한 여러 가지 이론·주장·의견을 포괄적 안목으로 파악하려는 기능<br>• 교육의 일관성을 유지 |

## 02 교육철학의 영역

| 존재론 | • 무엇이 존재를 있게 했느냐?<br>　- 관념론 : 정신<br>　- 실재론 : 물질<br>　- 실용주의론 : 유용성 |
|---|---|
| 인식론 ✎ | • 무엇이 진리냐?(지식의 속성이나 요건)<br>　- 합리론 : 정신적 활동(이성)<br>　- 경험론 : 실재적 활동(직관주의) |
| 가치론 | • 무엇이 가치 있는 것이냐?(가치의 본질)<br>　- 윤리학 : 절대윤리, 상대윤리(선 or 악)<br>　- 미학 : 미추의 문제 |
| 논리학 | • 모순 없는 사고의 전개<br>　- 연역적 방법 : 정신적 활동(이성)<br>　- 귀납적 방법 : 실험·관찰 |

## 03 교육목적론

| 내재적 목적 | • 교육행위 안에 목적이 있음 ⇨ 교육 자체가 목적, 목적적 기능<br>• 교육의 의미(개념) 안에 들어있는 교육가치를 드러내어 말하는 것<br>• 교육의 본질적 기능, 교육 그 자체의 목적을 실현하기 위한 기능을 담당<br>예 인격완성, 합리적 마음 계발, 자아실현, 위기지학 |
| --- | --- |
| 외재적 목적 | • 교육행위 밖에 목적이 있음 ⇨ 교육은 어떤 목적의 수단<br>• 교육의 비본질 기능, 교육이 제3의 도구로써 활용되는 기능을 담당<br>예 교육은 국가·정치·경제 등의 발전을 위한 수단 ⇨ 발전 교육론적 입장, 위인지학 |

## 04 지식의 종류

| 방법적 지식 | | • 어떤 과제의 절차와 방법에 대한 지식(묵시지)<br>• know-how( ~을 할 줄 안다)<br>예 문제해결방안 생성·산출 |
| --- | --- | --- |
| 명제적 지식 | 개념 | • 진위를 구분하는 지식(명시지)<br>• know-what<br>• 문제해결학습을 가르칠 때, 교사는 지식 기반을 이루는 명제적 지식을 먼저 가르치고, 방법적 지식을 교육하여 기초 교육에 충실해야 함<br>　　⇨ 구성주의 관점 |
| | 유형 | • **사실적 지식** : 경험적 지식, 형이상학적 지식 ┌ 초자연적, 초현실적 대상을 가르치는 지식<br>　　예 주로 과학적 지식<br>　　└ 원리, 사실, 이론<br>• **논리적 지식** : 문장을 구성하는 요소들이 의미상 관계를 나타내는 지식<br>　　예 주로 개념이나 수학적 지식<br>• **규범적 지식** : 가치판단·도덕적 판단에 관한 지식으로, 절대적 타당성이 아니라 가설적 <u>타당성을 지닌 지식</u>, 정당화하는 지식<br>　　└ 모든 사람이 인정하는 가치 |

# Theme 2
# 미국의 4대 교육철학

## 01 진보주의 교육철학

| | |
|---|---|
| 등장배경 | • 학교 우등생이 사회 열등생이 될 가능성<br>• '학교는 사회의 것을 가르쳐라.'<br>  └ 학생이 사회에서 필요한 것<br>• 제일 중요한 장소는 사회 : 현실상 사회에서 가르칠 수 없으니 학교를 제2의 사회로 만듦<br>• 그러나 학습자중심이여도 교사가 학생이 사회에서 필요한 것을 결정하며, 학습자를 이전보다 고려함<br>• **경험형 교육과정** : 학교의 지도하에 학생이 경험 |
| 교육이론 | • 실용주의(씨)<br>• 자연주의(과육)<br>  └ 진보주의의 대부분 특징<br>• 민주주의(껍질) |

껍질 : 민주주의
씨앗 : 실용주의
과육 : 자연주의

[그림 2-1] 진보주의 교육철학 교육이론

| | |
|---|---|
| 교육목표 | • 사회적응<br>• 문제해결능력의 향상<br>• **경험의 재구성** : 지금까지의 경험을 새로운 문제 상황에 적합한 형태로 재구성 = **성장**<br>• 반성적 사고력 계발(가설검증 수업) |

| 관점＼교육 | 목표 | 활동 |
|---|---|---|
| 도야(본질주의) | 미래 | 현재 |
| 실용주의 | 현재 | 현재 |

| | |
|---|---|
| 교육내용 | • 교육목표 = 교육활동(내용)<br>　　　　　 = (지금)실생활<br>　　　　　 = 경험(실생활은 경험을 통해서 이루어짐)<br>　　　　　　　⇩ 반성적 사고(수단) : 교육은 가치지향적<br>　　　　　 경험을 재구성 = 성장<br>　　　　　　　⇩ 활용<br>　　　　　 문제해결학습(= 가설검증수업) : 귀납적<br>• 교육내용은 **실생활**과 관련 ⇨ 교육은 생활을 위한 준비가 아니라 생활 그 자체이며, 교육의 경험을 계속적으로 재구성하는 성장의 과정 |

| | |
|---|---|
| | • 학생들이 필요와 흥미를 가지는 것 |
| | • 교사와 학부모가 논의·검토하여 교육적·사회적으로 가치 있는 것을 교육내용으로 선정 |
| 교육방법 | • 실천적 활동 중심 |
| | • 학습자의 학습활동은 살아 있는 지식이 되도록 지도 |
| | • '학습은 행하기를 통하여 일어난다.' ⇨ Learning by doing by 반성적 사고 |
| | • 학교는 경쟁이 아니라 협력을 강조하는 곳 : 민주주의 관점 |

## 02 본질주의 교육철학

| | |
|---|---|
| 기본입장 | <u>문화의 본질을 가르침</u> ⇨ 미래 준비를 위한 훈련<br>└ 우리나라 교육을 설명 |
| 교육목적 | 정신적 <u>문화유산</u> 가운데 정수의 것을 가르치는 것<br>예 피타고라스의 정리, 아르키메데스 원리 |
| 교육내용 | 정신적 문화유산 ⇨ 교과 ⇨ 교과서 |
| 교육방법 | • <u>노력</u> ⇨ 흥미<br>└→ 진보주의 : 흥미 ⇨ 노력<br>• 정신적 훈련을 강조 : 훈육(강의법 ×)<br>예 로크 – 형식도야<br>• 핵심을 뽑아 구성<br>• <u>교사</u>의 역할은 성인 세계와 아동 사이의 중재자<br>└ 교사중심 수업 |

## 03 항존주의 교육철학

| | |
|---|---|
| 등장배경 | • 진보주의 때문<br>• 중세시대 토마스 아퀴나스의 스콜라 철학에 영향 받음<br>└ 플라톤의 사상 기반<br>• **대표자** : 허친스 |
| 교육목적 | 인간으로서의 완성, 이성만을 강조 |
| 교육내용 | 영원불변의 진리가 담긴 철학서와 역사서(위대한 저서 101권) |
| 교육방법 | 교사중심의 훈육, 교육은 미래의 준비 |

## 04 재건주의 교육철학

| 등장배경 | 학교교육이 <u>사회 개혁 기능</u>에 더욱 충실해야 한다고 주장 |
|---|---|
| | └ 진보주의는 이를 간과함 |
| 교육목적 | 사회 재건(민주적 복지사회 제시) |
| 교육내용 | 사회가 직면하고 있는 문제점 |
| 교육방법 | • 민주적인 방법<br>• 민주적 토론 중심<br>• 사회적 자아실현 추구 |

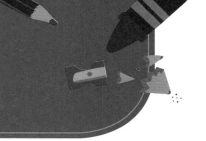

# Theme 3
# 현대 교육철학

## 01 실존주의 교육철학

| 개념 | • 인간으로 하여금 자신의 본질적인 삶을 살도록 하여, (인간성 상실) 자기 존재의 의의와 가치를 찾게 하는 교육철학<br>• 주체성을 강조하고, 소외에서 벗어나 대화와 만남을 중시 | |
|---|---|---|
| 특징 ✰ | 실존 | • 의식(주체성)을 가진 현실적 존재, 다시 말하면 '나'로 존재하는 인간의 구체적인 삶의 현실<br>• 주체적인 삶의 모습<br>　└ 독자적 삶, 추상적·보편적 삶 ×<br>• 실존은 본질에 선행한다(사르트르) ; 현실에 내가 먼저 존재하며, 나에 대한 규정은 그 다음에 이루어짐 |
| | 선택 | • 실존 ⇨ 본질<br>　└ 선택 : 자유로운 선택과 주체적인 결단에 의해 본질을 창조<br>• 자유와 책임 : 이러한 선택은 자유를 통하여 얻어지고, 선택의 결과에<br>　└ 무엇을 선택할 수 있는 자유라기보다는 어떤 선택을 할 수 있다는 가능성<br>대한 책임이 뒤따름 |
| | 소외<br>(주체성) | • 선택의 결과에 대한 두려움으로, 책임으로부터 도피하고 싶어함<br>　⇨ 스스로를 남이 되게 함<br>• 독자적인 삶과 학생 스스로의 각성을 강조, 추상적·보편적 인간을 지향하지 않음 |
| 교수방법 ✰ | 볼노브의<br>만남의 교육 | • 만남은 교육에 선행함 ⇨ 진정한 교육은 인격적 상호작용의 터전에서 이루어짐<br>• 교사와 학생 간의 인격적인 만남 ⇨ 수직적·비연속적인 질적인 변화 |
| | 부버의<br>만남의 교육 | • 인간이란 관계를 통해 그의 실존을 형성해 가는 창조자<br>• '나'와 '너'의 주체적인 만남을 강조 ⇨ 나와 그것 ×, 비인격적인 만남 × |
| 교육적 의의<br>(시사점) | • 대화를 통한 비연속적 형성 가능성 인정(질적 변화)<br>• 인간의 주체성 강조 : 보편성보다는 개성 존중<br>• 보편적인 인간이 아닌 개개인의 인간성 교육 중시 : 전인교육(= 인격교육) 강조<br>• 교육에서 진정한 인격적 만남과 대화 중시 : 교사가 먼저 인간화가 될 필요성 인정<br>• 교사는 학생들의 심적 갈등과 어려움에 깊이 공감하고, 풍부한 경험을 제공할 수 있는 소유자의 역할 | |

## 02 구조주의 교육철학(객관주의)

### 1. 등장배경과 의의

하나의 논리, 하나의 사고방식이 존재한다고 보는 입장

### 2. 대표자

브루너(Bruner), 피아제(Piaget)

## 03 포스트모더니즘 교육철학(= 탈산업사회, 후기산업사회, 후기구조주의)

| 개념 | • 보편적 이론이나 사상의 거대한 체제의 **해체**를 주장하고, 이성적·주체적 자아는 일반인을 속박하기 위해 만든 허구로 보며 자아의 해체를 주장하는 문화논리<br>• 수요자중심(= 학습자중심) ⇨ 교사의 역할 : 안내, 협력, 보조, 동반자<br>• **이질성, 다양성, 주관성 강조** ⇨ '해체' 강조<br>          └ 이분법적인 사고 강조 ✕<br>• 학습자의 흥미 중시<br>  - 학습자의 흥미를 불러 일으키는 방법 : ARCS<br>  - 문제중심학습 : 문제상황일 때 흥미를 느낀다는 전제 |
| :---: | :--- |

> **문제중심학습(구성주의 수업이론)**
> • 결과 동일 ✕, 따라서 왜 이런 결과가 나왔는지 과정도 평가(수행평가)
> • 단순암기지식 ✕, 초인지, 창의력 강조
> • **누구 문제** : 학습자 스스로 문제
> • **누가 해결** : (스스로) 자기주도학습 ⇨ 구성주의
> • **어떤 문제** : 교과서 문제 ✕, 직면한 현실 문제
> • **공통문제** : (같이) 협동학습
>   └ 서로의 다양성을 존중하며 각자의 결과가 동일하지 않기 때문에, 하나의 문제에 대하여 서로의 의견을 나눠야 함
> • **문제해결 위해**
>   - 교실에만 ✕(현장·체험 학습)
>   - 교사에 의존 ✕(전문가와 교류 = CMC, 컴퓨터 매개수업) 예) E-mail
>   - 단일 고과서만 ✕(통합고과 = 하이퍼텍스트)
>      └ 유연성(열린교육)

| | | |
|---|---|---|
| 특징 ✿ | | • **반합리주의** : 이성을 부정하고 감성 중시<br>• **인식론적 상대주의** : 모든 인식 활동은 인식자의 주관에 따른 상대적인 관점에서 이루어질 수밖에 없다고 주장<br>• **탈정전화** : 고급문화 vs 저급문화 ⇨ 이런 구분은 무의미하며 '정전'이라고 불리는 것들에서 탈피해야 함<br>• 유희적 행복감의 향유 : **감성을 중시**<br>• **다원주의** : 모든 종류의 경험이 지식이 됨 ⇨ 학문적 다원주의<br>• 지식은 끊임없이 변화한다는 관점에서 탈정전화를, 어떠한 절대적인 준거도 존재하지 않는다는 관점에서 반정초주의를 강조<br>• **소서사적 지식관** : 보편적인 지식(= 대서사적 지식)에 의해 무시되어 왔던 특수적·지엽적인 문제를 공론화하고, 교육현장에서 작은 목소리를 존중<br>• **전체성에 대한 거부** : 자기실험과 자기창조의 윤리에 입각하여 차이를 존중하는 생활지도를 해야 함 |
| 푸코의<br>'경계 허물기<br>철학' ✿ | 지식 - 권력 | • 권력의 힘과 지식의 힘은 동일하며 그 관계를 **'지식 - 권력'으로 표현함**<br>　- 지식 안에는 권력이 있고, 이 지식은 권력의 행사를 정당화해줌<br>　- 반대로 지식 역시 자신의 정당성을 유지하기 위해 그러한 권력을 필요로 함<br>• 권력자의 것이 올바르고 비권력자의 것이 올바르지 않은 것 ⇨ 지식이 권력자에 의해 결정 ⇨ 해체 강조, 국지적 진리 옹호, 다양성 중시 |
| | 훈육과<br>생체권력 | • **훈육** : 기존 질서에 순응하도록 권력을 사용하는 것으로, 이 권력은 결국 생체권력이 됨 ⑩ 판옵티콘<br>• 권력자는 비권력자를 생체권력을 통하여 감시<br>　└─ 드러나지 않는 비가시적인 권력<br>• **생체권력** : 신체에 직접 작용하고, 신체에 새겨지는 권력<br>• 몸을 통제함으로써 순응하는 인간을 만드는 것이 바로 생체권력의 목표 |
| | 판옵티콘 | • 일종의 원형감옥으로, 권력자는 자신의 위치를 숨기고 피권력자를 감시하기 위한 것<br>• 학생들을 규격화하여 기존 질서에 순응하도록 만듦<br>　⑩ 학교에서의 각종 규제, 시간표, 시험기간<br>• 교사는 무엇이 옳다고 강조하지 말고, 학생의 말에 귀를 기울이며, 토의수업을 하는 것이 바람직함 |

## 04 구성주의 교육론

| 개념 | | 지식을 획득하는 과정은 지식을 갖고자 하는 사람이 능동적으로 만들어가는 과정 |
|------|------|------|
| 구성 ✦ | 학습자 | 능동적이고 창의적인 존재 |
| | 교사 | 조력자, 안내자 |
| | 교육과정 | 학습자에 의하여 재구성<br>└ 학습자의 관심영역 |
| | 수업원리 | • **능동적 참여** : 강한 학습동기를 바탕으로 학습자의 자발적·적극적인 수업 참여<br>• **유의미적 관련성** : 자기 실제 생활과 관련된 일에 대하여 흥미와 의미를 부여<br>• **아이디어 활성화** : 객관적이고 지식덩어리 ×, 창의적인 아이디어 발산을 권장<br>• **협동적 상호작용** : 사회적 상호작용 강조<br>• **풍부한 학습환경** : 맥락적, 현실(체험학습)<br>• **비정형화** : 다양성 |
| | 평가방법 | 수행평가 방식<br>└ 수업을 위한 평가, 평가를 위한 수업 ×, 과정과 결과 모두 평가, 교수-학습의 개선 |
| 문제점 | | • 학생마다 다른 구성적 인식활동을 보장해야 하므로, 학교교육의 교육과정을 체계화하기 어려움<br>• 체계적인 교육활동이 어려우므로 학생들의 기초학력이 낮아질 가능성이 큼<br>　⇨ **해결책** : 성취도 평가<br>　　　　　　└ 공통교육과정<br>• 자기주도적 능력이 부족한 학생은 일을 제대로 수행하지 못함 ⇨ 보상교육 필요 |

## 05 분석적 교육철학

| 개념 | 의미를 분석하여 객관화시키는 것 |
|------|------|
| 특징 | • 교육적 논의에서 쓰이는 여러 용어의 의미를 명료화 ⇨ 교육철학을 과학화<br>• 교육, 교수, 학습 등과 같은 교육적 개념의 의미를 분석<br>• 교육에서 쓰이는 중요한 개념들의 의미가 무엇인지를 밝혀 교육현상에 대한 참다운 이해를 돕는데 공헌<br>• 교육적 실천원리의 타당성을 검증 ⇨ 타당성이 입증되면 이 실천원리는 정당화되어 교육현장에 적용됨 |

# 06 현상학적 교육철학

| 개념 | • **현상학** : 있는 현상을 자연 그대로(타당도) 기술하는 것(질적 접근) |
|---|---|
| | • **해석학** : 있는 현상의 이유를 행위자 입장에서 이해하여 그대로 기술하는 것 |

| 지향성 | • 인간의 의식은 언제나 지향성을 갖고 있음 |
|---|---|
| | • 지향성이란 의식작용의 결과로 의식내용이 형성 |
| | • 세상의 모든 존재는 의식을 통해서만 존재하고, 역으로 의식이란 무엇인가 대상을 향해 있을 때만 존재 |
| | • 이러한 무엇인가를 향한 의식작용을 '지향성'이라고 함 |

| 특성 | • **목적** : 행위자의 행동 이해 ⇨ 행동은 늘 목적 지향적인 활동이기 때문에 어떤 행동이든 |
|---|---|
| | <sub>└ 의미충족 형식</sub> |
| | 행위자의 의식이 내포될 수밖에 없는데, 이러한 행위자의 행동에 내재된 의식을 이해하기 위함 |
| | • **행위자 입장** : 행위자의 행위 속에서 내재된 의식을 이해하기 위해 관찰자의 관점이 아닌 행위자의 입장에서 이해 |
| | • **상황 맥락적 입장에서 이해** : 상황과의 관련 속에서 이해, 인간의 행동 자체는 상황과 분리해서 이해될 수 없기 때문에 왜 그러한 행동이 발생했는지 상황과 연관시켜 이해 |

| 대표자 | • 메를로 퐁티 : 전 반성적 사고 주장 |
|---|---|
| | • 인간의 지각은 대부분 전반성적이므로 특히 아동교육에서는 구체적 경험이 추상적 사고에 앞서야 하며, 아동은 먼저 신체활동과 직접체험을 통해 배워야 함 |
| | • 체험을 강조 : 내적 합리와 외적 경험의 중간적 입장 ⇨ 체험학습, 현장학습의 중요성 |
| | <sub>└ 육체적 행동</sub> |

| 시사점 | • 학생의 행동을 이해할 때, 어떻게 이해하는지에 대한 답변 제시 |
|---|---|
| | － 현상학적 관점에 의하면, 어떤 행동이건 의식이 내포하므로 그 정신을 이해하려면 그 행동을 행위자 입장에서 경험(=체험)해야 함 |
| | • 학습자가 체험을 할 수 있도록 교사는 학습자에게 동기를 불어 넣어줘야 함 |
| | • 학생의 행동을 이해할 때, 어떤 추상적인 지식을 가르칠 때, 현상학적 관점 필요 |

| 예 | | | |
|---|---|---|---|
| | **주제** | 조선 사람들이 흰 옷을 입는다. | |
| | **구분** | **내용** | **관점/방법** |
| | **왜?** | 흰 옷 착용의 이유를 설명 | 해석학 |
| | **무엇을?** | (흰 옷 착용) 정신 | 정신분석학(프로이트) |
| | **누구의?** | 조선인(자발적으로 흰 옷 착용) | 관찰자 입장이 아닌 행위자 입장에서 이해(실존주의) |

• 문화 기술적 방법 : 맥락적 입장(상황 의존적) ⇨ 행위자 입장에서 맥락을 파악

• 관찰자가 행위자를 이해하려면 행위자 입장에서 경험해봐야 함

(∵ 의식 ⇨ 대상 : 지향성)

## 07 해석학적 교육철학

| 이해를 보는 관점 | • 이해는 구체적인 맥락 속에서 이루어짐<br>• 적용은 이해한 것을 뒤늦게 현실에 응용하는 것이 아니라 이해의 일부분<br>• 이해는 역사적으로 주어지는 선입견과 선이해를 배경으로 하여 이루어짐<br>• 이해는 지금 여기서 완료되는 것이 아니라 미래의 다른 이해를 향해 열려 있음 |
| --- | --- |
| 선이해(전이해)의 중요성 | • 이해할 수 있다는 가정<br>• 이해할 수 있는 것이어야 하기 때문에 미지의 것은 철학의 대상이 되지 못함 |
| 의미충족 형식으로서의<br>삶의 표현 | 인간의 행위는 일련의 의미충족 형식을 띠고 있으므로, 의미충족 형식은 일종의<br>해석 대상이며 이해를 필요로 함 |
| 해석학적 순환과 이해 | 전체의 이해가 부분에 대한 이해를 높여주고, 다시 이러한 고양된 부분적 이해<br>가 전체적 이해를 가능하게 함 |

# 08 비판철학

## I. 기본적인 이해

| 철학적 배경 | | • 마르크스 : 하부 구조론(경제구조와 사회로부터의 = <mark>이데올로기성의 분석</mark>)과 <u>소외</u> ⇨ 소외×(인간해방 = 실천적 입장 강조) |
|---|---|---|
| | | • 누가 소외당하는가? : 피지배층 ⇨ 억압을 받고 있는지도 모름 |
| | | • 어떻게 소외당하는가? : 타인에 의해 ⇨ 소외 원인은 사회적인 관계 |
| | | • 학교교육이 개인의 의식구조, 가치관, 태도를 왜곡·속박하는 메커니즘을 규명하는 데 관심 |
| | | • 현재 자본주의 사회 속의 학교교육은 이론과 실제에서 지배계층에 유리한 계급 편향성이 내재해 있으므로, 이론과 실제에 내재되어 있는 계급 편향성을 규명하고자 함 |
| 교육적 함의 (if. 소외) | 교육목적 | • 불평등, 부정의와 같은 것에 대한 <mark>비판적인 의식을 함양</mark> |
| | | • 무엇이 가치 있는 교육인가를 스스로 성찰 |
| | | • 개인과 사회를 해방(인간화) |
| | 교육내용 | • 학습자와 관련성을 지어서 |
| | | • 교육내용 및 과정을 선정할 때는 학습자와 교사가 함께 재구성 |
| | |   – 교사와 학생이 주체적으로 성찰하고 문제점을 찾아 수정하고 재구성해야 자율적 권리를 보장함 |
| | |   – 그렇지 않으면, 지배집단의 이데올로기가 무의식 중에 각인되고 정당화됨 |
| | | • <u>잠재적 교육과정의 기능에도 주의</u><br>  └ 기존의 수업은 잠재적 교육과정에 악영향을 끼침 |
| | | • 학생의 삶의 경험을 토대로 대화의 장을 열어야 함 |
| | 교육방법 | • 교사는 학생과의 상호작용을 위해 학생의 자유를 최대한 보장 |
| | | • 대화의 소재를 선별하여 제시(관련성) |
| | | • 학생은 이에 주체적으로 성찰하고 비판하며, 교사는 이러한 학생의 성찰과 비판을 통해 자신의 관점을 반성하고 필요할 경우 수정 |
| | | • <mark>비판적 읽기</mark> : 수업시간에 텍스트를 읽으며 기계적으로 수용하기보다 비판적으로 숙고하여 텍스트의 의미를 재창조, 능동적 존재 인정 |
| | | • <mark>비판적 쓰기</mark> : 교사 주도의 일방적·수동적 교육방식에서 벗어나 다른 학생들의 글을 서로 돌려 읽으며 자신의 느낌과 생각을 글로 표현, 다양한 시각 발달 |

## 2. 대표자 : 프레이리의 교육사상

| | |
|---|---|
| 교육목적 | • 오늘날 상당히 많은 사람들은 주체로서 의식을 상실하고, 단순한 객체로 전락하고 지배층에 의해 길들여져 '침몰된 삶'을 살고 있음 ⇨ 피지배계급은 소외되었다는 사실조차도 인식하지 못함<br>• 인간해방<br> − 지배층에 의해서 비인간화된 현상을 탈출하는 것<br> − 인간이 자신을 비인간화하고 압박의 상황을 이겨내며, 주체로서 자아를 긍정하는 것은 인간의 존재론적 역사적 사명임<br>• 의식화 교육(비인간화 극복) : 인간해방을 위하여 피지배층의 의식구조가 개혁되는 과업이 선행, '의식화'라는 비판의식을 각성하고 고양시키는 것<br>• 의식화 교육을 통하여 인간해방의 목적을 달성 |
| 교육내용 | • 문해교육 : 글을 읽고 이해하는 능력, 학생은 대상을 수동적으로 받아들이지 않고 항상 그 원인을 분석, 모순을 발견, 나름대로의 시각을 형성, 비판적 사고능력 함양<br>• 관련성 : 학습자와 관련성 있는 내용 |
| 교육방법 ✦ | • 문제제기식 교육(대화, 토론)<br> − 예금식 교육 비판<br>  └ 통장에 예금주가 돈을 입금하듯, 학교에서는 교사가 학생에게 지식을 주입, 학생은 수동적 존재<br> − 교사와 학생이 비판적인 공동연구자가 되어 현실 문제를 올바르게 바라보고, 해답을 구하는 교육<br>• 대화<br> − 문제제기식 교육에서 핵심적인 방법<br> − '너와 나'의 인격적 만남을 기반으로 구체적인 상황들에 대해 대화함으로써 문제해결을 유도하고, 실존적·비판적 사고의 변혁<br> − 대화의 소재를 선별하고, 학생의 자유를 최대한 보장 |
| 교사 역할 | • 수평적 상호작용 강조 ⇨ 자기와 타인을 존중하는 교사의 겸손을 강조<br>• 삶의 실천적 문제들과 이를 직면하여 비판적 의식을 가지고 끊임없이 사고할 수 있도록 지식을 구성<br>• 가르침과 양육은 구별해야 함, 동일시하면 교사는 불합리한 조건에 대해 저항을 못함<br>• 문해교육 : 비판적 읽기 강조(수동적으로 받아들이지 않음)<br>• 교사는 사회에 대한 저항행위와 가르침에서 일관성을 유지 |
| 시사점 | • 학교의 인간화 방안 추진 : 대학입시라는 외적 압력에 의해 단순한 교육의 객체가 되어 '침몰된 삶'을 살고 있기 때문에, 인간화를 통하여 학교에서 학생이 주체가 되도록 교육개혁을 추진. 목표, 내용, 방법, 교사의 질 개선 등의 다양한 문제를 해결<br>• 문제제기식 교육 : 우리의 교육은 교사가 주도권을 가지고 학생들에 지식을 주입하므로, 비판적·능동적으로 성찰하는 인간을 길러내기 어려움, 현실의 문제를 구체적으로 확인하고, 왜 발생하고 있는지 원인을 규명하여, 비판적으로 인식하는 능력을 계발함 |

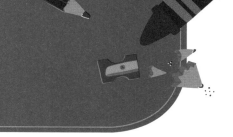

# Theme 4
# 유교의 교육철학

## 01 유교사상의 전개

| 원시유교 | 경학 ㄴ 인격완성 |
| --- | --- |
| 한·당의 유학 | 훈고학 ㄴ 주석 중시(사장학), 도덕적 실천경시 |
| 송의 신유학 | 성리학 ⇨ 양명학 ⇨ 경학 |
| 청의 고증학 | 실사구시 ㄴ 실학, 실제적인 것을 구함 |

## 02 주자와 성리학의 교육사상

| 성리학의 의미 | 性卽理(인간의 본성 = 선) : 수양을 강조 - 인격완성(위기지학) ⟷ 출세(위인지학) |
| --- | --- |
| 이기론을 강조 | • 理 : 이치, 근원, 정신 ⇨ 4단(4덕) = 선 = 인의예지, 변하지 않는 것<br>• 氣 : 기운, 현상, 물질 ⇨ 7정 = 선·악 = 희노애락애오욕, 변할 수 있는 것 |
| 교육이념 | 성인 |
| 교육과정 | 소학(바른생활책), 대학(윤리책), 사장학 ✕(훈고학 ✕), 경학 |
| 대학의 교육사상 | 8조목(격물치지 성의정심 수신제가 치국평천하) ㄴ 인간으로서 참 모습을 알아가는 것, 모든 일에 성의, 마음이 올바르게 된다, 수신 ~ |
| 교사관 | • 본받을 수 있는 존재<br>• 배움의 대상이 되는 존재<br>• 법성현 : 그 사람을 본받기 위해 제사<br>  예 문묘(공자), 사우(제사 지내는 집) or 사당 |

## 03 양명학의 교육사상

| 양지(대인, 소인) | • 인간의 마음속에 선천적으로 들어 있는 것<br>• 사물을 관찰하거나 추리하는 과정을 거친 앎이 아닌 직관적인 앎 |
| --- | --- |
| 치양지 | 인간이 본연의 모습을 회복하기 위해 마음 가리고 있는 것을 제외하고 이를 실천 |

# PART 3
# 서양 교육사

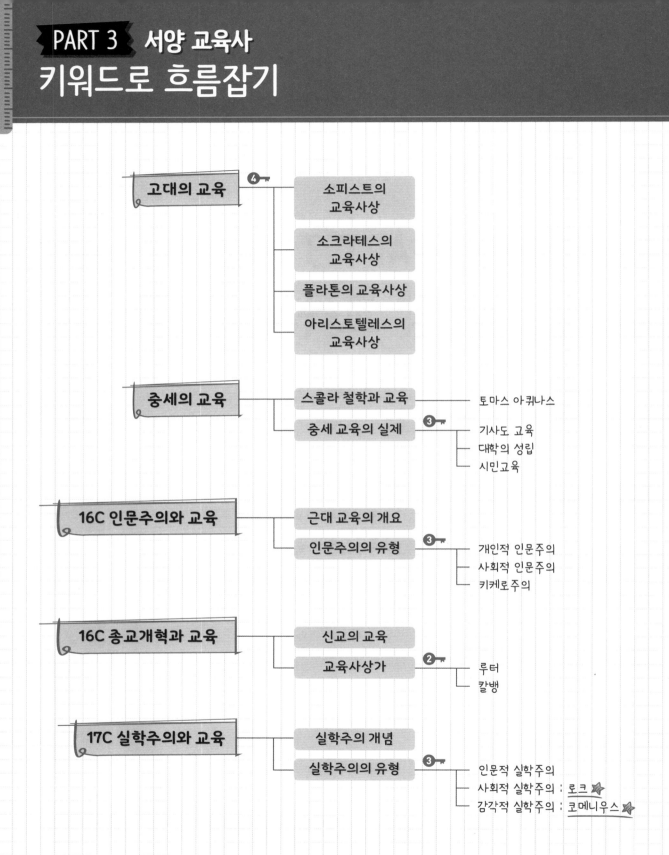

고대의 교육 ❹
- 소피스트의 교육사상
- 소크라테스의 교육사상
- 플라톤의 교육사상
- 아리스토텔레스의 교육사상

중세의 교육
- 스콜라 철학과 교육 ── 토마스 아퀴나스
- 중세 교육의 실제 ❸
  - 기사도 교육
  - 대학의 성립
  - 시민교육

16C 인문주의와 교육
- 근대 교육의 개요
- 인문주의의 유형 ❸
  - 개인적 인문주의
  - 사회적 인문주의
  - 키케로주의

16C 종교개혁과 교육
- 신교의 교육
- 교육사상가 ❷
  - 루터
  - 칼뱅

17C 실학주의와 교육
- 실학주의 개념
- 실학주의의 유형 ❸
  - 인문적 실학주의
  - 사회적 실학주의 : 로크
  - 감각적 실학주의 : 코메니우스

# Theme 1
# 고대의 교육

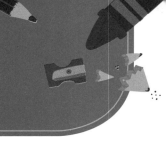

MEMO

## 01 소피스트의 교육사상

### I. 대표자

프로타고라스 : "인간은 만물의 척도" ⇨ 주관적·상대적 경험론의 시조, 감성적

### 2. 교육적 공헌

불가지론 : 경험하지 않은 것은 알 수 없음

---

**고대교육**

- 교육대상 : 귀족(관심 : 생산 ×, 정치가 양성)
- 정치가 : 웅변술, 윤리성 ⇨ 자유교육

---

## 02 소크라테스의 교육사상

| 교육목적론 | • **이성**에 의한 절대적(객관적) 진리를 강조 ⇨ 진리(지식)를 안다는 것은 윤리적임 |
|---|---|
| | • **도덕적 품성** : 지식은 곧 선, 선은 곧 덕 ⇨ 선을 알고 이를 행하는 것 ⇨ **지행합일** <br> └ 알기만 하면 안 되고 행위를 해야 윤리적 ┘ |

| 교육방법론 🖋 | 무지의<br>자각 | • **윤리를 깨닫기 위한 과정** : 무의식적 무지 ⇨ 의식적 무지 ⇨ 진지 <br> └ 참다운 지식, 합리적 진리; 앎의 목적 ┘ <br> • **대화법(=문답법)** : 대화를 통해 개념을 귀납적으로 정의하고, 이를 통해 보편적 진리를 발견하는 방법 <br> └ 학습자 경험에 의한 스스로 탐구 <br> – 교육방법론의 첫 단계는 학습자의 무의식적 무지에서 의식적 무지로 이끄는 반어법 <br> – 두 번째 단계는 무지의 자각으로부터 참다운 지식(진지), 합리적 진리로 인도하는 산파술 |
|---|---|---|
| | 문답법 | • **반어법** : 교육은 지식의 주입이 아니라 사고력의 발전으로 보고, 교사는 암시와 자극을 통해 학습자가 스스로 경험하고 반성하도록 안내하고 조력 <br> • **산파술** : 교육이란 갖지 못했던 지식을 밖에서 안으로 집어넣은 것이 아니라, 이미 알고 있는 것을 산파처럼 이끌어내는 작용이므로 학습자가 지식을 회상하도록 교사는 탐구의 과정을 안내, 필요한 조력을 제공 <br> • **상기술(회상술)** : 자기의 애매모호한 지식을 분명히 하여 진지에 이르게 함으로써 자기 속에 원래 있던 지식을 상기하는 것 |

# 03 플라톤의 교육사상

| 이데아론 | • 이원론( = 유심론) : 세계 전체가 서로 독립된 이질적인 2개의 근본원리로 되어 있다고 사고하는 방식<br>• 현실세계 vs 이상세계(Idea) ⇨ 불완전한 상태를 완전하게 하기 위해 이상세계를 모방<br>　└ 물질, 불완전　└ 정신, 완전　　　　└ 현실　　　　　　　　　　└ 모델링 |
|---|---|

**이상국가론**

• 4주덕
　- 덕이 계급에 따라 잘 갖추어져 있어 이상국가를 만들 수 있는 국가의 덕인 정의를 설정하고 있음
　- 덕에 따른 계급

| 지혜를 갖춘 사람 | 정치가(철인정치)<br>　• 회상설(상기설) : 우리의 영혼이 육체 속에 유폐되기 전에 이미 알고 있었던<br>　　이데아를 상기. 새로운 인식 ×<br>　• 변증법 : 서로 상반된 것을 합치는 것. 단순히 합치는 것이 아니라 질적으로<br>　　달라짐, 감각에 의존 ×, 대화와 토론, 선의 이데아와 관련된 논쟁에서 사용 |
|---|---|
| 용기를 갖춘 사람 | 군인 |
| 절제를 갖춘 사람 | 생산자 |

• 국가론적 관점에서 지혜를 가진 자가 정치를 해야 한다는 **철인정치**를 주장

| 교육목적 | • 완전한 세계인 이데아를 탐구<br>• 개인의 천부적인 소질을 발견하고, 자신의 내면의 세계를 탐구하는 과정이 필요<br>• 조화롭고 훌륭한 민주시민을 양성 |
|---|---|
| 교육내용 | • 첫 단계에 가장 기본적인 교과인 체육과 음악을 교수 ⇨ 선발고사 불합격하면 생산자로 전락<br>• 두 번째 단계에 수학과목을 공부 ⇨ 선발고사 불합격하면 군인<br>• 세 번째 단계에 지성함양을 목적으로 변증법을 배워 지혜를 갖추게 됨으로써 정치가가 됨 |

**교육의 과정**

• 분선이론 : 이데아에 이르는 과정
• 교육실현의 4단계

| 단계 | 인식의 대상 | 마음의 상태 |
|---|---|---|
| 1단계 | 그림자를 통함 | 환상 |
| 2단계 | 시각적 사물을 통함 | 믿음 |
| 3단계 | 수학적 지식을 통함 | 사고 |
| 4단계 | 형상을 통함 | 지식 또는 지성 |

• 교육의 최고봉인 '선의 이데아'에 대한 탐구의 과정을 거치게 됨

# 04 아리스토텔레스의 교육사상

| | |
|---|---|
| 개념 | • <u>Idea는 실현시킬 대상</u><br>└→ 플라톤 : Idea는 현실에 없으므로 탐구의 대상<br>• **일원론** : 현실 속에 Idea가 존재<br>• 유물론(60%) + 이성(40%) ⇨ 이성에 근거를 둔 현실을 강조<br>• 최고선으로서의 행복을 추구하기 위해 지성적 삶과 습관 형성을 중시<br>• **행복을 위한 단계**<br><br>이성<br>⇩<br>중용의 덕    - **중용** : 이성에 의한 현실을 정확히 판단, 과대와 과소가 아닌 올바른 중간을 정하는 것 ⇨ 도덕적인 삶(자유교육)<br>   - **실천 + 의지** : 습관(정의적 차원)<br>     └ 인격을 갖추는 것, 쾌락과 고통의 대상을 올바르게 선택하도록 하는 것<br>⇩<br>행복    일상의 실제적 문제를 해결한 후, 영혼이 신의 모습을 보고 최상의 행복을 맛보는 것, 자아실현 |
| 교육목적 | 행복이 인생 최고의 목적, 교양을 갖춘 자유인의 양성 |
| 교육방법 | • 직접적인 관찰법을 강조<br>• 특히 경험을 중시 ⇨ 이성적인 활동을 통한 현실에 적용하는 개념일 뿐, 경험을 통해 이성을 파악하는 것이 아님 |
| 덕성교육 ✏ | • 덕성교육<br>   - 성품적인 덕은 본성에서 저절로 생겨나는 것이 아니며, 본성에 반하여 생기는 것도 아님<br>   - 우리는 성품적인 덕을 받아들일 수 있는 가능성을 갖추었을 뿐, 이성을 통해 성품적인 덕을 형성함<br>• 본성, 습관, 이성이 함께 해야 교육이 가능함<br>• 실천적 이성이 감정과 욕망(본성)을 다스리는 기능을 수행할 때의 덕을 '도덕적 덕'이라고 말하며, 이는 습관에 의해 계발<br>• 다시 말하면, 욕구에 의해 행위가 나오고, 실천적 이성이 이를 분별하고, 이에 대한 의지가 형성되어 도덕적 덕이 일관성 있게 작용함 |

| 실재론 | • 경험론 × |
| --- | --- |
| | • 모든 사물은 형상과 질료로 구성 |
| | • 형상은 이데아, 질료는 물질이며, 형상은 질료가 형성한 것임 |
| | • 형상은 실재성 또는 현실태, 질료는 형상이 될 수 있는 잠재성 또는 가능태 |
| | • 형상과 질료는 상호 의존적이며, 질료가 없으면 형상은 현상으로 나타날 수 없고, 반대로 형상이 없으면 질료는 현상으로 나타날 수 없음 |
| 자유교육론 | • 이성의 연마가 최상의 교육목표 |
| | • 원래 노예가 아닌 자유인을 위한 교육(고대), 시민/귀족을 위한 교육으로, 교육목적을 정치인 양성에 두고 있음 ⇨ **필수요인** : 도덕성(인격교육, 교양교육, 일반교육) |
| | • 자유교육은 지식과 이해를 추구하는 것이 마음의 자유로운 발달을 가져온다고 보며, 지식과 이해를 추구하는 교육이므로 그것은 합리적 마음의 발달을 지향하는 교육임 |
| | • 이와 같은 교양을 기르기 위해 7자유과를 중요한 교육내용으로 함 |

PART 3

서양 교육사 ET 김인식 교육학 논술 콕콕 만점 서브노트

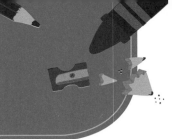

## 01 중세교육

| 개요 | | 신 중심 – 기사도교육, 중세 대학, 시민교육, 세속교육(기독교육 포함) |
|---|---|---|
| 전기 | | • **교부철학(5 ~ IIC)** : 신 중심<br>• 십자군 원정에 의해 <u>교부철학</u>과 <u>스콜라 철학</u>으로 구분<br>   └ 중세 전기     └ 중세 후기 |
| 후기 | | • **스콜라 철학(II ~ I5C)** : 신 + 인간<br>• **대표자** : 토마스 아퀴나스<br>• **학교철학(=교회철학)** = <u>교사철학</u><br>   └ 본산학교, 수도원학교    └ 본산학교 교사들에 의해 주도<br>• 십자군 전쟁의 패배 ⇨ 교회의 권위를 회복하려 노력 ⇨ 기독교의 교리를 이성적인 방법으로 체계화<br>• Schola철학 ⇨ <u>세속교육</u> : 중세대학, 기사도, 시민교육<br>             └ 신학을 중시 |
| 실제 | 기사도교육<br>(기독교적 신사) | • **교육목적** : 야만적 무사로 하여금 기독교 정신 습득<br>• **의의** : 체육교육에 지대한 영향, 서양 신사정신(Gentlemanship) |
| | 대학의 성립 | • 십자군 원정<br>• <u>사라센 문화의 유입</u><br>      └ 인간중심 문화<br>• 스콜라 철학(신 + 인간)<br>• 길드(Universitas) : 훌륭한 사람 밑에서 관심 있는 사람끼리 모여서 그룹 과외<br>• 신학기관만 존재 ⇨ 결국 나중에 이것이 교황의 승인을 받아 대학이 완성 |
| | 시민교육 | 도제교육 : 직업교육<br><br>**계층구조**<br>• original 귀족자 : 성직자<br>• 신흥 중산층 : 중등, 대학교육 ┐<br>• 평민 : 초등교육           ┘ 복선형 |

# Theme 3
# 16C 인문주의·종교개혁과 교육

## 01 16C 인문주의와 교육

| 배경 | • 교회중심 세계관↓, 동방문화와의 접촉, 부를 축적한 시민계급 발생, 상업·교역 발달, 동시에 화폐경제↑<br>• 신비주의적 신앙관이나 내세주의적 세계관으로부터 벗어나, 현세의 특징과 인간 본성에 대하여 새롭게 조명 |
|---|---|
| 특징 | • 지·덕·체의 수양, 고대문화의 부흥 및 인간성을 존중(교양교육, 자유교육)<br>    └ 그리스, 로마<br>• 봉건체제의 양상이 가장 미약<br>• 자유시민의 활동<br>• 중세에서 완전히 벗어나지 못함(근세) |
| 유형 | • **개인적 인문주의(자유인문주의)** : 자기완성, 자기실현<br>• **사회적 인문주의(북유럽)** : 도덕적·종교적 인간의 육성, 사회개혁과 인간관계 개선<br>    ⇨ 종교개혁에 영향<br>• **키케로주의(형식적, 타락한 인문주의)** : 옛 것을 좋아한 나머지, 그 문장의 형식에만 집중함 |

## 02 16C 종교개혁과 교육

| 신교의 윤리 | 성서가 신앙의 규범, 인간은 평등, 노동을 신성하게 여김(소명) |
|---|---|
| 교육의 특징 | 신교의 직업윤리관(소명의식), 여성교육 주장, 성서가 일반 시민까지 개방, 초등 의무교육 발달에 크게 기여 |
| 교육사상가 | 루터 - 만인사제론 : 직임이나 일에 관계없이 세례를 받으면 모두 영적인 계급에 속한다고 봄 |

# Theme 4
# 17C 실학주의와 교육

MEMO

## 01 실학주의 개념

| | |
|---|---|
| 사회·문화적 배경 | • **절대주의** : 교황권↓, 왕권↑<br>• **중상주의** : 왕권을 무너뜨리는 데 영향<br>• **문화적 배경** : <u>바로크 양식</u><br>　　　　　　└ 절대군주 시대의 문화적 산물<br>• **학문적 배경** : 경험론·합리론이 주류, 신학은 자연과학의 위세에 밀려 물러남<br>• **자연법**<br>　- 로크 등 일부 사상가들에 의해 강조됨<br>　- 모든 사람에게 평등하게 적용되는 보편타당한 성질의 것으로 군주까지도 자연법의 보편<br>　　성 아래에 굴복, 이성을 통해 인식, 프랑스 혁명을 일으키게 되는 중요한 이유가 됨 |
| 형성 배경 | • 키케로주의 언어주의와 형식주의로 타락, 코페르니쿠스의 지동설(경험적 관점)을 비롯<br>　한 자연과학의 발달은 실학주의 사상을 태동<br>• **실험주의와 과학의 발달**<br>• **새로운 세계관 정립** : 여러 분야에서의 발견·발명과 아울러 지리상의 발견은 유럽사<br>　회에 새로운 바람<br>• **학문방법론의 변화** : 연역법보다는 귀납법을 중요한 방법론으로 채택 |
| 특징 | • **교육목적** : 실생활이나 사물을 통하여 우리에게 필요한 지식을 가르침<br>• **교육내용** : <u>편협한</u> 교과목에서 광범위한 교과목의 이수를 강조<br>　　　　　　└ 인문주의<br>• **교육방법** : <u>시청각</u> 교육, 오관을 통하여 경험<br>　　　　　　└ 실험 |

# 02 유형 및 사상가

## I. 인문적(개인적) 실학주의

고전을 배우고, 그것을 실제적인 생활에 이용함

## 2. 사회적 실학주의

### (1) 개요

① 사회생활의 경험을 중시

② 사교나 여행을 강조

③ 인간상 : 신사, 현실사회에서의 모범인을 중시

④ 인간도야를 통하여 신사로서의 소양을 갖추는 데 목적

### (2) 로크

| 인간관 | 백지설 ⇨ 교육 만능설(주형으로서의 교육에 영향, 주장 ✕) |
|---|---|
| | └ 인간에게는 천부적으로 주어진 관념이 존재 ✕, 모든 관념은 후천적인 경험을 통해서 이루어짐 |

| 교육목적 | | • 신사 양성 : 현실사회에서의 모범인, 교양을 갖춘 사람 = 인격완성 |
|---|---|---|
| | | • 형식도야( = 능력심리학에 이론적 기반, 부소능력) |
| | 기본가정 | • 정신도 근육처럼 형태가 있음(심근) |
| | | • 정신도 육체(근육)처럼 단련 가능 |
| | | • 마음의 형식(심리적 형식) : 기억, 지각, 상상, 추리 등의 심리적 활동 |
| | | └ 지각의 대상, 기억의 내용, 상상의 세계, 추리의 소재 등과 구별되며, 지식이나 규범이 아님 |
| | 교육내용 | • 심근을 단련하기 위한 수단으로 교과를 강조 |
| | | └ 7자유과, 수학이 가장 좋은 교과 |
| | | • 교과의 중요성은 구체적인 내용에 있기보다 내용을 담는 형식에 있음 |
| | 교육방법 | • 마음의 형식에 관한 훈련과 반복, 연습 ⇨ 쇠를 뜨겁게 달구어 두드려 연마하는 것 |
| | | • 일반적 전이를 강조 |
| | | • 교과학습에서 흥미가 없는 교과라도 학습자의 노력이 중시 |

| 교육내용 | • 박학 ⇨ 품위(사교와 여행 = 춤) |
|---|---|
| | • 기본전제 : 건강 ⇨ '건강한 신체에 건강한 정신' ⇨ 체육의 중요성을 강조 |
| | • 교과형 교육과정(교사중심) |

| 교육방법 | 마음의 형식에 관한 연습과 훈련(경험론) ⇨ 경험과 습관 중시 |
|---|---|

## 3. 감각적(과학적) 실학주의

**(1) 개념**

① 엄밀한 의미에서 실학주의란 감각적 실학주의를 뜻함(실험·관찰, 시청각교육, 직관주의)
② 감각적 직관을 교육의 기초로 삼는 교육사조로 구체적 실물을 통한 실제적 교육을 강조

**(2) 코메니우스(감각적 실학주의자 ⇨ 직관주의 + 객관적 자연주의)** 📎

| | |
|---|---|
| 교육목적 | • 내세준비, 이성적(박식)·도덕적(덕)·종교적(경건) 상태를 실현<br>• 인간은 열심히 지식을 닦고, 도덕심을 쌓으며, 신앙심을 길러 신께 귀의 |
| 교육내용 | • **범지학**(범지적 교과)을 강조 = pensopia(기초교육)<br>　- "하나님께서 이 세상을 지배할 권리를 주었기 때문에, 이 세상에 관한 지식을 알아야<br>　　한다."<br>　- 모든 과학과 학문을 통합하는 범과학, 범우주적인 지혜, 백과사전적 지식을 총칭<br>　　　신과 자연과 예술에 대한 총체적인 앎(로크의 박학과 더 나아간 확장됨) ┘<br>　- 모든 사람에게 모든 것을 가르친다는 보편교육론 |
| 교육방법 📎 | ┌ 실험·관찰·경험, 세계 최초의 그림이 실린 시청각교육 교과서<br>• **직관주의 : 『세계도회』**<br>　└ 대상을 직접적으로 파악<br>• 자연주의 입장 = 합자연의 원리(대교수학) ⇨ 객관적 자연주의 입장<br><br>**합자연의 원리**<br>• 인간을 교육하는 데 있어서 그 원리를 자연으로부터 도출하고 자연에 부합<br>• 교육은 인위적인 사회의 전통이나 관습에 의한 교육이 아니라, 아동이 태어나면서부터 가지고<br>있는 천부의 능력을 방해 받지 않고 자연에 따라 발달시키는 교육 |
| 교육단계 | • 4단계의 단선형으로 모든 계급의 남녀아동을 동일한 학교에서 교육해야 한다는 '교육<br>의 기회 균등화'를 강조함<br>• 교육 단계 |

| 단계 | 내용 |
|---|---|
| 1단계 | 유아교육은 어머니(모친)학교에서 감각훈련과 기초 지식을 습득(외적 감각) |
| 2단계 | 초등교육은 모국어 학교에서 3R's를 강조(상상과 기억) |
| 3단계 | 중등교육은 라틴어 학교에서 7자유과를 학습(이해와 판단) |
| 4단계 | 고등교육은 대학에서 법학, 의학, 신학 등을 공부(이 모든 것을 조화하는 의<br>지를 계발) |

# Theme 5
# 18C 계몽주의와 교육

## 01 18C 계몽주의

| 18C 배경 | 16C | 18C |
|---|---|---|
| | 중농주의 정책 〈장원제도〉<br>: 봉건제도(영주·기사·농노)<br>⇨ 왕권 신수설 | 중상주의 정책<br>- 촉매역할 : 부르주아(신흥중산층 세력) ⇨ 농업이 아니어도 살 수 있음<br>- 천부인권설( = 만인에게 이성이 있음) : 인권( = 인간의 권한)은 하늘의 선물<br><br>**천부인권설**<br>• 누가? : 모두(평민까지 = 보통교육)<br>• 이성적 인간? : 자유<br>• 자유(= 평등) : 차별 ×(박해), 집단주의 ×, 개인주의(반국가 = 반민족 = 반역사주의) |

• 정치적 배경 : 로크의 자연법 사상
• 경제적 배경 : 산업혁명
• 문화적 배경 : 시민문화가 발달. 로코코 문화
• 16C와 18C 사회 비교

| 18C 계몽주의의 특징 | |
|---|---|
| | • 이성주의<br>• 기계주의(이성 + 과학, 실증주의) : 모든 것을 지적으로 분석하여 전체는 부분의 단순한 집합에 지나지 않는다고 봄<br>• 개인주의(반국가주의)<br>• 세계시민주의(평등)<br>• 혁명과 관계되어 교육적 암흑기 |

## 02 **루소** – 주관적 자연주의 교육사상

| | |
|---|---|
| **개요** | • 이성을 기본으로 한 감성을 강조<br>• 최선의 교육은 이상적 국가에서만 가능하다고 보아 플라톤의 영향을 받았으나, 『에밀』을 집필할 당시에는 그런 이상국가는 어느 곳에도 없다고 생각하게 되어 이성만으로 될 수 없다는 것을 지각하고 감성을 강조 |
| **인간관** | 성선설 : 인간이 선하다는 믿음과 그 본성이 저절로 발현되어 올바른 인간으로 성장한다는 믿음 |
| **교육목적** | • **자연인 양성**<br>  - 자연적인 본성을 길러낸 사람<br>  - 그러나 사회와 분리된 자연인이 아니라, 사회적 존재로서 사회 속에서 살아갈 수 있는 능력을 갖춘 인간<br>• **일반도야** : 인간 본연의 모습을 회복 |
| **교육내용** | • **자연 그 자체**<br>• 교육의 목적이 자연인을 육성하는 것이기 때문에, 사회와 문명에서 실시하는 인위적인 교육은 인간의 자연적인 발달을 저해<br>• 자연에 의한 교육만이 상실된 인간성을 회복 |
| **교육요소** | • **교육의 3요소( = 교육내용)** |

| | |
|---|---|
| **자연** | • 자연의 교육은 전혀 우리가 어떻게 할 수 있는 것이 아님<br>• 인간의 내면적 능력과 내부기관의 발전은 자연에 의한 교육<br>• 인간의 자연성을 뜻하는 자연사물 |
| **사물** | • 사물의 교육은 몇 가지 점에서만 우리가 어떻게 할 수 있음<br>• 주위 사물로부터 영향을 받고 그 사물에 관한 여러 가지 경험을 얻는 것<br>• 인간 주위에 있는 환경 전체를 뜻하는 사물 |
| **인간** | • 인간의 교육만이 우리가 마음대로 할 수 있는 교육이기는 하지만, 그것도 그렇게 마음대로 할 수 있는 것은 아님<br>• 인간의 내면적 능력과 내부기관의 발전을 어떻게 사용할 것인가를 가르치는 것<br>• 교육력을 가진 성인을 뜻하는 인간 |

**교육방법**

- **합자연의 방법(자연에 의한 교육)**
  - 인위적인 사회의 전통이나 관습에 의한 교육이 아니라, 아동이 나면서부터 가지고 있는 천부의 능력을 방해 받지 않고 자연에 따라 발달시키는 교육
  - 아동의 발달단계에 따른 욕구와 흥미를 존중하고 아동 자신의 판단과 자발적 활동을 중요시하며 자발학습, 발견학습, 탐구학습, 문제해결학습으로 연결
- **직관의 원리**
  - 객관적인 사물을 감각적 경험에 의하여 인식하되, 아동의 주관적인 능력에 맞게 사물 인식
  - 감각을 통한 직관교육은 이성의 발달의 기초가 됨
- **개인별 교육** : 자연성(본성)은 개인마다 상이함
- **남녀별학(남녀 유별교육)**
  - 남자와 여자는 성격이나 기질이 동일하지 않아 동일한 교육을 받으면 안 됨
  - 남자는 가장 넓은 관심을 가진 완전한 인간으로 교육, 여자는 오직 아내와 어머니로 훈련
- **발달단계론(발달단계에 맞는 교육)**
  - 발달단계에 따른 욕구와 필요에 따라서 교육을 강조
  - 유아기·아동기·소년기·청소년기·성인기로 구분
  - 이들 각 단계는 상호 연속적·독립적, 단계마다 고유한 발달상의 특징을 지님
- **소극교육론**
  - 초기의 교육은 전적으로 소극적임
  - 미덕이나 진리를 가르치는 것이 아니라 마음을 악습으로부터, 정신을 오류로부터 지켜주는 교육
  - 인간의 본성이 선하다고 가정한다면, 교육은 적극적으로 인간을 변화시키기보다 오히려 선한 본성을 유지하고 발전시키는 것
  - 인위적인 조기교육은 바람직하지 않음

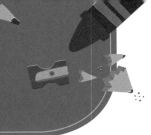

# 19C 신인문주의와 교육

## 01 신인문주의 이해

### I. 사회·문화적 배경

| 정치적 배경 | 나폴레옹의 통치, 이로 인해 민족주의·국가주의가 부상 |
|---|---|
| 경제적 배경 | 산업혁명, 프롤레타리아화(소외계층이 발생하여 공교육의 개념이 나타남) |
| 사회적 배경 | 시민혁명에 의해 평등권을 획득 ⇨ 평등교육을 주장 |
| 종교적 배경 | 종교개혁으로 모든 사람들이 성서를 읽고 쓰기 위해 보편적인 교육이 필요 |

### 2. 신인문주의 등장

#### (1) 신인문주의 배경
18C에 이성 또는 지성으로는 해명할 수 없는 인생의 비밀을 감성적이고 심미적인 태도로 인생을 탐구. '지·정·의'의 전 영역에 걸친 폭 넓은 발달에 초점(전인교육을 주장)

#### (2) 신인문주의 교육의 종류(교육사조)

| 국가주의 | • 모든 가치와 결정이 국가의 보존과 발전에 기초를 두어야 한다는 이념<br>• 국민을 교육시켜 국가에 충성하고 봉사하게 하며, 국가의 부를 증진, 군사적 힘을 배양하여 강한 국가를 형성하기 위한 교육 |
|---|---|
| 계발주의 | • 자연주의적 관점에서 인간의 마음을 계발<br>• 즉, 교육을 내면으로부터의 성장과 후천적 요소 계발의 조화, 인간의 내면과 외부환경의 상호작용으로 이해 |
| 과학적 실리주의 | 과학적 지식을 통한 실생활에의 준비가 교육목적 ⇨ 실용주의적 관점 |

## ⑶ 국가주의(국민교육제도)와 교육

### ① 국민교육제도의 등장배경

| 정치적 | 민족국가의 등장으로 분열되어 있던 공화국들을 통합하여 통일국가를 지향하는 근대민족국가의 형성. 이를 위해 국민 간의 화합, 동질성, 국민의식 고취 등이 필요 |
|---|---|
| 경제적 | 산업혁명으로 많은 노동자들이 필요, 많은 노동자들이 공급됨에 따라 이들에 대한 교육이 필요 |
| 사회적 | 시민혁명에 의해 평등권을 획득하여 모든 사람이 교육받을 권리가 있어 평등교육이 필요 |
| 종교적 | 종교개혁으로 모든 사람들이 성서를 읽고 쓰기 위해 보편적인 교육이 필요 |

### ② 국민교육제도의 특성 : 국가 주도의 교육, 보편적 의무교육, 민족의식의 고취(모국어, 역사), 공교육제도 확립

### ③ 공교육의 기본원리 ✍

| 평등성 | • 정의 : 교육의 기회균등을 통해 모든 인간의 교육받을 권리를 보장, 기회의 평등, 과정의 평등, 결과의 평등으로 그 범위가 확대<br>• 문제점 : 결과의 평등까지 보장하지만, 여전히 계급적 신분에 의해 불평등이 야기 |
|---|---|
| 공공성 | • 정의 : 교육은 구성원이 함께 누리는 보편적이고, 일반적인 이익을 위해 봉사해야 한다는 것으로, 공공성이 지나치게 강조되면 개인의 개성, 자아실현과 같은 본래의 목적보다 다수의 국민을 통제하고 교화하여 순치된 국민을 길러내는 수단으로 전락될 수 있음<br>• 문제점 : 모두에게 봉사하기보다는 여전히 지배계급의 전유물로 전락 |
| 보편성 | • 정의 : 교육은 사회 전체의 공통된 문화나 다양한 집단의 문화를 이해하는 데 목적<br>• 문제점 : 다문화 교육의 미약, 지배집단의 이데올로기를 강조, 입시 위주의 교육<br>　　　　　　　　　　　　└ 상징적 폭력 |
| 무상성 | • 정의 : 교육받을 실질적인 권리를 보장하기 위해 교육이 공적 예산에 의해 운영되어야 하는 것<br>• 문제점 : 소극적으로 단순히 수업료의 무상성에 불과, 적극적으로 교육활동에 대한 무상 교육까지 확대 필요 |
| 의무성 | • 정의 : 학부모에게 자녀를 의무교육에 취학시킬 것을 국가가 강제하는 것<br>• 문제점 : 기본교양교육이라고 볼 수 있는 고등학교까지의 의무성이 필요 |

# 02 계발주의와 교육

## I. 페스탈로치

| 교육목적 | • <u>고아교육(= 대중교육)</u><br>　　└ 루소의 생각을 그대로<br>　- 도덕성, 사회성 계발<br>　- <u>지식</u> · <u>도덕</u> · <u>기능</u>의 조화로운 발달, 특히 덕을 중시 ⇨ 도덕적 자연주의<br>　　└ 정신활동　└ 덕　└ 신체훈련<br>　- 고아 방지를 위하여 사회개혁 강조 |
|---|---|
| 교육내용 | 보통교육을 강조 ⇨ **기초도야 : 수, 형, 어**( = 3R's, 산수·쓰기·언어) |
| 교육방법 | • 교육방법의 원리(≒ 자연주의)<br><br>**자발성**<br>• 교육은 아동의 내부에 있는 자연의 힘을 자연적으로 발전시키는 작용<br>• 성장 순서에 따른 교육 ⇨ 흥미 ⇨ <u>자발적 활동</u><br>　　　　　　　　　　　　　　└ 고아이므로 교육을 먼저 투입<br><br>**직관**<br>객관적인 사물을 감각적으로 경험. 주관적인 능력에 맞게 사물을 인식<br><br>**노작**<br>• 노동을 통해 정신적 훈련활동을 강조<br>• 생산활동을 교육의 기초<br>• 교육과 노동의 결합 ⇨ 교육의 생활화, 관념의 명료화, 주의력의 집중화 실현<br><br>**친근성**<br>• 교육은 가장 가까운 생활에서부터 점진적으로 확대<br>• 생활을 영위하도록 배우는 것<br>• 가정적인 관계가 최초의 중요한 자연적 관계<br>• 생활권의 기점을 안방으로 보고, 안방을 교육의 출발점으로 여기며 강조함<br><br>• **심리적 순서(학습의 순서)** : 단어와 실물의 결합, 단순한 것에서 복잡한 것으로, 구체적인 것에서 추상적인 것으로, 가까운 것에서 먼 것으로 전개<br>• 고아 방지를 위해 모자간의 사랑을 강조 |
| 교사관 | • <u>적극적 교육과 발달을 강조</u> ⇨ 발달을 시키되, 자연주의에 입각함<br>　　└ 고아이기 때문에<br>• 교사와 학생의 관계, 훈련에 있어서는 사랑에 기초 |

## 2. 헤르바르트 ✐

└ 교육학을 근대적 의미에서의 학문으로 정립

| | |
|---|---|
| **철학관** | • **실재론** : 실재론의 이해를 위한 관념론, 즉 도구(≒ 해석학과 비슷)<br>　예 '김인식'이라는 실재를 이해하려면, 팔·다리를 알아서 될 것이 아니라 김인식의<br>　　생각·정신을 이해 또는 '도덕성'이라는 행동을 이해하려면 그 정신을 이해<br>• **사물의 현실적 표상**<br>　- 내 머릿속에 들어 있는 관념을 드러내는 것<br>　- 그러나 그 관념은 완벽할 수 있는 관념이 아님(완전한 이데아가 될 수 없음)<br>　- 또한 내부에 발전·형성되는 것이 아니라 <u>외부와의 접촉</u>을 통해서 형성되는 것(**표상심리학**)<br>　　　　　　　　　　　　　　　└ 교육(강의법) |
| **교육목적** | • **도덕성 계발**, 도덕적 품성의 도야<br><br>　┌─────────────────────────────┐<br>　│ **페스탈로치와 프뢰벨 비교**　　　　　　　　　📎 │<br>　│ • **페스탈로치** : 도덕성, 사회성　　　　　　　　│<br>　│ • **프뢰벨** : 사회성　　　　　　　　　　　　　│<br>　└─────────────────────────────┘<br><br>• **5도념 강조** |

|  | |
|---|---|
| **개념** | • 도덕적 품성의 함양을 위한 요소<br>• 개인적 측면과 사회적 측면을 모두 포함<br>• 그 중 어느 한 가지도 그 자체만으로 충분하지 않으며, 심지어 악을 초래할 수 있어 어느 하나라도 결여되어서는 안 됨 |
| **유형** | • **정의의 관념** : 다른 의지와 상충하지 않고 조화롭게 해결<br>• **완전성의 관념** : 한 개의 의지가 다른 의지보다 강한 상태, 의지의 꿋꿋함<br>• **내적 자유의 관념** : 도덕적 판단과 도덕적 의지가 일치된 상태<br>• **보상의 관념** : 한 개의 의지가 다른 의지에 선행 또는 악행을 범했을 때, 본래의 바른 상태로 환원<br>• **호의의 관념** : 타인의 행복을 자신의 의지의 대상으로 여김 |

| | | • 자연주의 입장(흥미와 의지는 학습자 몫) | |
|---|---|---|---|
| **교육방법** ✍ | | • **도덕적 품성을 도야하기 위한 교육방법 단계 : 관리 ⇨ 교수 ⇨ 훈련** | |
| | 관리 | 욕망을 구속하여 일정한 행동질서를 관습화, 교수나 훈련을 위한 준비 단계 | |

**교수** 아래 세부:

- 교육적 교수 : 인격형성을 위한 교수를 의미
- 흥미를 통하여 의지를 도야하고 그것을 통하여 도덕적 품성까지 도달하는 교육
- 지식(내용) ⇨ 흥미 ⇨ 욕구 ⇨ 의지(5도념) ⇨ 도덕적 품성
  └ 지식을 알고 있을 때 흥미가 생김

**흥미 유발**
- 교수의 **일차적 목표**는 아동의 마음속에 다방면의 흥미를 유발
  └ 직접적인 목적
- **지적 흥미** : 경험, 추구, 심미 ⇨ 자연에 관한 흥미, 물리적 세계와 접촉하여 생기는 흥미
- **정의적 흥미** : 동정, 사회, 종교 ⇨ 인간에 대한 공감에 기초를 둔 흥미

**교수 단계설**
- 흥미는 다음과 같은 교수단계에 따라 형성됨
- 표상심리학적 관점, 자연주의 입장, 피아제의 동화 개념과
  └ 머릿속에 생각 / 4단계가 자연스러움 ⇨ 인간의 심리적 관점
  유사, 오수벨의 유의미학습
- 교수단계(4단계)
  - **명료** : 신구 관념의 구별
    └ 학습할 것, 전에 학습한 것
  - **연합** : 이미 있는 관념에 새로운 관념을 결합
    └ 신·구 관념의 결합
  - **계통** : 결합된 것의 체계화
    └ 체계적으로 조직, 관계를 명확
  - **방법** : 체계화된 지식을 활용하고 응용

**훈련**
- 형식적 도야(= 인격완성)
- 교재가 아닌 학습자 내부의 훈련으로 자율적으로 자기통일에 도달하는 것
- 훈련의 가장 좋은 방법은 교사의 모범에 근거(=모델링)

## 3. 프뢰벨

| 사상적 배경 | 범신론 : 인간의 마음에 신의 형상을 가지고 있음(자연법 사상)<br>└ 모두가 다 신의 경지로 하나(인간 = 신 = 사물) ⇨ 사회성 강조 |
|---|---|
| 교육목적 | 신성 계발 ⇨ 가정교육(유치원) 강조 |
| 교육내용 | 사물, 자연<br>└ 자연을 모방한 것 : 은물 |
| 교육방법 | 자연주의<br>예) 놀이와 수공 |

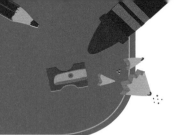

# Theme 7
# 20C 현대의 교육(신교육운동)

## 01 신교육운동

| 특징 | • <u>신교육</u>( = 진보주의적 사고)<br>└ 예전과 다름, 과거보다 진보<br>• 아동중심<br>• 중등개혁(단선형)<br>• 지역사회 교육<br>• 개별화 교육<br>• 자연주의 |
|---|---|
| 사상가 | • **케르센슈타이너의 노작학교** : 아동이 대상에 관한 훈련에 자발적으로 참여할 때만이 정신의 성장에 기여, 도덕성과 연결<br>• **킬패트릭의 구안법**( = **프로젝트법**) : 계획에서 평가까지 학생 스스로 함<br>• **듀이** : 문제해결학습, 반성적 사고(경험의 재구성)<br>• **허친스**<br> – **항존주의자** : 도야로서의 교육, 자유교양교육의 관점에서 평생교육을 강조<br> – 교양교육 중시<br> – 과학교과 중시<br> – 토의법 강조 |

교원임용 교육 1위,
해커스임용 teacher.Hackers.com

# PART 4
# 교육사회학

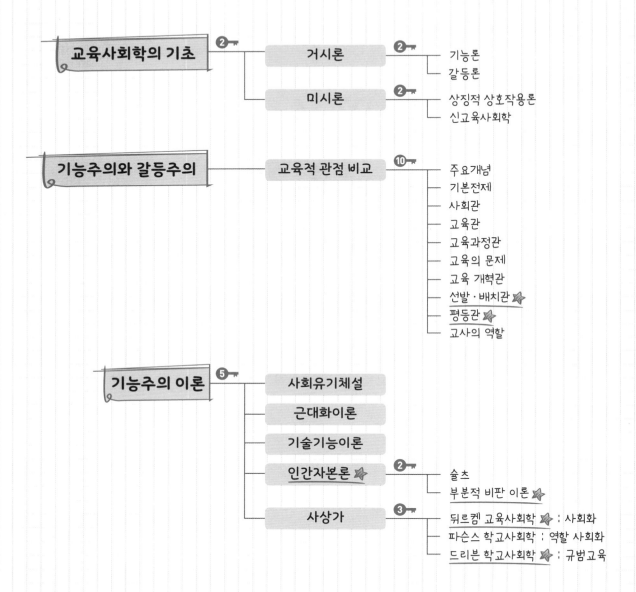

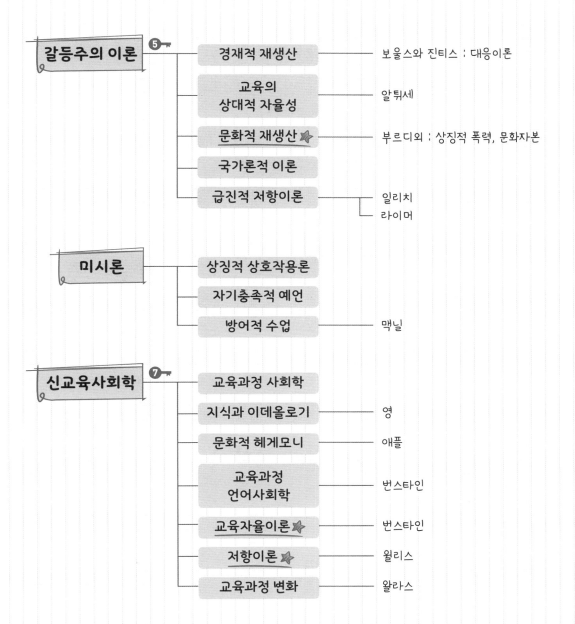

**갈등주의 이론** ❺ 🔑

- 경재적 재생산 —— 보울스와 진티스 : 대응이론
- 교육의 상대적 자율성 —— 알튀세
- 문화적 재생산 ⭐ —— 부르디외 : 상징적 폭력, 문화자본
- 국가론적 이론
- 급진적 저항이론 ┬ 일리치
              └ 라이머

**미시론**

- 상징적 상호작용론
- 자기충족적 예언
- 방어적 수업 —— 맥닐

**신교육사회학** ❼ 🔑

- 교육과정 사회학
- 지식과 이데올로기 —— 영
- 문화적 헤게모니 —— 애플
- 교육과정 언어사회학 —— 번스타인
- 교육자율이론 ⭐ —— 번스타인
- 저항이론 ⭐ —— 윌리스
- 교육과정 변화 —— 왈라스

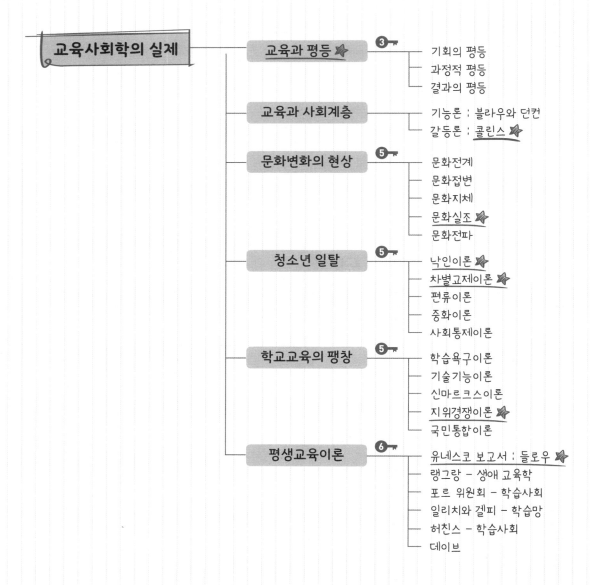

교육사회학의 실제 ── 교육과 평등 ❸
- 기회의 평등
- 과정적 평등
- 결과의 평등

교육과 사회계층
- 기능론 : 블라우와 던컨
- 갈등론 : 콜린스 ❊

문화변화의 현상 ❺
- 문화전계
- 문화접변
- 문화지체
- 문화실조 ❊
- 문화전파

청소년 일탈 ❺
- 낙인이론 ❊
- 차별교제이론 ❊
- 편류이론
- 중화이론
- 사회통제이론

학교교육의 팽창 ❺
- 학습욕구이론
- 기술기능이론
- 신마르크스이론
- 지위경쟁이론 ❊
- 국민통합이론

평생교육이론 ❻
- 유네스코 보고서 : 들로우 ❊
- 랭그랑 - 생애 교육학
- 포르 위원회 - 학습사회
- 일리치와 겔피 - 학습망
- 허친스 - 학습사회
- 데이브

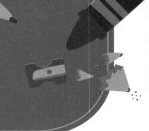

## Theme 1
# 교육사회학의 기초

## 01 거시론 : 사회의 구조적 특징과 교육구조와의 관계를 규명

| 기능론 | • 논리 : S ⇨ R<br>　- 교육↑ ⇨ 능력↑ ⇨ 개인의 지위·보수↑ ⇨ 국가발전↑<br>　　교육↓ ⇨ 능력↓ ⇨ 개인의 지위·보수↓ ⇨ 국가발전↓<br>　- 계층을 인정, 불평등을 인정(불평등 ⇨ 능력을 키우려고 노력), 교육을 받아 능력을 키우<br>　　면 평등해질 수 있음<br>• 철학적 배경 : 능력주의, 주지주의, 행동주의 심리학, 교사중심<br>• 교육적 입장 : <u>교사는 아이들을 잘 교육</u><br>　　　　　　　└ 전문성을 발휘하여　　　└ 주형으로서의 교육관 |
|---|---|
| 갈등론 | • 논리<br>　- 기능론의 논리를 인정, but 있는 자들에게 유리하도록 계속해서 재생산<br>　- 불평등을 인정 ×(노력해봐야 변화 ×)<br>• 철학적 배경 : 귀속주의(재생산), 비판철학<br>　⇨ 따라서 사회가 변해야 함, 헤게모니 – 패권을 가진 자가 없어져야 함<br>• 교육적 입장 : 교사는 아이들(못하는 아이)을 이해해야 하며, 그 아이들을 어떻게 도와<br>　줄 것인지 생각해야 함<br>　예 보상교육, 피그말리온 효과 |

## 02 미시론 : 학교·교실 안, 교육과정 성격

| 상징적<br>상호작용론 | • 교실 내에서 개인들 간의 상호작용에 관심<br>• 사람들의 행위에 어떤 의미를 부여하고 있는가를 이해하는 데 관심 |
|---|---|
| 신교육사회학 | • 지식 속에는 사회의 이데올로기가 내포되어 있으며, 그 지식은 있는 자가 만들기 때문<br>에 교육과정 또한 있는 자의 입장에서 구성된 것<br>• 철학적 배경 : 현상학(≒ 해석학), 비판철학 |

# Theme 2
# 기능주의와 갈등주의

## 01 교육적 관점 비교

| 구분 | 기능주의( = 교육의 외재적 목적) | 갈등주의 |
|---|---|---|
| 주요개념 | • **안정** : 사회의 여러 요소와 부분은 항상 상호작용하여 안정을 유지<br>• **통합** : 각각의 부분이나 요소들은 전체와 통합<br>• **합의** : 사회구성원들은 사회 결속을 위해 가치, 규범의 유형, 내용에 대해 일반적인 합의, 동의(보편적 가치)<br>• **구조와 기능** : 각 부분은 각자의 기능을 갖고 있으며, 부분의 기능이 전체의 존속과 성격을 결정 | • **갈등** : 유산자 계급과 무산자 계급 간의 갈등(집단 간 지위 경쟁)<br>• **변화** : 갈등의 결과로 나타나는 사회의 변화에 관심<br>• **재생산** : 교육을 통해 부익부 빈익빈 현상 심화 |
| 기본전제 | • 사회는 유기체처럼 여러 부분으로 구성<br>• 사회의 각 부분은 전체의 존속을 위해 고유한 기능을 수행(구조와 기능)<br>• 사회구성원들은 전체의 존속을 위해 합의된 목표 아래 상호 의존적으로 살아감<br>• 학습자의 능력을 신장시켜 불평등을 해소할 수 있으므로 불평등을 인정함<br>• 안정과 변화(안정지향적 변화) | • 사회의 본질은 계급이 있기 때문에 갈등과 변동, 강압의 과정임<br>• 지배자의 억제와 피지배자의 저항, 투쟁(계급 간 이해관계)<br>• 귀속주의에 기초(개인의 사회적 배치는 적성이나 소질보다는 성별, 연령, 지위로 결정)<br>• 기능론의 논리를 인정하지만 재생산에 주목<br>• 변화와 변동(변혁) |
| 사회관 | • 안정지향적, 상호 의존적, 통합적<br>• 사회변화는 점진적, 누적적<br>• 사회의 가치와 규범은 보편적, 객관적<br>  └ 합의에 의한 것이므로<br>• 공동체 의식을 강조(구조와 기능) | • 경쟁적, 대립적(집단 간 경쟁)<br>• 구조적 변화<br>• 사회의 가치와 규범은 주관적(패권을 가진 자에 의하여 구성된 것), 지배집단에 봉사 |
| 교육관 | • 주지주의, 지식을 불변의 것으로 간주<br>• 교사의 권위 존중, S - R로 아동을 수동적 존재로 인식<br>• 직업기술교육 강조(전문성), 경쟁원리 중시(개인) | • 학교는 불평등 위계구조에 순응을 강요, 이데올로기적 기관(재생산)<br>• 학교의 관료적 위계조직에 의해 학생을 수동적 존재로 규정<br>• 권위주의 교육체제 ⇨ 학생의 유순한 성격 형성 |

| 구분 | 기능주의( = 교육의 외재적 목적) | 갈등주의 |
|---|---|---|
| 교육관 | • 표준화검사, 자격증이 보편적인 사회적 가치로 활용<br>• 교사는 시대의 교육적 가치를 전수(주형으로서의 교육관) | • 상벌체제 ⇨ 복종심(잠재적 교육과정)<br>• 경쟁체제 ⇨ 창의성 억압, 성공지향적, 출세 주의자, 현실지향적, 타산적 인간<br>• 계급은 독립변인, 교육이 종속변인 |
| 교육과정관 | • 교육내용은 보편적인 것(객관적)<br>  ⇨ 합의된 것<br>• 교육과정의 결정이나 내용의 사회적 의미 부여에 관심 ×<br>• 교육과정의 효율적 운영에 더 많은 관심<br>• 표면적 교육과정 강조<br>• 잠재적 교육과정은 부산물 | • 교육내용은 주관적<br>• 지배계급의 이데올로기를 담은 편협한 것<br>• 학생들의 사고를 억압·강제<br>• 학교는 지적 기술보다는 지배계층이 선호하는 가치관, 규범을 은밀히 강조 ⇨ 잠재적 교육과정(지배집단의 기존질서 정당화)<br>• 잠재적 교육과정을 의도적인 산물로 바라봄 |
| 교육의 문제 | 교육의 문제는 교육과정 조정에서 일어나는 일시적인 병리현상 | 교육의 문제가 일시적인 것이 아니라 사회구조의 모순에 의해서 비롯된 것 |
| 교육 개혁관 | • 교육내부의 개혁을 통해 교육 문제 해결<br>• 점진적·개량적인 교육개혁 | • 사회구조의 개혁 ⇨ 교육문제 해결<br>• 급진적, 변혁적인 교육개혁 |
| 선발·배치관<br>15 중등 | • 교육기회의 균등화<br>• 학습자의 가정환경을 고려하여 능력에 따라 분류(우열반을 찬성)<br>• 학습능력에 맞는 학습방법(능력별 반편성)으로 사회평등화에 기여 ⇨ 학교는 능력에 맞는 인력개발 및 훈련을 행해야 함<br>• 능력별 반편성 고려(비평준화) | • 선발은 특권계층 자녀에게 유리(자본주의적 질서를 정당화하기 위한 도구)<br>• 잠재적 교육과정에도 많은 관심을 기울이며, 그 속에 내재된 계급성을 찾아내려 함(학교를 교도소에 비유)<br>• 고교평준화 강조 |
| 평등관 | • 우열의 차이는 당연, 차별적 보상도 당연<br>• 사회 불평등체제는 동기를 유발<br>• '가난한 사람은 바보'라는 빈곤문화를 지지<br>• 교육을 통한 평등 가능(사회이동 촉진) | • 불평등은 자연적 현상이 아니라 사회구조적 모순의 산물, 자본주의의 필연적 결과물(교육은 불평등을 유지 및 강화)<br>• 사회·정치적 혁명에 의해서만 평등사회 이념과 정의사회 이념을 실천<br>• 사회 불평등은 개인적인 문제가 아니라 집단적, 전체적인 사회문제임 |
| 교사의 역할<br>(시사점) | • 자신의 노력 여하에 따라 계층 상승 이동이 가능하다는 용기를 북돋아 주어야 함(업적주의)<br>• 학생들 간의 경쟁을 유도(∵ 불평등 인정)<br>• 구성원의 동질성 확보를 위한 교육<br>• 자신의 적성에 맞는 분야의 교육 | • 학습부진아에 대하여 다른 시각에서의 이해 필요<br>• 교육과정을 구성할 때 교사와 학생이 함께 구성<br>• 잠재적 교육과정의 기능에 면밀히 주의<br>• 문해교육 |

기출문장 Check
기능론적 관점에서 학교교육의 선발·배치 기능 및 한계점을 설명하시오. 15 중등

# 02 주요 이론

## I. 기능론

| 사회유기체설 | • 유기체와 마찬가지로 사회도 각각 다른 여러 요소들로 구성되어 있음<br>• 각 요소들은 전체 존속을 위하여 각각 필요한 기능을 수행하며 상호 의존적 |
|---|---|
| 근대화이론 | 근대화 측정법을 개발하여 학교교육과 근대화의 상관관계가 0.55임을 밝힘 |
| 기술기능이론<br>(클라크) | • 산업사회에서 요구되는 기술수준의 지속적인 향상 ⇨ 보다 높은 수준의 전문적 기술과 인력 훈련이 필요 ⇨ 학교교육이 기술·기능의 훈련에 대한 역할을 담당<br>• 기술사회의 변화에 따라 학교제도가 발달 ⇨ 산업사회의 발전에 따라 고급 인력 필요로 학교 팽창<br>• 교육을 통해 기술과 기능을 향상시킬 수 있음<br>• 한계 : 실제적으로 학력과 기술과의 일치가 나타나지 않음(학력이 높다고 해서 기술이 높은 것이 아님) |
| 인간자본론<br>(슐츠) | • 교육을 인간자본에의 투자로 보면서, 인간이 교육을 통해 지식과 기술을 갖추게 될 때 인간의 가치는 증가하게 됨 = 생산성 향상<br>• 교육은 단순히 소비의 형태가 아닌 생산적인 투자<br>• 교육수준이 높아질수록 개인의 생산성 증대, 개인의 수행능력이 향상되어 국가·사회적으로 경제적 이익 창출 |

## 2. 인간자본론에 대한 부분적 비판 이론

| 선발가설<br>이론 | • 교육을 많이 받은 사람이 능력(생산성)이 좋을 것이라는 가설을 설정하여 인재를 선발한다고 보는 이론(근거 : 인간자본론)<br>• 즉, 고용주는 교육자격증, 학력을 선발하는 장치로 활용함으로써 인재를 선발하기 때문에 학력이 낮은 사람은 선발되지 못함<br>• '교육은 개인의 능력과 기술수준을 향상시켜 중요한 인간자본을 형성함'이라는 인간자본론의 기본 논리를 부정<br>• 교육은 실제적인 생산성 향상의 결과를 낳기보다 노동시장에 접근하고자 사람들을 걸러내는 기능을 더 담당 |
|---|---|
| 이중노동<br>시장론 | • 시장구조는 I·2차 시장구조로 분할 ⇨ 결정요인 : 개인적인 주요 특징으로 인종, 성별, 종교, 계급 등<br>• I차 시장구조(중심부)는 교육과 훈련을 받고 고용되어 능력에 따라 상위이동이 가능<br>• 그러나 2차 시장구조(주변부)는 교육이나 훈련에 관계없이 승진의 기회가 전혀 주어지지 않는 노동자로 구성<br>• 개인의 소득결정력은 개인의 생산성에 관계없이 노동시장의 분할구조에 의해 결정<br>• 직업성취에 미치는 교육의 효과가 누구에게나 같다는 인간자본론 주장 부정<br>• 인간자본론은 모든 사람에게 적용되는 것이 아니라 인종이나 성별에 따라 달리 적용 |

# 03 주요 사상가

## I. 기능론

### 뒤르켐의 교육사회학

- **의미**
  - <mark>교육을 통해 사회화</mark>(사회의 가치를 익혀가는 과정)가 이루어진다는 것
    └ 개인은 사회에서 필요한 것들을 배워 사회에 적응하고 발전하기 때문에 이는 국가발전에 도움이 됨
  - 보편적 교육을 중시하고, 19C 사고에 의한 '연대'(국가주의 교육)를 강조(동질성 차원의 사회화 강조)
- **<mark>도덕교육의 중요성</mark>**
  - 도덕교육 : 사회의 중핵가치와 신념을 내면화하는 것(보편적 사회화)
  - 내면화가 성공하면 강력한 사회통제의 하나가 됨
  - 사회화의 기능을 담당하는 기관은 학교가 적합하며, 학교 내에서 도덕교육의 구체적인 과업은 교사에 의해 수행되어야 하므로 교사의 모범적인 헌신을 강조(체벌 부정), 도덕교육은 시대와 장소에 따라 달라져야 함
- **사회화의 유형 : <mark>보편적 사회화를 강조</mark>, 도덕교육 종류**
  └ 동질성 확보를 위해

| 특수 사회화 | • 개인이 속하게 되는 특수 환경이 요구하는 신체적·지적·도덕적 특성의 함양<br>• 직업과 관계 |
|---|---|
| 보편적 사회화 | • 전체로서의 사회가 요구하는 신체적·지적·도덕적 특성의 함양(보편적 사회규범 내면화), 시대에 따라 변화함<br>• 구성원들의 동질성 확보(보편적) |

### 파슨스의 학교사회학

- **의미** : 사회화 + <mark>사회적 선발</mark>, 기본적으로 사회체제로서의 학교 학급을 강조하여 학교는 사회적 선발에 책임을 져야 한다고 봄
- **역할사회화**(≒ 뒤르켐의 특수사회화) : 직업교육
  └ 사회체제는 위의 기능들이 있으며, (   )를 통해서 그 기능을 실현함
- **사회체제분석** : 적응(경제), 목표달성(정치), 통합(종교, 법), 유형유지(교육, 학교의 기능 = 사회화)

### 드리븐의 학교사회학

- **의미** : 사회화 + <mark>규범교육</mark>, 학교는 사회의 존속을 위한 규범교육의 기능을 충실히 해야 함
- **4가지 사회화 규범(도덕 교육)**

| 독립성 규범 | • 스스로 부모로부터 독립(자기주도적 학습)<br>• 학교에서 독자적으로 할 일이 있다는 것을 학습<br>• 학교에서 과제를 스스로 처리, 자신의 행동에 책임, 부정행위에 대한 규제, 공식적 시험을 통해서 습득 |
|---|---|
| 성취성 규범 | • 최선을 다해 그들의 과제를 수행하여 행동, 성과에 따라 대우<br>• 교수 – 학습 – 평가라는 체제 속에서 형성<br>• 공동으로 수행하는 활동에도 적용(독립성과 구별) |

| 보편성<br>규범 | • 동일 연령의 학생이 동일한 학습내용을 습득(≒ 보편적 사회화)<br>• 사회의 존립을 위해서 중요한 기능을 함, 똑같은 규칙 |
|---|---|
| 특수성<br>규범 | • 흥미·적성에 맞는 분야의 교육을 집중적으로 수행(≒ 특수사회화)<br>• 특수성은 보편성과 양극을 이루는 듯하지만 조화를 이룰 수 있음 |

> **규범교육의 교육과정적 성격**
>
> 규범교육이 정의적인 성격이 있어서 잠재적 교육과정일 수 있지만, 표면적 교육과정으로 분류되어 이것을 고사가 교육하자는 것

## 2. 갈등론

**보울즈와 진티스의 경제적 재생산이론**

• **대응원리(대응이론)** : 교육기관에서 배우는 가치와 지위가 일치하고, 학교에서 배우는 규범이 사회계급과 대응(교육제도는 자본계급의 헤게모니를 반영, 교육이 경제적 불평등을 합법화, 경제재생산의 도구로 사용) ⇨ 학교교육은 경제적 모순 은폐

• **대응원리에 따른 학교와 기업의 대응적 위계관계** : 자신들이 미래에 차지하게 될 <u>노동시장에서 필요한 덕목</u>을 배우게 되어, 자연스럽게 계급이 재생산됨
    └─ 자본주의 사회에 필요에 대응하여 자본주의 생활양식에 적합한 태도·가치관 교육

• **교육수준별 교육내용**

| 교육수준 | 교육내용 | 노동구조 |
|---|---|---|
| 초등학교 | 복종·시간·규칙 엄수 | 하위 노동직 |
| 중등학교 | 지식·가치·규범을 교육(일반 사무와 관리능력) | 중간 관리직 |
| 고등교육 | 독립심·창조력·리더십 등을 은밀히 전수 | 최고 관리직 |

• **학교 내의 위계관계와 생산현장의 위계관계 – 대응**
    - **결정권(소외)** : 노동자가 자신의 작업내용을 스스로 결정할 수 없듯이 학생도 교육과정 결정권이 없음
    - **수단** : 노동은 임금을, 공부는 졸업을 위한 수단
    - **분업** : 생산현장이 분업화되어 있듯이, 학교도 계열이 있음
    - **단계** : 노동의 직급별 단계가 있듯이, 학년도 단계로 표현됨
        ⇨ 작업장에서의 사회적 관계 = 학교에서의 사회적 관계에 그대로 반영

• **학교 역할**
    - 학교에서 은연중에 전수하는 교육으로 인하여 하류층이 다시 하류층이 되었을 때, 그것에 대한 거부감이나 잘못된 것이 아니라는 것을 주입
    - 경제적 재생산을 담당(자본주의 체제 유지·확대)

| | |
|---|---|
| 알튀세의 교육의 상대적 자율성 | • 하부구조가 상부구조를 결정한다는 보울즈와 진티스의 의견을 반박하고, 상부구조도 하부구조에 영향을 미칠 수 있음을 주장하며 교육의 상대적 자율성을 제시<br>• 사회구성체는 토대와 상부구조로 되어 있음(상호 호혜적인 기능)<br>• 토대는 생산력과 생산관계를 포함한 경제의 하부구조를 뜻함<br>• 상부구조<br>  – 정치적·법적 상부구조 : 억압적 국가기구, 강제적 힘을 행사하여 사회질서를 통제함<br>    예 사법제도, 군대, 경찰, 행정부<br>  – 이데올로기적 상부구조 : 이념적 국가기구, 동의를 통해 암묵적으로 이데올로기를 조정·통제함<br>    예 종교, 교육, 가족, 문화, 대중매체<br>• 상부구조 중 가장 중요한 역할을 하는 기관을 학교 ⇨ 가장 강력한 재생산 장치, 지배 이데올로기를 국민들에게 전파(재생산)<br>• 따라서, 학교가 나름대로 자율성을 가지고, 다른 가치를 교육시킨다면(없는 자에게 고등교육) 재생산 구조를 변화시킬 수 있음 |
| 브루디외의 문화적 재생산이론 (문화실조) ⭐ | • 의미 : 교육과정 자체가 지배계급의 문화를 다루고 있으며, 학교교육은 지배계급이 선호하는 문화영역을 통해 계급적 불평등을 유지·심화시키는 재생산적 기구<br>• 상징적 폭력<br>  – 학교는 상징적 폭력이 행사되는 곳이며, 특정계급(지배계급)의 문화를 보편적으로 간주하여 모든 사회구성원들이 수용토록 강요함<br>  – 하류계층의 학생들은 자신의 문화가 아닌 것을 강제적으로 받아들여야만 하는 것으로, 일종의 폭력으로 작용(문화자본이 없어서 일어나는 현상)<br>• 문화자본<br>  – 문화는 생산·분배·소비되는 경제적 자본원리와 비슷하게 문화시장을 형성할 뿐만 아니라 소유한 문화형태에 따라 화폐적 가치를 지니는 것<br>  – 재생산의 관점에서 주관적 문화자본을 중시함<br>    └ 문화 재생산의 도구<br>  – 문화자본의 종류 |

| 주관적 (아비투스적) 문화자본 ⭐ | • 어릴 때부터 계급적 배경에서 자연스럽게 획득된 습성(계급적 행동유형과 가치체계가 반영된 것)<br>• 개인이 속한 환경에 따라 매우 다양하게 나타남(내면화된 문화자본, 계급적 행동 유형과 가치체계를 반영) ⇨ 문화적 재생산과 관계가 깊음 |
|---|---|
| 객관화된 문화자본 | • 개인이 책, 예술품, 지식, 언어자본, 그림, 사전 등을 접하면서, 그로부터 얻게 된 문화자본<br>• 경제자본을 이용하여 구매·소장하여 물질적으로 이용 가능 |
| 제도화된 문화자본 | • 졸업장이나 자격증 등을 통해 얻게 된 문화자본<br>• 일정한 문화를 습득한 후, 사회적·제도적으로 인정해주는 것 |

| | |
|---|---|
| 국가론적<br>이론 | • 국가 자체도 지배계급의 입장에 있다고 보는 이론으로, 국가가 주도하는 교육은 지배계급이 선호하는 가치관, 규범, 태도, 신념체계를 반영하고 있다고 주장<br>• 국가는 공적기구지만, 지배계급과 결탁해서 사적기구로 전락<br>• 국가는 헤게모니의 사적기구<br>         └ 있는 자들의 |
| 급진적<br>저항이론 | • 의미 : 학교교육의 수단성을 부정 ⇨ <mark>학교교육의 내재적 목적(인간성 교육)을 강조</mark><br>• 일리치의 학교폐지론(탈학교론)<br>  – 사회 불평등의 원인인 학교교육을 폐지하면 불평등이 완화될 것이라고 봄<br>  – 학교교육의 개혁보다는 폐지를 주장, 모든 학교를 폐지하기보다 특정 연령층에게 의무적으로 강요하는 전일제 출석의 공교육제도를 없애자는 것<br>  – 인간성 회복을 위한 학교의 본질적 기능으로 되돌아가야 함<br>• 라이머의 학교사망론<br>  – 부모가 자녀를 학교에 보내는 이유가 지적·도덕적 성취에 대한 의욕에 있지 않고, 사회·경제적 지위향상에 있다고 지적<br>  – 학교도 국가에 의해 운영되어 국가의 이념을 가르치고, 국가에 봉사하는 자질을 길들이고 있다고 봄<br>  – 따라서 라이머는 인간교육이라는 측면에서 학교가 지닌 문제의 심각성을 들어 학교 유해론을 제기함 |

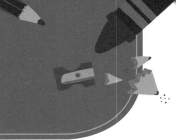

# Theme 3
# 미시론

MEMO

## 01 기본적인 이해

### I. 배경

**(1) 거시론**

사회의 구조적 특징과 교육구조와의 관계를 규명

**(2) 미시론**

교육 내부의 문제 ⇨ 교육내용으로서의 지식에 관한 연구, 교사와 학생 간의 상호작용에 관한 연구

### 2. 미시론

① 학교 내의 교육현상에 관심(교실에서 상호작용)

② 학교의 교육내용은 사회적으로 통제된 문화전수의 한 방편(지식사회학적 관점)

③ 질적 접근법을 주로 사용, 인간은 수동적이지 않고 능동적이라고 파악

④ **탐구방법(해석학, 현상학)** : 개인과 개인의 상호작용에 초점을 맞추며, 행위자는 서로의 행위를 의미 있는 것으로 받아들이고 타인의 행위에 대한 해석을 바탕으로 자신의 행위를 취함

### 3. 상징적 상호작용론

| 개념 | • 학교 내 교육현상에 관심을 가짐<br>• 한 개인의 행동이 다른 개인의 행동과 어떤 의미의 유대를 가질 때, 두 행동은 상호 의존적 관계를 가짐<br>• 학교에서 적용해보면, 학생들은 교사가 자신을 어떻게 바라보는지를 해석하고, 그 기대에 맞도록 행동하려 하는 것<br>　예 자아충족적 예언(피그말리온 효과), 자성예언 |
|---|---|

| | 자기충족적 예언<br>(로젠탈, 제이콥슨) | 어떤 사람이 자기 자신이나 다른 사람에게 어떤 기대를 가지게 되면,<br>그 기대가 곧 기대한 결과를 초래하게 하는 역할 | |
|---|---|---|---|
| 분류 | 맥닐의 방어적 수업 | 개념 | • 방어적 수업 : 교사와 학생의 상호작용이 제대로 이루어지<br>지 않는 수업<br>• 교사가 주도권을 가지고 학생을 억압한다는 이론<br>• 질서와 규율을 유지하는 데 초점<br>• 지식의 성격이 교사에 의해 전달되는 과정에서 왜곡 |
| | | 방법 | • 단순화 : 어떤 정보든 단편들 혹은 서로 연결되지 않는 목록<br>들로 환원시키는 방법(토론·반대 금지)<br>• 신비화 : 복잡한 주제에 관한 토론을 막기 위해 그것을 신<br>비한 것처럼 다룸<br>　예 전문가가 아닌 사람은 …<br>• 생략 : 논쟁의 여지가 있는 주제에 적용, 반대의견 or 토론<br>할 만한 자료 or 자료를 보는 관점을 생략<br>• 방어적 단편화 : 다양한 방법과 많은 시간이 필요한 주제<br>를 간단히 언급만 하고 넘어가는 전략<br>　예 이 주제는 깊이 공부하지 않아도 된다. |

## 4. 신교육사회학

| | | |
|---|---|---|
| 개념 | | • 학교 내의 교육현상에 관심을 가짐<br>• 연구주제는 교육과정<br>• 학교가 가르치는 지식과 교육의 과정이 사회적 불평등을 매개하는 중요 요인<br>• 학교의 교육내용은 사회적으로 통제된 문화전수의 한 방편이므로, 보편적인 것도, 절대적인 것<br>도 아니고 단지 사회적·정치적 산물이라고 봄(상대적) |
| 분류 | 지식사회학<br>(영) | • 지식 속에는 그 사회의 이데올로기가 내포<br>　└ 지배계층에 의한<br>• 지식은 사회적 구성물 |
| | 비판적<br>교육과정이론<br>(애플) | • 타일러 모형과 같은 전통적인 논의양식은 탈정치적·탈역사적이기 때문에<br>교육과정의 선정과 조직의 이면에 있는 복잡한 정치적·경제적 관계를 간과<br>하고 있다고 비판<br>• 애플에 의하면 학교는 불평등한 경제구조와 관련되어 있는 특정 유형의 문<br>화자본에 정당성을 부여함 |

## 02 주요 이론

| | |
|---|---|
| 영의 지식과 이데올로기 | • 모든 지식에는 그 사회의 이데올로기가 내포되어 있음(지식은 사회적 구성물)<br>• 학교에서 가르치는 지식은 역사적·사회적 상황 속에서 선정되고 조직된 것이므로, 어떻게, 왜 선정되었는가를 밝혀야 한다고 주장<br>• 권력을 가진 지배집단이 타당하다고 인식하는 지식이 교육과정으로 선정된다고 봄 |
| 애플의 문화적 헤게모니 이론 | • 지식, 가치, 규범 등을 통해 사람들의 의식에 영향력을 행사하여 사회통제를 할 수 있다고 봄<br>• 지배집단은 일상생활과 사회의식 속에 지배집단의 의미체계와 가치체계인 헤게모니를 주입하여 기존 질서를 정당화·유지시키려 함<br>• 학교는 헤게모니를 매개로 하여 학생들의 의식을 통제함으로써 기존 질서를 유지<br>• 잠재적 교육과정과 교육이 사회적 획득에 미치는 영향과 교육과정 조직에 있어서 정치적·경제적·역사적 요인을 분석하고, 교육과정에 내재된 이데올로기와 기능의 문제에 관심(이데올로기의 정당화) |
| 번스타인의 교육과정 언어사회학 (교육과정 사회학) | • 중산층은 <mark>정교한 어법(공식어)</mark>을 자연히 습득. 하류층은 <mark>제한적 어법(대중어)</mark>에 익숙<br>• 따라서, 교육과정이나 교과서(교실상황)에 <mark>정교한 어법(공식어)을 사용하기 때문에 하류층에게 불리</mark> |

| 번스타인의 교육자율이론 (학교의 상대적 자율성 확대) | • 교육과정의 조직형태는 사회적 힘과 교육 간의 갈등과 타협의 산물이라는 가정하에 교육과정 분석에 '구조'와 '분류'의 개념을 사용(사회권력과 통제 형태 반영) |
|---|---|

| | |
|---|---|
| 구조 | • 학문, 교과 내 짜임새를 의미<br>• 교육내용의 선정·조직·진도 등에 대한 교사와 학생의 통제력 정도<br>• 강구조: 운영상 자율성 ×, 계열성, 시간배정 엄격, 가르칠 내용과 가르치지 않는 내용 구분 뚜렷 ⇨ 교사중심<br>• 약구조: 운영상 자율성 ○ ⇨ 학생중심 |

| | 개요 | • 학문, 교과 간 짜임새<br>• 구분된 교육내용들 사이의 경계에 대한 선명도<br>• 강분류일 때, 교육의 자율성을 가질 수 있음 |
|---|---|---|
| 분류 | 강분류 | • 교육내용들 간의 경계가 분명(분류와 구조화 정도가 강함, 상급학교로 갈수록 교과내용이 전문화·세분화됨)<br>• 외부간섭 × ⇨ 교육자체 자율성 ○<br>• 집합형 교육과정<br>• 교육과 생산과의 구분이 분명하기 때문에 교육내용 및 교수활동에 관한 결정의 많은 부분은 교육담당자에게 있어 교육의 자율성이 상당 부분 보장<br>• 과목 간, 학과 간의 상호 관련 교류 ×(타문화와 교류 ×)<br>• 종적 인간관계 중시 |
| | 약분류 | • 교육내용들 간의 경계 불분명(타문화와 교류 활발)<br>• 외부간섭 ○ ⇨ 교육자체 자율성 ×<br>• 통합형 교육과정<br>• 교육과 생산의 관계가 밀착, 교육은 자율성을 잃고, 사회·경제적인 하부구조에 예속당함<br>• 과목 간, 학과 간의 교류가 많음<br>• 횡적 인간관계 교류 |

• 보이는 교수법과 보이지 않는 교수법
  - 사회계급과 교수법 간의 관계에 관한 연구
  - 내용

| 보이는 교수법<br>(교사중심) | • 강구조·분류<br>• 학습내용상의 위계질서가 뚜렷하고 전달절차의 규칙이 엄격하며 학습내용의 선정준거가 명시된 전통적 지식교육<br>• 있는 자에게 유리, 없는 자에게 불리<br>　⇨ 선생님이 가르치는 지식이 있는 자의 지식이므로 |
|---|---|
| 보이지 않는 교수법<br>(학생중심) | • 약구조·분류<br>• 열린교육, 놀이와 공부를 구분 ×<br>• 있는 자에게 유리, 없는 자에게 불리<br>　⇨ 있는 자는 자기주도 학습능력이 뛰어남 |

  - 따라서, 교사는 하류계층에 배려와 관심이 필요하며, 하류계층의 문화로 바꾸어 전달내용을 설명

| | | |
|---|---|---|
| **윌리스의 저항이론**<br>**(노동학습)** ★ | 연구대상 | 노동자 계급 아들(남자) |
| | 개념 | 학교에서 강조하는 기존의 가치에 저항하고, 학습자들 자신만의 문화 강조 |
| | 특징 | • 학교에서 기존 가치 주장(출세를 위하여) ⇐ 기능론적 입장. but, 기존 가치 습득에 의한 지위상승은 있는 자에게 유리하다는 것을 '간파'하고, 우리는 하급관리에만 '제한'이 있다는 것을 파악함<br><br>**간파** : 가정배경에 의해 자신들이 위치하게 될 직업세계에 대한 정보가 학교교육의 내용과 다르다는 것을 터득<br><br>**제한** : 학교교육을 통한 사회이동과 사회변화에 한계가 있다는 것<br><br>• 따라서 아이들은 학교의 가치를 거부(이유 : 투입 > 산출) ⇨ 하류계층의 몸부림(반학교문화)<br>• 결과 : 학교생활의 반항과 노동직으로 가는 것이 패배의 길임을 숙지, 남성우월주의적 관점에 의하여 고된 노동직이야말로 남성들의 터전이라고 생각하고 **노동계급을 선택**(노동학습) ⇨ 스스로 체득한 세계관을 통해 이데올로기를 거부하고 극복할 수 있는 능동적인 존재로 봄 |
| | 시사점 | • **반학교문화를 이해** : 자율적(능동적 존재)<br>  ⇨ 기존의 학교권위에 도전하는 문화로, 학교의 지시나 통제는 권위적·봉건적인 것이라고 받아들임으로써 자신만의 세계를 구축하려는 학생들의 대항문화로 이해<br>    예) 교복수선, 문신<br>• 학생이 능동적인 존재이기 때문에 사회를 변화시킬 수 있음<br>    └ 모범생은 수동적 존재<br>  ⇨ 학생을 능동적·주체적인 존재로 규정하고, 교육의 자율성을 인정하여 교육을 통해 새로운 사회를 건설하고자 함(그러나 제한적) |
| **왈라스의**<br>**교육과정 변화** | | • 지배집단의 이데올로기에 따라 교육과정의 강조점이 달라져 왔음<br>  - 혁명기 : 도덕성 - 지성 - 기술<br>  - 보수기 : 기술 - 도덕성 - 지성<br>  - 복고기 : 도덕성 - 기술 - 지성<br>• 교육과정이 사회적으로 만들어지기 때문에 학교교육과정은 사회·시대마다 다름 |

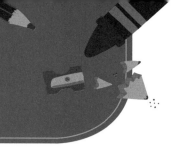

# Theme 4
# 교육사회학의 실제

## 01 교육과 평등

| | | | |
|---|---|---|---|
| 기회의 평등<br>: input | 허용적<br>평등 | 개념 | • 모든 사람에게 동등한 기회가 주어져야 함<br>• 특정 집단에게 기회가 주어지고, 다른 집단에게 금지되는 일 철폐<br>• 문제점 : 기회가 주어져도 그 기회를 향유하지 못함<br>　예) 돈, 지리적 여건, 복선형 교육 |
| | | 인재군 | • 사람의 타고난 능력은 각기 다르다고 믿기 때문에 교육의 양은 능력에 비례(능력주의)<br>• 교육의 기회는 아무에게나 주어지는 것이 아니라, 엄격한 기준과 선발을 통해 주어져야 한다고 가정함<br>• 인재들을 발굴하여 교육을 시킨 뒤, 충분히 활용하자는 것<br>• 인재군에 관한 정확한 정보를 가지고 있으면, 불필요하게 교육을 시키지 않아도 되고, 지나치게 교육의 기회를 제한하여 인재의 활용을 놓치는 일도 막을 수 있음 |
| | 보장적<br>평등 | | • 경제적·지리적·사회적 제반 장애를 제거하여 기회를 보장해주도록 함<br>• 능력이 되는 학생들 중에서 가난한 학생에게 돈으로 지원해준다는 것<br>　예) 장학금, 무상교육, 스쿨버스, 단선형 교육, 야간학습, 방송통신대 |
| 과정적 평등<br>: process | 개념 | | 교육여건을 동일하게, 평등하고 효과적으로 학교교육을 받을 수 있도록 학교 간<br>조건의 차이를 없애는 것<br>　└ 학교의 시설, 교사의 자질, 교육과정<br>　예) 교사 순환 근무제, 정부 지원 확대, 교육의 지역 편중 문제해결 정책, 고교<br>　　평준화(개념상 평등화) |
| | 콜맨<br>보고서 | | • 가설 : 학업성적은 교육조건에 따라 달라질 것이다.<br>• 결과 : 교육조건보다는 가정배경과 친구집단이 더 큰 영향(사회자본론)<br>• 시사점 : 아동의 학업성취에 가정의 사회문화적 배경이 영향을 미친다는 점과 보상교육의 필요성을 강조 |

**콜맨이 주장한 자본론의 종류**

| 경제자본 | 부모의 경제적 지원 능력(소득수준) |
|---|---|
| 인간자본 | 부모의 지적 능력이나 교육수준, 직업 |
| 사회자본 | • 사회적 관계에 내재된 자원(부모와 자녀 사이의 상호 신뢰·유대감, 상호작용, 부모의 교육적 관심이나 노력, 교육의 노하우)<br>• 사회자본의 영향이 가장 큼 |

| | 개념 | • 교육은 배워야 하는 것을 배우는 데 목적이 있으므로, 교육결과가 같아야 한다고 보는 입장<br>• 실질적 교육결과의 평등을 주장<br>• 우수학생보다 열등학생에게 더 많은 관심을 갖는 것<br>⑩ 보상교육, 우수교사를 열반으로 배치, 교육우선지역(낙후된 지역), 헤드스타트 프로젝트, 기회균등 선발제 | |
|---|---|---|---|
| 결과의 평등<br>(보상적 평등)<br>: output | 교육복지<br>우선지원<br>사업 | 개념 | 보상적 평등관 |
| | | 목적 | 소득분배 구조 악화, 빈곤층 비중 확대, 지역별 계층분화현상 등이 심화됨에 따라 경제적 취약집단을 비롯한 교육취약 아동·청소년의 교육적 성취를 제고 |
| | | 내용 | 저소득층 학생이 취약한 환경에서 비롯된 어려움을 극복할 수 있도록 학습, 문화·체험, 심리·정서, 복지 등과 같은 영역의 프로그램이 포함 |
| | 문제점 | 역차별 발생 | |

| 기능론 | 블라우와 던컨의 지위획득모형 | • 개인의 현재 직업 선택에 영향을 미치는 관련 요인들을 경로분석을 통해 나타난 이론<br>• 계층과 관련된 부모의 직업이 아닌, 본인의 교육이 직업에 가장 큰 영향을 미치므로, 교육을 통해 사회계층의 이동이 가능하다고 봄 | |
|---|---|---|---|
| 갈등론 | 보울즈와 진티스의 경제적 재생산이론 | 학교는 자본주의 사회의 불평등한 계급구조를 반영하여 경제적 불평등을 유지시키고 있으며, 이로 인해 계급 간의 사회적 이동이 불가능함 | |
| | 라이트와 페론의 이중노동시장이론 | 이중노동 시장론적 입장에서 교육을 통한 사회계층 이동이 어렵다고 봄 | |
| | 콜린스의 계층경쟁론 ★ | 개념 | 기술기능이론의 한계를 설명(기술적 필요 이외의 것) |
| | | 과정 | • 1단계 : 지위획득을 위해 교육이 필요<br> ⓔ 자격증<br>• 2단계 : 하류계층도 지위획득을 위해 교육을 받음<br>• 3단계 : but, 기득권층은 기득권 유지를 위해 교육자격 요건을 상향조정(권력이 학교체제의 급속한 성장배경에 있는 결정적 변수)<br> ⓔ 고등교육 팽창, 의학대학원, 대학원 팽창<br>• 4단계 : 없는 자 탈락(상급학교를 다니지 못함) |
| | | 권력적 관점 | 학교교육 연한의 증대는 직무기술 수준이 높아졌기 때문이기 보다 권력과 지위를 얻기 위해 경쟁하는 지배집단의 영향 때문이라고 보며, 권력이 학교체제의 급속한 성장배경에 있는 결정적 변수라고 봄(집단 간 지위경쟁) |
| | | 사회적 배제 | 우월한 집단들이 자기 지위 강화를 위해 높은 교육적 요구를 설정하고 하위집단은 더 많은 교육을 요구받게 되어 계급 간 갈등을 야기하는데, 이는 고등교육의 팽창을 설명하는 데 사용됨 |
| | 카노이의 수익률 재생산 연구 (종속이론) | • 교육수익률 : 교육을 위해 투자한 비용에 대해 교육으로 인해 얻은 이익의 비율<br>• 교육수익률이 높을 때에는 교육기회의 제한과 치열한 경쟁으로 인해 중상위계층만이 교육을 통해 이익을 누리게 됨<br>• 교육은 지배집단에게 종속되어 있음을 알 수 있음(교육은 가진 자에게 봉사)<br> ⓔ 초등교육의 수익률이 높을 때 ⇨ 경쟁 치열 ⇨ 하류층 자녀들에게 기회 제한 ⇨ 초등교육이 보편화 ⇨ 하류층 자녀가 다님 ⇨ 중등교육 수익률 높아짐 ～ | |

**기출문장 Check**

수업에서 소극적으로 행동하는 문제에 대해 문화실조 입장에서 논하시오. `14 중등`

# 03 문화와 청소년 일탈

## I. 문화변화의 현상 `14 중등`

| | |
|---|---|
| 문화전계<br>(문화전승) | 문화가 다음 세대로 계승되는 것( = 교육사회화의 기능)<br>예 이민을 간 사람이 한국의 문화를 자식에게 전해주는 것(전통문화 교육) |
| 문화접변 | 다른 문화와의 접촉을 통하여 문화가 변화하는 것<br>예 주한 외국인이 우리의 문화를 배우는 것 |
| 문화지체<br>(오그번) | • 문화의 구성부분 간의 변동차로 인하여 생기는 **문화격차**<br>• 물질문화의 변화와 발달의 속도를 비물질문화가 따르지 못하는 것<br>• 물질문화(기술), 비물질적인 적응적 문화(가치관, 신념, 규범, 제도, 사회적 상호작용 양식)<br>• 따라서 새로운 테크놀로지를 도입할 때, 단순히 기계적인 변화로 받아들이는 것이 아니라 시간이 지나면서 사회제도나 가치관에 어떤 영향을 줄지 예측하고, 바람직한 방향으로 문화변동을 일으키도록 보충적 장치를 마련 |
| 문화실조 ✦ | • 문화적 요소의 **결핍** 및 시기의 부적절성으로 발달의 부분적 지연, 왜곡, **상실**<br>• 가정의 문화적 환경에 따라 어떤 아동은 가정에 교육적 자극을 충분히 받아 기본적인 교육적 소양을 갖추지만, 어떤 아동은 가정의 문화적 영양이 불충분하여 교육적 소양이 결핍되며, 따라서 이러한 아동은 학교에서 가르치는 내용을 처음부터 인지하지 못하여 학업성취가 뒤떨어지고, 학년이 올라가면서 누적되어 결국 학업에서 실패<br>• 문화실조이론에 대한 높은 신뢰는 교육정책으로 반영되어 **보상교육정책이 실시**되고, 최소한의 기본소양을 갖출 수 있도록 우선적으로 필요한 것을 가르치는 일 |
| 문화전파 | 문화접변보다 광의의 개념으로, 개인적 접촉에서 발생<br>예 모든 문화의 모방, 차용, 전이가 포함 |

## 2. 청소년 일탈이론 `14 중등 추가`

MEMO

**기출문장 Check**

학교부적응 행동의 원인을 청소년 비행이론으로 설명하시오.

`14 중등 추가`

| 낙인이론 ✦ | **개념** |  |
|---|---|---|
|  | – 일탈자로 낙인이 찍히면, 계속해서 사회의 일탈행동을 하게 된다는 것 |  |
|  | – 낙인을 찍는 것은 일종의 <mark>자기 충족적 예언</mark>으로 작용하여, 본래는 정상적인 사람도 주위의 잘못된 인식으로 실제 일탈자가 되는 것(<mark>상징적 상호작용</mark>) |  |
|  | • **낙인의 과정** |  |
|  | 추측 | • 교사는 처음으로 학급의 학생들을 만나 첫인상을 형성<br>• 다른 학급을 가르치면서 얻은 배경과 대조하여 학급 구성원들의 첫 인상 형성 |
|  | 정교화 | • 학생이 실제로 첫인상에서 보여준 것과 같은지를 확인<br>• 첫인상이 바뀌어질 수 있는 가설검증의 과정 |
|  | 고정화 | 학생들의 정체감에 대해 비교적 분명하고 안정된 개념을 갖고, 학생이 어떤 유형이라고 알고 나면, 이러한 신념은 바꾸기가 어려움 |
|  | • 낙인의 주요 요인 : 성별, 인종, 외모, 경제적 배경 |  |
| 차별교제이론 ✦ | • 개인이 일탈적인 환경 속에서 일탈자들과 접촉하면서 그들의 문화와 행동을 학습<br>• 일탈행동은 사회화의 결과 ⇨ <mark>우등생, 열등생 모두 설명 가능</mark><br>• <mark>사회적 상호작용론</mark> 관점과 맥을 같이 하며, 개인의 일탈자 여부는 일탈행동을 하는 집단과 얼마나 긴밀한 접촉을 하고 있느냐에 달려 있음<br>• **해결책** : 개인이 일탈집단과 접촉하는 것 억제, 비일탈집단과의 접촉 증대를 통해 적절한 사회화 기회를 제공 |  |
| 편류이론 | 청소년 범죄는 일시적인 현상일 뿐, 다시 정상으로 돌아옴 |  |
| 중화이론 | 비행 청소년들은 그들의 행동이 나쁜 행동이라고 인정하고 비행에 대해 합리화(중화) |  |
| 사회통제이론 | • 사람은 누구나 모두 비행성향을 지니고 있기 때문에 비행성향이 비행의 동기로 작용하는 것이 아니라 사회적인 유대관계가 약화됨으로써 비행이 발생한다는 관점<br>• 결국 청소년이 비행을 하게 되는 이유는 그들이 가정, 학교, 친구와의 유대관계가 약화되었기 때문이라는 관점 |  |

PART 4

교육사회학 ET 김인식 교육학 논술 콘텐츠 만점 서브노트

## 04 학교교육의 팽창(학력상승의 원인)

| 학습욕구이론<br>(매슬로우) | 학교교육을 통해 지적욕구와 인격도야의 욕구를 충족시킬 수 있기 때문에, 기회만 주어지면 누구나 학교교육을 받으려고 하여 학교교육이 팽창되고, 학력이 상승된다고 주장 |
|---|---|
| 기술기능이론 | 과학기술발전(산업화) ⇨ 직업기술수준의 지속적인 향상 ⇨ 학력 상승 ⇨ 학교 팽창 |
| 신마르크스이론<br>(보울즈와 진티스) | 자본주의 사회에서 자본가 계급의 이익을 위해, 자본가 계급에 의하여 교육이 발달하고 학력 상승<br>㉮ 사내대학 |

| <u>도어</u>의<br><u>지위경쟁이론</u> ★ | • 높은 학력을 가짐으로써 지위가 더 높아질 가능성 ⇨ 남들보다 한 단계 높은 학력을 가지려 함 ⇨ 상급학교 팽창(졸업장은 합법적 지위 획득의 사다리, 품질보증서)<br>• 졸업장병과 학력 인플레이션 |
|---|---|

| | 졸업장병 | 지위를 얻기 위해 학력이 작용하면, 진학률이 상승하여 졸업생 수 증가 ⇨ 모두가 높은 학력을 가져 학력의 가치 떨어짐 ⇨ 이는 다시 새로운 학력 상승의 요인으로 작용, 높은 학력을 취득하기 위한 경쟁이 한없이 진행 ⌐학력이 기회획득의 수단으로 작용하여<br>더욱 높은 학력을 쌓기 위한 경쟁이 계속되는 것 |
|---|---|---|
| | 학력<br>인플레이션 | 학력의 공급이 수요에 비하여 지나치게 많아, 그 가치가 노동시장에서 평가절하되는 것 |

| 국민통합이론 | • 국가의 형성과 국민통합의 필요성으로 인해 교육의 힘이 필요, 따라서 교육 팽창<br>• 주로 초등교육 팽창과 관계가 있으며, 고등교육의 팽창에 대하여 설명하지 않음 |
|---|---|

# 05 평생학습체제

## I. 기본적인 이해

| | |
|---|---|
| 개념 | • 개인의 출생에서 사망까지 전 생애에 걸친 교육(수직적 교육)<br>• 가정, 학교, 사회에 걸쳐서 이루어지는 교육(수평적 교육)의 **수직적 + 수평적 통합** |
| 대상 | 없는 자(최근에는 모두) |
| 목적 | • **삶의 질 향상**<br>• 다양한 계층의 교육적 요구를 충족<br>• 직업교육과 인격교육의 조화 균형을 지향 |
| 평생학습<br>모형 | • **형식교육** : 제도적인 장치에 의해 이루어지는 교육, 교사 + 학습자 + 학습과정<br>• **비형식교육** : 국가의 인증을 받지 않는 교육, 교육자 + 피교육자 + 학습과정<br>　예 현직훈련, 산업체 교육, 직업교육, 국민운동<br>• **무형식교육** : 교육은 아니지만 그 안에 가르침과 배움이 일어나는 과정, 교육자와 피교육자의 학습과정이 ×<br>　예 설교, 대중매체, TV |
| 평생교육<br>필요성 | • **교육 내적 측면의 필요성**<br>　– 기존의 학교교육이 가지고 있는 획일화된 교육, 경직성, 폐쇄성 때문<br>　– 학습자의 자발성에 의한 학습이 아니라 교육을 수단시하는 외재적 목적으로 강조하는 교육으로 진정한 교육의 의미를 상실<br>• **교육 외적 측면의 필요성** : 기술의 발전으로 여가시간이 증가하고 수명이 연장되어 교육에 대한 수요가 증가하여 학교교육이 모두 수용 × |
| 특성<br>(이념) | **전체성** | • 모든 수준의 교육을 포함<br>• 학교교육을 포함한 모든 형태의 교육에 정통성을 부여 |
| | **통합성** | • 학교교육과 사회교육의 통합<br>• 모든 교육기관은 고립해서 존재 ×, 상호 관련적인 관계 |
| | **융통성** | • 보장적 평등<br>• 주어진 기회를 보장, 전통적 학교교육을 마친 후에도 새로운 학습을 함으로써 변화할 수 있는 기회가 얼마든지 있다고 가정 |
| | **민주성** | • 허용적 평등<br>• 교육의 기회를 모두에게 제공, 사회의 모든 사람들의 생활과 관련된 모든 사람들을 위한 것 |

| 특성<br>(이념) | 자기성취 | • 자기주도학습<br>• 수요자 중심이므로 자기성취를 강조하고 학습자의 필요와 욕구에 따른 자발성에 의해서 학습이 이루어짐<br>• 학습자가 스스로 유익하고 가치 있다고 판단해야 적극적으로 참여하고 성취 |
|---|---|---|
| | 탈정형화 | 연령, 장소, 교육과정, 교수법, 평가 등 어떤 것에 의해서도 제한받지 않음 |
| | 삶의 질<br>추구 | 궁극적인 목적은 삶의 질 향상, 교육기회 균등화와 평등화 확대에 기여 |

## 2. 평생교육이론

| | 개념 | | 『학습 : 내재된 보물』에 제시된 평생교육의 4가지 기둥을 제시 |
|---|---|---|---|
| 유네스코 보고서<br>(들로우) | 방법 | 알기 위한<br>학습 | • 지식의 내용 습득보다 학습방법에 숙달<br>• 교사의 역할 : 자기주도 학습 능력 신장, 기초 · 기본교육 |
| | | 행동하기<br>위한 학습 | • 실생활에 유용한 것을 학습<br>• 교사의 역할 : 직업교육(진로지도) |
| | | 함께 살기<br>위한 학습 | • 다른 지역 사람과 공존하며 참여할 수 있는 능력을 학습<br>• 교사의 역할 : 다문화 교육 |
| | | 존재하기<br>위한 학습 | • 인격완성, 전인적 발달<br>• 교사의 역할 : 교양교육(인간성 교육) |
| 랭그랑<br>(생애 교육학) | | | • 탄생에서 죽음에 이르기까지 인간의 일생을 통해서 교육의 기회를 제공(수직적)<br>• 학교, 학교 외 교육을 통하여(수평적) ⇨ 수직적 · 수평적 통합<br>  예) 지역사회<br>• 평생교육은 학습자가 필요로 할 때, 언제든지 접근할 수 있어야 하며, 앎과 삶이 통합된 학습을 지원하는 것을 강조<br>• 이를 위해 분절되었던 각 교육제도들을 연계 · 통합하는 사회적 시스템의 필요성 역설 |
| 포르 위원회<br>(학습사회) | | | • 소유를 위한 학습 ×(교육의 수단성 부정) ⇨ 존재를 위한 학습(자기의 능력을 능동적으로 발휘해서 삶의 기쁨을 확신하는 데 둠)<br>• 학습사회 건설을 제안<br>• 이 보고서는 초 · 중등 및 고등교육 제도와 교육의 틀을 개혁함으로써 교육의 지평을 넓힐 것을 강조 |

| 일리치와 겔피<br>(학습망) | • 학교교육 부정 ⇨ 학습망 제안<br>　　└ 현재의 획일적인 학교중심의 교육에서 벗어나 학습의 네트워크를 통한<br>　　　 다양한 학습방법과 과정<br>• 학습자원을 쉽게 활용할 수 있도록, 지역차원의 연계된 **학습망**에 기초한 학습사회를 주장 |
|---|---|
| 허친스<br>(학습사회) | • 인간성 회복(교양) 교육<br>• **학습사회** 개념 등장 : 사회구성원 모두가 자기의 능력을 최고 한도까지 끌어올릴 수 있도록 도와주는 사회<br>• **이를 실현하기 위해 여가 교육**이 필요함을 주장<br>　- 노동집약적 산업에서 벗어난 사회이므로 노동시간은 줄어들고 여가시간은 증대<br>　- 여가를 잘 활용하면 인간의 참된 삶을 즐길 수 있다는 것 |
| 데이브 | • 평생교육은 **삶의 질**을 향상시키기 위한 것<br>• 인간생활의 질적 향상을 추구하는 방법 주장 |

## 3. 평생학습사회

사회의 모든 기관·조직이 학습의 기능을 분담, 교수 – 학습활동을 전개, 누구든지 평생에 걸쳐 배울 수 있는 환경을 창출하는 사회

## 4. 평생학습도시

평생학습사회를 현실화하는 정책의 수단, '시민의 학습활동'과 '도시의 활성화'라는 두 가지 목적

교원임용 교육 1위,
해커스임용 **teacher.Hackers.com**

# PART 5
# 교육심리학

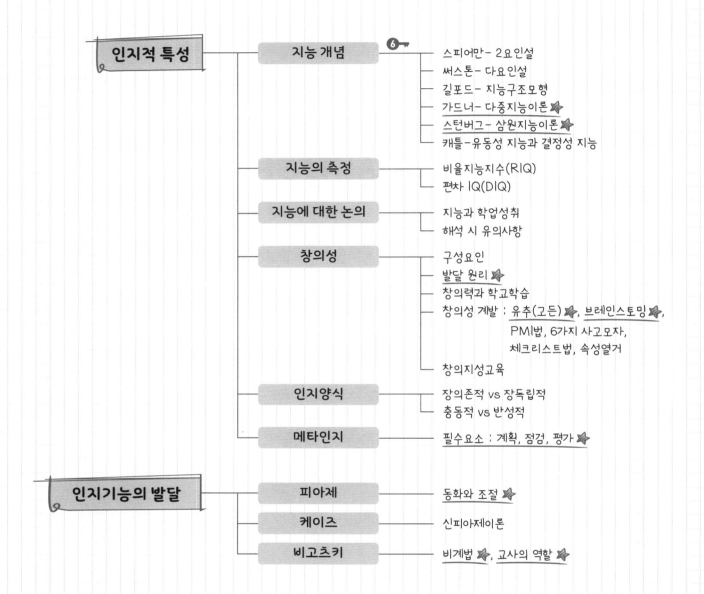

**인지적 특성**

- **지능 개념** 🔑
  - 스피어만 – 2요인설
  - 써스톤 – 다요인설
  - 길포드 – 지능구조모형
  - 가드너 – 다중지능이론 ✨
  - 스턴버그 – 삼원지능이론 ✨
  - 캐틀 – 유동성 지능과 결정성 지능

- **지능의 측정**
  - 비율지능지수(RIQ)
  - 편차 IQ(DIQ)

- **지능에 대한 논의**
  - 지능과 학업성취
  - 해석 시 유의사항

- **창의성**
  - 구성요인
  - 발달 원리 ✨
  - 창의력과 학교학습
  - 창의성 계발 : 유추(고든) ✨, 브레인스토밍 ✨,
    PMI법, 6가지 사고모자,
    체크리스트법, 속성열거
  - 창의지성교육

- **인지양식**
  - 장의존적 vs 장독립적
  - 충동적 vs 반성적

- **메타인지**
  - 필수요소 : 계획, 점검, 평가 ✨

**인지기능의 발달**

- **피아제**
  - 동화와 조절 ✨

- **케이스**
  - 신피아제이론

- **비고츠키**
  - 비계법 ✨, 교사의 역할 ✨

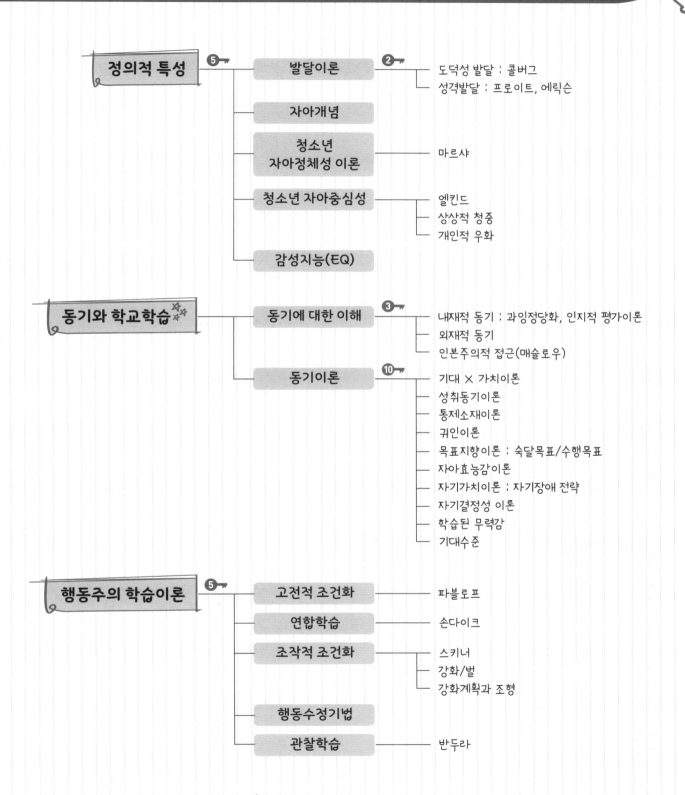

정의적 특성 ⑤🔑 ── 발달이론 ②🔑 ── 도덕성 발달 : 콜버그
                                      └ 성격발달 : 프로이트, 에릭슨
              ── 자아개념
              ── 청소년
                 자아정체성 이론 ── 마르샤
              ── 청소년 자아중심성 ── 엘킨드
                                   ├ 상상적 청중
                                   └ 개인적 우화
              ── 감성지능(EQ)

동기와 학교학습 ✿✿ ── 동기에 대한 이해 ③🔑 ── 내재적 동기 : 과잉정당화, 인지적 평가이론
                                         ├ 외재적 동기
                                         └ 인본주의적 접근(매슬로우)
                  ── 동기이론 ⑩🔑 ── 기대 × 가치이론
                                    ├ 성취동기이론
                                    ├ 통제소재이론
                                    ├ 귀인이론
                                    ├ 목표지향이론 : 숙달목표/수행목표
                                    ├ 자아효능감이론
                                    ├ 자기가치이론 : 자기장애 전략
                                    ├ 자기결정성 이론
                                    ├ 학습된 무력감
                                    └ 기대수준

행동주의 학습이론 ⑤🔑 ── 고전적 조건화 ── 파블로프
                     ── 연합학습 ── 손다이크
                     ── 조작적 조건화 ── 스키너
                                      ├ 강화/벌
                                      └ 강화계획과 조형
                     ── 행동수정기법
                     ── 관찰학습 ── 반두라

# 키워드로 흐름잡기

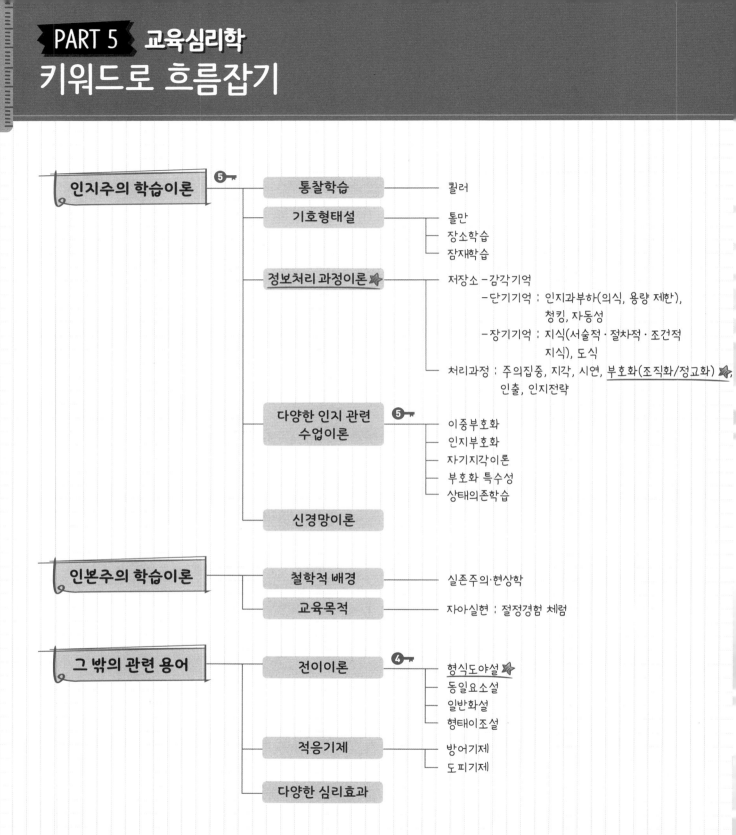

인지주의 학습이론 ❺🔑
- 통찰학습 ─── 쾰러
- 기호형태설 ─── 톨만
  - 장소학습
  - 잠재학습
- 정보처리 과정이론 🖋
  - 저장소 ─ 감각기억
    - 단기기억 : 인지과부하(의식, 용량 제한), 청킹, 자동성
    - 장기기억 : 지식(서술적 · 절차적 · 조건적 지식), 도식
  - 처리과정 : 주의집중, 지각, 시연, 부호화(조직화/정교화) 🖋, 인출, 인지전략
- 다양한 인지 관련 수업이론 ❺🔑
  - 이중부호화
  - 인지부호화
  - 자기지각이론
  - 부호화 특수성
  - 상태의존학습
- 신경망이론

인본주의 학습이론
- 철학적 배경 ─── 실존주의 · 현상학
- 교육목적 ─── 자아실현 : 절정경험 체험

그 밖의 관련 용어
- 전이이론 ❹🔑
  - 형식도야설 🖋
  - 동일요소설
  - 일반화설
  - 형태이조설
- 적응기제
  - 방어기제
  - 도피기제
- 다양한 심리효과

## 01 지능(지적능력)

### Ⅰ. 지능의 유형(지능 개념)

#### (1) 스피어만의 2요인설

| 일반요인 | • 지적활동의 종류를 초월하여 공통적으로 영향을 미치는 능력 |
| | • 지능검사 문항들에 대한 성적의 주요 결정요인 |
| 특수요인 | 특수한 분야의 문제를 해결할 때 사용되는 지적 능력 |

#### (2) 써스톤의 다요인설

7개의 다요인으로 구성
└ 인간의 기본 정신 능력

#### (3) 길포드의 지능구조모형(지적 활동 차원)

| 개념 | 인간의 정신과제가 지능의 3가지 차원과 관계된다고 주장 |
| | └ 인지활동 · 내용 · 결과 |
| 구조 | • 내용차원(자료) : '시각, 청각, 상징, 의미, 행동(5개)'으로 조작이 수행되는 대상 |
| | • 인지활동 차원(조작) : '평가, 수렴, 발산, 기억파지, 기억저장, 인지(6개)'로 어떤 인지과제에 대한 지적활동들이 수행되는 정신적 과정 |

| | 인지 | 다양한 형태의 정보를 신속히 발견 |
| | 기억 | 특정 정보를 저장할 때와 같은 형태로 파지 |
| | 수렴적 사고 | 저장된 정보로부터 가장 옳고, 답습적인 답과 해결책을 생성 = 지능 |
| | 확산적 사고 | 기억된 정보로부터 비관습적, 새롭고, 신기, 다양한 답과 해결책 등을 생산해 내는 생산적 사고 = 창의력 |
| | 평가 | 기억해 낸 것 또는 사고한 것이 적절·정확한가를 결정 |

| | • 결과차원(산출) : '단위, 유목, 관계, 체계, 변환, 함축(6개)'으로 특정 유형에 대한 구체적인 조작의 수행에서 비롯되는 산출 |
| 시사점 | • 학생의 학습능력과 학습준비도 측정에 유용 |
| | • 창의성과 관련된 요인을 주장하여 지능의 구성요소에 대한 시야를 넓혀줌 |

## (4) 가드너의 다중지능이론 ✏️

MEMO

| 기본입장 | • 지능은 여러 개 존재하며, 서로 독립적이면서도 상호작용함<br>• 지능은 생활 속에 나타나고, 문화에 따라 지능이 나타나는 방식이 다름 |
|---|---|

| 9가지 지능<br>19 중등 | 논리·수학적 지능, 언어적 지능, 음악적 지능, 공간적 지능, 신체·운동적 지능, 대인관계 지능, 개인지각 지능, 자연탐구 지능, 실존지능<br>└─ 존재 이유, 철학적·종교적 사고를 할 수 있는 능력, 아동기에 거의 나타나지 않는 반쪽 지능 |
|---|---|

**기출문장 Check**

대인관계 지능의 명칭과 개념, 개인지각 지능 아동에게 맞는 과제에 대해 논하시오. 19 중등

| | 구분 | 기존 지능이론 | 다중지능이론(특징) |
|---|---|---|---|
| **비교** | 기본가정 | 지능은 지식 | 지능은 생활 |
| | 발달 가능성 | 거의 정해짐 | 환경에 따라 발달 가능성 |
| | 지능 요인 | 단일 지능 | 다양(개성 인정) |
| | 주된 관심 | 주로 논리·수학적 지능 | 생활 속에서의 지능 |
| | 측정 방식 | 주로 지필검사(언어능력 중심) | 생활 속에서의 활동을 통해 |
| | 지능과 문화 | 관계 없음 | 문화에 따라 다름 |

| 교육적<br>시사점 | • 학생의 개인차, 다양성을 인정 ⇨ 개성/개별화 교육(다양한 활동 인정)<br>• 지적·정의적·신체적인 것도 강조 ⇨ 전인교육<br>• 약점 지능을 보완하기 위해서 풍부한 교육적 환경의 조성과 훈련을 통해 어느 정도 수준까지 발달시킬 수 있음<br>• 강점 지능을 활용한 다양하고 풍부한 교육방법을 활용, 학생중심의 교육모형, 개인중심 학교 강조 ⇨ 학습자의 스타일과 강점에 맞게 교육과정을 구성<br>• 실제적 지능이 필요함을 주장<br>  - 실제 상황이나 실제 상황 같은 환경을 조성해서 아동이 하고 싶을 때 자연적인 관찰을 통해 측정 또는 생활맥락 속에서 측정해야 한다고 주장<br>  - 평가(측정)는 실생활과 관련 ⇨ 작업양식에도 관심 |
|---|---|

| 교수 - 학습<br>시사점 | • **교육내용 선정** : 가드너는 다중지능을 주장하면서 각 개인은 지능에도 강점 지능과 약점 지능이 있다고 봄 ⇨ 개인중심 교육과정(개별화)<br>• **교육방법** : 지능은 실생활과 관련 있다고 봄 ⇨ 실생활이나 실제 상황과 같은 환경을 조성. 또한 강점 지능은 더욱 강하게, 약점 지능은 보완될 수 있는 다양한 학습방법을 활용, 지능이 발달할 수 있는 여건을 조성<br>• **평가** : 지능은 생활 속에 나타난다고 봄 ⇨ 다양한 상황과 실제적 맥락 속에서 평가. 지능검사만을 사용하지 말고 다양한 방법을 사용. 또한 교육의 과정과 평가가 구분되지 않음. 통제된 상황이 아닌 교육의 과정 속에서 평가 |
|---|---|

## (5) 스턴버그의 삼원지능이론 ✐

| 기본 입장 | 올바른 지능은 현실에 사용할 수 있는 지능 | | |
|---|---|---|---|
| 비판 | 가드너는 내적 지능을 계발하는 것이고, 스턴버그는 내적 지능에 더하여 경험적 지능과 외적 지능의 계발을 강조 ⇨ 일상생활 속에서 문제를 해결하는 것 강조 | | |
| 구성 | 구성적 요소<br>(구성적 지능) | • 새로운 지식을 획득하고 그 지식을 논리적인 문제를 해결하는 데 적용하는 능력으로, 지적행동의 기반이 되는 정보처리기능 ⇨ 학업성취도와 관련<br>• 종류 | |
| | | 지식습득 구성요소 | 새로운 것을 학습하는 정신과정 |
| | | 수행 구성요소 | 어떤 과제를 수행할 때 사용하는 정신과정<br>⇨ 정보를 부호화·기억·추리하는 데 관여 |
| | | 메타 구성요소 | 문제를 해결할 때 정신적·신체적으로 우리가 행하는 모든 것을 조정하는 고등제어과정 |
| | 경험적 요소<br>(경험적 지능) | • 새로운 문제에 당면했을 때, 그 문제에 대해 얼마나 통찰력을 가지고 새로운 문제해결 방법을 제시할 수 있는가를 말함 ⇨ 새로운 사실들을 조합하고 새로운 아이디어를 생성하는 것<br>• '창의적 능력'이라고도 하며, 이 능력이 뛰어난 사람은 어떤 새로운 상황에서도 자동적으로 창의적 사고력을 발휘하며 다양한 문제를 해결할 수 있음<br>└ 추상적 사고 가능<br>(선택적 부호화, 선택적 결합, 선택적 비교) | |
| | 맥락적 요소<br>(상황적 지능) | • 외부환경에 대응하는 능력, 즉 실제의 현실상황에 대한 적응력을 강조<br>• 스턴버그는 지능이 환경에 적응하는 능력과 환경을 선택하고 변형하는 능력을 포함한다고 주장<br>• 구성요소 | |
| | | 적응 | 환경과 조화로운 관계를 유지 |
| | | 선택 | 적응하지 못할 경우, 요구나 능력에 맞게 환경을 변형 |
| | | 변형 | 변형시킬 수 없을 경우, 새로운 환경을 선택 |
| | | • 원만한 인간관계, 사회적 적응력, 뛰어난 적응력<br>• 일상생활에서 배우는 것(암묵적 지식)으로 학교학습과 관련이 없음 | |
| 성공지능 | • 분석적 지능: 문제를 해결하고 아이디어의 질을 판단하는 능력<br>• 창조적 지능: 문제점과 아이디어를 훌륭하게 파악하는 능력<br>• 실천적 지능: 실생활에서 훌륭한 아이디어와 분석능력을 활용하는 능력<br>⇨ 이 3가지 능력을 적절히 사용할 시기와 방법을 늘 생각하는 사람은 성공지능과 문제해결력이 높은 사람 | | |

| 시사점 | • 기존 지능검사는 구성적 요소의 지능은 측정하지만, 실용적 능력이나 창의적 능력은 측정하지 않음<br>• 3가지 능력은 모든 교과영역에서 사용되고 강조됨<br>• 비활성 지능 위주의 교육에서 탈피하여, 실생활 준비와 창의적 지능을 계발·육성<br>• 지능이 교육에 의해서 발달 가능성이 있다는 것을 믿고 다양한 프로그램을 계발·적용 |
|---|---|

## (6) 캐틀의 유동성 지능과 결정성 지능

| 유동성 지능 | • 유전적·신경 생리적 영향에 의해 발달되는 지능 예 기억력<br>• 뇌와 중추신경계의 성숙에 비례하여 발달<br>• 유동능력의 발달은 신체 성장곡선과 유사 ⇨ 청년기에 증가, 성인기 이후에는 점차 쇠퇴 |
|---|---|
| 결정성 지능 | • 환경적·경험적·문화적 영향에 의해 발달되는 지능 예 언어 이해력<br>• 자신의 학습과 경험을 적용하여 획득한 능력<br>• 유아기에서 성인기에 이르기까지 서서히 증가하는 발달경향, 성인기 이후에도 계속 발달하지만 환경의 질에 따라 차이가 있음 |

## 2. 지능의 측정

| 비율지능지수(RIQ) | MA / CA × 100 |
|---|---|
| 편차 IQ(DIQ) | • 정상분포의 성질과 표준편차에 이론적 근거를 둠<br>• 평균이 100이고, 표준편차가 15인 정상분포곡선<br>  └ 편차(평균으로부터 차)들의 평균(집단이 동질적 또는 이질적일 때 기준)<br>• 원점수 자체에는 의미가 없으며, 연령집단의 원점수에서 각 개인의 점수가 차지하는 상대적 위치에 더 관심<br>• 점수가 평균에 있을수록 오차의 영향이 큼 ⇨ 절대로 지능은 점수로 판단하지 말고, 하나의 자료라고 간주<br>  └ 사람 수가 많기 때문에 1~2점에 따라 순서가 급격하게 바뀜<br>• 7살 아이의 지능지수 100 ≠ 70살 노인의 지능지수 100<br><br>[그림 5-1] 정상분포 그래프<br><br>• 좌우분포 대칭적<br>• 평균에서 멀어질수록 사람 수가 적어짐(면적 : 인원수)<br>• *%ile*(퍼센타일 = 백분 위점수) : 전체 100으로 가정하고 아래에서 몇 번째<br>[참고] 백분위는 순위, 백분율은 면적 |

## 3. 지능에 대한 논의 `13 중등`

| | |
|---|---|
| 지능에 대한 현대적 논쟁 | • **지능의 결정요인** : 인간의 특성은 유전과 환경에 의해 결정<br>• **지능의 안전성과 변동성**<br>  – 지능은 가변성을 가지고 있음<br>  – 지능은 성별, 성격, 가정의 사회·경제적 지위, 부모의 교육수준과 관련되며, 부모의 직업이 고등직일수록 자녀의 지능이 높은 경향이 있음<br>  – 지능지수가 어느 정도 결정되면 일생을 통해 큰 변화가 나타나지 않음 ⇨ 상대적 위치를 나타내는 DIQ는 거의 변화가 없음 |
| 지능과 학업성취 | • 일반지능과 학업성취도 간의 상관계수가 평균 r = .70 정도라면, 그 변량은 약 49%임<br>  ⇨ 상관계수의 자승이 결정계수, 이 결정계수가 예언력·결정력. 결정력은 49%. 곧 지능은 성적을 49% 결정해준다고 말함<br>• 예언은 학년이 낮을수록 정확성이 높아지나, 학년이 올라갈수록 정확성이 떨어짐<br>• 아이 100명 중에 49명이 지능에 의해 성적이 결정되며, 아이의 성적은 49% 이외의 요인을 고려해야 함<br>  ⇨ 지능이 학교성적과 밀접히 관련된다 해도 단지 학교학습에 영향을 주는 하나의 변인일 뿐이라는 점을 유념 |
| 해석 시 유의사항 | • **대부분 세 자리 지능지수가 나왔을 경우**<br>  – 그 학급 학생들 전체가 유난히 지능이 높은 경우<br>  – 플린효과의 영향으로 지능검사가 낡았거나, 지능검사 발행기관에서 의도적으로 규준을 조정했을 가능성<br>• 5~10점 차이는 측정오차로 간주, 피검자의 그날 상태나 검사에 대한 태도 등 검사 외적인 요인으로 인해 오차는 크게 늘어나게 됨<br>  ⇨ 점수에 대해서 절대적 의미를 부여하지 않음<br>• 전체 지능점수에 집중하기보다는 하위검사 점수도 고려하여 학생의 강점·약점을 고려<br>• 지능이 학교성적과 밀접히 관련된다 해도 지능은 단지 학교학습에 영향을 주는 하나의 변인이라는 점 유념<br>• IQ 점수에 근거하여 낙인하지 않고 여러 검사 사용하여 판단<br>• 지능검사는 타고난 지능을 측정하는 것이 아님 ⇨ 지능지수는 개인의 환경과의 상호작용에 기초, 배타적으로 타고난 지능을 측정하는 것이 아님<br>• 지능검사는 잠재적 능력을 측정하지 않음 ⇨ 어떤 특정한 개인의 인지적 기능 및 지식의 목록에 관한 정보를 제공 |

# 02 창의성

## 1. 정의

기존의 것을 조합하거나 변화시켜 새로운 것을 탄생시키는 것

예) 길포드의 확산적 사고, 스턴버그의 경험적 지능, 비합리적 사고

## 2. 중요성

정보화 사회에서 정보의 홍수로 인하여 더 이상 낱낱의 지식만을 습득하는 것에 치중하는 것은 비효율적이고 의미가 없으므로, 기존의 지식을 조합하거나 변화시켜 새로운 것을 창출하는 창의력의 중요성이 증대됨

⇨ 다양성을 추구하는 포스트모더니즘 관점에 의함

## 3. 구성요인

| | |
|---|---|
| 민감성 | 어떠한 좋은 문제가 있는지, 해결이 불충분한 것, 그냥 지나치기 쉬운 문제를 민감하게 알아내는 것 |
| 유창성 (양) | • 특정한 문제 상황에서 가능한 한 많은 양의 아이디어를 산출<br>• 각기 다른 반응의 총 개수<br>예) 브레인스토밍 |
| 융통성 (질) | • 한 가지 문제에 대하여 접근하는 방법이 얼마나 다양한가<br>• 고정적인 사고방식에서 벗어나 다른 사고수준의 아이디어를 창출해 내는 능력<br>• 다른 종류로 분류할 수 있는 반응 범주의 개수 |
| 정교성 | 다듬어지지 않은 기존의 아이디어를 보다 치밀하게 발전시키는 능력 |
| 독창성 | 기존의 것에서 탈피하여, 참신하고 독특한 아이디어를 산출하는 능력 |

## 4. 발달 원리(수업원리)

| | |
|---|---|
| 판단보류의 원리 | 일시적으로 평가나 판단을 보류, 어떤 언행이든지 받아들임(수용) |
| 결합의 원리 | 다루고 있는 문제를 다른 문제와 여러 가지로 관련(변형, 조합, 개선) |
| 독창성의 원리 | 독창적·독특한 아이디어 |
| 다양성의 원리 | 문제 사태에 대하여 다면적 접근 |
| 개방성의 원리 | 다른 사람의 행동이나 아이디어 수용, 자유로운 사고나 표현 |
| 자율성의 원리 | 타인의 지시에 의존하지 않고 스스로 조작·표현 |

## 5. 창의력과 학교학습

교사는 일반적으로 창의력이 높은 학생보다 IQ가 높은 학생을 보다 좋아하는 경향이 있음(창의성은 학업성적과 관련 있음)

## 6. 창의성 함양을 위한 교수 – 학습 방법 : 論 결론에 유용

① 학생 개개인의 흥미와 관심을 존중, 개방적이고 허용적인 분위기를 조성, 자기의사를 자유롭게 표현하도록 함
② 자기주도적 학습을 통해 자발성을 증대시켜야 함
③ 교사가 창의성의 모델이 되어주어 다양한 창의성 전략을 수업에 활용하고, 개방적·평가적인 질문을 통해 확산적 사고를 자극함
④ 학습의 장을 도서관, 지역사회 등으로 확장, 체험학습과 현장학습을 활용함

## 7. 창의성 계발

| | |
|---|---|
| 유추<br>(고든의<br>Synectics) | • **유추의 단계**<br>　- **이탈** : 문제를 그 상황에서 떼어놓고 멀리서 통찰하는 과정<br>　- **거치** : 처음에 얻은 해결책에 일시적인 저항을 느끼면서 잠시 두고 보는 마음의 상태<br>　- **성찰** : 해결책을 찾기 위해 마음을 자유롭게<br>　- **자율** : 해결책이 구체화<br>• **유추의 예**<br>　- **직접유추** : 실제로 닮지 않은 두 개의 개념을 객관적으로 비교하는 유추<br>　- **의인유추** : 자신이 진짜로 문제의 일부라는 생각을 가지고 문제 자체가 요구하는 것을 통찰하는 유추<br>　- **상징적 유추** : 두 대상물 간의 관계를 기술하는 과정에서 상징을 활용하는 유추, 서로 모순되어 보이는 또는 반대되는 단어를 갖고서 어떤 현상을 기술<br>　　　예 살인적 친절<br>　- **환상적 유추** : 초현실적 상상을 통해 유추 |
| 브레인스토밍 | • **정의** : 두뇌에 폭풍을 일으킨다는 의미로 기발하고 창의적인 아이디어를 얻는 방법<br>　⇨ 논리적인 판단을 하는 것은 아님<br>• **기본원리**(자양비결)<br>　- **자유분방** : 어떤 생각이라도 자유롭게, 발표의 자유도<br>　- **양산** : 가능한 많은 양의 아이디어 산출 ⇨ 좋은 아이디어 산출 확률↑ (다양성 원리)<br>　- **비판금지** : 자신이나 타인의 의견을 성급하게 판단하거나 비판하지 ✕<br>　- **결합과 개선** : 두 개 이상 아이디어 결합(질적 관점) ⇨ 새로운 아이디어(독창성 원리) |

| | |
|---|---|
| **PMI법**<br>(드 보노) | • 아이디어 건의, 제안 등을 처리하는 창의적인 기법<br>• 학생들은 단순히 어떤 아이디어를 좋아하거나 좋아하지 않는다고 판단하지 않음<br>• 긍정적인 측면, 부정적인 측면, 주목할 만한 측면(재미있는, 가치중립적) 등으로 대안의 모든 측면을 고려해 본 다음 결정<br>• **특징(장점)** : 어떤 문제에 대해 넓은 시야, 어린이 ~ 성인, 지능 낮은 ~ 영재까지 광범위하게 사용 |
| **여섯 가지<br>사고모자** | 여러 가지 사고양식을 분류하여 의도적으로 한 번에 한 가지만을 사고하도록(측면적<br>·수평적 사고) |
| **체크리스트법**<br>(SCAMPER법) | 체크리스트를 사용하여 문제 해결(생각목록) |
| **속성열거법** | 생각의 폭을 확산시키는 훈련<br>예 벽돌의 용도를 열거하시오. |

## 8. 창의지성교육

| | |
|---|---|
| **개념** | • 지성교육을 통한 창의성 교육<br>• 반성적, 창의적 사고, 비판적 사고를 기르기 위한 교육 |
| **구성**<br>(추진과제) | • **교육내용 재구성**<br>   – 낱낱의 지식보다는 지식의 구조를 중심으로 한 구성<br>   – 통섭적 교육과정으로 구성<br>• **배움중심 교육**<br>   – 비판적 사고력, 가치, 태도를 기르는 지성교육<br>   – 학습자의 자기생각 만들기<br>• **평가 혁신**<br>   – 창의성을 기르는 평가로 수행평가, 서술식 평가, 논술형 평가 등 교사별 다양한 평가방법을 사용<br>   – 성장참조 평가를 지향 |

## 03 인지양식

### I. 개요

동일한 정보를 처리할 때마다 제각기 즐겨 사용하는 처리방식(다양성 인정)

### 2. 장의존적 vs 장독립적 인지양식

| 장의존적 학습자 | 장독립적 학습자(잠입도형검사↑) |
|---|---|
| • 정보 하나하나보다 **전체를 처리** | • 정보 하나하나를 분석적으로 처리 |
| • 사회 과목을 좋아함 | • 과학 과목을 좋아함 |
| • 정보를 지각함에 있어서 **외부의 단서에 민감**하게 반응, 타인의 비판에 민감 | • 정보를 지각함에 있어서 외부의 단서보다 **스스로의 단서를 더 중요시**, 대인관계에 무관심 |
| • 타인과의 관계 속에서 이루어지는 협동학습을 선호<br>└ 구조화된 학습 | • 외부의 구체적인 지시와 지도보다는 스스로 사고, 해결하는 교수방식 선호, 혼자서 실험해보고 관찰하여 가설을 세우고 결론을 내리는 것을 좋아함(탐구학습) |
| • 구조화되어 있지 않은 과제를 해결하는 데 어려움 | • 비구조화된 과제도 수월하게 수행 |
| • 맥락과 상황을 고려 | • 사회적인 관계보다 원인과 결과에 주목 |
| • 외적 보상(외부 비판에 민감) | • 내적 보상 |

### 3. 충동적 vs 반성적 인지양식

① 지능과 상관 ×, 나이가 들어갈수록 반성적
② 비교

| 충동적 | 반성적 |
|---|---|
| 일 빨리, 실수가 많음 | 일 천천히, 실수가 적음(사려 깊은 반응),<br>학교학습에 유리 |

### 4. 교육적 의의(論)

① 적성 - 처치 상호작용 모형처럼 학습양식을 고려하여 교수양식을 **다양화**
　⇨ 개별화 수업을 하는 것이 가장 이상적. but, 현실적으로 여건이 어렵기 때문에 매 수업마다 다양한 방식으로 수업을 진행
② 학생들로 하여금 가장 효과적으로 학습하는 방식을 이해하도록 도움
③ 학생들은 서로 다르며, 차이가 있다는 것에 민감
④ 학습양식이 때론 낙인으로 작용할 수 있으므로, 학습양식에 대해 아는 것 자체가 중요한 것이 아니라 학습자가 그에 적절한 학습전략을 융통성 있게 활용할 수 있도록 환경을 구성함으로써 동기화를 제공

| 개념 | • 자기 자신의 사고과정에 대해 알고 그것을 토대로 어떤 일을 해야 하는지, 왜 해야 하는지 등의 5W1H와 관련 지은 자신의 사고과정을 조절하는 것으로 사고에 대한 사고에 해당함 <br> (┌ self-awareness / └ self-regulation) <br> • 정보처리이론 중 장기기억의 조건적 지식에 해당함 |
|---|---|
| 필수 요소 ⭐ | • **계획(planning)** : 과제에 어느 정도의 시간을 들여야 할지, 어떤 전략을 사용할지, 어떻게 시작할지, 어떤 자원을 수집해야 할지, 어떤 순서로 처리할지, 어떤 것은 대충 넘기고 어떤 것은 자세히 살펴보아야 할지 등을 결정하는 것 <br> • **점검(monitoring)** : 현재 자신이 제대로 과제를 하고 있는가에 대한 인식 <br> • **평가(evaluation)** : 사고 및 학습의 과정과 결과에 대해 판단을 내리는 것 |
| 특성 | • 상위인지능력(메타인지)에는 개인차가 있어 학습 성취도에서 차이가 남 <br> • 상위인지능력은 학령기 동안 크게 향상 <br> • **상위인지능력과 학습** : 메타인지적 특성을 많이 보이는 학생은 그렇지 않은 학생보다 더 많이 학습 <br>    - 주의의 중요성에 대해 자각하고 있는 학생들은 스스로 효과적인 학습환경을 조성 <br>    - 정확한 지각을 증가시킴. 즉, 무엇인가를 잘못 지각할 수도 있다는 것을 아는 학습자는 확실한 정보를 찾으려 노력 <br>    - 메타인지는 작업기억을 통해서 정보의 흐름을 조절하는 것을 도움 <br>    - 메타인지는 유의미한 부호화에 영향 <br>    - 정신체계 내에서 정보의 흐름을 통제 <br>    - 정신체계의 의식적이고 반성적인 부분 <br>    - 감각입력정보 중에서 무엇에 주의를 기울일 것인지를 결정 <br>    - 효율적 정보처리를 위한 전략을 선택하고 적용하여 모니터 |

PART 5

교육심리학 티알싸 탄탄한 마무리 핵심 압축 서브노트

# 인지기능의 발달

## 01 피아제의 인지발달이론

| | |
|---|---|
| **인지구조<br>(≒ Schema)** | • 인간이 외부의 자극을 받아들이고, 해석하고, 전환하고, 조직하는 일련의 정신구조<br>• 인간의 스키마타는 성장함에 따라 체계적으로 변화<br>• 아동은 수동적으로 받아들이는 존재보다는 <u>능동적으로 정보들을 선택해서 받아들이고</u><br><u>해석하는 존재</u>     └ 적극적인 지적 획득자<br>• 동화와 조절을 통하여 정교화·통합되어 인지구조가 변화함으로써 인지발달이 이루어짐<br>⇨ 구조주의 |
| **동화와 조절**🌟<br>**(지식 획득법)** | • 동화와 조절은 누구에게나 동일(어른, 아동 무관)<br>• **동화** : 알고 있는 것을 기초로 하여 약간의 새로운 정보들을 받아들이는 것(양적 변화),<br>비슷한 새로운 정보에 의미를 부여하는 것<br>• **조절** : 신·구 정보를 통합시키기 위해 새로운 정보에 맞추어 기존의 인지구조를 재구조<br>화하는 것(질적 변화) |
| **평형과<br>불평형** | • **평형화** : 동화와 조절을 통해 인지적 균형 상태를 유지하려는 경향성<br>• **불평형** : 인지적 균형이 깨진 상태, 개인이 자신의 현재 사고방식으로 문제해결이나 상<br>황이해가 불가능함을 인식(인지적 갈등) ⇨ 도식 조절을 통해 인지 발달 |

**지식의 습득과정(인지발달과정)**

| | | | | |
|---|---|---|---|---|
| **새로운 지식** | 1st | (동화) | ⇨ | 평형화 - ①<br>(인지구조는 확대되나 질적 변화 ✕) |
| | 2nd | 불평형 작음(조절)<br>(기존 도식에 일치하지<br>않는 정보 제시) | ⇨ | 평형화 - ②<br>(원래 인지구조보다 더 안정된<br>인지구조 구성) |
| | | 불평형 큼(조절 ✕)<br>(정보가 너무 괴리) | ⇨ | 평형화 - ③<br>(인지구조가 원래 같은 상태로) |

- 인지발달의 극대화 순서 : ② ⇨ ① ⇨ ③
- 인지발달과정에 따른 교사의 역할
  - 인지발달 수준보다 조금 더 어려운 것 제시(작은 인지불평형)
  - 아동의 인지발달 수준을 파악(수준별 수업)
  - 인지적으로 비슷한 또래들과 학습을 하는 것을 강조(적절한 수준의 불평형이 일어남)

| | 감각<br>운동기<br>(0~2세) | • 감각, 동작에 의한 학습<br>• 대상영속성 : 물체가 눈에 보이지 않아도 어딘가에 지속적으로 존재하고 있음을 인식<br>• 표상적 사고 : 눈앞에 없는 사물이나 사태를 내재적으로 표상하는 심상이 발달 |
|---|---|---|
| 발달단계<br>: 기준 ⇨ 조작<br>(변화,<br>과정적 앎) | 전조작기<br>(2~7세) | • 현재 여기에 제시된 구체적인 대상에만 관심(수업방식 – 직접 경험)<br>• 비가역성 : 사물의 이치를 한 면으로만 이해할 뿐 역전하여 이해하지 못하는 것<br>• 자기중심성 : 다른 사람의 관점이나 필요, 입장을 고려하지 않고 자신의 관점, 필요, 입장에서 사고하고 행동하는 특성<br>• 직관적 사고 : 대상이나 현상의 가장 두드러진 한 가지 지각적 속성을 기준으로 그것의 성질을 파악하는 중심화된 사고방식<br>• 변환적 추론 : 특수사례에서 특수사례로 진행하는 추리형태(논리적 오류)<br>• 표상행동 : 내적으로 표상 |
| | 구체적<br>조작기<br>(7~11세) | • 논리적 사고, 동작으로 생각했던 것을 머리로 생각할 수 있음<br>• 귀납적 사고방식 : 다양한 사례를 중심으로 일반적 원리를 도출<br>• 가역적 사고 : 사상이 진행되어 나온 과정을 거꾸로 되밟아 나갈 수 있는 사고 능력, 보존성 개념이 발달한 결과<br>• 보존성 개념의 획득 : 어떤 대상의 외양이 바뀌어도 그 속성은 바뀌지 않는다는 것을 이해하는 능력<br>• 탈중심화 : 자신과 타인의 관점에서 모든 가능한 측면에 주의를 배분하여 대상에서 얻어진 정보를 통해 적절한 추론을 끌어내는 것 |
| | 형식적<br>조작기<br>(11~15세)✨ | • 추상적 사고와 개념의 이해<br>• 가설연역적 사고방식 : 일반적 원리로 출발하여 특정한 결론이나 사례에 도달<br>• 명제적 사고 : 두 개 이상의 명제들 간의 관계를 추리하는 사고<br>• 조합적(복합적) 사고 : 하나의 문제에 직면했을 때, 모든 가능한 해결책을 논리적으로 궁리하여 결국 문제해결에 이르게 되는 사고, 사물의 인과관계 터득<br>• 반성적 추상화 : 구체적인 경험과 관찰의 한계를 넘어서, 제시된 정보에 기초해서 내적으로 추리하는 것, 사고에 대한 사고, 즉 메타사고의 과정을 통해 자신의 사고 내용에 대해 숙고하는 과정<br>└ meta-thinking |
| 교육적<br>시사점 | | • 교사는 학생들의 현재 사고능력을 과소평가 혹은 과대평가하지 말아야 하며 인지발달 수준에 맞게 교수해야 함<br>• 학습자는 스스로 동화와 조절을 하는 능동적인 지적 획득자이므로, 교육은 어린이의 자발성, 자기주도적 활동, 직접적 경험과 활동에 의존(발견학습)<br>• 동기유발과 관련하여 학습자의 내재적 동기를 중시하고, 학습자의 지적호기심과 흥미를 유발할 수 있도록 교육내용·학습자료·교수활동을 다양화할 것을 강조 |

## 02 케이즈의 신피아제이론

### I. 주요 개념

| 실행제어구조 | 인간이 문제를 해결해 가는 과정을 실행제어구조로 표현 | |
|---|---|---|
| 작동기억 | 개념 | 아동이 과제를 처리하는 작동기억의 용량 증가를 인지발달로 바라봄 |
| | 특징 | • 조작공간 : 실제 과제를 해결하는 과정에서 아동이 필요로 하는 기억 용량<br>• 저장공간 : 처리된 정보들을 필요할 때 인출할 수 있도록 저장해 두는 공간, 저장공간 클수록 인지능력 우수 |
| | 작다<br>(통제화) | 많은 것을 알지 못해 저장공간이 작으면, 이에 해당하는 자극이 들어와도 자동적으로 반응하지 못하고 이리저리 찾아다니게 되는데, 이를 자극에 자동적으로 반응하려는 확신이 없어 통제화함 |
| | 크다<br>(자동화) | 많은 것을 알게 되어 저장공간이 커져 비슷한 자극이 제시되면, 자동적으로 그것과 일치하거나 유사한 것에 반응 |

### 2. 케이즈와 피아제 비교

| 케이즈 | 피아제 |
|---|---|
| 정보처리 관점<br>(양적 관점) | 조작의 입장<br>(질적 관점) |

# 03 비고츠키의 인지발달이론

## I. 근접발달영역(ZPD)

| | |
|---|---|
| 개념 | • 아동이 혼자서 해결할 수는 없지만, 성인이나 뛰어난 동료와 함께 학습하면 성공할 수 있는 영역(<mark>사회적 구성주의</mark>)<br>• 도움을 주면 해결할 수 있는 부분<br>  └ 혼자서 해결할 수 있는 부분<br>• 실제발달수준과 미발달 사이의 거리 = 잠재적인 발달수준 = <mark>타인의 도움을 받아 수행할 수 있는 수준</mark> |
| 비계법<br>(scaffolding) ✍ | • 개념<br>  - 아동이 궁극적으로 스스로의 힘으로 문제를 해결할 수 있도록 도움을 주는 조력<br>  - 즉, 학습자가 자신의 ZPD에 따라 향상될 수 있도록 수업에서 교사가 도움이나 힌트를 제공하는 행위<br>  - 도움을 받아 문제를 해결할 수 있으면 점차로 도움을 줄여 나감(fading)<br>• 누가? : <mark>나보다 뛰어난 누구든</mark><br>  └ 이질적 구성 필요 ⇨ 협동학습 강조<br>• 어떻게? : <mark>언어적 도움</mark>(언어에 의해 사고발달)<br>  └ 사회·문화적 차원 강조 ⇨ 문화가 다르면 언어가 다르기 때문에 |
| 교사의 역할 ✍ | • 학생의 발달수준을 파악 ⇨ 학습자 수준에 따라 다른 조력<br>• ZPD를 발달시킴 ⇨ <mark>비계설정</mark>, 발판, scaffolding<br>  - 아동이 궁극적으로 스스로의 힘으로 문제를 해결할 수 있도록 조력을 제공하는 것<br>    ⇨ 사회적 상호작용<br>  - 아동이 필요로 하는 범위 내에서 문제해결 방법에 대한 힌트나 다른 도움을 제공<br>  - 발달이 되면 학생이 스스로 탐구할 수 있도록 단계적으로 도움 중지 ⇨ fading<br>• ZPD를 계속해서 상향시킴(또 다른 근접발달영역을 설정)⇨ 적극적으로 인지를 발달시키고자, ZPD가 끊임없이 상향해서 확장되어 가도록 함<br>• <mark>사회적 상호작용</mark> : 협동학습이 중요, 이질적인 집단을 통해 동료 간 비계 역할이 가능<br>• 지능측정 : 실제적 발달수준을 측정하는 것보다는 지적 잠재력을 측정 ⇨ 역동적 평가 |

## 2. 언어발달과 사고발달의 단계

**언어와 사고의 관계**

언어와 사고는 두 개이며, 언어가 사고보다 중추적인 역할을 하여 언어가 사고를 주도함

| | |
|---|---|
| 1단계<br>: 원시적 또는 자연적 | • 비개념적 언어 : 언어는 있는데 사고는 없음<br>• 비언어적 사고 : 사고는 있는데 언어는 없음 |
| 2단계 : 순수심리 | 언어와 사고가 결합하기 시작하여, 아동의 어휘는 급격히 증가 ⇨ 말의 개념을 획득 |
| 3단계<br>: 자기중심적 언어<br>(= 사적 언어,<br>혼잣말) | • 다른 사람의 존재 여부와 관계없이 자신이 활동하는 것에 독백을 하는 형태<br>• 스스로의 도움으로 문제를 해결하기 위한 도구(난이도가 높으면 사적 언어가 많아짐)<br>• 내적 언어로 발전<br><br>**피아제의 자기중심적 언어에 대한 견해**<br>피아제는 자기중심적 언어를 인지발달이 되지 못한 표현적 부산물에 그치는 것으로 간주하며, 7세쯤이면 사라진다는 견해를 갖고 있다. |
| 4단계<br>: 내적 언어 | • 언어가 사고로 내면화<br>• 어떤 목표로 향하는 자신의 행동을 제어하기 위해 문제해결과정에서 일어남<br>• 문제해결을 위하여 내적 기호(언어)를 사용하고 지향해야 함; 무성어<br>• 문제해결에 중요한 기능, 과제의 난이도가 높을수록 내적 언어의 사용이 증가<br>(뇌파가 더 활성화 됨) |

## 04 피아제 vs 비고츠키

| 구분 | 피아제 | 비고츠키 |
|---|---|---|
| 언어 | 언어와 사고는 하나이며, 사고가 언어보다 앞섬 | 언어와 사고는 두 개이며, 언어가 사고보다 중추적인 역할임 |
| 지식 | 개인 내부에서 새로운 지식이 어떻게 구성되는가에 관심 | 문화의 맥락 안에서 정신적 도구가 어떻게 매개되는가에 관심<br>⇨ 인간 발달의 사회·문화·역사적 측면 강조 |
| 사회적<br>상호작용 | 인지구조를 검증하고 확인하는 수단 | 언어를 습득하고 생각을 교환하는 수단 |
| 교사 역할 | 교사가 아동의 평형화를 깨뜨리는 경험을 제공해야 한다는 점을 시사 | 교사가 아동에게 발판을 제공하여 상호작용을 안내해야 한다는 점을 시사(= 비계설정) |

# Theme 3
# 정의적 특성

## 01 콜버그의 도덕성 발달단계 이론

MEMO

## I. 발달단계

└ 약 훔치기 ○ or × ⇨ 기준 : 관습

| 전 관습수준 (전 도덕성) | 1단계 | 벌 회피 (3 ~ 7세) | 행위의 옳고 그름을 벌이나 보상과 같은 물리적 결과를 가지고 판단 |
|---|---|---|---|
| | 2 단계 | 욕구충족 (8 ~ 11세) | 자신의 욕구충족이 도덕적 판단의 기준, 자기중심적·실리적 도덕성으로 자기에게 당장 이익이 있을 때만 규칙을 준수 |
| 관습수준 (타율적 도덕성) | 3 단계 | 대인관계 (착한 아이) 지향 (12 ~ 17세) | • 타인의 관점, 행위의 의도를 고려하여 옳고 그름을 판단<br>• 대인관계와 타인의 승인을 중시하여 다른 사람을 도와주고 기쁘게 해주는 것이 도덕적 행위라고 생각하여 사회적 규제를 수용 |
| | 4 단계 | 법 준수 (18 ~ 25세) (= 절대윤리) | • 법, 규칙, 사회질서 중시<br>• 법은 만인에 평등하여 예외가 있을 수 없다고 생각함<br>• 도덕적 관습의 이해 |
| 후 관습수준 (자율적 도덕성) | 5 단계 | 사회계약 지향 (25세 이상) (= 상대윤리) | • 사회질서 유지를 위해 법과 규칙을 중시하나 사회적 유용성이나 합리성에 따라 법이나 제도도 바뀔 수 있음을 인정<br>• 자유, 정의, 행복추구 등의 제도적 가치가 법보다 상위에 있음을 인식 |
| | 6 단계 | 보편적 도덕원리 지향 | • 자신이 스스로 선택한 도덕원리, 양심의 결단에 따라 판단<br>• 도덕원리는 포괄적·보편적·일관성이 있어야 함을 인정하지만 도덕적 규제자로서 자신의 양심의 소리가 우선시 |
| | 7 단계 | 우주영생 지향 (아가페) | 도덕성은 우주적 질서와의 통합 |

PART 5

교육심리학 ET 김인식 교육학 논술 콤팩트 만점 서브노트

## 2. 교육적 적용

| 교육목표 | • 추상적인 도덕적 원리에 대한 추리능력 발달<br>• 도덕적 추론 : 도덕적인 판단을 요구하는 상황에서 개인이 인지적으로 상황을 파악·사고·추론하여 판단을 내리는 능력 |
|---|---|
| 교육내용 | • 아동의 현재 수준을 파악하여 비평형화를 인위적으로 유도 ⇨ 아동들이 현재의 도덕적 추리 수준으로 적절하게 해결할 수 없는 도덕적 갈등상황을 제시, 인지 갈등을 유발하여 도덕적으로 발달한다고 주장<br>• 연령(발달단계 수준)에 따른 도덕성 교육 강조<br>⑩ 청소년의 경우 벌이나 제재보다는 법과 질서 준수의 필요성을 가르쳐야 함 |
| 교육방법 | • 토론을 통해 도덕발달이 증진될 수 있음을 입증, 토론과정에서 학생들은 자신의 도덕적 사고를 점검하고 친구들의 도덕적 판단과 비교할 수 있는 기회를 갖게 됨<br>• 가치명료화 기법 : 도덕적 신념이나 태도를 주입하기보다 도덕적 가치와 관련된 갈등상황에 대하여 토론을 통해 개인적 신념·가치에 대해 능동적으로 숙고·성찰하도록 하는 방법 |

## 02 프로이트의 성격발달이론

## I. 개요

① 정신분석학은 우리의 정신세계가 의식과 무의식의 두 부분으로 구성되어 있다고 하며, 특히 무의식의 본질과 기능에 연구의 초점을 두고 있음
② 인간의 행동은 과거의 경험에 의해 만들어짐 ⇨ 과거의 어떤 경험이 무의식에 내재되어 있다가 현재의 행동을 유발하는 동인으로 작용(현재 행동 원인 이해)

## 2. 성격구조 - 분리된 요소가 아니라 하나의 전체로서 기능

| Id<br>(원초아, 본능) | • 성격의 생물학적 요소 ⇨ 가장 원시적인 체계, 개인의 원시적·비합리적·무의식적인 힘<br>• 원욕, 정신 에너지의 저장고로, 인간 정신의 모든 것 관장하고 자아와 초자아가 작동하는 데 필요한 에너지(동기)를 제공<br>• 원욕은 이기적·충동적 쾌락을 탐하는 버릇없는 응석받이 어린애<br>• 삶의 본능(리비도)과 죽음의 본능(타나토스)<br>└ 성적 본능　　　└ 삶에 대한 무기력 사태 |
|---|---|
| Ego<br>(자아) | • 성격의 심리적 요소, 본능의 욕구를 현실적으로 처리하는 과정에서 발달(현실원리)<br>• 조정자의 역할을 하므로 제일 강해야 하며, Id와 Superego 사이에서 현실적인 조정<br>• 심리적 구성부분으로 일부는 의식적인 것도 있고 일부는 무의식적인 것도 있음 |

| Superego (초자아) | • 성격의 사회적 요소 ⇨ 사회의 전통적 가치와 부모의 상벌체계의 학습에 의해서 생기며, 학습된 도덕성이 내면화<br>• 도덕적 표준과 이상을 설정하기 때문에 옳고 그름을 판단할 수 있는 원천<br>• 초자아를 흔히 '양심'이라고 부르며, 초자아가 옳고 그름을 강요하는 가장 강력한 도구는 죄책감임<br>• 부모나 외부의 통제가 자기의 통제로 바뀐 것이기는 하지만, 너무 강하면 불안을 야기 |
|---|---|

## 3. 성격발달

① 성적 본능인 리비도는 연령에 따라 성감대가 옮겨지면서 성격발달단계가 구분됨
② 각 발달단계에서 욕구의 불충족이나 과잉충족은 다음 단계 발달을 저해하고 고착현상으로 나타남

## 4. 성격발달단계

| 구강기 (0 ~ 1세) | • 쾌락과 긴장 감소의 중요한 원천이 입, 입술, 혀 등임<br>• 이유(離乳)는 이 단계의 중요한 갈등으로, 욕구충족을 위한 요구수유는 제한수유보다 정서적·안정적임<br>• 과식, 흡연, 다변, 언어적 공격 등 주로 말을 통해 쾌락을 얻으려고 하는 사람은 구강기에 고착<br>• Id가 지배하는 시기, 초기 경험을 강조하기 때문에 구강기 때 인간의 모든 행동이 결정 |
|---|---|
| 항문기 (2 ~ 3세) | • 외부로부터 통제받는 경험을 하는 시기<br>• 배변훈련을 통해 즉각적으로 배설하려는 원욕의 요구와 사회적 금지를 분간, 자기 통제력을 기르고, 배변훈련이 엄격하며, <u>항문 보유적 성격</u><br>　└ 센 고집, 인색, 엄격<br>• Ego가 발달하는 시기 |
| 남근기 (3 ~ 5세) | • **오이디푸스 콤플렉스(거세불안증)** : 남자아이들은 아버지를 어머니의 애정쟁탈의 경쟁자로 간주<br>• **일렉트라 콤플렉스(남근선망)** : 여자아이들은 처음에는 엄마를 좋아하나, 자기는 남근이 없음을 알고 남근을 선망하며, 남근이 없는 책임을 어머니에게 돌리고 아버지를 더 좋아하는 현상<br>• 이 둘을 극복하는 과정에서 동성의 부모에 대한 동일시 현상이 나타나며, 이를 통해 성 역할을 배우게 됨 ⇨ Superego가 발달 |
| 잠복기 (6 ~ 11세) | 성적인 욕구가 철저히 억압, <u>지적 호기심</u>이 강해지고 동성의 또래관계가 긴밀<br>　　　　　　　　　　└ 직업선택에 관심 |
| 생식기 ✿ (12세 이상, 중등) | • 사춘기에 접어들면서 성적 욕구가 다시 생기며, 이성에 대한 성애의 욕구가 본격화<br>• 따라서 이 시기를 극복하기 위하여 긍정적인 방향으로 승화시켜야 함 |

# 03 에릭슨의 심리사회적 발달이론

## I. 개요

① 사회 속에서 맺게 되는 사회적 관계에 따라 성격이 발달함
② 발달단계상에서 특정 행동 및 성격이 발달하는 **결정적 시기**가 있음(환경조성이 필요)
③ 각 단계에서 인간이 겪을 수밖에 없는 위기를 적절히 해결할 수 있으면 건강한 성격을 발달시키는 기회를 가지게 되나, 그렇지 않으면 성격발달상의 퇴행을 경험하게 되는 양극이론을 제창함
④ 점성적 원리: 현재 진행되고 있는 발달은 그 이전 단계들의 발달에 기초하여 평생동안 연속적으로 이루어짐

## 2. 발달단계

| | |
|---|---|
| **신뢰감 vs 불신감** (출생 ~ 18개월) | • 성격발달에 가장 중요한 시기<br>• 신뢰감과 불신감을 적절한 비율로 경험하는 것이 발달을 촉진<br>• 유아에게 일관성·계속성·통일성이 있는 경험이 주어지면 신뢰감이 형성되고, 반대로 부적절하고 일관성이 없고 부정적인 보살핌은 불신감을 유발<br>• 자아존중감이 형성<br>• 자아개념의 원형 형성(희망, hope) |
| **자율성 vs 수치심/회의감** (18개월 ~ 3세) | • 자율성: 자발적 행동에 칭찬, 신뢰, 용기(의지, will)<br>• 수치심: 엄격한 배변훈련, 사소한 실수에 벌, 과잉통제<br>• 회의감: 피보호, 적절한 도움 결핍 |
| **주도성 vs 죄책감** (3 ~ 6세) | • 주도성: 아동이 부모들의 일에 주도적으로 참여하려고 할 때, 참여시키고 인정을 해줄 때 주도성이 형성(주도성, purpose)<br>• 죄책감: 아동의 주도적인 일을 비난하거나 질책을 하면 아이들은 위축되고 자기주도적 활동에 대해 죄책감 |
| **근면성 vs 열등감** (6 ~ 12세) | • 아동은 지금까지의 가정에서 유치원 이외의 더 큰 세계로 나아가면서 인지적·사회적 능력의 계발이라는 <u>새로운 과제에 직면</u><br>    └ 성취감에 의해<br>• 이 단계의 심리·사회적 위기를 잘 극복한 아동은 긍정적인 자아개념을 획득하고 유능감을 갖게 되어 능동적이고 활발한 성격을 형성<br>• 근면성: 학업뿐만 아니라 또래 및 성인과의 상호작용에서 근면성을 발휘하게 되면 자신감을 갖게 됨(능력, competence)<br>• 열등감: 과제 수행에 어려움을 겪거나 실패하면 열등감을 갖게 됨<br>• 자아개념 형성의 결정적 시기 |
| **자아정체감 vs 역할혼미**✦ (12 ~ 18세) [16 중등] | • 자아정체감: 나는 어떻게 살 것인가?(충실/충성, fidelity)<br>• 자아정체감을 형성할 수 있도록 위기를 경험하게 조장 ⇨ 위기 속에서 스스로 선택하도록 해야 함<br>• 심리적 유예: 자아정체감이 형성되지 않은 역할혼미 상태<br>    └ 정체감 위기를 겪고 있는 상태 |

**기출문장 Check**

에릭슨의 정체성 발달 이론에 제시된 개념 1가지(심리적 유예 개념)를 포함하여 '교사가 갖추어야 할 역량'이라는 주제에 대하여 논하시오. [16 중등]

| 친밀감 vs 고립감 (19 ~ 24세) | 인간관계 속에서 친밀한 관계를 형성하지 못하면, 개인과 사회에서 건강하지 못한 고립감을 형성(사랑, love) |
|---|---|
| 생산성 vs 침체성 (25 ~ 54세) | 이 시기의 최대 관심사는 자녀들의 성공적 발달을 돕는 것으로, 이 단계의 위기를 극복하지 못하면 무관심, 허위, 이기심을 갖게 됨(보호, care) |
| 자아통정성 vs 절망감 (54세 이상) | 자신의 삶을 후회 없이 열심히 살았고, 가치가 있었다고 생각하는 사람이 가지는 특성으로, 인생에 책임감이 있고, 죽음도 겸허히 받아들이며 자아정체감이 영향을 줌 (지혜, wisdom) |

## 3. 교육적 시사점(청소년 시기) 🌠

① 자신의 외모에 대해 승인함으로써 이것이 자아개념에 영향을 미친다고 인정함

② 자아정체감을 확립하기 위해 자신의 능력에 맞는 목적을 수립함

③ 다양한 대안을 자유롭게 고려해 본 후, 선택한 삶을 수용하도록 함

④ 정체감을 형성하는 조력 방안

    ㉠ 직업 선택과 성인의 역할에 대한 많은 모델을 제시 ◉ 위인전

    ㉡ 학생의 개인적 문제를 스스로 해결하도록 조력

    ㉢ 학생에게 실제적 피드백 제공

    ㉣ 자신의 모습을 있는 그대로 수용

    ㉤ 자신의 능력보다 높은 이상을 실현하지 않도록 지도

    ㉥ 유예에 대한 부정적인 시각을 갖지 않도록 지도

# 04 자아개념

## I. 자아개념의 정의 - "나는 누구인가?"

| 제임스 | 자아의 의식세계 ⇨ 주체로서의 자아, 객체로서의 자아 |
|---|---|
| 쉐블슨 | • 자아개념의 위계적 구조에 관한 가설적 모형<br>• 일반적 자아개념<br>　- 학문적 자아개념 예 국어, 수학, 사회, 과학<br>　- 비학문적 자아개념 예 사회적 · 정서적 · 신체적 자아개념 |
| 황정규 | • **자신감(자아효능감)** : 과제를 할 수 있는 능력에 대한 믿음<br>• **자아존중감** : 자아에 관한 정서적인 느낌 |

## 2. 자아개념에 관하여 교사의 역할

① 성공적인 학습경험을 많이 제공 ⇨ 학문적 자아개념을 보다 긍정적으로 형성(자아개념과 학업성취 간 상관이 높음)

② 다양한 자아개념의 개선전략을 직접 적용 ⇨ 수업방법 다양화

③ 특정 과목에서 교사의 피드백과 성적은 그 과목에 대한 자아개념에 영향을 주는 것

# 05 마르샤의 자아정체성

## I. 자아정체성 이론 - "나는 어떻게 살 것인가?"

### (1) 개요

① 정체성 성취에는 두 가지 본질적 요소가 있다고 주장함

② 두 가지 본질적 요소

| 위기 | • 생각을 꼼꼼히 했는가<br>• 인생의 대안들 중에서 선택을 해야 하는 몇 번의 위기 |
|---|---|
| 참여<br>(몰입) | • 결정을 했는가<br>• 자신의 선택에서 자기의 투자인 참여 |

**(2) 정체성 상태**

| | | 위기 | |
|---|---|---|---|
| | | 예 | 아니오 |
| 참여<br>(몰입, 헌신) | 예 | • 정체성 성취<br>- 많은 위기를 체험하여 해결, 비교적 영구적인 참여를 하고 있는 상태<br>- 확고한 안정된 자아감<br>- 직업, 종교, 성역할에 관한 신념 등에 전념 | • 정체성 유실<br>- 위기는 체험하지 않았지만, 참여는 부모에 의해 강제적으로 하고 있는 상태<br>- 진지한 탐색과 의문 없이 다른 사람들의 가치를 채택<br>- 청소년기를 매우 안정적으로 보내는 것 같으나, 성인기에 정체성 위기를 경험 |
| | 아니오 | • 정체성 유예<br>- 많은 위기를 체험하고 있지만, 아직 참여하고 있지 않고, 정체성 위기를 경험하고 있는 상태<br>- 정체성 성취에 도달하기 위해 필요한 과도기적 단계로, 건강한 현상(정체감 탐색 시기)<br>- 적극적으로 정체성을 성취하려 함 | • 정체성 혼미<br>- 방향의 결여, 무관심<br>- 삶의 목표와 가치를 탐색하려는 시도를 보이지 않음(정체감 위기 경험 ×)<br>- 이유를 묻지 않고서 일을 함 |

**(3) 교육적 시사점**

| 교사 입장 | • 정체성 혼미 ⇨ 정체성 유예 : 교사는 학생이 위기를 경험할 수 있도록 조장, 다양한 상황을 제시<br>• 정체성 유예 ⇨ 정체성 성취 : 교사는 학생이 선택에 대한 결정을 할 수 있도록, 다양한 모델링을 제공(교사가 모델링이 될 수도 있음), 위인전 |
|---|---|
| 학생 입장 | 또래집단의 문화를 이해하고, 학생들이 처한 단계를 파악하여 행동을 이해해야 함 |
| 교육방법 입장 | • 정체성 교육을 위해 지식위주 탈피<br>• 자신의 인생에 직면할 수 있도록 스스로 정체감의 위기를 경험하도록 하는 정의적·전인적 교육 필요 |

## 06 엘킨드의 청소년 자아중심성

| 개념<br>(교육 시사점) | • 원인 : 객관적인 이해 부족으로 강한 자의식을 갖게 되는 시기<br>• 따라서 교사는 이것을 일탈의 개념으로 받아들이는 것이 아니라 이해하는 입장, 적절한 모델링 제시 | |
|---|---|---|
| 유형 | 상상적<br>청중 | • 과장된 자의식으로 인해 자신이 타인의 집중적인 관심과 주의의 대상이 되고 있다고 믿는 것<br>• 자신은 주인공이 되어 무대 위에서 서 있는 것처럼 행동하고, 다른 사람들은 모두 구경꾼으로 생각<br>• 자기도취, 자기비판적<br>   └ 작은 실수에도 괴로워 함<br>• 시사점 : 청소년들이 다른 사람들의 눈에 띄고 싶어 하는 욕망을 이해 |
| | 개인적<br>우화 | • 자신이 다른 사람들과 달리 특별하고 독특한 존재이며, 자신의 사고, 감정, 경험세계는 다른 사람과 근본적으로 다르다는 믿음<br>• 특유의 자신감과 위안 부여보다 파괴적 행동을 통해 피해를 입는 부정적 측면↑<br>• 시사점 : 비합리적이고 허구적인 자아관념을 이해. 공개적인 장소에서 학생들을 비난하거나 비판하게 되면 자존심에 상처를 줄 수 있기 때문에 삼가는 것이 필요 |

## 07 감성지능(EQ)

| 개념 | • 자신과 타인의 감정을 인식하고 표현하는 것<br>• 자신과 타인의 감정을 조정하는 것<br>• 감정들을 적절한 방법으로 이용하는 것 |
|---|---|
| 영역 | • 자신의 감정을 인식하기<br>• 타인의 감정을 인식하기<br>• 자신에게 동기를 부여하기<br>• 자신의 감정을 다루기<br>• 타인의 감정을 다루기 |
| 지능과 관계 | • 서로 다른 영역<br>• IQ높으나 EQ 낮은 경우는 심각한 문제 야기(반대는 ×) |
| EQ와 교육 | • 학습에 의해 개선 가능<br>• 학업적(사회적) 성공과 어느 것이 상관 높은지는 모름 |

# Theme 4
# 동기와 학교학습

## 01 동기에 대한 기본적 이해

### I. 내재적 동기와 외재적 동기

| 개념 | 내재적 동기 | 개인의 내적인 요인과 수행하는 과제 자체에 의하여 동기화되는 것 |
|---|---|---|
| | 외재적 동기 | 외부 영향에 의해 동기를 유발하는 것 |
| 관계 | 과잉정당화 가설 | 내재적 흥미를 가진 과제에 대하여 외적 보상을 주면, 그 과제가 보상을 위한 수단으로 인식되면서 내재적 동기가 감소 |
| | 인지평가이론 | • 모든 보상은 잠재적으로 통제와 정보의 특성을 가지며, 통제와 정보 중 어느 것이 상대적으로 더 우세한가에 따라 보상이 내재적 동기에 미치는 영향은 긍정적일 수도 있고, 부정적일 수도 있음<br>• 어떤 성취에 대하여 주어지는 보상이 자신의 행동을 통제하려고 주어진 다고 생각할 때, 혹은 과제를 하는 이유가 외적 보상을 얻기 위한 것이라 고 생각할 경우 ⇨ 내재적 동기 감소<br>• 어떤 실제 **수행 또는 향상**과 관련하여 주어지는 보상이 개인에게 자신의 기술이나 능력에 대한 정보를 준다고 생각할 경우 ⇨ 내재적 동기 증가 |

### 2. 인본주의적 접근 - 매슬로우(Maslow) 욕구위계, 자아실현 13 중등

#### (1) 욕구위계

| 자아실현 욕구 | 한 인간으로서의 역할을 충분히 발휘하는 인간이 되고자 하는 욕구를 표현하기 | |
|---|---|---|
| 심미욕구 | 심미욕구 : 인생의 질서와 균형, 미적, 감각, 모든 것에 대한 사랑을 평가하기 | |
| 성취·지적 욕구 | • 이해욕구 : 광범위한 이론 속에 표현된 관계, 통합<br>• 지식욕구 : 정보와 학문에 접근하기 | 성장욕구 |
| 애정·사회적 욕구 | • 자존욕구 : 독특한 능력과 가치 있는 특성을 지닌 인간으로 인정받기<br>　㉠ 자신과 타인에 대한 존중감<br>• 소속욕구 : 타인이 나를 알아주고 그들과 집단 속에서 사귀기<br>　㉠ 애정, 친밀감, 자신의 근본을 알고자 하는 욕구 | 결핍욕구 |
| 신체적·조직적 욕구 | • 안전욕구 : 두려움, 불안 및 혼란으로부터 자유롭고자 하는 욕구<br>　㉠ 법, 구조, 허용 한계 등에 대한 욕구<br>• 생존욕구 : 신체 내의 균형을 추구하고자 하는 욕구<br>　㉠ 지금 당장의 의식주, 공기, 음식, 휴식 등 | |

MEMO

**기출문장 Check**
욕구이론에 따른 동기 상실의 원인과 해결방 안에 대해 논하시오.
13 중등

PART 5

교육심리학 Ⅱ. 교수학습이론 및 학습자 특성 서브노트

(2) 결핍과 성장의 욕구

| 결핍욕구 | • 아래 단계의 욕구가 충족되지 않으면 위 단계도 충족되지 않는다는 것<br>• 충족되면 더 이상 동기 ×(위계 ○)<br>• 외적 동기 |
|---|---|
| 성장욕구 | • 완전히 만족되지 않은 욕구이며, 긴장의 즐거움이 지속되길 원함<br>• 자아실현 하위의 단계가 해결되지 않는다고 해서 나타나지 않는 것이 아니라 <mark>절정경험</mark>이 없었기 때문 <br>    └ 개인의 일생에 지대한 영향을 주는 매우 감동적이고 잊을 수 없는 경험 ┘<br>• 내적 동기<br>• 교사는 작은 경험이라도 성취감을 맛볼 수 있도록 자아실현과 관련지어서 제공해야 함 (난이도 조절) |

## 02 동기이론

### 1. 기대×가치이론 `13 중등`

**기출문장 Check**

기대×가치이론에 따른 동기상실의 원인과 해결방안에 대해 논하시오.

`13 중등`

| 개념 | | • 기대 : 과제를 수행했을 때 <mark>성공할 수 있는 가능성</mark><br>• 가치 : <mark>과제의 가치</mark>에 대하여 가지는 신념 |
|---|---|---|
| 구성요소 | 기대<br>└ 목사 과도<br>개정 | • 자기개념과 자기도식에 의해 형성된 목표 : 스스로 설정한 목표<br>• 사회적 환경 : 주요 타인들의 믿음과 행동, 상호작용<br>• 과제난이도 추정 : 과제난이도에 대한 지각<br>• 자기도식 : 개인의 신념과 자기개념을 반영, 자신의 성격과 정체성에 관한 신념들을 포함<br>• 정서적 기억 : 과제에 관한 과거의 경험으로 인해 개인이 가지는 감정<br>• 능력에 대한 자기개념 : 과거 사건과 실제 수행에 대한 귀인 유형에 의해 유도되는 자기지각 |
| | 가치<br>└ 내달비유 | • 내적가치 : 학습자가 활동 그 자체로부터 얻는 즐거움<br>• 달성가치 : 주어진 과제를 잘 수행하는 것을 중요하게 여기는 것<br>• 비용가치 : 개인 과제에 참여하기 위해 포기해야 하는 것에 대한 고려<br>• 유용가치 : 주어진 과제가 현재 혹은 미래의 목표에 얼마나 도움이 되는지 |
| 교육적<br>시사점 | | • 기대와 가치가 곱하기로 되어 있으므로 어느 하나라도 0이 되면 안 됨<br>  ⇨ 상호작용으로 인한 상승효과 발생<br>• 성공기대 측면과 과제가치 측면에 대한 각각의 동기유발 필요 |

## 2. 성취동기이론

| 앳킨슨의<br>성취동기이론 | • Ta(성취동기) = Ts(목표에 다가서려는 경향) - Taf(실패를 회피하려는 경향)<br>• 목표에 다가서려는 경향만 고려하는 것이 아니라 실패를 회피하려는 경향 측면도 고려<br>• 성취동기를 높이기 위해 Ts를 높이고, Taf는 낮춤 |
|---|---|
| 과제 선택 | • 성취동기가 강한 사람은 난이도가 중간 정도인 과제를 선택하는 경향<br>• 성취동기가 약한 사람은 난이도가 아주 쉽거나 높은 과제<br>　- 쉬운 것 : 별로 노력을 기울이지 않고도 성취가 가능<br>　- 어려운 것 : 성공할 가능성이 희박하지만 실패에 대한 변명이 가능 |
| 와이너의 성공<br>추구동기와<br>실패회피동기 | • 성공 · 실패 시 동기 증감<br><br>| 구분 | Ms > Maf | Ms < Maf |<br>\|---\|---\|---\|<br>\| 성공 \| 동기 감소 \| 동기 증가 \|<br>\| 실패 \| 동기 증가 \| 동기 감소 \|<br><br>• 과제 선택 경향<br>　- Ms > Maf 사람은 난이도가 중간인 과제 선택<br>　- Maf > Ms 사람은 난이도가 높은 과제 선택 |
| 성취동기<br>제고방안 | • 무조건적으로 실패에 대한 생각은 하지 않도록 지도하는 것이 필요<br>• 비록 실패한다 하더라도 실패가 주는 시사점을 긍정적으로 생각하도록 지도<br>• 난이도를 조절하여 성취감을 맛보도록 함<br>• 성공이나 실패 모두 의식적으로 노력에 귀인하도록 지도<br>• 상대평가보다 절대평가를 실시하여 실패자가 생기지 않도록 지도<br>• 너무 어렵거나 쉬운 문제보다는 자신의 능력에 맞는 문제를 선택하여 해결하도록 격려 |

## 3. 로터의 통제소재이론

| 개요 | 행동이나 강화를 통제할 수 있는가? |
|---|---|
| 종류 | • **내적 통제자** : 개인은 행동이나 강화를 통제할 수 있다는 신념, 노력을 통해 긍정적인<br>결과를 얻었던 사람<br>• **외적 통제자** : 다른 사람이나 운 또는 상황이 행동이나 강화를 결정한다는 신념, 노력<br>에 대해 적절한 보상을 받지 못한 사람 |

PART 5

교육심리학 ET 권은시 교육학 논술 콤팩트 암기 서브노트

## 4. 와이너의 귀인이론

| 개념 | 성공과 실패에 대한 이유를 어떻게 지각하는가? |
|---|---|
| 귀인이론 | • 원인 소재요인 : 원인의 출처, 원인이 개인의 내부에 존재하는지, 외부에 존재하는지<br>• 안정성 차원 : 시간의 흐름에 따른 지속성. 시간의 흐름에 따라 그 요인이 변화하느냐 혹은 변화하지 않느냐 하는 것<br>• 통제가능성 차원 : 통제할 수 없는 혹은 통제할 수 있는 선행사건에 귀인하는지 |

| 구분 | 내부 | | 외부 | |
|---|---|---|---|---|
| | 안정 | 불안정 | 안정 | 불안정 |
| 통제 가능 | 지속적 노력<br>예 절대 공부 안 함 | 일시적 노력<br>예 통상 노력이라 함 | 교사의 관견<br>예 교사의 편향 | 타인의 도움<br>예 친구의 도움 |
| 통제 불가능 | 능력 | 기분 예 아팠다 | 과제 난이도 | 운 |

| 교육적<br>시사점 | • 실패할 때는 노력 부족으로 귀인하여 동기를 유지·증진시키도록 해야 함<br>• 노력 - 성공인지론을 학생에게 심어주기 위하여, 학습과제의 난이도를 적절히 조절<br>• 경쟁적인 학습풍토 ×, 협동적 또는 개별화 학습풍토를 형성(∵ 실패자가 생기기 때문) |
|---|---|

## 5. 목표지향이론(성취목표이론)

| 개요 | | 모든 사람들이 의미 있게 행동, 스스로 설정한 목표를 달성하기 위해 합리적으로 행동한다고 가정 |
|---|---|---|
| 종류 | 숙달목표<br>지향 | 학습과제 자체를 마스터함으로써 새로운 지식이나 기술을 습득하고, 능력을 높이며 도전적인 과제를 성취하는 데 주안을 두는 목적, 실수 인정 |
| | 수행목표<br>지향 | 자기 자신이 다른 사람들보다 상대적으로 능력이 높다는 것을 입증 또는 다른 사람들이 자신의 능력이 낮다고 인식하는 것을 회피하는 데 주안점 |
| 영향<br>(비교) | | • 목표지향성은 귀인 패턴과 관련<br>  - 숙달목표는 노력에 귀인<br>  - 수행목표 능력에 귀인<br>• 인지전략과 관련<br>  - 숙달목표는 정교화나 조직화와 같은 심층적인 인지전략, 메타인지 전략, 자기조절전략<br>  - 수행목표는 피상적이고 기계적인 학습전략<br>• 정의적 특성과 관련<br>  - 숙달목표는 내재적 동기가 높고, 학습태도가 긍정적<br>  - 수행목표는 외재적 동기가 높고 학습과제에 대해 가치를 부여하지 않음<br>• 행동적인 측면과 관련<br>  - 숙달목표는 위험부담 경향성이 높아 도움을 적극적으로 요청하며 새로운 과제를 선호<br>  - 수행목표는 위험부담 경향성이 낮아 쉬운 과제를 선호, 도전적인 과제를 기피 |
| 교사에게<br>시사점 | | • 상대적 비교보다는 절대적 입장에서 자신의 능력 향상 정도에 초점<br>• 실패를 했을 때 노력 부족으로 귀인 |

# 6. 자아효능감 이론(자신감)

| 개념 | | 특수 상황에서 성공에 대한 기대감, **능력에 대한 믿음(인지적)** |
|---|---|---|
| **자아효능감 정보원** ⌐ 누구로부터 자신감이 형성되는가? | **성공경험** (= 과거의 성취경험) | • 성공경험이 많을수록 자신감이 생기며, 가끔씩 일어나는 실패에 큰 영향을 받지 않음<br>• **자신감 형성 방법**<br>　- 성공경험을 맛볼 수 있도록 과제의 난이도 조절<br>　- 실수를 교정할 방법을 알려주며, 점차 향상되고 있음에 대한 수행에 대한 피드백을 제공 |
| | **대리경험** (= 모델링) | • 자신의 실력과 비슷한 사람이 성공하는 모습을 직접 관찰 또는 이를 마음 속에 떠올리면서, 자신도 해낼 수 있다는 믿음을 갖게 되는 것<br>• 간혹 비슷한 능력을 가진 사람이 최선을 다했으나 실패한 것을 관찰했을 경우 자신감이 손상되는 경향이 있음<br>• **자신감 형성 방법**<br>　- 과제를 해결할 구체적인 전략을 말로 표현<br>　- 성공에 대한 확신을 표현하는 인지적인 모델에 학생을 노출 |
| | **사회적 설득** (= 언어적 설득) | • 주요 타자가 말로써 학습자에게 과제를 성취할 수 있는 능력에 대한 믿음을 갖도록 하는 방법<br>• **자신감 형성 방법**<br>　- 실현 가능한 범위에 있어야 하며, 과장되거나 부풀려지면 안 됨<br>　- 격려나 언어적 설득을 통해 자아효능감이 증진하도록 하여 불안 제거 |
| | **신체적·정서적 상태** (= 생리적·정서적 각성) | • 신체적·정서적 상태는 학습에 있어서 자신감에 영향을 주며, 일반적으로 기분이 좋으면 자신감은 향상, 우울하면 훼손<br>• **자신감 형성 방법**<br>　- 스트레스 반응을 줄이고, 긍정적인 태도<br>　- 다른 학생과 비교하기보다 학생 내의 향상 정도를 평가하도록 피드백 제공<br>　- 성취 이외의 것에도 관심, 실패에 대한 긍정적 사고 |

## 7. 자기가치이론

| | |
|---|---|
| 개념 | • 자기 자신에 대한 정서적·감정적 평가<br>• 자신에 대한 정서적 반응<br>• 자기 자신을 가치가 있는 존재로 인식하고 지각하는 것<br>• 특정한 영역의 구체적인 과업에 대한 평가보다 자신에 대한 일반적·확산적인 반응 |
| 자기보호 | • 학업에 실패했을 때 그 원인을 능력으로 귀인 ×, 통제할 수 없는 외적 원인으로 귀인<br>• 학업 실패를 능력으로 귀인하면 자기존중감 손상, 통제할 수 없는 외적 원인으로 귀인하면 자기존중감이 손상되지 않기 때문 |
| 자기장애 | • 자기가치를 보호하기 위해 자기장애 행동패턴을 보임<br>• 수행을 마지막 순간까지 미루어 자신의 수행을 실제능력보다 낮게 만드는 것<br>• 귀인의 관점에서의 일시적인 긍정적 동기효과 : 실패를 능력이 아닌 노력 부족으로 돌려 자기가치를 보호하고, 동시에 시험에 잘 대비하지 않으면서 성공하면 자신이 높은 능력을 가지고 있다고 귀인<br>• 부정적인 학습결과가 지속되면 자기장애 전략이 자기가치를 보호해 주는 기능이 더 이상 작동하지 않음(실패회피동기가 강한 사람)<br>• 적극적인 측면에서의 행동과 노력을 기울일 수 있도록 지도하는 것이 바람직 |

## 8. 자기결정성 이론

| | |
|---|---|
| 개념 | • 자기결정성 : 자신의 환경에 따라 행동하고, 환경을 통제하고자 하는 욕구<br>• 인간은 선택권을 갖고 의사결정을 하는 것이 내재적으로 동기화되어 있기 때문에 이것의 기회가 없다면 다른 모든 욕구가 충족되어도 만족되지 않는다는 이론<br>• 외적 보상 때문에 시작한 행동이 점차 내면화되어 외적 보상이 없어도 행동하게 됨<br>• 자율성, 유능감, 관계 유지 욕구를 자극하고 충족시키면 그들의 내재적 동기가 높아짐 |
| 구성<br>요소 ★ | • 유능성 : 환경에서 효과적으로 기능하는 능력에 대한 욕구를 충족시키기 위해 노력하고 있는 것(노력 귀인, 칭찬 피드백)<br>• 자율성 : 독립성에 대한 욕구, 필요 시 환경을 바꿀 수 있는 능력(스스로 통제), 선택·결정권 부여<br>• 관계성 : 사회 속에서 타인과 연관되어 있는 느낌, 사랑·존경 받을 가치가 있다고 느낌 공감·격려 |
| 교사의<br>역할 | • 유능성 욕구 자극을 위한 노력 : 난이도 조절 ➪ 성취감 ➪ 능력 제고<br>　- 수행에 대한 결과를 노력으로 귀인, 비판보다는 칭찬<br>　- 학생이 도움을 요청하지 않은 상황에서 도움을 주는 것은 유능감을 감소시키는 행동<br>　- 자신의 유능성을 지각할 수 있도록 학생들의 지식과 기술이 증가하고 있다는 증거를 보여주는 것<br>• 자율성 욕구 자극을 위한 노력 : 자신의 학습목표를 스스로 선정, 교실활동에 있어서 학생들에게 선택의 기회를 제공<br>• 관계성 욕구 자극을 위한 노력 : 교사가 학생을 좋아하고, 이해·공감해준다고 믿을 수 있도록 노력 |

# 9. 학습된 무력감

| 개념 | • 삶을 전혀 통제할 수 없고, 무엇을 하더라도 실패를 피할 수 없다는 신념(자기가치상실)<br>• 실패를 통제할 수 없다고 지각할 경우 무력감이 형성<br>　예 실패할 것이라고 기대, 능력이 없다고 생각<br>• 학습된 무력감의 가장 뚜렷한 증상은 수동성, 무기력, 우울증, 행동손상이 뒤따름<br>• **귀인이론과 관계** : 학습된 무력감이 강할수록 실패의 원인을 내적, 안정적, 일반성이 높은 원인으로 귀인(능력과 같은 통제할 수 없는 내적 원인으로 귀인)<br>• **자아개념과 관계** : 부정적 자아개념, 쉬운 문제를 풀었을 때 과소평가, 어려운 문제를 못 풀 때 과대평가 |
|---|---|
| 교사의 역할 | • 현실에 맞는 욕구를 설정(성공경험); 난이도 조절<br>• 욕구수준의 조절이나 욕구좌절의 내성을 통해 부정적 효과를 감소시킴; 능력에 맞는 목표<br>• 만족을 대신할 다른 욕구추구로의 지도가 필요; 작은 성공에도 칭찬<br>• **실패 원인** : 능력 ×, 노력 |

# 10. 기대수준

| 개념 | • 활동의 직접적인 목표를 서술하는 것<br>• 다음에 수행할 과제에 있어서 자기가 성취할 수 있다고 생각하는 수준 |
|---|---|
| 정보처리적 관점 | • 성공의 경험은 포부수준을 높여주지만, 실패는 포부수준을 낮춤<br>• 성공의 경험이 클수록 포부수준 향상, 달성 가능성 큼(난이도 조절) |

## Theme 5
# 행동주의 학습이론

MEMO

## 01 파블로프의 고전적 조건화설(= 수동적 조건화, 조건반사설)

| 기본개념 | • 조건화 : 반응의 대상이 전혀 다르다 해도 어떤 일정한 훈련을 받으면, 동일한 반응이나 새로운 행동변화를 가져올 수 있다는 주장<br>• ~ 한 조건에서 행동하는 것(S ⇨ R) |
|---|---|
| 고전적 조건화 원리 | • **일관성의 원리** : 조건자극은 일관된 자극물 사용<br>• **계속성의 원리** : 자극과 반응의 결합관계의 반복 횟수 多 ⇨ <u>조건화가 잘 성립</u><br>                                       └ 연습, 빈도의 법칙<br>• **강도의 원리** : 무조건자극보다 조건자극의 강도가 강하거나 동일하지만, 조건자극이 너무 강하면 조건반사가 억제됨<br>• **시간의 원리** : 조건자극이 무조건자극보다 약간 앞선 상태에서 거의 동시에 제시 |
| 조건형성 주요 원리 | • **자극의 일반화** : 유사한 자극에 동일한 반응이 계속 일어나는 현상( = 파생적 포섭)<br>• **자극의 식별** : 조건화가 완성되면 최초에 주어진 조건자극에만 조건반사 발생( = 동화적 포섭)<br>• **제지(금지)** : 조건화 형성 후 최초의 자극이 아닌 비슷한 자극을 주면 조건반사가 약화<br>• **소거** : 획득된 조건반응에 강화가 주어지지 않으면 사라져버리는 현상<br>• **자발적 회복** : 소거현상에 의하여 조건반응이 일어나지 않게 된 후, 조건자극도 무조건자극도 전혀 제시하지 않다가, 조건자극을 다시 제시하면 소거되었던 것으로 보이던 조건반응이 다시 회복<br>• **간헐적 강화** : 조건화가 형성된 후 소거나 제지현상을 방지하기 위하여 불규칙적으로 주어 지는 무조건자극<br>• **고차적 조건화** : 조건화가 형성된 이후에 조건자극을 무조건자극으로, 조건반사를 무조건반사로 하여 또 다른 조건화를 형성 |

## 02 손다이크의 연합학습(=시행착오설)

| 기본가정 | • 자극과 반응이 시행착오를 통해서 기계적으로 연합된다는 것<br>• **시행착오** : 효과적 반응을 적중시킬 때까지 여러 가지 반응을 시도 |
|---|---|
| 고양이 실험 | <u>**교육자가 원하는 반응**</u> : 생선(자극) ⇨ 발판을 눌러 상자의 문이 열리도록 하는 것(반응)<br>          └ 시행착오를 통해 문제를 해결 |

| 학습법칙 | • **효과의 법칙** : 학습의 과정과 결과가 만족 |
|---|---|
| | • **연습의 법칙** : 자극과 반응의 결합이 빈번히 되풀이 |
| | • **준비성의 법칙** : 학습해 낼 준비가 되어 있는가의 준비도, 성숙도는 × (배고픈 고양이<br>└ 따라서 교사는 학생에게 목표지향적 행동을 할 준비가 되어 있도록 동기유발에 대하여 고민<br>에게 적합) |

## 03 스키너의 조작적 조건화(= 작동적 조건화)

| 개념 | • 인간은 외부의 자극 없이 의식적으로 행동할 수 있는 존재임을 착안 |
|---|---|
| | • 행동의 결과에 초점 |
| | • $S_l \Rightarrow R \Rightarrow S^{r\pm}$<br>└ 변별자극 : 특수한 자극이 있을 때는 강화를 받고, 특수한 자극이 없을 때는 강화가 주어지지 않는다면,<br>강화를 받을 수 있다는 것을 암시하는 자극(= 상황) |

| 비교 | | 고전적 조건화 | 연합학습 | 조작적 조건화 |
|---|---|---|---|---|
| | | • 조건자극에 초점<br>• 반응행동 | 자극(생선)이 있는 상태<br>에서 학습 | • 자극(먹이)이 없는 상태에서 지렛대를 누르<br>다가 학습하게 되는 것<br>• 조작행동의 결과에 초점<br>└ 자생적으로 나타난 행동 |

• 따라서 고전적 조건화와 연합학습은 수동적·무의식적·자동적 행동이며, 조작적 조건화는 능동
적·의식적·도구적·작동적 행동임
• 고전적 조건화는 인간을 어떤 조건자극에 의해서 반응행동이 일어나는 수동적인 존재로 보는 입장
인 반면, 조작적 조건화는 이러한 행동을 하면 강화를 받을 수 있다고 예상하고 행동하여 고전적
조건화보다 능동적인 입장에 있음 ⇨ 둘 다 수동적인 입장이지만, 조작적 조건화가 조금 덜 수동적

| 강화와 벌 | 강화 | • 강화의 조건(행동 증가)<br> - 강화는 자주 주어져야 함<br> - 강화는 반드시 반응을 한 후에 제시해야 함<br> - 바람직한 반응을 할 때만 강화를 주어야 함(미신행동 유발)<br>• 정적강화와 부적강화 |
|---|---|---|

| | 정적강화 | • $R \Rightarrow S^{r+}$ (포만상태에서는 강화가 되지 않음)<br>• 어떤 행동의 결과에 대해 긍정적인 보상이 뒤따르는 것 |
|---|---|---|
| | 부적강화 | • $S$(나쁜 자극) $\Rightarrow R \Rightarrow S^{r-}$ (나쁜 자극을 없애줌)<br>• 어떤 부정적 대상물을 제거시킴으로써 행동을 증가하게 하는 것 |

• 강화물의 종류
 - 1차적 강화물 : 선천적으로 반응확률을 증가시키는 자극
 - 2차적 강화물 : 중립자극이 1차적 강화물과 연합하여 반응확률을 증가시키는 강화물
 - 일반화된 강화물 : 2차적 강화물 중에서 여러 개의 1차적 강화물과 결합된 강화물
  예 토큰 강화

| | | |
|---|---|---|
| 강화와 벌 | 벌 | <ul><li>**개념** : 행동을 감소시키거나 저지하기 위해 사용되는 자극</li><li>**목적**<br>- 나쁜 행동을 감소시키는 것, 궁극적으로 좋은 행동을 증가시키기 위해서 사용하는 자극<br>- 벌은 강화의 역할까지 가야 하며, 강화가 작동되지 않을 때 사용하는 것이 바람직함<br>- 또한 바람직하지 못한 행동을 신속하게 중단시킬 때 사용</li><li>**지침** – 처벌은 원칙적으로 사용하지 않는 것이 바람직<br>- 처벌은 처벌적이어야 하며, 반응을 약화시키는 기능이 있어야 함<br>- 처벌을 하기 전에 미리 경고<br>- 처벌 후 보상을 주지 말아야 함<br>- 행동이 끝난 즉시 처벌<br>- 대안적인 행동(바람직한 행동)을 분명하게 제시(처벌의 궁극적인 목적)<br>- 처벌하는 이유를 반드시 설명(피드백 ⇨ 대안 제시)</li><li>**유형**<br>- 제1유형(적극적인 벌) : 원래 벌을 받고 있는 아이한테 똑같은 벌을 주면 효과 ✕<br>- 제2유형(소극적인 벌) : 어떤 좋아하는 것을 소지할 때 뺏는 것</li><li>**비교**<br>- 벌과 강화와의 관계</li></ul> |

<table>
<tr><td rowspan="2" colspan="2">구분</td><td colspan="2">자극의 성질</td><td></td></tr>
<tr><td>유쾌자극</td><td>불쾌자극</td></tr>
<tr><td rowspan="2">자극제시방식</td><td>반응 후 자극제시</td><td>정적강화</td><td>적극적 벌</td><td></td></tr>
<tr><td>반응 후 자극제거</td><td>소극적 벌</td><td>부적강화</td><td></td></tr>
</table>

- **벌과 부적강화와의 관계** : 부적강화는 반응 전에 혐오자극이 주어져 있는 상태로, 제1유형의 벌은 반응 후에 혐오자극이 주어지는 상태임
- **효과**
  - 처벌은 지속적인 효과가 없으며 일시적이고 잠시 피하려고만 함
  - 처벌은 의도하지 않았던 부작용을 유발(분노, 불안, 적대감, 공격성, 처벌하는 사람에 대한 바람직하지 못한 모델이 될 가능성)
  - 바람직하지 못한 행동을 신속하게 중단시켜야 할 상황에서 효과적
  - 어떤 행동이 바람직하고 어떤 행동이 바람직하지 않은가에 관한 정보를 제공
  - 강화가 작동되지 않을 때 사용하는 것이 바람직
- **대안**
  - 부정적인 행동을 유발할 수 있는 변별자극을 바꿈
  - 포만법을 이용하여 원하지 않는 행동을 지칠 때까지 반복하도록
  - 바람직하지 못한 반응에 강화를 주지 않는 것으로, 바람직하지 못한 행동은 무시(이것보다는 아이에게 미리 관심을 주도록)
  - 바람직하지 않은 행동과 반대가 되는 행동에 정적강화를 줌(상반행동 강화)

| | |
|---|---|
| 강화계획 | • **연속적 강화** : 어떤 행동이 일어나면 늘 강화물을 주어 그 행동을 증가시키는 것<br>• **간헐적 강화** : 항상 강화물을 주지 않고 가끔씩 강화물을 주는 것<br>  - **고정비율강화** : 미리 정해둔 횟수만큼의 반응을 한 뒤에 강화가 주어지는 경우<br>  - **변동비율강화** : 일정하지 않고 임의로 정한 어떤 평균 반응 수를 중심으로 강화가 주어지는 경우<br>    예 도박<br>  - **고정간격강화** : 표적행동이 정해진 시간 간격이 경과한 후, 처음 표적행동이 발생할 때 주어짐<br>    예 월급<br>  - **변동간격강화** : 표적행동이 정해진 평균 시간 간격이 경과한 후, 처음 표적행동이 발생할 때 주어짐<br>    예 낚시질<br>• **강화계획의 효과** : 새로운 과제를 학습하는 초기 단계에서는 연속적 강화, 학습이 충분히 이루어졌을 때 간헐적 강화를 사용하여 파지·전이를 이끌어 내고, 반응횟수를 일정하게 높은 수준에서 유지 |
| 일반화,<br>변별, 조형 | • **일반화** : 하나의 자극상태에서 강화된 행동은 다른 상태에서도 일어날 가능성이 있는 것<br>• **변별** : 유기체는 때와 장소를 가려서 행동할 줄 알고 상황이 달라지면 그에 따른 반응도 달라져야 한다는 것을 알게 되는 것<br>• **조형(shaping; 행동형성법)** : 변별자극에 의한 차별강화를 통해 변별학습(행동형성)<br>  - 주형으로서의 교육관, 점진적 행동형성, 최종 목표행동을 여러 단계로 나누어 낮은 단계부터 하나씩 강화하여 점진적으로 목표행동에 접근시키는 방법 └ 차별강화<br>  - 목표설정 ⇨ 기저선 확인 ⇨ 강화물 선택(프리맥 원리) ⇨ 목표행동 세분화 및 나열 ⇨ 계속적 강화 ⇨ 변별자극에 의한 차별강화 ⇨ (행동형성)간헐적 강화 |

PART 5

교육심리학 ET 김인식 교육학 논술 콤팩트 만점 서브노트

## 04 행동주의 행동수정기법 `14 중등`

| 단서철회(용암법) | 반응에 도움을 주는 단서나 강화물을 점진적으로 줄여가는 절차 |
|---|---|
| 변별자극과 자극통제 | • **변별자극** : 특수한 자극이 있을 때는 강화를 받고, 특수한 자극이 없을 때는 강화가 주어지지 않는다면, 강화를 받을 수 있다는 것을 암시하는 자극. 변별자극을 학습하는 것을 '변별학습'이라고 함<br>• **자극통제** : 변별자극을 이용해서 행동을 통제하는 기법<br>• **차별강화** : 변별자극을 이용하여 특정 자극이 존재하는 상태에서 나타나는 반응에는 강화를 주지 않는 절차 |
| 프리맥 원리 | 빈도가 높거나 선호도가 높은 활동을 강화물로 이용해서 빈도나 선호도 낮은 활동을 증가(할머니 규칙) |
| 토큰경제 | 토큰을 이용해서 바람직한 반응의 확률이 증가(포만감 ✕) |
| 피로법 | 잘못된 반응을 유발하는 자극을 계속 제시하여 지칠 때까지 반복하도록 하는 방법 |
| 차별강화 | 바람직하지 않은 반응을 하지 않을 때 강화를 주는 기법 |
| 상반반응법 | • 바람직하지 못한 반응을 유발하는 단서에 정반대의 반응을 결합시켜 바람직하지 못한 반응을 소거시키려는 방법<br>• 단, 2개의 반응은 동시에 수행할 수 없어야 하며 매력적이어야 함 |
| 상반행동 강화 | • 소거시키고자 하는 정확한 표적행동을 명시<br>• 표적행동과 정반대되는 행동을 할 때 강화 |
| 포만(심적 포화) | 문제행동을 지칠 때까지 반복하도록 하여 문제행동을 감소시키는 방법 |
| 격리(타임아웃) | 정적강화를 받을 수 있는 기회를 박탈하거나 강화를 받을 수 있는 장면에서 일시적 추방 |
| 단서통제 | • 단서들에 의해 조성된 행동을 그 단서들을 통제함으로써 조절하는 것<br>• 변별자극(선행자극)과 관련 |
| 교수설계에서의 시사점 | • **행동목표 제시** : 초기에 학습하기를 원하는 정확한 수행을 미리 제시하는 것은 바람직한 학습을 유도하기 위한 중요한 원리, 관찰 가능한 목표로 제시<br>• **외재적 동기의 강화** : <u>긍정적인 강화와 피드백을 제공</u><br>　　　└ 초기에는 즉각적으로, 점차 간헐적으로<br>• **수업계열** : 쉬운 것에서 어려운 것으로 점진적으로 제시, 복잡하고 어려운 문제를 단순한 것으로 세분화해서 제시(조형)<br>• **수업평가** : 수업목표에 진술된 행동은 계속적으로 평가, 그 결과에 따른 지속적 피드백, 학습자에게 능동적인 반응을 할 기회를 제공 |

## 05 반두라의 관찰학습이론(사회적 학습)

MEMO

| 기본관점<br>16 중등 | | • 인지적·행동주의자(49%·51%), 사회적 관계 속에서 타인의 행동을 관찰하고 모방함으로써 학습<br>• 이러한 관찰학습은 대리적 강화를 통하여 기대감을 형성하며, 이는 자아효능감에 의한 자기<br>　행동을 통제하고 자기 조절학습을 가능하게 함<br>• 대리적 강화(간접 강화) : 다른 아동이 보상이나 벌을 받는 것을 관찰함으로써 간접적인 강화<br>　를 받는 것 ⇨ 교사의 모델링이 필요<br>• 모델 : <u>비슷한 사람</u>, <u>능력이 있는 사람</u>, <u>지위 높은 사람</u><br>　　　　　또래　　　　　　교사　　　　　위인, 연예인 |
|---|---|---|
| 비교<br>(행동주의) | 학습의 의미 | • 행동주의는 관찰 가능한 행동의 변화<br>• 사회인지학습은 다른 행동을 보여줄 수 있는 능력을 생성하는 정신과정의 변화 |
| | 기대의 역할 | • 행동주의는 강화와 벌이 행동의 직접적 원인<br>• 관찰학습은 강화와 벌이 간접적 강화를 통해 기대를 형성 |
| | 상호관계 | 행동과 환경, 기대와 같은 개인적 요인 모두가 상호의존적이라고 봄<br>⇨ 환경, 개인, 행동이 서로 영향을 주고받음 |
| 단계 | 주의집중 | • 관찰자가 모델의 행동에 대해 세심하게 관찰 ⇨ 단서를 정확히 인지<br>• 교사의 역할 : 수업시간에 특정 내용에 대해 중요하다는 사실을 강조, 생생한<br>　실례를 드는 것, 모방될 자극의 크기, 명료성, 참신성 고려 |
| | 파지 | • 주의 기울여 관찰한 후 그 행동을 기억. 마음속으로 그리거나 상상(인지적 시연)<br>• 교사의 역할 : <u>이중부호화</u>, 시연과 전이 요구<br>　　　　　　　　2개의 표상체제 : 시각적 체제, 언어적 체제 |
| | 운동재생 | • 모방한 행동을 실행하는 것은 상징적으로 표상된 행위를 신체동작으로 나타<br>　냄(무시행학습에 의해 생략 가능)<br>• 교사의 역할 : 연습과 피드백 |
| | 동기화 | • 연습한 행동을 표출하도록 동기를 형성하는 단계<br>• 모방을 통해 학습한 행동을 수행할 것인가의 여부는 강화기대에 달려 있음<br>• 긍정적인 결과를 얻을 것이라고 기대되는 행동은 수행으로 나타나지만, 부정<br>　적 결과를 얻을 것이라고 기대되는 행동은 수행되지 않음 |
| 효과 | | • 금지효과(제지효과) : 모델이 특정 행동 후 처벌받는 장면을 관찰하여 그 행동을 금지·억제<br>• 탈제지효과 : 모델이 금지한 행동을 한 후 보상을 받거나 혹은 처벌을 받지 않는 것을 관찰 후<br>　평소 억제한 행동을 수행 ⇨ 모든 학생들에게 일관적이어야 함<br>• 기존행동촉진 : 모델의 행동은 관찰자가 이미 학습한 행동을 촉진<br>• 기대한 결과의 미발생은 벌인으로 작용할 수도 있으며, 강화인으로 작용할 수도 있음<br>　⇨ 따라서 교사는 강화를 할 만한 상황이면 꼭 제공해야 함 |
| 교육적<br>의의 | | • 타인의 행동 관찰 ⇨ 새로운 반응을 학습<br>• 타인의 행동 관찰 ⇨ 행동을 억제, 피함 or 행동 촉진<br>• 기대했던 강화인의 미발생 ⇨ 벌로 작용 or 강화로 작용 ⇨ 주의 요망<br>• 교사가 스스로 좋은 모델링의 모범이 되어야 함<br>• 학습자들이 의도되지 않은 것을 모방함 ⇨ 잠재적 교육과정의 중요성을 깨달아야 함 |

**기출문장 Check**

반두라의 사회인지학
습이론에 제시된 개념
(대리적 강화)을 포함
하여 '교사가 갖추어야
할 역량'이라는 주제에
대하여 논하시오.

16 중등

PART 5

교육심리학 · ET 권지수 교육학 논리 만점 서브노트

# Theme 6
# 인지주의 학습이론

MEMO

## 01 개요

학습이란 문제를 구성하는 요소들 간의 내적관계를 발견하는 과정(요소들의 관계를 재구성)으로, 머릿속에서 새로운 것을 구성해가는 것

## 02 쾰러의 통찰학습

| 개념 | • 통찰 : 상황을 구성하는 요소 간의 관계를 파악하는 것으로, 수단과 목적 사이의 인지적 관계를 의미함<br>• 주어진 장에 놓여 있는 요소들 간의 의미를 발견, 이때 유기체는 점진적으로 학습하는 것이 아니라 'Aha-Experience'를 하며 갑자기 거의 완벽한 수준으로 학습 ⇨ 질적인 변화(but, 행동주의는 양적인 변화) |
|---|---|
| 특징 | • 학습장면에서 문제의 공개적 구성과 제시, 지식의 구조가 필요<br>• 문제해결 장면에서 학습자가 요소들 간의 관계를 살펴본 후, 그것을 유의미한 유형에 조직하도록 하는 전략을 이용할 필요가 있음 |

## 03 톨만의 기호형태설

| 개념 | • 개인에게 의미가 있는 목적적 대상(Gestalt)과 이것에 이르는 수단이 될 수 있는 대상(Sign) 사이의 관계를 통해서 성립하는 종합적인 인지구조<br>• 학습이란 점차 환경 내에서 자신의 활동에 이용할 수 있는 그림을 발달시키는데, 이러한 그림을 '인지도'라고 함<br>• 인지도가 구성되면 목표에 도달할 수 있는 최소의 노력이 드는 길을 선택(최소노력의 원리) |
|---|---|
| 특징 | • 장소학습(미로학습)<br>  - 인지도를 형성하는 것<br>  - 반응학습자가 아닌 장소학습자<br>  - 목표에 도달하는 특수한 반응보다 목표점과의 관계를 더욱 쉽게 학습<br>• 잠재학습<br>  - 학습은 되었지만 수행으로 전환되지 않은 상태<br>  - 반응에 보수를 주지 않는 무보수기간에도 잠재적으로 진행되는 학습<br>  - 이 기간에 인지도가 형성되며, 보상이 시작되면 급격하게 우수한 발달을 보이고, 행동주의 연습과 반복을 통하여 점차 발달을 보임(보상을 받지 않아도 과제의 학습은 어느 정도 일어남) |

# 04 (인지적) 정보처리 과정이론

## 1. 개요

정보가 투입되고, 저장되고 다른 저장소로 이동하는 인간의 인지적 과정을 컴퓨터의 처리과정으로 설명한 이론

## 2. 저장소

| 감각기억 | | • 단기 감각저장<br>• 극히 짧은 순간 동안 정보를 원래의 형태대로 정확하게 복사하여 보존·기억하는 형태 |
|---|---|---|
| 단기기억<br>작업기억<br>(작동기억) | 특성 | • 제한된 정보를 짧은 시간 파지(저장고의 용량 : 7 ± 2 의미단위의 정보를 저장)<br>• 단기기억에 파지된 정보는 의식할 수 있음<br>• 의식적인 사고가 일어남(정신적인 작업대 : 정보를 파지하는 기억장소에 그치는 것이 아니라 정보에 대한 정보처리 활동이 수행)<br>• 극복방안<br>　- 수업시간에 학생들에게 새로운 정보를 제시할 때는 천천히 제시하되, 작업기억의 한계를 극복할 수 있도록 수업 보조물을 적절하게 활용<br>　　　　　　　└ 칠판, 프로젝트, 그림, 지도 등<br>　- 작업기억의 부담을 줄일 수 있고, 학습내용에 대한 학생들의 이해 여부를 점검할 수 있다는 점에서 새로운 정보를 제시한 후, 질문하는 것이 좋음 |
| | 인지<br>부하<br>이론<br>(인지적<br>과부하) | • 개념 : 일반적으로 과제 해결에 요구되는 인지자원의 양이 인지구조가 보유하고 있는 자원의 용량을 초과할 때 인지과부하가 발생하였다고 봄<br>• 해결방법<br>　- 군단위화(청킹) : 정보를 보다 큰 의미 있는 단위로 묶는 것(작업기억의 한계 : 정보의 크기 ×, 개수에 영향)<br>　- 자동성 : 정보나 기능을 특별한 주의나 노력을 기울이지 않고서도 무의식적으로 능숙하게 처리할 수 있는 상태(자동화된 조작은 인지적 부담을 경감시켜, 복잡한 문제를 해결 가능) |
| 장기기억 | 특성 | • 영구적인 기억저장고, 용량은 거의 무제한<br>• 우리가 일생 동안 경험·학습한 모든 것이 저장, 지식기반 사회<br>• 장기기억의 유형은 지식과 도식으로 개념화 |

PART 5

| 장기기억 | 구성 | 지식 | 서술적 지식 (선언적 지식) | • 사실적인 정보에 대한 지식<br>• 기술적 성격으로 의식할 수 있으며, 회상이 가능하여 언어적 표현을 할 수 있음 ⇨ 명시적 지식<br>• 서술적 지식은 명제망으로 표상<br>• 명제가 옳고 그름을 판단할 수 있는 가장 작은 정보의 단위일 때, 명제망은 상호 연결된 정보의 단위<br>• 한 단위 정보를 재생하면 다른 정보의 재생이 활성화 |
|---|---|---|---|---|
| | | | 절차적 지식 (과정적 지식) | • 어떤 행위를 수행하는 방식에 관한 지식<br>• 처방적·무의식적으로 행하며 언어로 표현할 수 없다는 특징 ⇨ 묵시지<br>• 절차적 지식은 인지적인 측면에서 산출로 표상<br>• 산출은 특정 조건이 충족될 때 어떤 행위를 실행하도록 규정하는 '조건 – 행위(if-then) 규칙'(행위의 유용성, 처방적)<br>• 산출 : 절차적 지식의 기본단위로, '만일 ~, 그러면 ~'의 형식으로 표현되며 특정한 조건하에서 드러내야 할 행위를 나타냄 |
| | | | 조건적 지식 | • 서술적 지식과 절차적 지식을 선택하고 활용하는 것<br>• 인지전략으로 저장되거나 서술적 지식 및 절차적 지식을 활용할 수 있는 조건에 대한 정보로 저장<br>• 지식기반사회의 학습자 주도학습에서 중요시하는 자기조절학습의 핵심을 차지 |
| | | 도식 | 특징 | • 세계를 범주화·지각하는 방식, 인지구조 또는 지식구조<br>• 일련의 유사한 경험을 통해 형성된 공통된 속성<br>• 도식에 비추어 정보를 처리하는 방식은 개인차가 큼<br>• 교육적 관심<br>  – 교육·경험을 통한 새로운 정보 습득에 따라 변화 가능<br>  – 정보화 사회는 학생중심 교육이므로 학습자의 다양한 도식을 이해하고, 학습자가 가지고 있는 도식에 따라 학습자들은 각기 다르게 해석할 수 있다는 것을 받아들임 |
| | | | 기능 (역할) | • 환경에서 투입되는 수많은 정보 중에서 중요한 정보에 주의를 기울이도록 함<br>• 정보의 지각에 영향(왜곡)을 주어, 자신만의 방식으로 정보를 해석하게 함<br>• 기억 속에 저장된 정보를 기억하는 데 영향을 주어, 부호화의 도구가 됨<br>• 부정적 역할 : 오개념 학습 |

## 3. 정보처리과정

| | | | |
|---|---|---|---|
| **선택적 주의집중** | | • 도식에 의해 선택적으로 주의집중, 감각기억에 들어온 수많은 자극들은 주의집중하지 않으면 곧 유실된다는 것<br>• **칵테일 파티 효과** : 자기에게 의미 있는 정보만 선택적으로 받아들이게 된다는 것<br>• 교사는 주의집중을 중요하게 여기도록<br> ⓔ 시각자료 제시, 억양을 조절, 시험에 출제 가능성 | |
| **지각** | | • 경험에 해석과 의미를 부여하는 과정(의미적 부호화로 전환됨)<br>• 일단 지각이 일어난 자극은 '객관적 실재'로서의 자극이 아니라 '주관적 실재'로서의 자극<br>• 교사는 충분한 배경지식을 제공, 선행학습을 복습함으로써 지각에 도움 | |
| **시연** | | • 정보를 소리내어 or 속으로 되풀이하며, 작동기억 안에서 형태와 관계없이 계속해서 반복<br>• 시연을 통해 작동기억에 파지, 충분히 반복해서 시연하는 경우는 장기기억 속으로 전이<br><br> **초두성(신기성) 효과와 신근성 효과에 따른 회상률**<br> • **초두성 효과** : 처음에 들어온 정보가 기억이 잘 되는 효과<br> • **신근성 효과** : 최근의 정보가 기억이 잘 되는 효과<br> • **적용** : 시연을 하면 할수록 기억이 향상, 소나기 식으로 한꺼번에 공부하는 집중학습 보다 규칙적으로 여러 차례에 걸쳐 시연하는 분산학습이 효과적(∵ 분산학습을 할 때마다 시연이 이루어질 뿐만 아니라, 학습정보가 선행지식에 연합될 가능성↑) | |
| **부호화** ★ | **개념** | | • 자극을 변형시켜 나중에 쉽게 회상될 수 있는 형태로 바꿔주는 것(장기기억으로 전이)<br>• 교사가 도와주나 학습자 본인이 해야 할 일(교사는 계속 반복적으로 제시하도록 함)<br>• 수업내용의 이해를 도우며, 정보 인출이 용이 ⇨ 유의미성 높임 |
| | **종류** | **조직화** | 분류하여 위계화시키는 것, 정보들을 의미적으로 관련 있고 일관성 있는 범주로 묶는 기법<br> ⓔ 도표, 위계도 |
| | | **정교화** | • 새로운 정보에 의미를 추가 또는 이미 알고 있는 다른 것에 관련시킴으로써 기억<br>• 새로운 정보의 의미를 심화시키고 확장하는 부호화 전략<br>• 새로운 정보의 의미를 해석하고 사례를 들고 구체적 특성을 분석하고 추론하는 과정<br>• 새로운 정보와 다른 정보의 관계를 분석 |
| | | **활성화** | 실제적인 일과 연결시켜 능동적으로 참여하는 것 |
| | | **능동성** | 학문적 내용에 대하여 학생들이 능동적으로 참여할 때 학습 촉진 |
| | | **기억술** | 조직화·정교화가 안 될 때, 학습내용에 존재하지 않는 연합을 만들어 부호화하는 것 |
| | | **심상 형성** | • 정보를 시각적인 형태로 변형하는 과정 = 시각적 심상<br>• 언어자료를 그림이나 도표와 같은 시각적 방식으로 보완하여 학습 촉진 |

| 인출 | • 장기기억에 있는 정보를 찾는 탐색과정<br>• 부호화와 밀접한 관련 ⇨ 효과적으로 부호화(시연)되지 않으면 효과적으로 인출될 수 없음<br>• 설단현상 : 장기기억에 저장된 정보를 사용하기 위해 작동기억으로 인출할 때 정확하게 인출하지 못하고 입에 맴돌며 회상할 수 없는 경우 ⇨ 성공적인 부호화가 선행 |
|---|---|
| 인지전략 | • 행동을 지배(통제)하는 내적 행동 방식<br>• 사고전략이고 학습방법이며, 기억전략(초인지전략 사용)<br>• 정보를 특정 기억저장고에서 다른 기억저장고로 옮기기 위한 것<br>• 정신체계 내에서 정보의 흐름을 통제, 정신체계의 의식적이고 반성적인 부분 |

## 05 다양한 인지 관련 수업이론

| 이중<br>부호화 | 하나의 자극보다 2개 이상의 자극이 기억하는 데 더 효과적이며, 시각보다는 시청각이, 시청각보다는 멀티미디어가 좋음 |
|---|---|
| 인지<br>부조화 | • 행동과 신념 사이의 불일치 ⇨ 개인 내에 인지적 불일치 상태 ⇨ 개인 평형상태를 유지하려는<br>　└ 태도<br>　└ 자신의 신념과 다른 행동<br>경향성<br>• 극복 방법 : 개인은 자신의 행동을 합리화하기 위해 자신의 태도를 바꿈<br>• 따라서, 동기유발을 위해 교사는 학생이 스스로 자신의 신념과 행동 간의 차이점을 깨닫게 하며, 학생이 가지고 있는 관점과 다른 관점을 제시함 |
| 자기지각<br>이론 | • 사람들은 자신의 태도를 파악하지 못하며, 단지 행동이 발생하는 환경과 자신의 행동을 통해 자신의 태도를 파악<br>• 태도가 모호하거나 불명확하거나 잘 정의된 선험적 태도가 없는 경우 빈번하게 나타남<br>• 따라서, 교사는 학생에게 선택할 수 있는 다양한 상황을 제시하여 학생 자신의 가치관이나 세계를 분명하게 하도록 함으로써 학생의 진로 및 직업 선택에 도움을 주어야 함 |
| 부호화<br>특수성 | • 정보를 부호화할 때 사용된 단서가 그 정보를 효과적으로 인출할 수 있는 단서가 된다는 원리<br>• 인출조건이 부호화 조건과 일치할수록 인출이 촉진<br>　└ 훈련은 실전처럼<br>• 따라서, 교사는 효과적 인출단서로 활용될 수 있는 다양한 맥락과 예시를 사용해 학습내용을 가르쳐야 하며, 그래야만 학습내용이 효과적인 인출단서와 함께 부호화되어 잘 인출될 수 있음<br>예 순서, 다양한 맥락은 순서를 바꿔서 |
| 상태의존<br>학습 | • 특정 정서 상태에서 학습한 내용은 동일한 상태에서 더 잘 회상되는 현상<br>• 학습자가 학습내용은 물론 정서 상태를 기억 속에 함께 부호화한다는 것 |

## 06 신경망이론

### 1. 개념

① 순서적인 정보처리이론에 대한 대안이론으로, 각기 다른 인지과정이 동시에 발생한다는 것을 가정

② 자극 ⇨ A 노드 활성화 ⇨ (A 관련)B 노드 활성화 [메타포(생각의 열차)]
　　　└─ 정보처리이론　　　└─ 신경망이론

### 2. 교육적 시사점

① 학생들에게 특정 주제에 대해 가르치고자 할 경우 그 주제를 점화해야 함

② 그 주제와 관련된 정보나 배경을 제시해야 함을 시사함

# 인본주의 학습이론

## 01 철학적 배경(기본 가정)

| | |
|---|---|
| 실존주의 (주체성) | 학습자 주체(스스로) ⇨ 학습자 중심 |
| 현상학 (행위자 이해) | 개인의 행동을 이해하기 위해서는 그의 주관적 해석체계를 고려 |

## 02 주요 내용

| | |
|---|---|
| 교육목적 | • 자아실현 ⇨ 최대한의 잠재력에 도달하고 우리가 될 수 있는 전부가 되고자 하는 욕구<br>• **자아실현**의 욕구는 완전히 충족되지 않음<br> - 지속적으로 참여하는 것이 사람의 성장에 대한 욕구를 충족시키고, 그들에게 기쁨을 주기 때문에 이러한 성장욕구를 계속해서 충족시키기 위하여 **절정경험**을 체험할 수 있도록 해야 함<br> - 절정경험이란, 개인의 일생에 지대한 영향을 주는 매우 감동적이고 잊을 수 없는 경험으로, 작은 경험이라도 성취감을 맛볼 수 있도록 제공해야 함 |
| 수업원리 | • **자기결정**의 원리 : 스스로<br>• **자발적 학습의 원리** : 학습하는 방법을 배워야 함<br>• **자기평가의 원리**<br>• **전인적 성장의 원리** : '지'와 '정'의 통합(Cu. 차원)<br>• **위협으로부터 해방의 원리** : 소외에서부터 벗어남<br> ⓔ 절대평가 |
| 교육적 특징 | • 학습자 중심(교사는 촉진자)<br>• 인지적 특성뿐 아니라 정의적 특성 강조(전인교육)<br>• 긍정적 자아개념과 정체성 발달 강조<br>• 원만한 인간관계, 의사소통 중시<br>• 개인적 가치의 발달 촉진<br>• 지금 그리고 여기 강조 |

## 01 전이

| 개념 | • 어떤 학습의 결과가 다른 학습에 영향을 주는 현상(선행학습의 결과가 후행학습에 미치는 효과)<br>• 장기기억과 관련 | |
|---|---|---|
| 이론 | 형식도야설  | • 도야로서의 교육관 – 능력심리학(교과형 교육과정)<br>• 연습을 통한 전이의 강화 ⇨ 기본능력을 훈련하면 여러 분야에 적용 가능<br>• 교과에서 획득한 지식 또는 능력의 전이를 가정 |
| | 동일요소설 | • 성장으로서의 교육관(경험형 교육과정)<br>• 선행학습 경험과 후행학습 사이에 동일요소가 있을 때 최대 전이(≒ 구체적 전이) |
| | 일반화설 | • 계명으로서의 교육관(학문형 교육과정)<br>• 단순히 원리를 무의식적으로 적용하는 것(≒ 자동적 전이)<br>• 두 학습과제 간에 원리가 동일하거나 유사할 때 전이(지식의 구조) |
| | 형태이조설 | • 브루너의 발견학습에 의해 지지<br>• 어떤 장면에서 발견된 원리가 다른 장면으로 옮겨서 적용되는 것, 의식적임<br>(≒ 절차적 전이) |
| 전이에<br>영향을<br>주는 요인 | • 선행학습이 충실할수록 전이가 촉진(이해중심 수업 필요)<br>• 학습시간이 충분할수록 전이가 촉진<br>• 전이는 심층적으로 진행되어야 하며, 피상적으로 학습하면 전이 발생 ✕(이해)<br>• 유의미학습이 전이를 촉진<br>• 장면의 유사성이 높을수록 전이를 촉진<br>• 두 학습 사이의 경과시간이 짧을수록 전이 촉진 ⇨ 신근성 효과<br>          └ 최근에 기억한 정보가 잘 회상됨<br>• 학습과제의 탈맥락성이 높을수록 전이가 촉진(일반적 전이)<br>• 다양한 사례와 연습기회를 제공<br>• 원리나 법칙을 강조(지식의 구조)<br>• 메타인지가 높을수록 전이가 촉진 | |

## 02 적응기제(방어기제)

| 개념 | | 현실의 문제를 직접 해결하지 못할 때(Ego가 약할 때), 현실을 왜곡시켜 심리적 평형을 되찾아 자기를 보존하려는 무의식적 책략 |
|---|---|---|
| 방어기제 | 보상 | 자신의 결함이나 무능을 장점 같은 것으로 보충 |
| | 합리화 | • 실패나 약점을 변명하여 자기를 기만<br>• 합리화 유형<br> - 신포도형 : 실패했을 때 처음부터 원하지 않았다고 자기변명<br> - 달콤한 레몬형 : 현재의 상태를 과시 |
| | 투사 | 자신의 결함을 특정한 것(타인)에 책임을 전가 |
| | 동일시 | 자신이 실현할 수 없는 적응을 타인에게서 발견하여 자신에게 동일시하여 만족하는 행위 |
| | 승화 | 정반대가 아닌 사회적으로 좋은 쪽으로 욕구를 충족하는 것 |
| | 치환<br>(대치) | 대상을 바꾸어 어떤 감정이나 태도를 취해 보려 하는 것<br>예 A 대신에 B |
| | 반동형성 | 자신의 욕구와 정반대되는 행동 |
| | 주지화 | 인지적 과정을 통하여 불안, 위협 따위에서 벗어나려는 것 |
| | 부인 | 위협이 되는 존재를 무의식적으로 부정 |
| | 내사 | 타인의 가치나 기준을 받아들이고 삼키는 것 |
| | 무효화 | 자신이 죄책감을 느끼는 행동을 무효화하기 위해 하는 행동 |
| 도피기제 | 고립 | 현실에서 피함으로써 곤란한 상황과의 접촉 × |
| | 퇴행 | 어린이 같은 유치한 행동으로 되돌아가는 경우 |
| | 억압 | 위협적이거나 고통스러운 생각을 의식 밖으로 배제함으로써 적응하는 기제 |
| | 백일몽 | 현실적으로 불가능한 욕구를 공상의 세계에서 만족 |

**도피기제**

방어기제로서 적극적으로 문제를 해결하려고 하지 않고 문제로부터 벗어나 압박을 피하려고 하는 것

## 03 다양한 심리효과

| 피그말리온 효과 | 긍정적으로 기대하면 그 기대에 부응하는 행동을 하는 것 |
| --- | --- |
| 낙인 효과 (골룸 효과) | 부정적으로 기대하면 그 기대에 부응하는 행동을 하는 것 |
| 플라시보 효과 (위약 효과) | 가짜 약이 진짜 약처럼 정신적·신체적 변화를 일으키는 것 |
| 노시보 효과 | 진짜 약인데도 나빠질 것이라는 불안감 때문에 몸이 실제로 나빠지게 되는 효과 |
| 자이가닉 효과 | 미완성 과제에 대한 기억이 완성 과제에 대한 기억보다 더 강하게 남는 것(동기지음설) |
| 후광 효과 | 한 가지 장점이나 매력 때문에 다른 특성도 좋게 평가되는 것 |
| 스톡홀름 신드롬 | 겁을 준 다음에 주는 호의가 더 효과적 |
| 초두 효과 | 먼저 제시된 정보가 나중에 들어온 정보보다 전반적인 인상 형성에 큰 영향을 미치는 것 |
| 맥락 효과 | 처음 제시된 정보가 나중에 들어오는 정보의 처리지침을 만들고 전반적인 맥락을 제공 |
| 플린 효과 | 이전 세대보다 교육적 환경이 더 많이 노출되어 세대가 반복될수록 지능검사 점수가 높음 |
| 가르시아 효과 | 먹는 행동과 그로 인해 나타난 결과 사이에는 시간적으로 어느 정도 차이가 있지만, 그들 사이에 일정한 인과관계가 존재한다는 것 |

# PART 6
# 생활지도와 상담

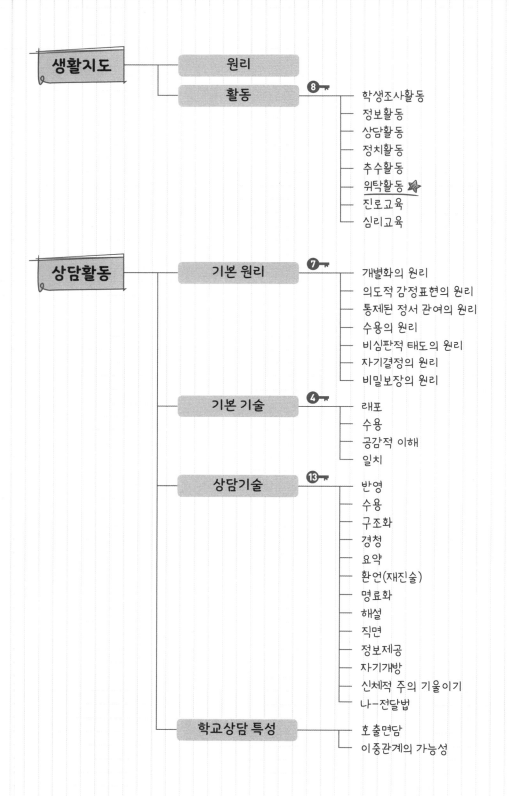

생활지도 ─┬─ 원리
          └─ 활동 ❽ ─┬─ 학생조사활동
                      ├─ 정보활동
                      ├─ 상담활동
                      ├─ 정치활동
                      ├─ 추수활동
                      ├─ 위탁활동 ✦
                      ├─ 진로교육
                      └─ 심리교육

상담활동 ─┬─ 기본 원리 ❼ ─┬─ 개별화의 원리
          │                ├─ 의도적 감정표현의 원리
          │                ├─ 통제된 정서 관여의 원리
          │                ├─ 수용의 원리
          │                ├─ 비심판적 태도의 원리
          │                ├─ 자기결정의 원리
          │                └─ 비밀보장의 원리
          ├─ 기본 기술 ❹ ─┬─ 래포
          │                ├─ 수용
          │                ├─ 공감적 이해
          │                └─ 일치
          ├─ 상담기술 ⓭ ─┬─ 반영
          │                ├─ 수용
          │                ├─ 구조화
          │                ├─ 경청
          │                ├─ 요약
          │                ├─ 환언(재진술)
          │                ├─ 명료화
          │                ├─ 해설
          │                ├─ 직면
          │                ├─ 정보제공
          │                ├─ 자기개방
          │                ├─ 신체적 주의 기울이기
          │                └─ 나-전달법
          └─ 학교상담 특성 ─┬─ 호 출면담
                            └─ 이중관계의 가능성

**상담이론** ⑪🔑

- 합리적 정의 상담 🎗 ——— ABCDE 기법
- 인지상담 ——— 인지적 왜곡(by 역기능적 신념)
  - 자동적 사고
- 비지시적 상담 ——— 무조건적 긍정적 관심
  - 정확한 공감적 이해
- 개인심리학 상담 🎗
- 실존주의 상담 ——— 의미요법
  - 현존 분석
  - 역설적 의도
  - 역반영
- 의사거래분석 상담 ——— 구조분석
  - 심리적 고류분석
  - 게임 분석
  - 생활각본 분석
- 형태주의 상담 🎗 ——— 빈 의자 기법
- 상호제지이론 ——— 주장적 훈련
  - 체계적 둔감법(불안위계표)
- 현실치료 상담 🎗 ——— 선택이론(인간의 기본 욕구)
  - 전행동
  - WDEP 🎗
- 해결중심 상담 ——— 질문 기법 🎗
- 집단상담 ——— 심리극
  - 유희요법

**진로지도**

- 진로선택이론 ⑤🔑 ——— 특성-요인 이론(파슨스)
  - 욕구이론(로우) 🎗
  - 사회학습이론(크롬볼츠)
  - 사회학적 이론(블라우)
  - 인성이론(홀랜드) 🎗
- 진로발달이론 ③🔑 ——— 진로발달이론(긴즈버그)
  - 진로발달이론(수퍼) 🎗
  - 의사결정론(타이드만 & 오하라)

MEMO

## 01 생활지도 개요

| 개념 | | 학생의 건전하고 자율적인 성장 촉진을 위한 학교의 조력이자 봉사 |
|------|------|------|
| 원리 | 기본원리 | • **개인 존중과 수용의 원리** : 학생을 인간적 존재로 인정<br>• 자율성 존중의 원리 : 본인 스스로 문제 파악, 스스로 최종 결정<br>• 적응의 원리 : 능동적 적응, 생활적응의 조력과정<br>• 인간관계의 원리 : 가치관의 변화, 태도의 변화와 같은 정의적 학습<br>• **자아실현의 원리** : 궁극적 목적(교사는 조력) |
| | 실천원리 | • 계속성의 원리 : 주기성을 갖고, 연속적으로 전개<br>• 균등성의 원리 : 모든 학생을 대상<br>• 과학성의 원리 : 과학적인 지도와 조언(객관적 자료)<br>• 전인성 : 지·덕·체의 조화로운 발달을 위한 지도<br>• **적극성** : 치료보다 예방에 중점<br>└ 심리치료<br>• **협동성** : 학교·가정·지역사회가 상호 유기적 관계<br>• 조직성 : 상담교사를 중심으로 구체적인 조직 |

## 02 활동

| 학생조사활동 | 학생 이해에 필요한 모든 자료를 수집하는 활동 |
|------|------|
| 정보활동 | 학생들에게 필요한 각종 정보 및 자료를 제공하는 활동 |
| 상담활동 | 학생들의 자율성과 문제해결력 신장, 적응을 돕는 활동 |
| 정치활동 | 취업지도, 진학지도와 같은 자신과 진로를 이해하여 자기 자신의 자리매김을 조력하는 활동 |
| 추수활동 | 지도를 받은 학생들의 추후 적응상태 확인·조력하는 활동 |
| 위탁활동 ✏ | 교사가 감당할 수 없는 문제를 위탁하는 것으로, 생활지도는 치료가 아님(치료는 의학 분야) |
| 진로교육 | '직업의식 ⇨ 직업선택 ⇨ 직업적 적응'을 하도록 하는 교육과 지도를 말하는 것으로, 올바른 진로계획을 세운 후 직업준비와 직업윤리를 가르치는 활동 |
| 심리교육 | 인간발달과 가치관의 명료화를 포함하는 정의적 교육, 개인의 체험에 초점 |

# Theme 2
# 상담활동

## 01 상담활동 개요

| | | |
|---|---|---|
| 개념 | | • 상담 : 도움을 필요로 하는 사람을 도와주는 상호작용의 인간관계<br>• 피상담자의 성장과 발전을 촉진할 수 있도록 도와주는 과정 |
| 기본원리 | 개별화의 원리 | 내담자의 독특성을 이해하고, 각 개인이 잘 적응할 수 있도록 원조함에<br>└ 개인차<br>있어서 상이한 원리나 방법을 활용하는 것 |
| | 의도적<br>감정표현의 원리 | 내담자가 감정을 자유롭게 표현하려는 욕구를 인식하는 것<br>└ 특히 부정적 감정<br>예 교사가 먼저 이야기함 |
| | 통제된<br>정서 관여의 원리 | 내담자의 표현되거나 표현되지 않은 감정 등 감성적 변화에 민감하게<br>반응하거나, 내담자의 감정에 대해 의도적으로 적절한 반응을 보이는 것 |
| | 수용의 원리 | 있는 그대로 이해하여 존엄성과 인격의 가치에 대한 관념을 유지 |
| | 비심판적<br>태도의 원리 | 내담자의 발언을 자주 가로막고, 성급한 결론을 이끌어 내는 행동 삼가 |
| | 자기결정의 원리 | 자기 스스로 나아갈 방향을 결정, 선택하려는 내담자의 결정을 존중 |
| | 비밀보장의 원리 | 자신의 문제에 대해 마음 놓고 토로할 수 있도록 이 원칙은 지켜져야 함,<br>but 비밀보장은 학생에게 피해를 미치는지 여부가 기준 |
| 기본기술 | 래포 | • 상담활동의 기본이 되는 기술<br>• 상담자와 내담자가 서로 마음을 열고 있는 믿음의 상태 |
| | 수용 | • 존재 그 자체를 수용<br>• 인간의 제 특성을 수용<br>• 인간의 구체적인 행동을 수용 |
| | 공감적 이해 | • 내담자가 표현하는 말 이면에 포함된 감정의 의미까지 이해<br>• 내담자의 비언어적 표현에 담겨진 의미와 감정을 이해<br>└ 음의 고저, 자세, 음색<br>• 내담자의 행동을 통해 추구하는 궁극적인 동기가 어떤 것인가를 이해 |
| | 일치 | • 내담자의 상담목표와 동기가 상담자의 목표와 동기에 서로 일치<br>• 제3자적 관점이 아닌 내 일인 것처럼 도와주어야 한다는 것, 해결을<br>의미하는 것은 아님 |

| | |
|---|---|
| **상담기술** | • **반영** : 행동에 반영된 감정을 읽는 것(느낌 읽기 : "~때문에 ~하구나.")<br>• **수용** : 학생을 학생 자체로 받아들이는 것<br>• **구조화** : 상담의 체계와 방향을 알려주는 것<br>• **경청** : 주의 깊게 듣는 것<br>• **요약** : 상담자가 내담자의 여러 가지 감정과 생각을 정리하여 여러 상황을 하나로 간추림<br>• **바꾸어 말하기(환언, 재진술)** : 내담자가 한 말을 간략하게 반복, 내담자의 생각을 구체화<br>• **명료화** : 내담자의 말에 내포된 뜻을 명확히 말해주거나 분명하게 해 달라고 요청하는 것<br>• **해석**<br>  - 정신분석학에서 유래된 기법으로, 학생 진술에 무엇이 함축되어 있는지 잠정적으로 가정<br>  - 가설형태로 진술되며 새로운 각도에서 조망 위해 반영에 덧붙여 새로운 관점 찾는 것<br>• **직면** : 자신의 진솔한 감정에 맞닥뜨리거나, 자신 행동의 의미나 모순을 깨닫게 하는 것<br>• **정보제공** : 자료 또는 어떤 사실들에 대한 언어적 의사소통을 의미<br>• **자기개방** : 상담자가 자신의 정보를 개방<br>• **신체적 주의 기울이기** : SOLER 기법 – 학생과 정면으로 마주하기, 개방된 자세 유지, 약간 앞으로 기울이는 자세, 시선의 접촉 유지, 이완된 자세 유지<br>• **나 – 전달법** : 상담교사의 감정을 밝히고, 피드백을 주고받으며, 행동의 변화를 유도하는 기술 |
| **학교상담<br>(특성)** | • 자발적인 변화 유도<br>• 예방지도의 강조<br>• **호출면담** : 교사중심으로 진행되는 비자발적 상담이 될 가능성<br>• **이중관계의 가능성** : 교과담당교사가 상담교사를 겸임하는 경우 ⇨ 학생은 혼란, 교사의 객관성 유지에 어려움 ⇨ 해결책 : <u>상담</u>은 1차적으로 상담교사가 하는 것이 좋음<br>  └ 교사는 상담교사와 협의하에 진행<br>• **시간의 제약(단회기성)** : 학생의 수와 수업시간을 고려하여 단기상담이나 단회상담이 적합<br>• **비밀보장** |

# 02 상담이론

## I. 엘리스(A. Ellis)의 합리적 정의(정서적)이론

| 특성 (개념) | 논리적으로 반박해서 합리적으로 생각하도록 하는 것<br>예 항상 ~라고 생각 |
|---|---|
| 인간관 | • 인간은 합리적이고 올바른 사고뿐만 아니라 비합리적이고 왜곡된 사고도 가능<br>• 인간은 제한된 범위에서나마 자신의 미래를 변화·통제하는 능력을 가짐 |
| 목표 | 비합리적 상념을 없애 합리적으로 사고하는 것 |
| 방법<br>(해결책) | • ABCDE기법<br>　- A(사태) : 반응을 일으키는 사건<br>　- B(신념) : 환경적 자극이나 선행사건에 대한 각 사람이 지니는 신념<br>　　⇨ 비합리적 신념이 문제점<br>　- C(결과) : 선행사건과 관련된 신념으로 생긴 결과 또는 귀결<br>　- D(논박) : 비합리적인 사고에 대해 도전하고 다시 생각해 보도록 함<br>　　⇨ 합리적 신념 중시<br>　- E(효과) : 상담의 효과를 의미 |

## 2. 벡(A. Beck)의 인지상담이론

| 특성 | • 사건에 대해 부정적 해석 ⇨ 인지적 왜곡(by 역기능적 신념) ⇨ (인지적 왜곡의) 자동적 사고 ⇨ 불안, 우울<br>　- 인지적 왜곡 : 추론에서 나타나는 체계적인 오류<br>　- 자동적 사고 : 한 개인이 어떤 상황에 대해 내리는 즉각적, 자발적인 평가 |
|---|---|
| 인간관 | 인간은 어떤 사건을 인지·해석, 이에 부여한 의미를 토대로 반응전략을 세우며 살아가는 존재 |
| 목표 | 우울증이나 정서장애를 해결하여 현실적·합리적인 사고를 하도록 도움 |

| 방법<br>(해결책) | 인지적 기법 | 왜곡된 인지를 현실지향적인 해석으로 대체 ⇨ 약물 요법 |
|---|---|---|
| | 행동적 기법 | 행동계획표(time-schedule) : 자신의 행동을 한 시간 단위로 기록 |

**기출문장 Check**

인간중심 상담 차원에서의 상담기법을 논하시오.

14 상담

## 3. 로저스(C. Rogers)의 비지시적 상담이론(인간중심적) 14 상담

| | |
|---|---|
| **특성** | • 내담자 중심의 상담 ⇨ 공감적 이해 강조<br>• 성장의 원리에 기초<br>    └ 감정의 방출 ⇨ 통찰 ⇨ 행동 ⇨ 통합<br>• 비지시적 상담은 개인 문제를 스스로 찾아 해결하도록 함<br>• 상담과정에서 진단의 단계를 배제<br>    └ 지시적 상담에서는 강조<br>• 상담과정의 성공과 실패는 내담자 책임<br>• 모든 인간은 자아실현을 할 수 있다는 전제하에 출발 |
| **인간관** | • 인간은 실현 경향성을 가지고 있으며, 그 중에서 가장 중요한 것이 자아실현의 경향성<br>• 이 접근에서는 인간을 계속 성장해가는 존재로 인식 |
| **문제원인** | 자아이상과 현실과의 괴리 현상 |
| **목표** | 내담자의 자기확신과 자기이해가 확장되도록 돕는 것(자아실현) |
| **방법 & 순서** | • **특별한 기술보다 상담자의 태도가 중요**<br>  - 진실성 : 치료자에게는 거짓된 태도가 없고 감정이나 태도를 솔직히 표현<br>  - **무조건적 긍정적 관심** : 내담자를 하나의 인격체로서 깊고 진실하게 돌보는 것, 있는 그대로 받아들이고 존중<br>  - **정확한 공감적 이해** : 내담자인 것처럼 내담자의 감정을 느끼는 것, 명백한 감정의 인식을 넘어서 내담자가 경험 속에서 미처 느끼지 못했던 감정까지도 치료자는 인식할 수 있어야 함 |

## 4. 아들러(A. Adler)의 개인심리학적 접근 ✒

| | |
|---|---|
| **특성** | 사회적 관계 속에서의 무관심 ⇨ 열등감 ⇨ 공격적 행동<br>   └ 가정         └ 존중과 이해 ×    └ 부적응행동 |
| **인간관** | 인간의 모든 행동은 사회적 맥락에서 일어나므로 인간은 기본적으로 소속의 욕구를 가짐 |
| **성격론** | • 가장 초기의 회상이 성격, 특히 생활양식을 이해하는 열쇠<br>• 부적응행동은 사회적 관심이 부족하여 개인적·자아중심적인 우월 추구에만 급급한 경우이며, 이는 수동적·과잉보호적 생활양식에서 연유 |
| **목표** | 소속감을 높이고, 사회적 관심을 획득 |
| **방법<br>(해결책)** | 개인상담, 집단상담, 가족상담, 교사와 부모교육, 가족치료(사회적 관심 획득), 생활양식(출생순위 등) 분석 ⇨ 초기 가정의 관심이 중요한 관건<br>                                    └ 가족을 변화시키지 않고서는 변화시킬 수 없음 |

## 5. 실존주의적 접근

| | |
|---|---|
| 특성 | • 삶의 의미나 존재의 의미(삶의 보람) 상실 문제, 구체적인 상담기법보다 인간관에 더 많은 관심<br>• 자신의 존재를 문제 삼고 있어 내담자에게 영향을 주는 기법보다는 상담관계에 더욱 중점 |
| 인간관 | 인간은 자신이 <u>선택의 주체이고, 선택은 미래를 결정하는 기준이 되며, 그 결정의 모든<br>          └ 자유와 책임<br>책임은 자신이 져야만 하는 존재 |
| 목표 | 자기 존재를 완전히 각성하고 자아실현(존재와 삶의 의미 회복) |
| 방법<br>(해결책) | • 의미요법<br>  -삶의 의미와 가치를 깨닫도록, 실존의 의미를 찾고자 하는 인간의 욕구를 다루는 치료<br>  -내담자로 하여금 증상에 대해 의식적으로 책임을 받아들이도록 함<br>  - 순간순간의 삶 의미<br>• 현존분석 : 인간과 상담에 관한 질문 ⇨ 실존이 지닌 문제를 분명하게(창조적 삶 지향)<br>• 역설적 의도<br>  - 내담자가 갖는 예기적 불안을 제거함으로써 강박증, 공포증과 같은 신경증적 행동을 치료<br>  - 내담자로 하여금 불안이나 공포를 회피하지 않고 직접 맞닥뜨려 그것을 직접 해보도록 함<br>• 역반영(반성제거)<br>  - 과잉된 주의를 내담자 자신의 밖으로 돌릴 수 있게 하는 것<br>  - 개인의 의식을 긍정적인 면으로 전환하여 자기반성을 없애려는 것 |

## 6. 베른(E. Berne)의 의사거래분석적 접근 (상호 교류, 심리교류분석)

| 특성 | 인간 행동의 이면에 숨겨져서 그 행동에 동기를 부여하는 숨겨진 배경과 그 배경이 나타나는 과정들을 분석 |
|---|---|
| 인간관 | • 인간은 과거의 결정을 이해하고, 다시 결정을 내릴 수 있는 능력이 있음<br>• 인간은 스스로 결정하고, 자신을 변화시키며 생활을 돌볼 수 있음 |
| 부적응 원인 | 혼합, 배타(A기능 약화) |
| 목표 | 모든 자아를 적절히 사용, 어른 자아를 충분히 활용<br>⇨ 자율성의 성취(자타긍정) |

| 주요 개념 | • 3가지 자아상태 ⇨ 구조분석 |||
|---|---|---|---|
| | 어버이 자아(P, Parent) | 도덕적 반응 ||
| | 어른 자아(A, Adult) | 객관적·자율적으로 자료와 정보를 처리, 사실은 사실로 보는 반응, 현실적 ||
| | 어린이 자아(C, Child) | 감정적이고 순진한 반응 ||
| | • 자아상태의 구성요소 |||
| | 비판적 어버이 자아 | 비판하거나 결함을 찾아내는 성격의 부분, 주장적, 지시적, 자신의 가치를 요구, 너무 크면 독재적 ||
| | 양육적 어버이 자아 | 공감적, 성장을 촉진, 너무 크면 지나친 참견 ||
| | 어른 자아 | 사실적, 정밀, 정확, 비정서적, 너무 크면 지루·따분 ||
| | 자유로운 어린이 자아 | 자발적, 호기심, 열정적, 너무 크면 경솔 ||
| | 순응적 어린이 자아 | 순종, 타협, 적응적, 때때로 반항적, 너무 크면 죄책감, 우울감, 불같이 화(반항) ||

| 상담 기술 | 구조분석 | | • 3가지 자아상태에 대한 이해와 과거의 경험 때문에 어른 자아가 기능하지 못하는 원인을 찾아 이를 해결하기 위해 필요한 과정<br>• 내담자의 자아상태에 혼합이나 배타가 있는지를 확인(성격의 불균형 파악을 위한 것)<br>• **혼합과 배타(구조분석)**<br>　- **혼합** : 정상(각각의 영역으로 설정), 편견(P와 A 중복), 망상(A와 C 중복)<br>　- **배타(편재)** : P(비평적, 의무 집행적), A(객관적, 감정표현 ×), C(비양심적) |
|---|---|---|---|
| | 심리적<br>교류분석<br>(사회적<br>상호작용) | 상보적<br>의사거래<br>분석 | • 자극이 지향하는 자아상태로부터 반응이 나오며, 자극을 보냈던 그 자아상태로 반응이 다시 되돌아옴(갈등이 없는 교류), 기대한 대로 반응<br>• 상호 신뢰, 바람직한 인간관계 |
| | | 교차적<br>의사거래<br>분석 | • 의사소통의 방향이 평행이 아니고 서로 어긋날 때, 즉 교차될 때 이루어지는 교류<br>• 상대방이 예상 외의 반응을 보여 언쟁, 갈등, 불쾌를 일으키고 대화 단절로 이어질 수 있는 형태<br>• 바람직하지 못한 인간관계 |
| | | 저의 교류<br>분석 | 겉으로 직접 나타나는 사회적 자아와 실제로 기능하는 심리적 자아가 서로 다른 의사교류, 불신·경계 |
| | 게임 분석 | | • 저의 교류 정형화, 순서에 따라 숨겨진 교류 반복(나쁜 감정 교류)<br>• 한 두 사람이 만성적으로 부정적인 감정을 유발하는 의사거래를 하는 것 |
| | 생활각본 분석 | | 문제행동과 관련된 각본을 찾아 이에 정확한 정보와 활력을 불어넣어 재결단하도록 하여 자율적인 삶을 살아가도록 하는 데 목적(**자타긍정 생활자세 재결정 돕기**; 긍정적 삶) |

PART 6 생활지도와 상담 ET 김인식 교육학 논술 콕콕 만점 서브노트

## 7. 형태주의 상담 (게슈탈트 상담) ✎

| 개념 | • 여기 - 지금을 완전히 경험할 수 있도록 돕는 방법<br>⑩ "지금의 선택이 잘못된 것이 아니야" ⇨ "현실의 상황(형태)에 따라 선택이 달라질 수 있어"<br>• 전경과 배경의 자연스러운 교체를 강조 |
|---|---|
| 인간관 | 인간은 자신의 환경의 한 부분이며 환경과 떨어져서 이해할 수 없음 |
| 부적응 원인 | 건강한 사람은 관심을 끄는 전경과 상대적으로 단조롭고 지루한 배경의 교체가 원활, 그렇지 않은 사람은 명확하게 구분 × ⇨ 행동목표 불분명, 잘못된 선택 |
| 목표 | • 언제나 현재를 중심으로 각성(자각 ; self - awareness)시키는 것<br>• 전체로의 통합·지각을 강조(각성을 통한 전경 - 배경의 원활한 교체) |
| 기술 | • 빈 의자 기법<br> - 현재 치료 장면에 와 있지 않은 사람과 상호작용할 필요가 있을 때 사용<br> - 상상하고 대화를 나눔으로써 자신의 억압된 부분과의 접촉<br> - 자신의 내면세계를 더욱 깊이 탐구 |

## 8. 상호제지이론 (행동주의 접근)

| 개념 | • 고전적 조건화에 의해 학습된 불안·공포 등의 신경증적 행동을 제지하기 위해 다른 행동을 통해 소멸<br>• 좋아하는 것으로 싫어하는 것을 제지하는 것 |
|---|---|
| 목표 | 신경증적 행동을 이와 양립할 수 없는 적응적 반응을 통해서 제지 |
| 기술 | • 주장적 훈련기술 : 실제로 있을 수 있는 대인관계의 장면을 설정하여 상담자가 상대의 역을 맡고 내담자가 자신의 감정과 의견을 표현<br>⇨ 대인관계의 불안이나 공포를 제거<br>• 체계적 둔감법(불안위계표 작성) : 서서히 불안에 노출시켜 점차 둔감하게 만드는 것 |

# 9. 글래서(W. Glasser)의 현실치료적 접근 ✎

| 목표 | • 자신의 현실문제에 대하여 현실에 스스로 책임을 지고 현실적·합리적인 행동을 배워서 현실문제를 타개 ⇨ 정체감 계발에 초점<br>• 3R(책임감, 현실, 옳고 그름)을 강조하며, 책임감 있는 사람이 정신적으로 건강하다고 봄 |
|---|---|
| 원인 | 스스로가 져야 할 책임을 지지 못하거나(역할혼미), 인간의 행동과 환경이 현실적 맥락에서 불일치하는 경우<br>⇨ 책임감 있는 사람이 정신적으로 건강 |

| 성격론 | 개요 | • 선택이론 : 인간은 누구나 자기 자신의 삶의 주인이 되어 자신의 삶을 통제할 수 있을 때 행복감을 느낀다고 봄<br>• 인간이 왜, 어떻게 행동하는가를 설명하는 인간의 동기와 행동에 대한 이론<br>• 인간이 행동하는 모든 것은 인간이 태어날 때부터 지니고 있는 기본적인 욕구를 충족하기 위한 선택<br>• 5가지 욕구를 충족하기 위해서 행동 + 3Rs(Right and wrong, Responsibility, Reality)에 부합한 행동 선택 |
|---|---|---|
| | 인간의<br>기본욕구<br>(행동의<br>동인) | • 생존 및 생식의 욕구 : 신체구조를 움직이고 건강하게 유지<br>• 소속의 욕구 : 사랑하고, 나누고, 협력하려 하는 인간 속성<br>• 힘에 대한 욕구 : 자신의 존재가치를 인정받고 싶어하는 욕구(잘못된 예 : 폭력)<br>• 자유에 대한 욕구 : 선택하는 것을 자유롭게 하고 싶은 욕구<br>• 즐거움에 대한 욕구 : 놀이, 학습, 인간관계에서 즐기는 욕구 |
| | 전행동<br>(total<br>behavior) | • 선택이론에서는 모든 행동을 4가지의 구성요소로 구성된 전 행동으로 봄<br>• 4가지의 구성요소<br>  - 활동(이야기, 조깅), 사고(자발적 사고, 자기진술), 감정(분노, 불안), 신체 반응(땀, 두통)<br>  - 이들은 항상 동시에 발생, 서로 어우러져 하나의 전행동을 구성<br>• 전체행동을 선택하는 것은 불가능하고, 그것의 구성요소들을 선택하는 것은 가능하다고 가정<br>• 전체행동을 바꾸기 원한다면, 우리가 행동하고 사고하는 것을 바꿀 필요가 있음 ⇨ 행동요소를 바꿀 수 있다면 사고, 감정, 생리적 요소 또한 바꿀 수 있음<br>• 전행동을 탐색하기 위한 질문 : What are you doing? |

| 상담의<br>순서 ✎ | • W(Wants, 바람) : 내담자가 무엇을 원하는지 물어봄<br>• D(Doing, 실행) : 내담자의 대답에 따라 그가 원하고 있는 것과 관련하여 무슨 행동을 어떻게 하고 있는지 탐색(현재 행동에 초점)<br>• E(Evaluation, 평가) : 그가 원하고 있는 것을 이루기 위해 얼마나 노력했는지, 그 행동이 적절했는지 등을 스스로 평가하도록 함<br>• P(Plan, 계획) : 앞으로 실천해야 할 방법과 계획을 수립하도록 도움 |
|---|---|

## 10. 해결중심 상담이론(드쉐이저와 베르그)

| 개념 | • 상담자는 문제보다 해결에 초점을 두어 내담자를 조력하여 삶을 향상시키는 이론<br>• 문제에 맞춘 해결을 하려고 하기보다 내담자에게 맞는 해결방법을 찾는 것이 목표<br>• 학생이 자신의 문제를 해결할 수 있는 능력이 있다고 봄 ⇨ 스스로 해결 |
|---|---|
| 목표 | • 내담자가 원하는 변화<br>• 내담자가 가지고 오는 목표가 윤리적·합리적이라면 그것이 치료 목표 |
| 질문 기법 ✍ | • **첫 면담 전 변화에 대한 질문** : 내담자가 이미 지니고 있는 해결능력을 인정하고, 칭찬과 강화를 확대할 수 있도록 격려<br>• **예외 질문** : 문제가 없는 예외적인 것을 탐색하여 인정과 의미를 부여하여 성공의 확신을 심어줌<br>• **기적 질문** : 문제가 해결된 상태를 상상해보는 것으로, 문제 자체를 제거시키지 않고 문제와 떨어져서 해결책을 상상해보는 것<br>• **척도 질문** : 숫자를 사용하여 내담자가 현실적이며 구체적으로 생각을 정리하게 하고, 점수의 근거를 구체적인 행동으로 제시<br>• **대처 질문** : 내담자가 어려운 상황에서 견디어 내고, 더 나빠지지 않은 것을 강조하고, 위기에서 살아남기 위해 대처해 온 방법을 발견하도록 하는 방법<br>• **관계성 질문** : 다른 사람의 의견, 생각, 가치관 등에 대해 생각하고 이해하도록 돕고, 내담자가 객관적인 시각으로 자신의 문제를 바라볼 수 있게 해줌<br>• **악몽 질문** : 내담자에게 뭔가 더 나쁜 일이 일어나야만 내담자가 무엇인가를 하려고 하거나 문제에서 벗어날 수 있는 것 |

# II. 집단상담

| | | |
|---|---|---|
| 개요 | | • 집단적으로 지도하여 공통의 문제를 해결하기 위한 것 ⇨ 심리극<br>• 공통 문제의 발견과 집단 경험을 통하여 사회성을 계발 ⇨ 유희요법 |
| 특징 | | • 주제 : 개인적인 것으로서 학생들이 모두 함께 나눌 수 있는 관심사<br>• 기대되는 결과 : 참여 학생 개개인의 자기이해와 자기수용, 참여하는 학생 개개인의 목표가 되는 관심사의 해결 등<br>• 목표는 집단에 참여하는 학생들의 요구에 따라 결정됨 |
| 고려사항 | | • 구성원의 친숙도나 성격의 차이 고려<br>• 합리적인 집단의 크기인 4~8명<br>    └ 너무 적으면 서로 압력, 너무 많으면 소외<br>• 빈도 : 매일 또는 주 1~3회<br>• 상담의 종결시기는 상담이 시작되기 전에 결정(개인상담은 문제가 해결되면 종료) |
| 심리치료 기술 | 심리극 | • 줄거리는 사전에 정해지지 않고, 극이 진행되는 도중에 만들어가지만 극의 주제는 미리 정해두는 것이 보통<br>    └ 공통의 문제<br>• 극을 실시하기 위해 무대 이외에 환자, 감독, 관중이 필요 |
| | 유희요법 | • 아동이 좋아하는 놀이를 하는 동안에 욕구·충동·갈등 등 억압당한 정서적 긴장 해소 ⇨ 관계성<br>• 유희를 하는 동안 치료자는 지나친 공격이나 파괴행위를 제외하고는 간섭 ✕<br>• 아동이 질투심이나 적의의 감정을 적절하게 방출시킬 수 있도록 비지시적 입장 취함 |
| 장·단점 | 장점 | • 대인관계 훈련의 기회 제공<br>• 지도적 역할을 배울 수 있는 기회<br>• 자신과 타인과의 관계에서 문제를 보는 시각 증진<br>• 상호작용에 의한 학습의 장이 됨<br>• 집단을 통해 자신을 자각하게 되어 개인 상담에도 도움 |
| | 단점 | • 신뢰관계 형성의 어려움<br>• 상담자의 다양한 역할이 수반되지 않으면 안 됨<br>• 개개인의 관심사를 간과할 가능성<br>• 집단에 동조함으로써 개성 노출 안 됨<br>• 개개인 모두에게 만족감을 줄 수 없음 |

MEMO

## 01 진로선택이론

| 파슨스의 특성 - 요인 이론 | | • 성격유형 × 직업정보 = 진실한 추론<br>• 자신의 장점과 약점을 포함한 개인적 성향을 다양한 심리검사를 사용하여 충분히 이해하고, 직업세계와 관련된 정보(보수, 승진)를 바탕으로 선택과정에서 진실한 추론을 하는 것 |
|---|---|---|
| 로우의 욕구이론 ★ | | • 가정에서의 초기 경험, 가정에서 부모와 관계 속에서 형성된 욕구를 바탕으로 직업에 대한 흥미가 결정<br>• 즉, 가정의 양육방식(부모 - 자녀 관계)에 따른 직업 선택<br>  - 따뜻한 부모 - 자녀 관계는 인간지향의 직업<br>  - 차가운 부모 - 자녀 관계는 비인간지향 직업 |
| 크롬볼츠의 사회학습이론 | | • 직업 선택은 정적인 강화를 받은 학습 or 타인의 행동을 관찰 or 매체에 의해 영향을 받는다고 주장<br>• 사람들은 정적인 강화를 받게 되면 이와 관련된 행동을 반복하려는 경향, 그 행동이 더욱 숙련되면서 자연스럽게 흥미를 갖게 되어 직업을 선택<br>• 타인 행동의 관찰이나 책, TV 등의 매체를 통한 정보수집으로도 새로운 행동이나 기술을 학습할 수 있어 직업을 선택 |
| 블라우 등의 사회학적 이론 | 기본가정 | • 가정, 학교, 지역사회 등의 사회적 요인이 직업선택에 영향<br>• 문화나 인종의 차이보다 사회계층이 지대한 영향 |
| | 사회계층 | • 저소득층 가정의 자녀들이 원하는 직업과 실제로 가질 수 있다고 예상하는 직업 간에 상당한 차이<br>• 자신이 원하는 직업에 접근하는 것을 주변 환경이 허용하지 않을 것이라고 생각하여 체념하는 현상이 발생 |

- 직업적 흥미는 인성의 일부분에 해당하므로, 자신의 인성유형을 파악하여 직업을 선택하는 것이 타당
- 개인의 행동은 성격과 환경적 특성의 상호작용에 의해서 결정
- 6가지 인성(성격)유형의 특징과 작업환경(자료, 사물, 개념, 사람) : 개인의 성격유형에 맞는 직업환경을 찾아야 한다고 봄

**홀랜드의 인성이론** ✦

| 실재형 | • 특징 : 사물 지향, 현장에서 몸으로 부대끼는 활동을 선호<br>• 환경 : 구체적·물리적인 과제를 다루는 일, 신체적 움직임을 요구하는 환경<br>예 기술자, 정비공 |
|---|---|
| 탐구형 | • 특징 : 지적인 유형, 사람보다 아이디어와 사물을 대상으로 작업<br>• 환경 : 추상적 능력, 창의적 능력을 사용하는 작업환경<br>예 과학자, 생물학자 |
| 예술형 | • 특징 : 창의성을 지향, 민감하고 감정적<br>• 환경 : 심리적 형태에 대해 창의적, 색다른 해석을 하는 능력을 필요로 하는 작업환경<br>예 예술가, 작곡가 |
| 사회형 | • 특징 : 다른 사람과 함께 일하는 것을 지향하는 자선가 타입<br>• 환경 : 인간의 행동을 해석·수정하며 타인을 배려, 도와주는 능력을 필요로 하는 작업환경<br>예 사회복지사, 교육자 |
| 설득형 | • 특징 : 물질이나 아이디어보다 인적관리에 관심, 타인을 통제하고 지배하는 데 관심<br>• 환경 : 다른 사람에게 지시하고 설득하는 언어적 기술을 요함<br>예 기업경영인, 정치가 |
| 관습형 | • 특징 : 일반적으로 잘 짜여진 구조에서 일을 잘하고, 세밀하고 꼼꼼한 일에 능숙한 유형<br>• 환경 : 언어적 정보보다 수학적 정보에 대하여 체계적·구체적·반복적인 일처리를 요하는 환경<br>예 공인회계사, 경제분석가 |

## 02 진로발달이론

| | |
|---|---|
| 긴즈버그의<br>진로발달이론 | • 바람 × 가능성 = 타협(가능성 지각에 따른 바람의 변화)<br>• 직업선택과정은 바람과 가능성 간의 타협, 비가역적<br>• 초기에는 바람(개인의 흥미, 능력, 가치관)이 직업관을 좌우하나, 후기에 가서는 이러한 것들과 외적조건 간의 타협에 의해서 직업선택이 이루어짐<br>• 직업선택은 하나의 발달과정으로, 단 한 번의 결정이 아니라 일련의 결정들이 계속적으로 이루어짐 |
| 수퍼의<br>진로발달이론 | • 타협 × 선택(by 자아개념 : 자아 이미지에 근거) = 적응<br>• 직업선택을 타협과 선택이 상호작용하는 일련의 적응과정으로 보고, 발달을 개인과 환경과의 상호작용에 의한 적응과정으로 봄<br>• 인간은 자아 이미지와 일치하는 직업을 선택<br>• 진로발달은 인간의 전 생애에 걸쳐서 이루어지며, 15~17세 시기는 자신의 욕구, 흥미, 능력 등을 고려하여 잠정적인 진로를 선택하는 탐색기에 해당 |
| 타이드만과<br>오하라의<br>의사결정론<br>(직업발달) | • 직업발달을 교육 또는 직업적 추구에 있어서 개인이 나아갈 방향을 선택하고, 선택한 방향에 들어가서 잘 적응하고, 성장(발전)하는 과정에서 이루어지는 자아의 발달로 개념화함<br>• 진로발달이란 자아개념을 직업적 정체감으로 정의하는 연속적 과정 |

# PART 7
# 교육과정

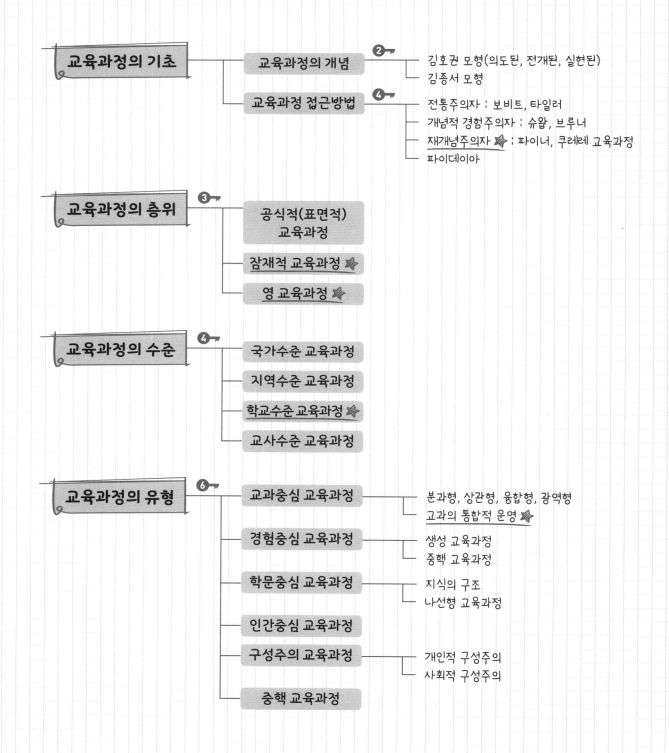

**교육과정의 기초**

교육과정의 개념 ❷── 김호권 모형(의도된, 전개된, 실현된)
└ 김종서 모형

교육과정 접근방법 ❹── 전통주의자 : 보비트, 타일러
├ 개념적 경험주의자 : 슈왑, 브루너
├ 재개념주의자 ✏ : 파이너, 쿠레레 교육과정
└ 파이데이아

**교육과정의 층위** ❸

공식적(표면적) 교육과정

잠재적 교육과정 ✏

영 교육과정 ✏

**교육과정의 수준** ❹

국가수준 교육과정

지역수준 교육과정

학교수준 교육과정 ✏

교사수준 교육과정

**교육과정의 유형** ❻

교과중심 교육과정 ── 분과형, 상관형, 융합형, 광역형
└ 교과의 통합적 운영 ✏

경험중심 교육과정 ── 생성 교육과정
└ 중핵 교육과정

학문중심 교육과정 ── 지식의 구조
└ 나선형 교육과정

인간중심 교육과정

구성주의 교육과정 ── 개인적 구성주의
└ 사회적 구성주의

중핵 교육과정

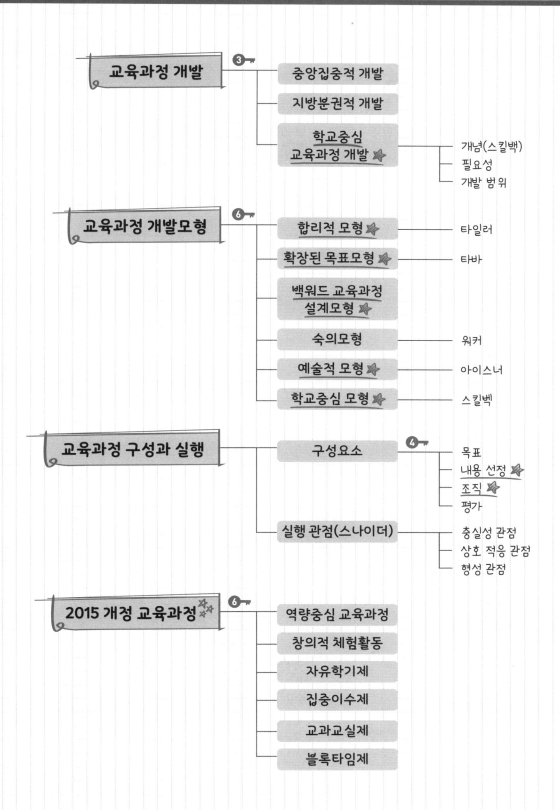

교육과정 개발 ③

- 중앙집중적 개발
- 지방분권적 개발
- 학교중심 교육과정 개발 ✦
  - 개념(스킬백)
  - 필요성
  - 개발 범위

교육과정 개발모형 ⑥

- 합리적 모형 ✦ —— 타일러
- 확장된 목표모형 ✦ —— 타바
- 백워드 교육과정 설계모형 ✦
- 숙의모형 —— 워커
- 예술적 모형 ✦ —— 아이스너
- 학교중심 모형 ✦ —— 스킬벡

교육과정 구성과 실행

- 구성요소 ④
  - 목표
  - 내용 선정 ✦
  - 조직 ✦
  - 평가
- 실행 관점(스나이더)
  - 충실성 관점
  - 상호 적응 관점
  - 형성 관점

2015 개정 교육과정 ✦ ⑥

- 역량중심 교육과정
- 창의적 체험활동
- 자유학기제
- 집중이수제
- 교과교실제
- 블록타임제

# Theme 1
# 교육과정의 기초

 MEMO

## 01 교육과정의 개념

| | | |
|---|---|---|
| **정의** | | 교육의 내용을 의미, 무엇을 가르치고 배울 것인가에 관한 것 |
| **개념 모형** | **김호권** | • **의도된 교육과정**: 공약된 목표로서의 교육과정(국가)<br>• **전개된 교육과정**: 수업 속에 반영된 교육과정(교사)<br>• **실현된 교육과정**: 학습 성과로서의 교육과정, 경험한 교육과정, 성취한 교육과정 (학생)<br><br>**교육과정의 목표**<br>교육과정은 실현된 교육과정 수준까지 가야만 진정한 교육과정이다. 즉, 교육과정의 목표는 학생 수준까지 나아가는 것이 목적이며, 학생수준까지 안 가면 존재가치가 없다. |
| | **김종서** |  <br> A : 국가 및 사회수준<br>I<br>IV · VI<br>VII ← 가장 이상적<br>B : 교사수준 · II · V · III · C : 학생수준<br>[그림 7-1] 교육과정의 수준 |

| | **국가수준의 교육과정** | 국가가 무엇을 가르칠 것인지에 대한 일련의 의사결정을 해놓은 문서 |
|---|---|---|
| | **교사수준의 교육과정** | • 교사가 어떤 목적을 위하여 무엇을 가르치려고 하는지, 또 가르치고 있는지를 말함<br>• 교육과정의 결정자는 교사(실제적 교육과정)<br>• 교육과정 중심의 교육과정(수업) 운영 : 교육과정의 풍부화<br>  예) 교과서 재편성, 교과서 일부를 가르치지 않는 것은 금지, 교과서는 일종의 자료, 교사에게 자율권 부여) ⇨ 학생에게 다경험, 구성주의 입장<br>• **교육과정의 사소화(×)** : 교사들이 교육과정 개발에서 적극적인 역할을 수행하지 못할 경우, 교육과정을 중요하게 생각하지 않음 |
| | **학생수준의 교육과정** | • 학생들이 학교생활을 하는 동안에 가지는 경험의 총체<br>• 교육과정의 종착점<br>• 이 수준의 특성은 교육과정을 경험 자체로 봄 |

## 02 교육과정 접근방법

| | | |
|---|---|---|
| **전통주의자<br>(행동주의,<br>합리주의적<br>접근)** | **이론적<br>배경** | ┌ 실용주의, 자연주의, 민주시민<br>• <mark>목표 강조</mark>, 진보주의<br> └ 합리적, 연역적, 효율성 강조<br>• 타일러의 개념모형을 계승<br>• 실용적 가치의 실천적 성과를 중시하는 미국의 실용주의적 전통을 이어받고 있음<br>• 교육과정 탐구의 가치를 교육과정·<mark>수업 개발</mark>과 같은 실제적 업무에 유용한 지침이나 방법을 찾는 데 두고 있음 |
| | **특징** | • 학교현황과 <mark>교실수업에서의 실제</mark>들에 주로 관심<br>• 교육과정에 관한 사고의 출발점이 <mark>교육목표</mark>, 그 이하의 절차와 활동은 수단<br>• 교육과정 개발과 계획에 초점을 두며 합리성과 논리를 강조<br>• 교육과정을 계획으로 보고, 그 계획을 실현하기 위한 절차의 중요성 강조<br> └ 목표설정, 내용선정, 내용조직, 평가의 일관성 |
| | **보비트** | • 교육은 생생한 생활 경험에 실제로 참여하는 것<br>• 교육의 주된 기능은 학생들의 실제 생활사태와 관련된 사고와 판단 함양<br>• <mark>활동분석법을 사용</mark>하여 시민적 자질 확인<br>• **과학적 교육과정 구성** : 전통적 교육과정 비판, 활동분석법 사용, 학생 개개인의 수준에 맞게 가르쳐야 함 |
| | **비판점** | • 모든 교육활동을 목표달성을 위한 수단으로 분석 ; 개념적-경험주의<br>• 교육과정에 대한 이해가 공학적인 합리성, 생산모형에 의존 ; 재개념주의<br> ⇨ 관료주의적 효능성, 탈정치적·탈윤리적 성격 |
| | **의의** | • 목표 선정, 학습경험 선정, 학습경험 조직, 평가의 순서는 어떤 교과에나 사용 가능<br>• 논리적이고 합리적인 일련의 절차를 제시 |

| | | |
|---|---|---|
| 개념적 경험주의자 | 개관 | • 전통주의자들의 입장을 경험적으로 증명·보완(무엇을 통해 ⇨ 내용)<br>• 목표달성을 위한 **내용에 관심**, 일반적 목표를 구체적으로 달성하기 위해 경험적으로 증명해 보이는 것(**실제 - 내용 - 를 강조**); **인지주의 관점** |
| | 특징 | • 교육과정 현상에 관련된 개념이나 아이디어를 명확하게 하고, 교육과정의 문제해결을 위해서 교육과정 현상을 체계적·학문적으로 연구해야 한다고 주장<br>• '무엇을 연구하고 가르치고 학습시킬 것인가?' ⇨ 목표달성을 위한 내용을<br>└ 내용에 초점<br>강조하므로 수업에 관심<br>• 뚜렷한 증거를 가지고 교육과정의 현상을 이해하려고 실제 문제에 접근<br>⇨ 경성 교육과정 학자 |
| | 비판점 | 교육과정의 내용 자체나 교육과정과 사회와의 관계를 규명하지 못하고 있음<br>(재개념주의) |
| | 대표학자 | 블룸, 브루너, 슈왑<br>└ 인지주의자: 지식의 구조와 형식 중시 |
| | 슈왑 | • **모형**<br><br>학급 내 교사 - 학생 간 활발한 상호작용(교육과정의 실제에 관심)<br>↑<br>교육과정 구성 전개<br>↑<br>교과, 교사, 환경, 학습자 고려(숙의) ➡ 내용 선정<br><br>• 교사 - 학생 간 상호작용을 위해 교육과정을 구성( + 교과, 환경도 고려)<br>• 구성된 교육과정을 전개하기 위해 구체적인 숙의과정을 중시<br>└ 참여자들의 토론과 합의 강조 |
| 재개념 주의자 | 배경 | • **전통주의 비판** : 전통주의에서 지나친 목표 이하의 절차를 경시하고, 교육이 사회질서를 유지시키기 위한 기능으로만 전락된 것을 비판<br>• **해석학의 영향(질적 연구)** : 교육과정이 학생에게 어떤 의미로 다가오는가(개인적 교육체험)에 대한 연구<br>• **지식사회학의 영향** : 교육과정의 이데올로기를 분석 |
| | 특징 | • 신교육사회학적 관점으로 교육과정사회학에 해당함<br>• 교육과정의 설계나 **개발보다는 이해에 관심** ⇨ 다양한 담론을 활용하여 교육과정의 본질을 이해하는 데 관심<br>• 영 교육과정에 대한 관심 ⇨ 학교교육에서 제외된 내용은 없는지에 대한 고찰, 표면적 교육과정의 내용은 정당하게 선정된 것인지<br>• **연성 교육과정 학자** : 역사, 종교, 철학, 문학 등 인문과학을 숭상 |

| | | |
|---|---|---|
| **파이너의<br>'쿠레레'** | | • 파이너는 교육과정의 의미로서 쿠레레를 제안함<br>• **쿠레레** : 교육에 대한 개인적으로 가지는 경험에 대한 본질적 의미<br>• 학교교육의 비인간화와 소외 현상 비판<br>• 교육목표는 인간의 해방 |
| | | • 교육과정의 관심은 **개개인의 경험 그 자체(race itself)**<br>• 교육 속에 존재하는 **개인적 경험**과 그 의미의 중요성을 회복 |
| **쿠레레<br>교육과정** | | • 학생 개인이 가지는 교육적 경험을 중요시, 그들의 상황을 기술하고 의미<br>• 학생이 교육을 받으면서 듣고, 느끼고, 생각한 모든 경험을 생생하게 그려냄<br>• 교육과정이 학생들의 경험과 그것의 의미를 탐구하는 활동이어야 함<br>  ⇨ 개개인의 의미 형성<br>• 쿠레레 방법 : 학습자가 스스로 자신의 교육적 경험을 분석, 자신의 실존적<br>  의미를 찾는 작업 ⇨ 경험이 어떤 의미를 가지는지 그리고 어떤 영향을 미쳤<br>  는지 알게 됨<br>• 쿠레레 단계 |
| | | <br>

| | | |
|---|---|---|
| **회귀단계** | • <u>과거를 현재화하는 단계</u><br>  └ 자신의 실존적 경험을 회상, 기억을 확장<br>• 과거의 경험을 상세히 묘사 | |
| **전진단계** | 자유연상기법을 통하여 미래에 대한 상상 | |
| **분석단계** | 자기성찰을 통하여 과거·현재·미래를 동시에 펼쳐 놓은 후,<br>이들을 연결하고 있는 복잡한 관계를 분석(자신의 삶 분석) | |
| **종합단계** | 현실로 돌아가 자기에게 주어진 현재의 의미를 자문함 | |

| | | |
|---|---|---|
| **파이데이아** | **개념** | • 진보주의 비판 ⇨ 교육의 목적이 직업을 얻어 생계를 유지하기 위한 수단으<br>  로 전락<br>• 교양교육 강화(허친스), 주지교육으로 복귀, 지식·지능 계발 강조<br>• **교양교육**이야말로 모든 사람이 받아야 할 최상의 교육 |
| | **제안** | • **민주주의와 교육** : 12년간의 공교육이 복선형 ×, 단선제로 운영. 만인에게<br>  개방된 목표를 향하도록 함<br>• **모든 학생에게 동일한 목표** : 국민공통 기본학교교육에서 일반적이고 교양<br>  적인 교과를 가르치는 것<br>• **모든 학생에게 동일한 교육과정** : 국민공통 기본학교교육, 유치원 ~ 고3까<br>  지의 교육에서는 모든 복선제와 선택과목제도를 배제<br>• **개인차** : 개인차를 고려한다는 것은 프로그램을 탄력적으로 운영하고 보충적<br>  인 수업을 제공할 필요가 있다는 것, 서로 질이 다른 교육을 제공하는 것 ×<br>• **문제의 본질** : 문제의 핵심은 수업시간에 일어나는 학습의 질이라고 지적하<br>  며, 학습의 질은 교사의 질에 의존 |

# Theme 2
# 교육과정의 층위와 수준

MEMO

## 01 교육과정의 층위

### I. 표면적 교육과정, 잠재적 교육과정, 영 교육과정의 관계

| 구분 | 국가(가르치려, 의도된) or 교사(가르친, 전개된) | 학생수준 (실현된 교육과정) | 예 |
|---|---|---|---|
| 표면적 교육과정 | ○ | ? (배운 것에 관심 ×) | (주로) 지적 |
| 잠재적 교육과정 | × | ○ | (주로) 정의적 |
| 영 교육과정 | × | × | (주로) 지적 |

### 2. 구분

(1) **표면적 교육과정**

학교에서 공식적으로 가르치는 교과서, 교수 – 학습자료, 국가수준의 교육과정, 학교의 교육 방침 등

(2) **잠재적 교육과정** 🖋 14·19 중등

**기출문장 Check**

수업에서 소극적으로 행동하는 문제를 잠재적 교육과정 관점에서 진단하시오.

14 중등

잠재적 교육과정의 개념을 쓰고 예를 제시하시오.

19 중등

| | 개념 | • 학교에서 가르치려고 의도한 바 없으나 학교의 문화풍토, 학교의 물리적 조건, 제도 및 행정 조직, 사회·심리적 상황을 통하여 은연 중에 가지게 되는 경험의 총체<br>• 표면적인 교육과정을 제외한 학교의 전 경험과 관련이 있으며 학교의 전 사태와 관련 |
|---|---|---|

| 비교 | 유형<br>특징 | 표면적(공식적) 교육과정 | 잠재적 교육과정 |
|---|---|---|---|
| | 조직성 | 학교의 의도적인 교육 및 지도 | 학교생활에서 무의도적 학습 |
| | 영역 | 지적 영역<br>⇨ 교과를 통하여 배우는 지식 | 정의적 영역<br>⇨ 흥미, 태도, 가치, 신념 |
| | 학습경험 | 교과와 관계 | 학교의 문화적 풍토와 생활경험<br>예 이기적 학교문화, 성취적 문화 |
| | 기간 | 단기적·일시적·비영속적<br>⇨ 정해진 시간계획과 내용 | 장기적·반복적·항구적<br>⇨ 태도, 가치, 신념은 한 번 형성되면 급격한 환경의 변화가 없는 한 일생 동안 지속되는 경향 |

| 원인 | 교사의 지적·기능적 영향 | 인격적 감화(정의적 측면)<br>⇨ 학생들은 교사를 동일시 대상으로<br>삼고 은연중에 모방 |
|---|---|---|
| 내용 | 바람직한 내용 | <mark>바람직 O or X</mark><br>⇨ 학교의 의도와 관계없이 학습 |
| 영향대상 | 교과서의 조직 | 흥미, 태도, 가치관, 신념 |
| 교사기능 | 교사로부터 지적 기능적 영향 | 교사의 인격적 감화, 교사는 학생의<br>동일시 대상 |
| 구조성 | 잠재적 교육과정을 찾아내어 이를 계획한다고 하여도 <u>표면적 교육과정</u><br><u>과 잠재적 교육과정의 구조는 변하지 않음</u> ⇨ 갈등론 입장<br>└ 학교제도가 있는 한 항상 존재, 학교 자체가 목적성, 강요성, 군집성, 위계성의 특징 |
| 상호 관계 | 상보적일 때 가장 이상적 |

| 의의 | • 관심이 <u>의도와 계획</u>에서 <u>결과와 산출</u>로 옮겨감<br>    └ 표면적 교육과정         └ 잠재적 교육과정<br>• 공식적 교육과정보다 잠재적 교육과정이 더 강한 영향을 미친다는 사실이 밝혀짐<br>• **탈목표 평가관점 등장** : 의도했든 의도하지 않았든 교육활동으로 인하여 나타난 모든<br>   결과나 산출을 종합적으로 평가 |
|---|---|

**(3) <u>영 교육과정(아이스너)</u>** 📢 `20 중등`

| 개념 | • 학교에서 공식적으로 가르치지 않는 교과나 지식, 사고양식 등 학생들이 경험하지 않은 것<br>• 교육과정의 선택과 배제, 포함과 제외의 산물 ⇨ 공식적 교육과정의 필연적 산물(기회학습)<br>• <mark>소극적으로는 기회학습, 적극적으로는 의도적으로 배제시켜 지워버린 것</mark><br>            └ 공식적 교육과정을 배우는 동안에 놓치게 되는 것 |
|---|---|
| 의의 | • 공식적인 교육과정의 교육목적과 교육내용의 가치를 되묻고, 더욱 중요한 것이 빠지지 않았<br>   는가를 살펴봄<br>• 전인적 성장과 사회적 총체성을 비추어 볼 때, 영 교육과정을 새롭게 조명하여 표면적 교육<br>   과정이 풍부해질 수 있다고 주장 |
| 비판점 | • 대폭 확대할 경우 교육과정의 구성 자체가 어려워질 수 있음<br>• 평가하기 쉬운 내용만 가르칠 가능성<br>• 소수의 이익집단의 압력으로 특정 내용 위주로 선택될 위험 |

**기출문장 Check**

영 교육과정이 교육내
용 선정에 주는 시사점
1가지를 제시하시오.

`20 중등`

PART 7

교육과정 ET 김인식 교육학 논술 콘텐츠 만점 서브노트

## 02 교육과정의 수준

| 국가수준 교육과정 | | • 국가는 국민 교육의 보편성과 통일성, 기회균등, 일정 수준의 교육의 질 유지<br>• 일반적이고 공통적인 기준을 제시 |
|---|---|---|
| 지역수준 교육과정 | | 지역적 특성 반영 |
| 학교수준 교육과정 ⭐ | 개관 | • 학교 실태와 학생, 학부모의 요구를 고려하여 국가수준 교육과정을 채택·변용·재구성<br>• 국가, 지역 수준의 교육과정에 의거해서 학교가 해야 할 일 제시<br>• 교사가 핵심적 역할 담당(교사 배제 교육과정 ✕) |
| | 개발 | • 교육과정 중심의 학교교육 추구<br>• 학교 교육과정을 탄력적으로 운영하기 위해 필요(학교의 특수성 고려)<br>　예 집중이수제, 블록타임제 |
| 교사수준 교육과정 | | • '교사는 교육과정이다.' ⇨ 교사의 수준에 따라 교육의 질이 달라짐<br>• 교사 참여 교육과정이 운영되어야 함(교사 배제 교육과정 ✕)<br>• 교사의 전문성 향상 필요 |

# Theme 3
# 교육과정의 유형

## 01 교과중심 교육과정

| 개념 | • 낱낱의 지식(교과) 강조, 교사중심, 교육내용(문화유산 전달)을 통한 이성 계발, 설명 위주의 교수<br>• 본질주의, 주지주의 교육철학<br>• 교과 조직방법 : 교과의 고유한 논리에 따라 |
|---|---|
| 조직 방법 | • 분과형 : 학문의 체계를 세분하여 구성 ⇨ 학문구조 설계<br>• 상관형 : 둘 이상의 과목이 각각의 교과선을 유지하면서 비슷한 교과목 간 상호 관련 ⇨ 학문병렬 설계<br>• 융합형 : 각 과목의 성질을 유지하며 공통 요소를 추출하여 재조직 ⇨ 간학문 설계<br>• 광역형 : 유사한 교과영역을 하나로 구성 ⇨ 다학문 설계 |
| 교과의<br>통합적 운영 ✮ | • 필요성 : 정보화 사회(지식의 폭발적 증가)<br>• 통합 유형<br>  – 다학문 통합 : 개별교과를 하나로 통합<br>  – 학문 간 통합 : 과목 간 공통요소를 중심으로 통합<br>  – 탈학문 통합 : 실제 주제를 중심으로 통합<br>    (예) 프로젝트법, 중핵 교육과정<br>• 교육적 가치(특징)<br><br>        **교사 입장** — • **많은 지식을 단순화** : 교과 내용의 재조직, 중복 내용 줄이기<br>                          • **관련성** : 교과 간, 생활영역과의 관련성 파악 용이<br>        **학생 입장** — 주제중심·문제해결중심 수업 가능, 흥미와 선택권 반영 용이, 통합적 사고 가능 |
| 장점 | • 문화유산 전달에 용이<br>• 사전에 계획되어 있기 때문에 교사, 학생, 학부모들에게 안정감을 제공<br>• 교육과정의 중앙집권적 통제가 용이 |
| 단점 | • 고등정신기능의 함양이 곤란<br>  └ 비판력, 창의력, 사고력<br>• 교사중심 수업으로 수동적인 학습 태도를 형성<br>• 학습자의 흥미와 관심이 경시, 학습 부담을 초래할 가능성 |

## 02 경험중심 교육과정 [16 중등]

| | |
|---|---|
| **개념** | • 교육과정이란 학교의 지도하에 학생들이 가지게 되는 모든 경험, 아동중심의 교육<br>• **철학적 배경** : 진보주의(자연주의)<br>• 생활경험을 교육내용으로 보며, 교육과정의 중심을 학생에게 둠<br>• 듀이 : 주지주의적 경험과 주관주의적 경험론을 극복, 경험 + 이성에 의한 반성적 사고를 주장<br>• **생성 교육과정** : 학생의 요구에 따라 그때그때 만듦(사전계획 배척) = 현성 교육과정<br>• **중핵 교육과정** : 사회(개인)문제 중심 + 주변 과정(교과) |
| **특징** | • 전인적 발달(잠재적 Cu. 중시)<br>• Cu. 중심에 학생<br>• 학생 흥미, 필요, 욕구 강조<br>• 활동(지식 X) 및 생활(교과 X) 중시 |
| **장점** | • 학습자의 동기유발이 용이<br>• 능동적인 학습태도의 함양을 중시<br>• 고등정신기능 함양이 가능<br>• 문제해결능력을 신장 |
| **단점** | • 최소 필수적 기초학력 저하의 위험이 있음<br>• 중복·누락의 위험이 있음<br>• 추상적 원리의 습득 및 체계적인 연구에는 부적합<br>• 시간 경제성이 무시될 가능성이 있음<br>• 행정적 통제가 어려움 |

# 03 학문중심 교육과정 14 중등 추가

| | | |
|---|---|---|
| **개념** | | • 학문 : 개념(지식체계) + 탐구방법<br>• 지식의 구조를 발견하도록 교사가 단서 제공하며 도와줌 ⇨ 안내된 발견학습<br>• 지식과 기술의 폭발적인 증가에 대처하기 위하여 전이가 높은 지식을 선정하여 가르쳐야 함<br>• 교과나 학문의 기본구조를 중시(발견학습, 탐구학습 중시)<br>• 교육철학 – 신본질주의 교육철학(브루너) + 교육심리학 – 인지발달이론(피아제) |
| **나선형 교육과정** ★ 22 중등 | **개념** | • 기본개념과 원리를 중심으로 상향하면서 퍼지는 교육과정의 조직형태<br>• 발달단계가 점차 높아짐에 따라 질적으로 심화, 취급범위가 양적으로 넓어지는 입체적인 나선조직 |
| | **기본 입장** | • 어떤 발달단계의 아동에게도 충실한 형태로 가르친다면 효과적 교육 가능(표현 양식의 차이)<br>• 어떤 발달단계를 막론하고 가르쳐야 할 교육내용은 동일(연속성) – 지식의 구조<br>• 교사의 역할은 탐구자료 제공, 학생으로 하여금 발견하도록 단서 제공(발견)<br>• 초등학생도 학자처럼 탐구 가능 – 발견학습 |
| | **지식의 구조** | • 표현방식 : 작동적·영상적·상징적 표현방식(학생수준을 고려한 수업)<br>• 경제성 : 이해와 기억이 용이<br>• 생성력 : 전이력과 파급효과가 큼 |
| | **조직 원리** 19 중등 | • 계속성의 원리 : 수준을 달리한 동일 교육내용의 반복적인 학습<br>• 계열성의 원리<br>　- 학년 수준별 교과내용은 동일한 수준<br>　- 학년 수준에 따라서 표현방식에는 차이가 있을 수 있으나 기본개념이라는 교과내용에는 변함 없음(교과내용의 심화·확대)<br>• 통합성의 원리 : 교과 상호 간에 연결이 많으며 탐구방법을 다른 교과에서의 탐구방법과 병합할 수 있음 |
| **장점** | | • 내적 동기유발에 의한 학습효과의 상승이 가능<br>• 학습하는 방법의 학습으로 학습의 전이력을 높일 수 있음<br>• 자연현상의 발견력, 탐구력을 향상시킬 수 있음 |
| **단점** | | • 탐구과정에 학습자가 능동적으로 참여할 수 있는 환경여건의 조성이 어려움<br>• 지적교육에 치중한 나머지 정의적 영역의 교육에 취약하여 전인교육을 소홀히 함<br>• 학습부진아와 학습지진아에 대한 고려가 부족<br>• 실제 생활에 활용할 수 있는 지식과 기술의 교육이 미흡( = 경험적 입장이 미약) |

**기출문장 Check**

수업효과성을 높이기 위해 학문중심 교육과정 이론에 근거한 수업전략을 논하시오.

14 중등 추가

**기출문장 Check**

계열성 측면에서의 교육과정 재구성 방법을 제시하시오.

22 중등

**기출문장 Check**

교육과정 조직원리를 제시하고 설명하시오.

19 중등

PART 7

교육과정 ET 김인식 교육학 논술 콘텐츠 핵심 서브노트

## 04 인간중심 교육과정

| | |
|---|---|
| 개념 | • 현대사회의 인간성 회복에 중점, 교육의 근본목적은 자아실현<br>• 자아실현을 위한 통합된 교육과정을 중시, 학습선택권 중시<br>• 경험은 표면적 교육과정 + 잠재적 교육과정 = 전인교육<br>• 교육과정은 학습자의 총체적 경험, 결과보다 과정 중시<br>• 철학적 배경 : 실존주의, 현상학 등 |
| 장점 | • 전인교육을 통해 인간의 성장 가능성을 조화롭게 발전<br>• 학습자 개별적인 자기 성장을 조장<br>• 학습자의 자아개념을 긍정적으로 형성하는데 도움 |
| 단점 | • 이론의 체계가 미흡<br>• 과대규모, 과밀학급에서 실현이 어려움<br>• 환경조성과 역동적인 인간관계가 이루어지지 않으면 교육성과의 보장이 어려움 |

**기출문장 Check**

비고츠키 지식론의 명칭을 쓰고, 이 지식론에서 보는 지식의 성격 1가지, 교사와 학생의 역할 각각 1가지씩 제시하시오.

20 중등

## 05 구성주의 교육과정 20 중등

① 기본관점 : 학습자가 외부의 실제를 의미 있는 경험에 의거하여 해석하고 그 지식을 내부로 표상하는 과정
② 학습자의 참여 및 자기주도성 강조
③ 학습은 실제적 과제를 대상으로 하고 동료들과 상호작용
④ 교사는 도우미, 조언자, 공동 학습자
⑤ 구성주의 유형
    ㉠ 개인적 구성주의 : 개인의 인지발달을 토대로 사회적 상황을 해석
    ㉡ 사회적 구성주의 : 사회적 상호작용을 통하여 인지가 발달

**기출문장 Check**

교육내용 조직방식의 명칭과 이 조직방식이 토의식 수업에서 가지는 장점과 단점 각각 1가지씩 제시하시오.

20 중등

## 06 중핵 교육과정 20 중등

① 경험중심 교육과정을 중심으로 하여 교과중심 교육과정의 장점 수용(탈학문적 통합)
② 중핵과정과 주변과정이 동심원적으로 구성
③ 여러 교과들을 밀접하게 결합해서 통합학습 형성(탈학문 통합)
④ 경험형(아동의 필요와 흥미 강조) + 교과형(조직적 체계를 가짐) 예 PM

# Theme 4
# 교육과정의 개발

MEMO

## 01 교육과정 수준에 따른 교육과정 개발

| 중앙집중적 교육과정 개발 | • 정의 : 국가 수준에서 전문가 주축으로 개발, 질 높은 교육과정 설계, 지방교육청·학교·교사의 노력 절감(일반적 자료 개발)<br>• 장점 : 교육혁신(새 교육과정)을 쉽게 전국화, 전국의 학교 수준 균등<br>• 단점 : 학교와 교사 수업에 수동적, 교사가 교육과정 문제로부터 소외됨 | |
|---|---|---|
| 지방분권적 교육과정 개발 | • 시·도 or 시·군·구 단위에서 지역 특수성과 실정, 필요, 욕구 등을 반영한 지침의 형태로 구체화 ┗ 다양한 운영에 관심<br>• 장점 : 교육청·학교·교사 주축으로 개발 ⇨ 교사의 전문성 신장, 다양한 접근방법 수용 ┗ 자율성과 책무성<br>• 단점 : 지역, 학교 간 차이가 심화될 가능성, 국가수준에서 학교교육을 주도하고자 할 경우 정책시행에 한계(전파에 어려움) | |
| 학교중심 교육과정 개발 ✦ | 개념 | • 스킬벡 : 단위학교의 구성원인 학생의 학습을 위한 프로그램을 개별학교가 기획·설계·실행·평가하는 교육과정<br>• 우리나라<br>- 국가수준의 교육과정에 근거하고 지역의 특수성, 해당 학교의 여건, 학생 및 학부모의 요구 등에 적합한 목표·내용·방법·평가에 관한 단위학교 교육계획<br>- 국가 교육과정과 관계없이 학교 교육과정 개발 ×, 학교 실정에 맞게 수정·보완 ⇨ 탄력적 운영, 학교 특수 문제 해결 |
| | 필요성 | • **학생 - 교육의 적합성과 다양성**<br>- 학습자마다 개인차가 존재하여 개별화된 적합한 내용과 방식으로 구성·운영<br>- 전국적으로 동일한 교육내용을 획일적 부과 ×<br>• **교사의 자율성과 전문성 신장**<br>- 교육과정 개발에 참여하여 참여한 교육자들과의 상호작용을 통한 새로운 교육이론을 접하고, 자신의 견해를 조절 또는 수정<br>- 자부심과 자신감이 고양<br>• **교육의 효율성**<br>- 학생과 가장 밀접하게 마주하는 해당 학교 교사가 학교 교육과정 개발에 참여<br>- 일반적·획일적 기준으로 시행하면 학생 개인의 특성에 적합한 개별화·다양화·자율화 교육이 어려움 ⇨ 학생들의 학업성취가 실제적으로 저하 |
| | 특징 | • **교사의 자율성과 전문성 신장** : 교사들이 교육과정 개발과정에 참여함으로써 자신감과 전문성 신장<br>• **교육과정 적용의 실효성** : 교사는 교육과정 구성과정에서 주체적인 역할<br>• **교육과정 내용의 다양성과 적합성** : 학습자 중심 |

# 02 교육과정 개발모형

## I. 타일러의 합리적 모형(목표지향, 목표중심적) ✎

| | |
|---|---|
| **개념** | • 진보주의자(학습자 중심, 전통주의자) <br> • 행동주의적 관점 : 목표가 설정되면 나머지는 자동적으로, 명세적 목표, <br>        목표(S) ⇨ 나머지 과정(R) <br>          └ 효율성 중시 <br> • 연역적 접근, 목표설정 및 달성의 중요성을 강조 <br>     └ 목표에 따라서 이루어지므로 |

| | | |
|---|---|---|
| **개발 절차** | **교육목표의 설정** | • **잠정적 목표 구성** : 학습자의 연구, 사회요구 조사, 교과 전문가의 제언으로부터 잠정적 목표를 구성 <br> • **구체적 교육목표 설정(거름체)** : 학습자가 달성할 수 있는 것인가를 알아보기 위해 학습심리학을 통해 잠정적 목표를 거르고, 그것이 교육적으로 추구할 만한 가치가 있는가를 판단하기 위해 교육철학을 통해 걸러주어, 구체적 교육목표를 설정 <br> • 진술 : 구체적, 내용×행동(이원목적 분류표) |
| | **학습경험의 선정** <br> 19 중등 | • 학습경험은 학습자와 외적 환경과의 상호작용으로, 학습은 학습자가 행할 행위를 통해서, 학습자 중심으로 선정 <br> • 학습경험 선정 원칙 (기만학일) <br>   – 기회의 원칙 : 목표달성에 필요한 경험을 할 수 있도록 기회를 제공 <br>   – 만족의 원칙 : 학습함에 있어서 만족을 느끼는 경험 <br>   – 학습 가능성의 원칙 : 현재 수준에서 경험이 가능한 것 <br>   – 일목표 다경험의 원칙 : 하나의 목표를 위해 여러 학습경험 <br>   – 일경험 다성과의 원칙 : 동일한 학습경험을 통해 상이한 교육결과를 가져올 수 있음 |
| | **학습경험의 조직** <br> 17 중등 | • 경험이 축적되어서 상승효과를 가져올 수 있도록 조직 <br> • 학습경험 조직 원리 <br>   – 계속성 : 여러 차례에 걸쳐 반복적으로 기회를 주는 것 <br>   – 계열성 : 계속성보다 그 이상의 것, 이해, 기능, 태도, 흥미 등이 다른 수준으로 단계적으로 깊어지고, 넓어지고, 높아지도록 조직 <br>   – 통합성 : 교육내용의 횡적/종적 조직에 관계, 교육내용들을 하나의 교과나 단원으로 묶는 것(수평적 연관) |
| | **학습경험의 평가** | • 교육목표가 교육과정이나 학습지도를 통해 어느 정도 실행되고 있는가 확인, 책무성 강조 <br> • 두 번 이상 이루어져야 하며, 행동적 용어로 목표 진술 |

**기출문장 Check**

기회의 원칙과 만족의 원칙에 대해 설명하시오.

19 중등

**기출문장 Check**

내용조직원리를 설명하시오.

17 중등

| 장·단점 | 장점 | • 어떤 교과에서나 활용·적용 가능(유용성)<br>• 논리적이고 합리적인 일련의 절차를 제시 ⇨ 교육과정을 전문적으로 알지 못하는 사람이라도 누락되는 단계 없이 효율적으로 진행 가능<br>• 교육과정과 수업을 구분 × ⇨ 위의 과정이 수업에도 적용될 만큼 포괄적<br>• 책무성 |
|---|---|---|
| | 단점 | • 목표를 내용보다 우위, 내용을 목표달성을 위한 수단으로 경시<br>• 겉으로 평가할 수 있는 행동만 강조하여, 잠재적 교육과정이나 내면적 인지구조의 변화, 가치 및 태도의 변화를 확인하는 데 어려움(정의적 교과 ×) |

## 2. 타바의 교육과정 개발모형(타일러 모형의 승화) ✦

| 개념<br>(특징) | • 교육과정이 교사에 의해 개발되어야 함을 강조(타일러보다 학습자의 입장을 더 많이 고려)<br>• 개발이 교수 – 학습단원을 만드는 것으로 시작(요구진단부터 시작)<br>• 개발모형 특징<br>　– 처방적 모형 : 개발자들이 따라야 할 절차를 상세히 제시<br>　– 귀납적 모형 : 시험적 단원 개발에서 출발하여 교과형성으로 진행<br>　– 역동적 모형 : 계속적인 요구 진단을 통하여 교육과정 요소들의 상호작용 강조<br>• 학습내용과 학습경험을 분리하여 학습자 입장에서 교사 주축의 교육과정 개발을 강조<br>• 교육과정 개발모형 6단계를 바탕으로 시험적 단원을 생산, 시험단원 검증, 개정 및 통합, 구조개발, 새 단원 정착 및 확산의 단계를 거침 |
|---|---|
| 개발 모형<br>(6단계) | • 1단계(요구진단) : 아동들의 요구, 필요성을 확인하여 참여자들의 의견 수렴<br>　⇨ 학교 특성 고려<br>• 2단계(목표의 설정) : 교육과정 요소를 개발하기 위한 기초가 되는 명확하고 포괄적인 목표를 설정<br>• 3단계(내용의 선정과 조직) : 교사의 깊이 있는 이해를 바탕으로 내용조직과 선정을 위해서 그것의 타당성과 의의, 내용의 여러 수준 간의 적절한 구별, 어떤 발달 수준에 어떤 내용을 적용할 것인가의 결정 등과 같은 목표 이외의 준거가 필요<br>• 4단계(학습경험의 선정과 조직) : 학습자의 측면에서 학습경험을 강조, 학습의 원리를 응용, 개념성취의 전략과 학습의 계열화에 대한 이해를 바탕으로 적절한 학습경험을 선정하고 조직<br>• 5단계(평가) : 평가의 내용과 방법, 수단을 결정<br>• 6단계(균형과 계열성 검증) |

## 3. 백워드 교육과정 설계모형

| | |
|---|---|
| 배경 | 미국 낙오학생 방지법 ⇨ 보상적 평등 강조, 성취기준 중심의 교육개혁 운동(학업성취도 향상 위해) |
| 개념 | • 성취기준 중심 개혁 운동<br>    └ 학습자가 반드시 알아야 하고 수행하여야만 하는 일반적 정보 혹은 범주<br>• 성취기준에는 벤치마크가 반드시 수반<br>        └ 성취기준하에서 구체적 목표 리스트<br>• 내용 성취기준 : 성취기준 + 벤치마크 |
| 단계 | • 1단계(목표설정) : 목표를 고려하고, 확립된 내용 성취기준을 검토하여, 예상되는 교육 과정을 살펴보는 단계로, '영속한 이해'에 해당하는 내용을 우선순위로 간주하여 목표를 설정<br>                  └ 시간이 지나도 머릿속에 남아있는 큰 개념 또는 이해의 틀<br>• 2단계(평가계획) : 목표로 한 학습이 성취되었는지를 확인하기 위해 목표에 부합하는 평가기준을 설정하는 단계로, 수용할 만한 증거를 결정<br>• 3단계(수업활동 계획) : 평가기준을 성취할 수 있도록 그에 맞는 수업을 진행하기 위하여 수업계획을 선택하고 구체화<br><br>┌─────────────────────────────┐<br>**WHERE의 절차적 원리**<br><br>학습경험과 수업의 내용개요는 WHERE의 절차적 원리를 따름<br><br>\| 방향(Where) \| 고사는 높은 기대수준 및 학습방향을 제시 \|<br>\| 관심(Hook) \| 학습자들의 도전의식을 고무하며 관심을 이끌어 냄 \|<br>\| 탐구(Explore) \| 수행과제를 투입하면서 주제를 넓게 탐구시킴 \|<br>\| 반성(Reflect) \| 높은 성취수준을 수행하고 있는지 점검 \|<br>\| 전시(Exhibit) \| 성취의 증거들을 발표하고 전시 \| |
| 구조<br>(특징)<br>15 중등 | • 타일러의 영향 : 목표를 강조하는 타일러 모형의 순서에 영향을 받아 백워드 교육과정 설계모형에 논리적 틀과 전개방식의 우선순위 결정에 공헌 ; 이론적 근거<br>• 브루너의 영향 : 영속적 이해는 지식의 구조와 맥락을 같이함, 어떤 목표가 선정되어야 하는가에 대한 지침을 제공<br>• 평가의 지위와 역할 상승 : 학습경험 선정 이전에 목표달성의 증거로 어떤 평가가 이루어져야 하는가를 계획하여 그 평가에 맞는 타당성이 있는 수업을 효율적으로 계획할 수 있고, 가르칠 내용이 더 분명해짐 |

**기출문장 Check**

백워드 교육과정 설계 방식의 특징 3가지를 설명하시오.

15 중등

# 4. 워커의 숙의모형 18 중등

| | |
|---|---|
| 개념<br>(특징) | • 교육과정 개발 프로젝트의 경험에서 나온 것으로 교육과정 개발과정을 그대로 기술해<br>주는 기술적 모형(비선형적)<br>• 워커의 모형은 결과보다는 의사결정과정이나 절차에 초점을 두고 있기 때문에 자연주<br>의적이고, 목표 없이 과정지향적인 성격<br>• 워커 모형의 출발점은 집단구성원이 공유하는 신념이나 체계, 강령 |
| 절차 | • 1단계(강령 단계)<br>　- 구성원들이 교육과정에 관하여 품고 있는 신념과 가치체계에서 교육과정 개발이 시작<br>　- 강령이란 교육적 신념·가치, 자신의 의도 및 선호, 교육이론 등을 통틀어 말함<br>　- 참여자들의 기본입장 검토를 통한 토대 구축(공감대 형성)<br>• 2단계(숙의 - 검토, 토의 단계) : 개발자들은 강령 단계에서 만들어진 토대를 자료로<br>해서 상호작용, 아이디어를 제시·명료·합의, 대안들의 예상되는 결과를 검토, 교육과<br>정 개발의 목적과 그것을 달성하기 위한 방법을 확인(토의)<br>• 3단계(설계 단계) : 개발과정의 구성요소들에 관하여 최종 결정을 내리며, 구체적인<br>교육프로그램을 만듦(수업방법 확정, 실행 계획) |
| 단점 | • 대규모의 교육과정 프로젝트에는 적합하지만, 토대가 작아지면 다양성이 줄어든다는<br>점에서 소규모 학교중심 교육과정 계획에는 적절하지 않음<br>• 교육과정 계획에만 초점, 교육과정 설계가 완성된 뒤의 문제에 대한 언급 없음<br>• 교육내용에 대한 인식론적 입장이 결여 |
| 시사점 | • 기존과 다른 새로운 교육과정 설계의 유연성을 확보하여 다른 참여자들의 입장에서<br>반응하고 숙의하고, 목표 없이 덜 선형적<br>• 교육과정의 의사결정을 위한 숙의를 있는 그대로 자연스러운 상황에서 실시 |

MEMO

**기출문장 Check**

워커의 교육과정 개발<br>모형의 명칭과 이 모형<br>을 (학교)교육과정 개<br>발에 적용해야 하는 이<br>유 3가지를 논하시오.

18 중등

## 5. 아이스너의 예술적 모형 ✐

| 개념 | 인본주의적·심미적인 관점에서 예술적인 교육과정 개발의 접근방법을 제시 |
|---|---|
| 기본 입장 | • **재개념주의적 입장** : 교육과정의 이데올로기 이해<br>• **영 교육과정 중시** : 교육과정에서 배제되어 왔던 내용도 교육적 상상력과 교육적 감식<br>안을 통하여 신중하게 고려<br>• **교육적 상상력의 중시** : 교사들이 학생들에게 의미있고 다양한 학습기회를 제공할 수<br>있도록 교육목표와 내용을 변화시킬 수 있는 능력(교사가 해석해서 재구성)<br>• **교사의 교육과정 개발 선구자적 입장** : 학생들의 학습경험을 관찰하는 교사에 의해서<br>이루어져야 한다고 주장하며, 교사는 해석하여 재구성하고, 숙의하고 실행하는 선구<br>자적 입장<br>• **질적 연구의 지향** : 다양한 교육실재에 적용될 수 있는 새로운 가정과 방법 모색<br>• **예술가적 교육과정 개발** : <u>교육실재에 대한 다양한 시각을 표현</u><br>└ 분석보다는 전체적인 느낌 |

| 목표 설정<br>분류 | 행동적 목표<br>↓<br>행동적 활동 | 타일러의 행동적 목표와 동일, 표면적 교육과정, 측정 가능한 행동용<br>어로 결과 진술 |
|---|---|---|
| | 문제해결 목표<br>↓<br>문제해결 활동 | • 목표는 지적 탐구의 인지적 융통성을 최대한 촉구하는 비명시적인<br>목표 진술 ⇨ 다양한 해결방안 도출(해결 상태 제한 ×)<br>• 학습자 개개인에 따라 다양하게 창출할 수 있는 잠재적 해결방안<br>을 배제해서는 안 됨 |
| | 표현적 활동<br>↓<br>표현적 결과<br>(목표) | • (목표없이)활동이 결과보다 앞서며, 이 결과가 곧 수업 결과로 나<br>타나는 목표의 의미로 대체되어 해석하여도 괜찮음<br>• 활동의 목표가 사전에 정해지지 않고 활동하는 도중 형성 가능하<br>되, 형성된 목표의 영역을 완전히 배제하면 안 됨(교육적 상상력<br>필요) |

| 시사점 | • 표현적 활동과 표현적 결과는 획일화되고 있는 교수학습 목표와 결과에 대해 다양화,<br>이질성, 개별적, 개인차 등을 강조함<br>• 영 교육과정은 공식적인 교육과정에 대한 가치를 되묻고, 더욱 중요한 것이 빠지지 않<br>았는가를 살펴보도록 한다는 점에서 유용한 가치 |

## 6. 스킬벡의 학교중심 교육과정 개발모형 ✐

| | |
|---|---|
| 개념<br>(특징) | • 학교라는 특수한 상황을 고려한 <mark>상황분석의 단계를 강조</mark>(특수성)<br>• 교육과정 개발자는 순서에 상관없이 단계를 거칠 수 있고, 몇몇 단계를 결합·운영 가능하여 개발자의 의도에 따라 어느 단계에서도 시작 가능(융통성, 지속적, 역동적)<br>　⇨ 비선형적<br>• 학교라는 복잡한 유기적 관점을 고려한 처방적 성격을 띤 설계모형<br>• 학생들의 요구를 즉각적으로 반영할 수 있어 효과적인 수업을 제시 |
| 단계 | • 1단계(상황분석) : 상황을 구성하는 학교의 외적 요인과 내적 요인을 분석<br>　학부모의 기대감, 지역사회의 가치, 이데올로기 ┘　└ 학생의 적성, 능력, 교사의 가치관, 시설<br>• 2단계(목표설정) : 예견되는 학습결과를 진술, 교사와 학생의 행동을 강화할 수 있는 교육활동의 방향과 목표 설정<br>• 3단계(프로그램 구축) : 교수 – 학습활동, 자료 선정과 제작 등과 관계되는 교육프로그램을 설계 및 개발<br>• 4단계(판단과 실행) : 교육과정의 변화를 일으키는 문제를 판단·실행(형성평가적 관점)<br>• 5단계(모니터링, 피드백, 평가, 재구성) : 총괄평가에 해당하는 것으로 계속적인 재구성이나 확장과 관련 |

## 03 교육과정 압축 22 중등

| | |
|---|---|
| 개념 | • 정규 수업의 상위 학습자에게 교육과정을 적응시키기 위해 고안<br>• 일종의 교육과정 <mark>'재구성' or '핵심화'</mark> 과정 ⇨ 지식의 구조를 추출<br>• 기초학습 기술의 숙달을 보장하면서 심화 학습활동의 기회를 마련(<mark>시간 낭비 방지</mark>)<br>• 정상적인 학업이수기간을 단축하는 것으로서 학생 자신의 능력에 비례하여 학습할 수 있게끔 허용<br>• 이 절차를 통해 생긴 시간은 학생들에게 적절한 도전적인 <mark>속진·심화활동 제공</mark> |
| 목적 | • 모든 학생들이 도전감을 느낄 수 있도록 학습 수준 조정<br>• 심층적인 학습경험을 많이 하도록 함<br>• 다양한 심화학습을 정규 교육과정에 도입 |
| 방법 | • 교육과정 압축<br>• 교재분석과 교재에서 반복되는 내용 제거<br>• 정규 교육과정에 심화 내용 삽입 |

**기출문장 Check**
범위 측면에서의 교육과정 재구성 방법을 제시하시오.

22 중등

PART 7
교육과정 ET 김인식 교육학 논술 콤팩트 연결 서브노트

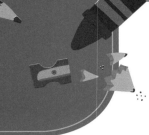

## 01 교육과정의 구성

| 교육목표 설정 | 개념 | | • 교육의 방향 제시, 교육내용의 선정근거 마련, 학습활동의 정당성 부여, 평가의 근거<br>• 교육목표는 교육내용과 교수 – 학습과정, 평가와의 일관성을 유지하게 해줌 |
|---|---|---|---|
| | 기준 | | • 구체적이고 명확한 용어로 진술(행동적 용어) – 내용 × 행동<br>• 전인교육적 차원의 강조<br>• 철학적 일관성<br>• 실현 가능한 것 |
| | 블룸의 분류 | 인지적 영역 | • 위계적(복잡성의 원리) : 하위단계는 상위단계의 선행조건<br>• 종류<br> - 지식 : 이미 배운 내용을 기억했다가 재생 또는 재인능력<br> - 이해력 : 어떤 추상개념을 알고 번역·해석·추론하는 능력(설명)<br>      └ 결론을 내리는 능력<br> - 적용력 : 새로운 사태에 적용하여 문제를 해결<br> - 분석력 : 유목분류, 상호 관계분석<br>      └ 속성, 특성, 관계 등 밝힘<br> - 종합력 : 하나로 묶어서 새로운 의미체계 성립<br> - 평가력 : 가치판단 능력 |
| | | 정의적 영역 | • 위계적(내면화의 원리 ≒ 심도) : 겉에서부터 안으로, 내 마음속으로 깊이<br>• 종류<br> - 감수 : 문제, 주어진 여건, 자극의 존재를 의식·생각<br> - 반응 : 행함에 의한 학습으로 얻어진 결과<br> - 가치화 : 행동을 이끌고 있는 가치에 대한 개인의 확신에 의해 동기화<br>    ⇨ 타인에게 권장<br> - 조직화 : 여러 가지를 하나의 체계로 조직, 상호 관계를 결정, 통용되는 가치를 설정(논쟁이 가능)<br> - 가치 또는 가치복합에 의한 인격화/내면화 : 가치 있다고 여긴 것을 행동에 옮김(내 것이 되는 것) |
| | | 심동적 영역 | 복잡성의 원리 |

| 교육내용<br>선정 ⭐ | • 기회의 원칙 : 학습활동의 다양한 기회 부여<br>• 만족의 원칙 : 학생들의 흥미와 필요에 부합<br>• 학습 가능성 원칙 : 학생들의 성장 수준에 맞는 것<br>• 동경험 다성과 : 하나의 경험으로 여러 성과 달성<br>• 동목표 다경험 : 같은 목표로 여러 가지 학습을 경험<br>• 기본개념 중시 원칙 : 지식의 구조 강조 |
|---|---|
| 교육내용<br>조직 ⭐<br>`22 중등` | • 계속성 원리 : 동일 내용이나 학습경험의 계속적 반복<br>• 계열성 원리 : 점차적으로 깊이와 넓이를 더해가는 것<br>• 통합성 원리 : 여러 영역에서 학습하는 내용들이 학습과정에서 서로 연결되고 통합되는 것<br>• 범위 : 어느 정도 다룰 것인지 특정한 시점에서 학생들이 배우게 될 내용의 폭과 깊이<br>• 수직적 연계성 : 특정한 학습의 종결점이 다음 학습의 출발점과 논리적으로 잘 맞물리도록 조직<br>└ 논리적 연계성 |
| 교육과정<br>평가 | • 목적 : 개선을 위한 정보 제공, 책무성 확인, 프로그램의 계속 여부 결정<br>• 평가 모형 : 내적 타당성(프로그램의 설계와 운영)과 외적 타당성(프로그램의 결과) 확인 |

**기출문장 Check**

수직적 연계성이 학습자 측면에서 갖는 의의와 범위 및 계열성 측면에서의 교육과정 재구성 방법을 제시하시오.

`22 중등`

## 02 교육과정의 실행(스나이더) `21 중등`

| 개념 | | • 교육과정 구성 및 개발과정에서 만들어진 교육과정을 효과적으로 전개<br>• 교육과정 구성 및 개발과정에 대해 평가적 피드백을 제공, 교육과정 구성 및 개선을 위해 유용하게 활용 |
|---|---|---|
| 유형 | 충실성 관점 | • 시행된 교육과정과 의도했던 목표 간의 유사성 정도에 따라 평가된다는 점<br>• 특정 개혁 프로그램이 계획된 대로 잘 실행되었는지를 파악하고 그러한 시행을 촉진시키거나 방해하는 요소를 밝혀내는 것<br>• 교사가 임의대로 수업을 해서는 안 되고, 국가 교육과정에서 정한 목표와 내용을 중심으로 가르쳐야 함 |
| | 상호 적응<br>관점 | • 교육과정 설계자와 이를 사용하는 사람 간의 상호 교섭과 유연성 있는 관계가 전제<br>• 개발자와 사용자 간 이루어지는 바람직하고 합리적인 수정(의견 조정)<br>• 국가 교육과정, 교실상황, 학습자 수준, 교사의 요구를 함께 고려 |
| | 형성 관점 | • 교육과정은 교사와 학생에 의해 공동으로 만들어지는 교육경험<br>(enactment)<br>• 교사와 학생은 학습의 특성과 과정을 결정짓는 핵심적인 위치<br>• 외부에서 만들어진 교육과정 자료와 프로그램 수업전략 등은 도구로서의 의미를 지님 |

**기출문장 Check**

충실성 관점의 장점과 단점 각각 1가지, 형성관점에 적합한 교육과정 운영 방안 2가지를 제시하시오.

`21 중등`

PART 7

교육과정 ET 김인식 교육학 논술 콕콕 만점 서브노트

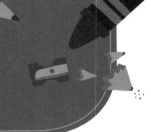

MEMO

## 01 2015 개정 교육과정

| 개정<br>기본 전제 | • 창의·융합형 인재 개발<br>• 학생중심 수업<br>• 학교중심 교육과정 개발과 운영(교사 자율성 존중) ⇨ 교육과정 재구성 |
| --- | --- |
| 역량중심<br>교육과정 | • 개념(목적) : 전인적 발달 + 창의·융합형 인재 양성<br>　　　　　　　= 바른 인성을 갖춘 창의·융합형 인재 양성<br>• 내용 : 기능(지식, 기술) + 태도(심리적 자원)<br>• 방법 : 프로젝트법<br>　예 통합형 교육과정, 학습자중심<br>• 평가 : 성취기준 + 수행평가적 방법 사용 |
| 창의적<br>체험 활동 | • 목적 : 창의·융합형 인재 양성<br>• 활동 : 교사중심에서 탈피하여 체험활동 중시(자유학기제와 연계)<br>• 영역<br>　- 자율활동 : 자치 활동, 창의주제 활동 등<br>　- 동아리 활동 : 예술·체육활동, 학술문화 활동, 실습노작 활동, 청소년 단체활동 등<br>　- 봉사활동 : 이웃돕기 활동, 환경보호 활동, 캠페인 활동 등<br>　- 진로활동 : 자기이해 활동, 진로탐색 활동, 진로설계 활동 등 |
| 자유학기제<br>(자유학년제) | • 개념 : 자유로운 교육과정 운영 + 학생중심 수업<br>• 목적 : 창의·융합 + 진로교육<br>• 내용 : (자유)재편성<br>• 방법 : (자유)학생중심<br>• 평가 : (자유)수행평가, 과정중심 평가<br>• 활동(영역)<br>　- 진로 탐색 활동 : 진로학습, 진로상담·검사, 진로체험, 진로 포트폴리오 작성 등<br>　- 주제 선택 활동 : 학생의 흥미, 관심사에 기반, 교과/창체 연계 프로젝트 학습 등<br>　- 예술·체육 활동 : 1 학생·1 문화예술·1 체육활동 전개<br>　　　　　　　　　　　　　　└ 학교 스포츠클럽 활동 포함<br>　- 동아리 활동 : 학생의 희망, 의사를 적극적으로 고려한 집단활동 |

| 집중이수제 | • **개념** : (교과군, 학년군 개념에 의해) 특정 과목을 특정 학기에 집중학습<br>• **목적** : 수업의 집중도를 높이기 위해<br>• **장점** : 심도 있는 수업(프로젝트법, 창의·융합수업 가능), 학습 부담 경감, 수업 질 개선 |
| --- | --- |
| 교과교실제 | • **개념** : 교과 특성에 맞는 교육환경 조성<br>┌ 교과 특성에 맞는 환경 이용<br>• **장점** : <u>학습자중심 수업</u>, 교육 질 개선<br>└ 블록타임, 학생 수준별 수업, 문제해결 등 학생 맞춤형 수업 가능 |
| 블록타임제 | • **개념** : 2차시 이상으로 묶어 수업<br>• **장점** : 심도 있는 수업으로 수업 질 개선, 활동중심 수업 가능<br>　㉐ 프로젝트법, 문제중심학습, 협동학습 등 |

# PART 8
# 교육평가

# 키워드로 흐름잡기

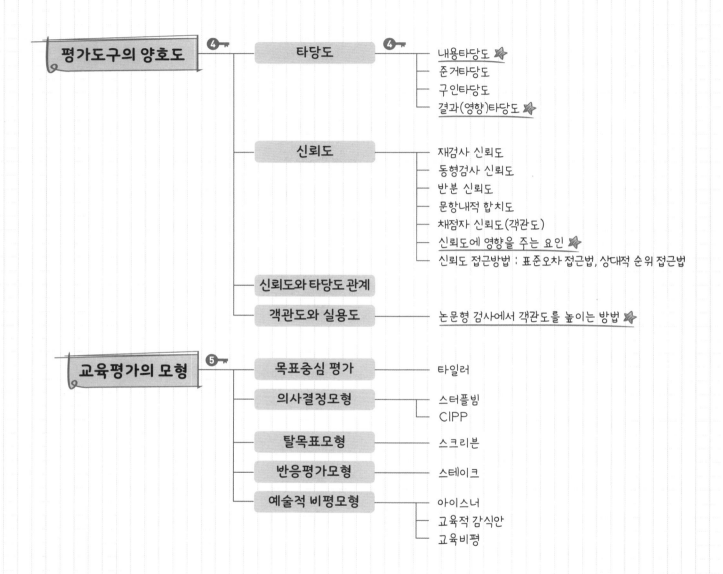

평가도구의 양호도 🔑④

타당도 🔑④
- 내용타당도 ✦
- 준거타당도
- 구인타당도
- 결과(영향)타당도 ✦

신뢰도
- 재검사 신뢰도
- 동형검사 신뢰도
- 반분 신뢰도
- 문항내적 합치도
- 채점자 신뢰도(객관도)
- 신뢰도에 영향을 주는 요인 ✦
- 신뢰도 접근방법 : 표준오차 접근법, 상대적 순위 접근법

신뢰도와 타당도 관계

객관도와 실용도
- 논문형 검사에서 객관도를 높이는 방법 ✦

교육평가의 모형 🔑⑤

목표중심 평가
- 타일러

의사결정모형
- 스터플빔
- CIPP

탈목표모형
- 스크리븐

반응평가모형
- 스테이크

예술적 비평모형
- 아이스너
- 교육적 감식안
- 교육비평

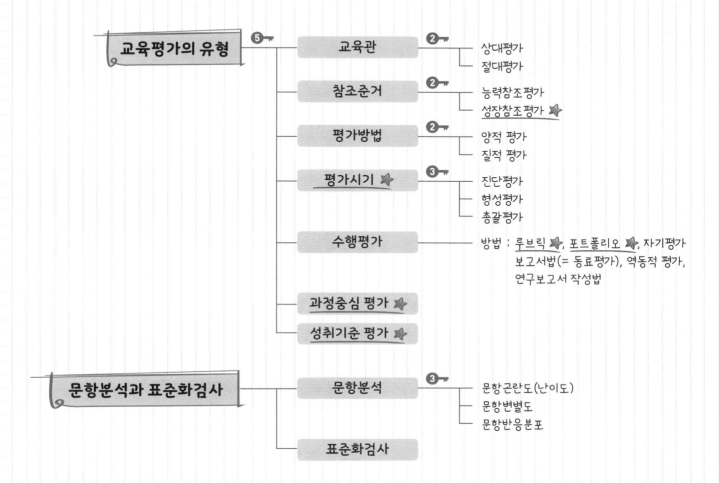

교육평가의 유형 🔑5

    교육관 🔑2
        상대평가
        절대평가

    참조준거 🔑2
        능력참조평가
        성장참조평가 ✷

    평가방법 🔑2
        양적 평가
        질적 평가

    평가시기 ✷ 🔑3
        진단평가
        형성평가
        총괄평가

    수행평가
        방법 : 루브릭 ✷, 포트폴리오 ✷, 자기평가
              보고서법(= 동료평가), 역동적 평가,
              연구보고서 작성법

    과정중심 평가 ✷

    성취기준 평가 ✷

문항분석과 표준화검사

    문항분석 🔑3
        문항곤란도(난이도)
        문항변별도
        문항반응분포

    표준화검사

# 평가도구의 양호도

MEMO

## 01 타당도

| 개념 | | | 무엇을 측정하느냐의 문제, 검사목적에 따른 검사도구의 적절성(목표에 부합) |
|---|---|---|---|
| 종류 | 내용타당도 ✦ 17 중등 | 개념 | • 측정하고자 하는 영역을 검사문항이 대표하고 있는 정도<br>• 검사가 본래 측정하고자 한 속성을 측정할 수 있는가를 전문적 지식에 의하여 주로 질적 차원 판단<br>└ 검사 내용의 충실성<br>• 전문가 판단(전문가와 협의) : 그 검사를 구성하고 있는 각 문항이 검사에서 측정하고자 하는 내용을 잘 대표하고 있는지, 전체 내용을 골고루 포함하고 있는지, 거리가 먼 문항은 없는지 판단<br>• 이원목적분류표 사용<br>　- 한 검사의 구성문항이 전집의 대표적인 표집이 될 수 있느냐를 알아보는 것<br>　- 내용요소와 행동요소를 결합하여 구성한 교육목표와 관련한 표<br>　　└ 교과의 내용　└ 인지, 정의, 행동적 영역<br>　- 교육의 계획단계에서 목표, 평가의 기준으로 사용 |
| | | 제고<br>방법 | • 교육목적과 수업목표에 비추어 알맞게 선정<br>• 문항의 곤란도가 피험자 수준에 적절<br>• 문항의 표집이 문항의 전집을 잘 대표<br>　└ 골고루<br>• 표집된 검사가 교과내용이나 학습과제를 모두 포괄<br>• 검사내용이 피험자들의 사회·문화적 배경이나 주변 상황에 어느 정도로 적합 |

**기출문장 Check**
내용타당도의 유형과 개념을 제시하시오.

17 중등

| | | |
|---|---|---|
| 준거타당도 | 개념 | 검사도구의 측정결과와 준거가 되는 변인의 측정결과와 관련된 정도<br>└ 상관계수 사용 |
| | 공인<br>타당도 | • 현재 시점의 준거변인과 관련<br>• 두 검사가 공통된 요인을 얼마나 공유하고 있는가를 따져보는 것<br>• 새로 제작된 검사결과를 이미 타당도를 인정받고 있는 기존의 검사를 기준으로 점검<br>• 공통요인을 확인하여 검사 X를 검사 Y로 대체할 수 있는가 확인<br>• 해당검사 점수와 그 이외의 점수 간의 상관관계로 추정 |
| | 예언<br>타당도 | • 미래 시점의 준거변인과 관련<br>• 검사결과가 미래의 행동특성을 얼마나 잘 예측하느냐의 정도<br>⑩ 수능과 대학성적 간 상관 |
| 구인타당도<br>(구성요인) | 개념 | • 구인 : 추상적·가설적인 어떤 특성의 존재를 가정하고 그것을 지칭<br>• 한 검사가 정말로 의도하는 특성을 재고 있는가<br>⇨ 정의적 특성의 심리적 구성요인 확인 |
| | 방법 | • 비교집단법 : A라는 특성을 가진 집단과 가지지 않은 집단 간의 점수를 비교<br>• 요인분석법 : 구성요인을 분석하여 같은 요인끼리 묶는 것<br>⇨ 같은 요인 내 문항끼리는 상관이 높고, 다른 요인 내 문항끼리는 상관이 낮아야 함 |
| | 특징 | 정의적 특성을 연구할 때 주로 사용(심리적 구성요인 측정)<br>⑩ 사교성 검사 |
| 결과타당도<br>(영향타당도) | 개념 | • 평가활동이 원래 의도한 기능을 제대로 수행하거나 목적을 제대로 달성하고 있는가에 대한 증거를 수집하는 과정<br>⑩ 만족도 조사<br>• 목적을 제대로 달성했는가 ⇨ 검사가 원래 의도한 것을 측정했는가 |
| | 특징 | • 의도한·의도하지 않은, 긍정적·부정적 영향을 모두 고려<br>• 목적 달성이 안 되었거나, 부정적인 영향을 미치면 타당도에 부정적인 증거가 됨<br>⑩ 동기유발에 도움?<br>• 검사가 교수–학습방법에 긍정적인 변화를 유도했는가와 같은 것을 탐구 |

# 02 신뢰도

| 개념 | | | 어떻게 측정하느냐의 문제로 얼마나 오차 없이 측정하느냐, 반복시행에 따른 **측정치의 일관성** |
|---|---|---|---|
| 종류 | 재검사 신뢰도 | 개념 | • 동일한 검사를 동일한 피험자 집단에게 일정한 시간 간격을 두고 2회 실시하여 얻은 2개의 검사점수 간 상관계수로 신뢰도를 추정<br>• 검사도구의 안정성에 대한 지표 ⇨ 피검자의 반응이 얼마나 안정적인가를 알려주기 때문 |
| | | 단점 | • 전후 간격이 너무 짧으면 연습효과, 기억효과로 인해 과대 추정<br>• 전후 간격이 너무 길면 측정대상의 행동변화 등으로 인해 과소 추정<br>• 전후 검사에서의 여러 가지 조건 및 상황을 똑같이 통제할 수 없음 |
| | 동형검사 신뢰도 | 개념 | • 미리 두 개의 동형검사를 제작하여 같은 피험자에게 두 검사를 동시에 실시하여 상관계수를 산출하는 방법<br>• 문항 수, 문항난이도, 문항변별도 등이 동일 |
| | | 특징 | • 동형검사는 표면적으로 내용은 다르지만, 측정이론상 동질적 문항<br>• 기억효과, 연습효과를 통제 가능 |
| | | 단점 | 문항난이도, 문항변별도 등 실제 두 검사를 동질적으로 만드는 것은 불가능 ⇨ 내용이 달라지면 난이도·변별도가 달라질 수밖에 없음 |
| | 반분 신뢰도 | 개념 | 한 개의 검사를 어떤 대상에게 실시한 후, 그 검사를 적절히 반으로 나누어 독립된 검사로 취급하고 상관계수를 산출하는 방법 |
| | | 특징 | • 기우법이나 난수표를 사용하여 반분하는 것이 전후법보다 좋음<br>• 노력과 경비가 적게 듦<br>• 문항 표집의 오차요인 배제 가능 |
| | | 단점 | 피험자의 조건이나 특수한 상황적 조건이 진변량으로 취급될 가능성 |
| | 문항내적 합치도<br>19 중등 | 개념 | 개별 문항들을 하나의 검사로 간주하여 문항 간의 일관성을 추정한 신뢰도 |
| | | 특징 | • 한 번의 검사로 간단히 신뢰도를 구할 수 있음<br>• 문항내적 합치도를 높이려면 문항 상호 간에 상관이 높아야 하고 한 검사가 한 가지 특성을 재는 동질적인 검사이어야 함 |
| | | 단점 | • 검사 속도를 지나치게 강조하는 검사에서 사용이 부적절<br>• 학생의 90 ~ 95%가 검사에 손을 대었을 때 사용한다는 점에서 손 대지 못한 문항이 많으면 신뢰도를 과대추정할 우려 |

**기출문장 Check**

문항내적 합치도의 명칭과 개념을 설명하시오.

19 중등

| | | | |
|---|---|---|---|
| 채점자<br>신뢰도<br>(객관도) | 개념 | • 채점이 어느 정도 일관성이 있고 신뢰할 수 있는가의 문제<br>• 채점자 내 신뢰도(아침, 점심), 채점자 간 신뢰도(A, B) | |
| | 특징 | 객관식은 문제되지 않으나 주관식이 문제 | |
| 영향<br>요인 🌟 | | • 많은 양의 문항이나 선택지가 많을 때 신뢰도가 높음<br>• 문항의 난이도가 적절한 난이도일 때 신뢰도가 높음<br>• 문항의 변별도가 높을 때 신뢰도가 높음<br>• 제시문이 명확할 때 신뢰도가 높음<br>• 측정오차 없을 때 신뢰도가 높음(부정문보다 긍정문) | |
| 신뢰도<br>접근방법 | 표준오차 접근법<br>(신뢰구간 접근법) | • 단일한 측정대상(한 개인)을 같은 측정도구로 여러 번 측정한 결과가<br>어느 정도로 같은가의 일치성에 기초를 둔 신뢰도 접근법<br>• 측정이 신뢰할 만 하다면 여러 번 측정한 결과가 같게 나올 것이고, 그<br>렇지 못하면 그 변산은 클 것임<br>• 신뢰구간<br>  – 진점수를 중심으로 측정치들이 퍼져 있는 구간<br>  – 획득점수를 중심으로 그 아동의 진점수가 포함되는 점수범위<br>• 신뢰구간이 작다는 것은 측정치가 동질적이며, 서로 간에 상관이 높아<br>져 신뢰도 높아짐 ⇨ 표준편차가 작으면 오차의 정도가 작으므로<br>• 연구자가 95%의 신뢰구간을 설정했다면, 전집의 평균이 이 구간 내에<br>포함될 수 있는 가능성이 95% 정도임을 의미 | |
| | 상대적<br>순위 접근법 | 한 집단의 피험자에게 측정을 두 번 실시하고, 첫 번째 실시했을 때의 측<br>정치의 상대적 순서와 두 번째 실시했을 때의 상대적 순서가 어느 정도 일<br>치하느냐로 신뢰도를 평가하는 방법 | |

MEMO

## 03 신뢰도와 타당도의 관계

① 신뢰도(양), 타당도(질)
② 신뢰도는 타당도의 선행조건
③ 신뢰도는 타당도의 필요조건이지 충분조건은 아님 ⇨ 신뢰도가 있다고 늘 타당도가 있는 것은 아님
④ 검사도구의 양호성을 판단할 때 신뢰도보다 타당도가 우선시됨
⑤ 타당도는 신뢰도보다 더 높을 수 없음 ⇨ 타당도는 신뢰도 구간을 넘을 수 없음
⑥ 검사도구의 양호성 관계
    ㉠ 타당도↑ ⇨ 신뢰도↑(○)
    ㉡ 타당도↓ ⇨ 신뢰도↓(×)
    ㉢ 신뢰도↑ ⇨ 타당도↑(×)
    ㉣ 신뢰도↓ ⇨ 타당도↓(○)


## 04 객관도와 실용도

| 구분 | 객관도 | 실용도 |
|---|---|---|
| 개념 | • 채점자가 얼마나 일관성 있게 채점하는가에 관한 것 ⇨ 채점자 간 신뢰도<br>• 채점자가 얼마나 편견 없이 공정하게 채점하는가 | 검사도구의 경비·시간·노력을 적게 들이고 소기의 목적을 얼마나 달성할 수 있는가에 대한 정도 ⇨ 얼마나 쓸모 있는가 |
| 향상 방안 | • <u>논문형의 경우</u> ✬<br>  - 채점의 기준을 미리 정해 둠<br>  - 채점의 기준을 위한 모범답안을 미리 제작<br>  - 답안지는 학생 단위로 채점 ×, 문항 단위로 채점 (∵ 후광효과)<br>  - 가능하면 혼자 채점 ×, 여러 사람이 채점하거나 최소 2번 이상 채점해서 평균을 냄<br>• 명확한 채점기준이 필요<br>• 다수가 채점하여 평균을 사용하는 것이 효과적 ⇨ 오차↓<br>• <u>평가자의 소양</u>에 대한 훈련 필요<br>  └ 평가방법, 내용 이해 등<br>• 반응 내용에만 충실하게 채점함 | • 검사 실시가 용이<br>• 채점이 쉽고, 해석이 용이<br>• 최저 비용으로 최대 효과를 얻어야 함<br>• 실시방법이 쉽고, 소요시간이 적절 |

# Theme 2
# 교육평가의 모형

## 01 타일러의 목표중심 평가

MEMO

| 개념 | • 미리 설정한 목표를 평가의 기준으로 삼아 그 목표가 실현된 정도를 판단<br>• **목표**가 구체적으로 진술되면 평가해야 할 목록이 분명 |
|---|---|
| 장점 | • 명확한 평가기준(교육목표)을 제시<br>• **교육과정과 평가의 논리적 일관성**을 유지(교육의 전 과정 속에서의 평가의 일관성 유지)<br>• 목표의 중요성을 강조하여 결과 확인을 통한 **책무성**을 제고 |
| 단점 | • 행동용어를 진술하기 어려운 교육목표에 대한 평가는 어려움(정의적)<br>• 설정되지 않은 교육의 부수적인 결과에 대해서는 평가가 이루어지지 ×<br>   ⇨ **대안** : 탈목표 평가<br>• 과정은 무시한 채 결과에 대한 평가만을 강조<br>   ⇨ **대안** : CIPP 모형 |

## 02 스터플빔의 의사결정모형

| 개념 | • 평가의 주된 목적은 **프로그램의 개선을 위한 의사결정을 돕는 것**<br>   ⇨ 정보 제공(평가자와 의사결정자 구분)<br>• 설계, 실행, 결과에 이르는 **전체 과정(모든 과정)에서의 적절한 평가**를 수행<br>• 평가는 단순히 책무성의 도구 입장 배격<br>• 조직 내에서 이루어지는 의사결정의 유형을 계획, 구조화, 실행, 재순환(결과)로 구분 |
|---|---|
| 유형 | • **상황평가(계획 단계)** : 의사결정에 도움이 되는 정보를 제공하기 위한 평가로, 주로 구체적인 상황이나 환경적 여건을 파악함<br>• **투입평가(구조화 단계)** : 의사결정에 도움을 주기 위한 것으로, 현재 어떤 산물이 투입되고 있고, 앞으로 어떠한 산물이 투입되어야 하는지를 파악함<br>• **과정평가(실행 단계)** : 의사결정에 도움을 주기 위한 것으로, 구조화 단계에서 수립된 전략이 실행되는 과정에서 고려해야 할 점, 발생 가능한 사건 등을 파악함<br>• **산출평가(결과 단계)** : 활용을 위한 것으로, 전체 과정을 통해 산출된 결과의 가치를 판단하는 데 도움이 되는 정보를 수집함 |

## 03 스크리븐의 탈목표모형

| 개념 | • 목표를 전혀 인식하지 않은 상태에서 프로그램의 모든 효과를 포괄적으로 검토<br>• 목표를 비롯해서 프로그램 어떤 것도 고정된 것으로 간주 ✕, 프로그램의 모든 측면 검토<br>• 목표를 지나치게 인식 ⇨ 시야가 좁아짐 ⇨ 목표에 반영되어 있지 않은 프로그램의 효과를 간과할 개연성(잠재적인 효과 간과 우려) ⇨ 탈목표 모형을 제안(편향성 감소, 객관성 증가) |
|---|---|
| 특징 | • 의도된 교육목표와 의도되지 않은 부수적 결과의 가치도 평가<br>• 평가의 기능을 형성평가와 총괄평가로 구분<br>　　　　　　　　└ 프로그램의 개선　└ 최종결과 확인<br>• 목표가 없기 때문에 평가자의 전문적 판단을 중시 |

## 04 스테이크의 반응평가모형

| 스테이크의<br>관점 변화 | 종합실상평가 | 반응평가 |
|---|---|---|
| | 평가를 수행하기 전에 세운 평가계획을 토대로 자료를 체계적으로 수집 → | 평가의 진행과정 동안 여러 인사와 논의하여 그들의 반응(요구, 제안)에 따라 어떤 정보를 수집·분석할지 결정 |

| 특징 | • 교육활동이 역동적, 복잡한 활동임을 인식하게 되면서 반응적 평가를 통한 평가자와 인사 간의 지속적인 상호작용을 강조<br>• 평가자와 관련 인사(교사, 학생, 부모, 행정가)들이 지속적인 상호작용을 통해 서로의 요구에 반응하며, 평가의 과정을 창조해 나가는 데 초점 |
|---|---|

## 05 아이스너의 예술적 비평모형 ✍

| 개념 | • 예술작품을 비평하는 것과 같은 방식<br>• 통계적 분석을 지양, 평가자의 전문성이나 경험·자질에 입각한 질적 평가 중시<br>• 교육적 감식안 : 학생들의 성취 형태들 사이의 미묘한 질적 차이를 감지할 수 있는 것, 평가자가 교육현상을 보고 교육활동의 질을 판단할 수 있는 능력<br>• 교육비평 : 자신이 느끼는 미묘한 질적 차이를 일반인들, 예컨대 학생과 학부모도 알 수 있도록 언어로 표현하는 것 |
|---|---|
| 특징 | • 평가자는 교육현상을 보고 교육활동의 질을 판단할 수 있는 '교육적 감식안'을 지녀야 하며, 미묘한 질적 차이를 표현할 수 있는 교육적 비평력이 필요<br>• 평가결과의 타당성과 합리성을 확보하기 위한 가장 중요한 것은 평가자의 전문성<br>• 의사결정에 평가의 주관성이 개입될 여지 |

# Theme 3
# 교육평가의 유형

## 01  교육관 : 상대평가 vs 절대평가

MEMO

**기출문장 Check**

준거지향평가의 개념을 설명하고, 장점 2가지를 제시하시오.

15 중등 추가

| 구분 | 상대평가( = 규준참조평가) | 절대평가( = 목표·준거참조평가) 15 중등 추가 |
|---|---|---|
| 개념 | 학습자의 평가결과를 그가 속해 있는 집단의 규준에 비추어 상대적 위치를 밝히는 평가 | 학습자가 정해진 준거나 목표에 도달하였는지를 교육목표에 비추어 판단하는 평가 |
| 목적 | 분류, 선발, 정치와 같은 행정적 목적<br>예 총괄평가 | 교육목표 달성에 도움을 주는 진단적·형성적 기능(절대 비교) |
| 평가기준 | 학습자가 집단 내에서 어느 위치에 있느냐에 대한 평균점에 관심 | 학습자가 무엇을 성취했느냐에 관심(학업성취도), 점수 자체 의미 |
| 이론적 근거 | 검사점수의 정상분포를 기대 | 검사점수의 부적편포를 기대<br>⇨ 모든 학습자가 설정된 교육목표 달성을 바람 |
| 필요조건 (검사양호도) | 검사의 신뢰도, 객관도, 변별도를 강조<br>⇨ 학습자의 개인차를 얼마나 오차 없이 정확하게 측정했는가에 중점 | 검사의 타당도를 강조(내용, 교과, 목표)<br>⇨ 계획했던 수업목표를 얼마나 충실하게 측정하고 있느냐에 중점 |
| 교육관 | 선발적 교육관<br>⇨ 평가체제의 본질상 반드시 실패자 존재 | 발달적 교육관<br>⇨ 적절한 교수전략과 교육환경을 투입하여 모두 성공할 수 있음 |
| 개인차를 보는 시각 | • 필연적으로 생기는 것<br>• 개인차를 변별 : 개인차가 클수록 교육평가가 성공적인 것 | • 교육의 누적적 실패에 의해서 생기는 것<br>• 개인차는 교육적 노력에 의해서 해소 가능 |
| 완전학습 여부 | 불완전학습 | 완전학습 |
| 실패원인 | 학생 | 교사 ⇨ 교사노력으로 개인차 Zero 가능 |
| 장점 | • 개인차의 변별이 가능함(표준점수 사용)<br>• 객관적 평가가 가능하여 교사의 주관을 배제할 수 있음<br>• 경쟁을 통한 외적 동기유발이 가능함<br>• 특정 학교, 학급 내에서의 상대적 위치가 명확<br>• 객관적 검사의 제작 기술을 통해 성적을 표시하고 있어 교사의 편견을 배제할 수 있음 | • 진단적 기능의 강화로 교육(교수 – 학습, 학습 결손 등) 개선을 위한 자료수집 가능<br>• 경쟁심을 배제하여 협동학습이 가능하고, 정신 위생에 좋음(성취감)<br>• 진정한 학습결과를 측정할 수 있어 의미 있는 점수를 제공함<br>• 교육성과의 연도별, 종적 비교가 가능함 |

| | | |
|---|---|---|
| 단점 | • 상대정보만 줄 뿐 목표달성 여부는 알 수 없음<br>• 개인의 학습결손에 따른 보충학습 실시 불가<br>• 집단 내에서만 비교가 가능할 뿐, 집단 간 비교는 불가능<br>• 필요 이상의 경쟁심 유발로 학생 상호 간 시기·질투를 유발(잠재적 교육과정)<br>• 항상 일정 수의 실패자가 생겨 부정적 자아개념 형성 가능성<br>• 모든 학생의 성취 가능성이 무시됨 | • 개인차 변별이 용이하지 않음<br>• 평가기준이 되는 수업목표 설정이 쉽지 않음(내용타당도의 문제 발생)<br>• 외적 동기를 학습에 적용하지 않음<br>• 부적편포 곡선을 이루므로 통계적 처리가 어려움<br>• 진단을 통한 학습부진 학생에 대한 보충지도가 필요하지만, 다인수 학급에서는 개별화 수업이 어려움 |

## 02 참조준거에 의한 평가 18·22 중등

| 구분 | 능력참조평가 | 성장참조평가 ✒ |
|---|---|---|
| 개념<br>(특징) | • 학생이 지니고 있는 능력에 비추어 얼마나 최선(노력)을 다하였느냐에 초점<br>• 각 학생의 능력과 노력에 의하여 평가 | • 교육과정을 통하여 얼마나 성장하였느냐에 관심<br>• 초기 능력수준에 비추어 얼마만큼 능력의 향상을 보였느냐를 강조 ⇨ 학업증진<br><br>**성장참조평가의 조건**<br>• 사전에 측정한 점수를 신뢰할 수 있어야 함<br>• 현재 측정한 점수를 신뢰할 수 있어야 함<br>• 사전 측정치와 현재 측정치의 상관이 낮아야 함<br>⇨ 상관이 생겨서 같으면 성장이 되지 않은 것이고 상관이 생기지 않아서 차이가 생기면 성장이 된 것 |
| 교육관 | 개별학습 | 개별학습 |
| 평가준거 | 수행 정도와 소유 능력 | 성장, 변화의 정도 |
| 개인차 | 고려하지 않음 | 고려하지 않음(개인 내 차이는 고려함) |
| 장점 | • 개인을 능력 위주로 개별적 평가 가능<br>• 교수적 기능 강조(피드백, 개선) | • 성장에 관심이 있어 학업 증진의 기회 부여 (개별 평가)<br>• 교수적 기능 강조(피드백, 개선) |
| 단점 | 능력은 일반적인 개념이 아니라 특정한 수행을 위한 능력이므로, 특정 수행과 관련 지은 것에서만 해석이 가능해져 능력을 일반화하기 어려움 | 목표 도달보다는 어느 정도 성장했는가에 관심을 가지므로 최저 수준의 목표 도달 여부에 무관심 |

## 03 평가(연구)방법 : 양적 평가 vs 질적 평가

| 구분 | 양적 평가 | 질적 평가 |
|---|---|---|
| 개념 | 평가대상을 어떤 형태로든지 수량화, 이렇게 수량화된 자료를 가지고 통계적 기법을 이용하여 기술하고 분석하는 평가전략 | 교육프로그램이나 교육활동에 관련된 질적 자료를 수집하여 분석·이해·가치를 판단하는 과정(서술, 기술) |
| 전통 | 경험적·실증적 탐구(실험연구) | 현상적·해석학적 탐구 |
| 목적 | 일반적 경향 파악 | 지엽적(특수한) 상황 서술 및 이해 |
| 평가도구 | 신뢰도<br>⇨ 수량적인 자료에 의존, 관찰·측정 가능한 행동에 관심, 정확한 측정, 통제된 조건하에서 결과 파악 | 타당도<br>⇨ 자연 그대로 모습, 조작된 모습 ×, 본래 모습 |
| 강조점 | • 객관성 : 의견보다는 사실, 직관보다 논리, 인상보다 확증, 주관성 배제<br>• 일반성 : 법칙 발견을 위한 노력 | • 주관성 : 가치판단이 개입되므로 주관성의 작용을 막을 수 없음<br>• 특수성 : 이해증진을 위해 평가대상자가 지니고 있는 독특성과 개인차 중시 노력 |
| 관심 | 결과평가가 관심의 대상 | 결과뿐만 아니라 과정평가에도 관심<br>(가설 재진술) |
| 분석 | 구성요인 분석<br>⇨ 평가대상을 여러 개의 구성요소나 하위 유목으로 세분화시켜 독립적으로 탐구 할 수 있다고 바라보며, 평가의 의도에 맞게 사태를 적절히 통제하면서 이러한 구성요소의 분석에 노력 | 전체분석<br>⇨ 어떤 현상에 대한 복합성을 인정하므로 맥락 속에서 이해하며, 전체와 부분의 합은 다름 |
| 접근방법 | 원거리<br>⇨ 객관성을 유지하기 위해 연구대상과 일정한 거리 유지 | 근거리<br>⇨ 평가대상의 이해를 위해 |
| 연구논리 | 연역적<br>⇨ 가설부터 자료수집·분석 | 귀납적<br>⇨ 자료를 모아 가설 설정·검증 |

## 04 평가시기 : 진단평가 vs 형성평가 vs 총괄평가

| 구분 | 진단평가 <br> 22 중등 | 형성평가 <br> 14·16 중등 | 총괄평가 |
|---|---|---|---|
| 개념 | 수업의 효율화와 능률 향상을 위해 학습이 시작되기 이전에 사전학습과 선수학습 수준을 진단(학습준비도) | • 형태를 갖추어 완성해 가는 과정에서 실시하는 평가 <br> • 교수 - 학습이 진행되고 있는 유동적인 상태에서 학생에게 피드백을 주고, 수업방법을 개선하기 위한 평가 <br> ⇨ 학습증진 극대화 | • 주어진 학습과제 또는 교과가 끝났을 때 설정된 교수목표의 달성도를 알아보기 위한 평가활동 <br> • 수업프로그램의 효율성 판단 <br> • 특정 프로그램 효과를 가늠하는 평가 |
| 목적 | 선수학습능력 결핍 여부 확인 (학생 이해와 배치) | 교수 - 학습지도 개선 | 성적 결정(등수) |
| 기능 | • 정치활동 <br> ⇨ 학생을 분류, 몇 개의 학습집단을 편성, 고착시키면 ×, 단지 이해하고 발전을 위한 수단 <br> • 시발행동과 기능진단 <br> • 수업 불가능의 원인 진단 <br> • 개인차에 따른 선택적 교수전략 확인 <br> • 수업 중 문제 생기면 다시 실시 가능 | • 학습지도방법의 개선 <br> • 학습방법의 개선, 학습활동의 조정 <br> • 학습활동 강화(성공)와 피드백(실패) <br> • 목표 재확인(빠진 목표 확인) | • 성적의 결정(상대적 위치), 성취도 파악 <br> • 다음 학습 성공 예언 <br> • 교수방법의 개선(교수효과성 검증) <br> • 다음 학년의 수업이 시작될 때 학생들을 어느 수준에서 가르쳐야 할지를 결정 <br> • 자격 인정 <br> • 집단 간 학습효과 비교 |
| 시간 | • 학습 초(학습 시작단계) <br> • 교수 도중 <br> ⇨ 정상 수업으로는 학생이 계속해서 도움을 받지 못할 때 | • 교수 도중 <br> ⇨ 학습을 증진, 교수방법 개선을 위해서는 이미 교수 - 학습이 끝나버린 뒤에 실시하는 평가로서 그 목적 달성 × <br> • 후반보다 전반 많이 할수록 좋음 | 학습단위·학기·학년의 끝에 |

MEMO

| 강조점 | • 지적·정의적·심리운동적 행동<br>• 신체적·환경적·심리적 요인 | 지적 행동 | • 일반적으로 지적 행동<br>• 교과에 따라 심리운동적, 정의적 |
|---|---|---|---|
| 검사도구<br>형태 | • 교사제작 평가도구<br>(선수학습 정도 확인)<br>• 표준화학력검사, 진단검사<br>(일반적 지적수준 확인)<br>• 심리검사 | 수업 목적에 맞게 특별히 고안된 형성평가도구(표준화검사 보다 주로 교사제작)<br>(∵ 자신의 수업에서 학생이 잘 배웠는가) | 기말시험 및 총괄평가 도구 |
| 문항출제 | 선수기능 및 능력 진단 | 모든 문항<br>(수업한 것을 늘 평가) | • 대표문항 – 표본문항(모든 것을 물어볼 수가 없다)<br>• 이원목적분류표 사용 |
| 문항<br>난이도 | 대부분 쉬운 문항<br>(65% 난이도) | 미리 구체화할 수 없음 | 평균 난이도가 35 ~ 70%<br>(변별도 위해 매우 쉽거나 어려운 문항 포함) |
| 채점 | 준거지향 및 규준지향 겸용 | 준거(목표)지향 ; 타당도에 관심<br>└ 교수목표에 기초<br>⇨ 퀴즈나 쪽지뿐만 아니라 구두질문, 미소, 고개 끄덕임, 칭찬 등도 형성평가의 역할을 함 | 일반적으로 규준지향, 준거지향도 사용 |
| 점수보고 | 하위 기능별 개인 프로파일 | 학습 위계에 포함된 각 과제에 대한 급락(pass or fail)이 개인 점수의 유형 | 목표에 비추어본 총점 혹은 하위 점수 |

# 05 수행평가

| 의미 | 다양한 현실장면 속에서 학생 스스로가 자신의 지식이나 기능을 어느 정도 활용할 수 있는가를 평가하기 위한 방법 | |
|---|---|---|
| 필요성 | • 포스트모더니즘 관점에서 학생중심, 현실의 문제를 다룬다는 점에서 수행평가 방법이 적절<br>• 학생이 인지적으로 아는 것도 중요하지만 아는 것을 실제로 적용할 수 있는지의 파악도 중요<br>• 암기식 지식은 시험을 치르고 나면 망각하므로 개인의 삶에서 무의미하다는 점에서, 수행평가는 학습자 개인에게 의미 있는 학습활동이 이루어짐<br>• 획일적인 표준화 검사는 개인의 특성을 고려하지 않는다는 점에서 교수 - 학습과정을 개선하기 위해 개인의 특성이나 상황을 충분히 고려한 검사가 필요 | |
| 특징 | • 실제생활을 다루기 때문에 타당도가 높지만 신뢰도가 낮음<br>• 실제 지식을 활용하기 위해서는 결과에 이르는 과정이 중요하므로, 과정과 결과 모두 중시<br>• 학생의 지식이나 기능을 평가할 때 교사의 주관적·전문적 판단에 의거하여 평가<br>  ⇨ 교사는 전문적 식견·자질을 갖추고 있어야 하며, 이로 인해 신뢰도가 낮아질 수 있음<br>• 실제적인 상황에서 활용하는 능력을 강조하므로 학교에서 추구하는 교육목표의 달성 여부를 가능한 한 실제와 유사한 상황에서 파악<br>• 변화와 발달을 종합적으로 평가, 지속적 평가<br>• 지식 + 정의 + 신체의 종합적·전인적 평가(통합적 평가) | |
| 방법 | 루브릭 ✦ | • 학습자가 과제를 수행하면서 보이는 수준에 대한 판단을 내릴 때 사용하는 수행기준<br>• 평가자들에게 평가 시 활용할 수 있도록, 각각의 수행수준의 특징에 대한 정보를 명세화하여 제공<br>• 학습자에게 자신들이 어느 정도의 수준인지에 대해 분명한 피드백을 제공, 향후 수행능력 향상을 위해 무엇이 필요한지를 분명하게 알 수 있게 해줌<br>• 수행평가는 관찰과 판단에 의한 평가이기 때문에 루브릭은 체크리스트와 더불어 수행평가에서 활용하는 주요한 채점도구임 |
| | 포트폴리오 ✦ | • 개인의 이력이나 실력 등을 알아볼 수 있도록 자기가 만든 작품이나 관련 내용 등을 모아 놓은 자료철 또는 작품집<br>  예 그림, 글짓기, 연구보고서, 실험·실습 결과보고서 등을 정리한 자료철을 이용하여 평가하는 것<br>• 학생들은 자기가 제작한 포트폴리오를 통해 자신의 성장과 변화과정을 알 수 있음 ⇨ 수행평가의 대표적인 방법<br>• 교사도 학생들의 과거와 현재 상태를 쉽게 파악<br>• 개개인의 변화 발달과정의 종합적 파악 위해 체계적·지속적으로 평가<br>• 교사와 학생이 함께 내용 결정, 학생 스스로 목표 설정 및 평가(자기주도적)<br>• 성장과 과정이 강조된다는 점에서 성장참조평가와 관련 |

| | | |
|---|---|---|
| | 자기평가 보고서법 (= 동료평가) **21 중등** | • 특정 주제나 영역을 선정한 후 그에 관하여 학생으로 하여금 자기평가보고를 작성하고, 그것을 교사가 평가<br>• 학습동기, 성실성, 만족도, 성취도, 반성할 수 있는 기회를 제공 |
| | 역동적 평가 | • 교육목표의 달성도뿐만 아니라 향상도 평가<br>• 개개인의 특성을 강조<br>• 교사와 학생의 상호작용으로 향상될 수 있는 학습 잠재력까지 평가<br>  ⇨ 발달 중인 능력 측정<br>• 개별학생의 학습활동을 개선하고 교육적 지도 및 조언을 제공하는 것을 중시<br>• 힌트의 양과 질로 평가 |
| | 연구보고서 작성법 | 여러 가지 연구주제 중에서 학생의 능력이나 흥미에 적합한 주제를 선택하여 자기 나름대로 자료를 수집·분석·종합하여 연구보고서를 작성하도록 하는 것<br>예 PM |
| 장·단점 | 장점 | • 인지·정의·심동적 특성을 모두 평가하는 총체적 접근<br>• 학습동기와 흥미를 유발(이분적인 평가 ×)<br>• 과제의 성격상 협동학습을 유도하므로 전인교육도 도모<br>• 복잡한 학습결과나 기술을 평가<br>• 실제상황에 대한 학습의 응용을 조장하여 지식의 맥락성 함양<br>• 결과와 해결과정도 분석 가능<br>• 다양한 사고력 함양 및 단순한 암기 지양<br>• 지식과 기능의 실제 활용 |
| | 단점 | • 채점기준, 점수부여기준 설정이 어려우며, 수행과정까지 고려하여 점수를 부여 하는데, 몇 점을 주어야 하는지에 대한 판단이 어려움 ⇨ 구체적이고 명확한 채점기준, 채점자 훈련<br>• 평가자의 주관이 개입되어 채점자 내 신뢰도와 채점자 간 신뢰도 확보에 어려움<br>• 교과내용, 인지구조, 실생활에 적용되는 범위 모두 고려, 점수를 부여하므로 시간과 비용이 많이 들고, 선다형에 비해 수행평가 도구개발에 어려움<br>• 학생과 학부모가 평가결과를 인정하지 않을 수 있어 점수결과 활용에 어려움<br>• 통계적 처리에 용이하지 못함 |

**기출문장 Check**
자기평가 방식의 교육적 효과 2가지와 실행 방안 2가지를 제시하시오.
**21 중등**

| 문제점과 고려사항 | 문제점 | 학생 및 학부모 | • 부여된 수행평가 관련 과제의 양과 시행빈도가 과다 ⇨ 감당하기 어려움 ┌ 교사연수를 충분히 받지 않음<br>• 부여되는 수행평가 관련 과제의 질이 부적절 ⇨ 수행평가에 대해 제대로 이해한 교사가 적음 ⇨ 모호한 과제, 학생의 수준을 넘는 무리한 과제 부여 발생<br>• 수행평가 실시는 내신관리, 기말고사, 수능준비 등에 대한 학생들의 부담을 가중시킴<br>• 개방된 반응을 요구 ⇨ 주관성 개입된다는 점에서 수행평가 평정결과의 객관성이 부족 |
|---|---|---|---|
| | | 교사 | • 교사 1인이 수업하고 있는 대상 학생 수 多 ⇨ 수행평가 실시·채점의 어려움(시간적 측면)<br>• 학부모의 민원과 감사로 인해 평가가 경직되기 쉬움 ⇨ 학부모 민원이나 상부기관의 감사가 두려워 교육적으로 의미 있는 과제를 학생에 부과하기 어려움 |
| | 고려사항 | 채점 기준 | 채점기준(루브릭)은 교수목표를 반영, 학생들의 성취수준을 설명할 수 있어야 함 |
| | | 신뢰도 | 구체적인·명확한 채점기준, 채점자 훈련 필요 ⇨ 수행평가가 의도하는 것, 채점준거가 의미하는 것, 각 점수가 표현하는 수행이 무엇인지 등 |
| | | 타당도 | 결과타당도는 검사나 평가의 실시결과의 활용에서 사회에 미치는 가치와 윤리적 이유 등과 같은 영향에 대한 가치판단을 중시한다는 점에서, 수행평가는 성별, 지역적·문화적 측면에서 모든 학생에게 공정하게 시행되어야 함 |
| | | 시간 및 비용 | 수행평가의 전략과 채점방식에 따라 소요되는 시간과 필요한 교사 수가 달라짐 |

## 06 과정중심 평가

| 목적 | 학생의 학습을 돕는 것을 목적으로, 학생의 학습 성장과정을 학생들에게 의미 있게 피드백하는 학습지향적 평가(수업을 위한 평가) |
|---|---|
| 내용<br>(특징) | • 교수 - 학습 질 개선을 위해 평가를 학습의 도구로 사용하고, 수업 질 개선이라는 관점에서 평가결과 활용범위를 확장함    └ 전인적·종합적·지속적 평가를 통함<br>• 가정 : 목적이 개선에 있기 때문에, 결과에는 관심이 없고 과정만을 강조함(아는 과정 평가를 통한 피드백) |
| 방법 | 일반적인 수행평가 방법을 사용 |
| 결과 활용 | 성취기준으로 보고하여 피드백 자료로 사용 |

## 07 성취기준 평가

| 개념 | • 성취정도에 따라 평가를 하는 제도 ⇨ 루브릭 이용<br>• 성취기준 : 교육을 통해 학생들이 성취할 것으로 기대되는 것을 명시한 것<br>• 채점기준표(rubric) : 성취기준과 수준의 관련성을 도표화한 것이 주로 활용 |
|---|---|
| 장점<br>(특징) | • 학생 개별평가 가능<br>• 절대평가와 상대평가의 문제점을 해결 |

# Theme 4
# 문항분석과 표준화검사

MEMO

## 01 문항분석

| 개념 | | • 주로 상대평가에 한하며 객관식에 사용<br>• 검사의 문항들의 적합성과 제 역할을 하고 있는가를 검증·분석하여 문항을 개선 |
|---|---|---|
| 문항곤란도<br>(문항난이도) | 개념 | 한 문항의 어려운 정도를 나타내는 통계적 수치 |
| | 공식 | $P = \dfrac{R(\text{정답 수})}{N(\text{사례 수})} \times 100$<br>└ 문항곤란도(난이도) = 100% = 쉽다 |
| | 활용 | • 20~80% 정도의 난이도가 적당, 평균난이도 50%가 적당 ⇨ 정상분포곡선을 만들기 위함<br>• 쉬운 난이도는 능력이 낮은 학생의 동기유발을 위해 포함, 어려운 문항은 상위능력 학생의 성취감을 위해 포함<br>• 난이도가 쉬운 문제부터 배열 |
| 문항변별도 | 개념 | 득점이 낮은 학생과 높은 학생을 식별 또는 구별해 줄 수 있는 변별력 |
| | 공식 | $DI = \dfrac{R_u(\text{상위집단 정답자 수}) - R_\ell(\text{하위집단 정답자 수})}{N/2}$ |
| | 활용 | • 문항곤란도가 50%일 때, 변별도는 + 1.00에 가까움<br>• '-' 일 경우는 하부집단의 정답자가 많음을 뜻하므로 문항 수정 필요 |
| 문항반응분포 | 개념 | 문항의 각 답지에 대한 반응의 분포상태를 분석하여, 각 답지가 의도했던 제 역할을 하고 있는지를 분석 |
| | 활용 | • 오답이 제 구실을 하는지 검토, 문제구성의 잘잘못을 판단<br>• 가장 좋은 분포는 정답지에 50%, 나머지는 오답에 골고루 반응<br>• 오답반응을 근거로 교수 - 학습과정을 개선하는 데 도움(오개념 학습) |

| 개념 | • 전국적인 상대평가 가능<br>• 표본을 객관적으로 측정하는 심리학적 검사 |
|---|---|
| 조건 | • 지시문, 채점, 해석 등의 표준화된 절차<br>• 상대적 해석을 위해 표준(규준)을 가지고 있어야 하며 현재의 것 사용, 유층표집<br>  ⇨ 플린효과 방지<br>• 신뢰도, 타당도, 실용도↑ |
| 특징 | • 해석이 표준화<br>• 채점과정이 표준화<br>• 일반적으로 검사 사용설명서 보유<br>• 상업적, 제작규모와 절차가 대규모, 전문적·체계적<br>• 검사시간의 제한, 검사실시 환경의 표준화, 일정한 지시(표준화된 조건) |
| 심리검사<br>사용자의<br>윤리의식 | • 심리검사가 사생활을 침범하지 않도록 해야 함<br>• 뚜렷한 검사실시의 목적의식이 있어야 하며 남용은 금물<br>• 검사실시의 해석과 진단을 위해 전문적 소양이 필요함<br>• 인간을 이해하기 위한 것이지 심판이나 규정하기 위한 것이 아님<br>• 표준화 검사에도 오류가 있기 때문에 한 가지 검사의 특정한 점수를 기준으로 특수교<br>육 대상자를 선정하지 않음 |

# PART 9
# 교육통계

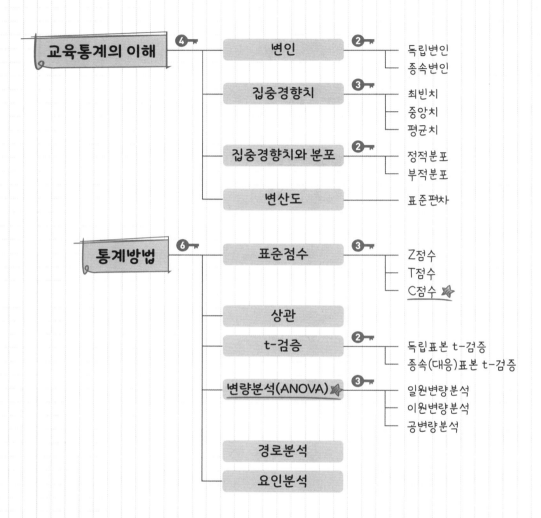

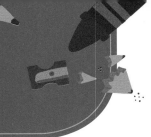

# Theme 1
# 교육통계의 이해

MEMO

## 01 변인

| 정의 | • 실험의 관심이 되는 값이나 실험에 영향을 주는 요인<br>• 'f(X) = Y'에서 X와 Y에 해당 |
|---|---|
| 종류 | • **독립변인** : 연구자가 조작하거나 통제하는 변인으로 처치조건에 해당하며, 실험변인 또는 처치변인<br>• **종속변인** : 처치의 효과를 평가하기 위해 관찰된 변인으로, 독립변인의 조작 또는 통제 여하에 따라 영향을 받는 변인<br>⑩ 개에게 먹이를 줄 때와 주지 않을 때의 침의 변화를 실험한다면 '먹이의 유무'는 독립변인이며, '침의 양'은 종속변인임 |

## 02 집중경향치와 변산도

| 종류 | 최빈치 | 한 분포에서 가장 최대의 빈도를 갖는 점수 |
|---|---|---|
| | 중앙치 | 측정치를 크기의 순서로 나열했을 때 정확히 가운데에 위치하는 점수 |
| | 평균 | 한 집단의 총계를 사례 수로 나눈 점수로 무게중심 |

**집중경향치와 분포 모양**

**정적분포**

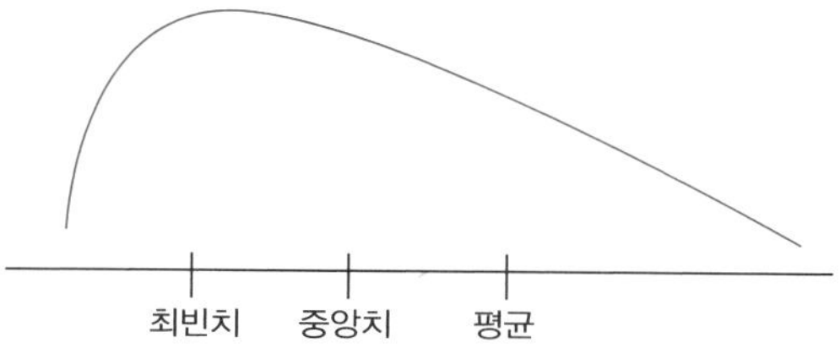

[그림 9-1] 정적분포

- 분포의 긴 꼬리 부분이 오른쪽
- 난이도가 어려운 문제에 해당
- 성적이 열등한 집단에 나타남, 어려운 문제
- (평균 − 최빈치) > 0

**부적분포**

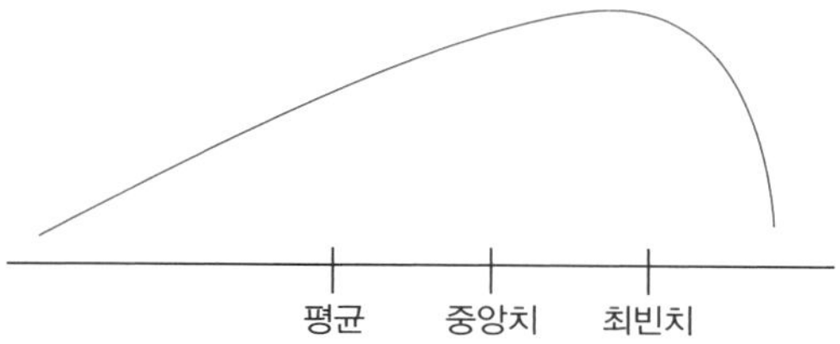

[그림 9-2] 부적분포

- 분포의 긴 꼬리 부분이 왼쪽
- 난이도가 매우 쉬움
- 절대평가에서 주로 나타남
- 일반적으로 성적이 우수한 집단, 쉬운 문제
- (평균 − 최빈치) < 0

**변산도 ★ (표준편차)**

| 개념 | 자료의 흩어진 정도를 의미하며 주로 범위, 사분편차, 평균편차, 표준편차 등을 이용하여 나타내고 '분산도'라고도 부름 |
|---|---|
| 특성 | • 변산도는 흩어진 정도를 알려주어 집단 혹은 측정치의 이질성이나 동질성을 파악하게 함 ⇨ 학생들의 개인차 파악<br>• 점수의 변산도가 크면 점수 간 이질성도 커지고, 작으면 동질성이 커짐 |

PART 9

교육통계 ET 김인식 교육학 논술 콜콜 만점 서브노트

# 통계방법

MEMO

## 01 표준점수

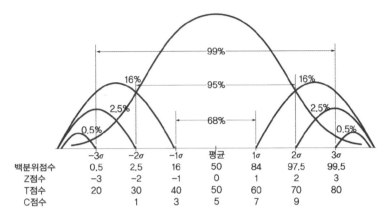

| 백분위점수 | $-3\sigma$ | $-2\sigma$ | $-1\sigma$ | 평균 | $1\sigma$ | $2\sigma$ | $3\sigma$ |
|---|---|---|---|---|---|---|---|
| 백분위점수 | 0.5 | 2.5 | 16 | 50 | 84 | 97.5 | 99.5 |
| Z점수 | $-3$ | $-2$ | $-1$ | 0 | 1 | 2 | 3 |
| T점수 | 20 | 30 | 40 | 50 | 60 | 70 | 80 |
| C점수 | | 1 | 3 | 5 | 7 | 9 | |

[그림 9-3] 표준점수분포

| 개념 | | 표준점을 가지고 있어 점수 간 비교가 가능한 점수 |
|---|---|---|
| 목적 | | 상대비교를 하기 위함(상대평가, if 정상분포) |
| 종류 | Z점수 | 표준편차로 환산한 점수($-3\sigma \sim +3\sigma$) |
| | T점수 | • $10Z + 50$(20 ~ 80)<br>• T점수를 좀 더 세분화하여 $14Z + 50$의 공식을 사용하면 H점수 |
| | C점수 | • 원점수의 분포를 9단계 척도로 나타낸 것(질적 변인)<br>• 목적 : 상대평가에서 점수 세분화에 따른 무한 경쟁 ✕<br>• 문제점<br>  - 같은 등급이라도 다른 사람이 있음 ; 동일 등급 내 구분 ✕<br>    예 3.9%와 0.1%<br>  - 인접한 등급의 점수는 오차일 수 있기 때문에 같은 사람으로 보아야 함 ; 다른 등급 간 차이에 대한 자세한 정보 제공 ✕<br>    예 4.0001%와 3.999%<br>• **해결책** : 백분위 점수와 함께 사용함<br>    └ 한 점수의 누가적 위치로 아래에서 n번째 |

## 02 상관

① $r^2$ : 결정계수(설명력, 예언력)
② 인과는 분명하지 않으며 상관이 높다고 반드시 인과관계가 있다고 볼 수는 없음
③ 0은 상관이 없음을 말하는 것이며, 최상 상관은 +1, -1임

## 03 통계방법

| | | |
|---|---|---|
| t-검증 | 의미 | • 두 집단(점수) 간의 평균의 차를 검증하는 방법<br>• 독립변인의 수는 1개, 비교집단 2개<br><br>집단 1 ← H1 → 종속변수<br>집단 2<br><br>[그림 9-4] t-검증 |
| | 종류 | • **독립표본 t-검증** : 비교집단이 서로 다른 집단일 때<br> 예) 남자와 여자 비교<br>• **종속표본(대응표본) t-검증** : 비교집단이 서로 상관이 있을 때<br> 예) 아버지와 아들 비교, 사전검사와 사후검사 비교 |
| 변량분석 ✿ | 의미 | 두 개 이상 집단의 평균의 차를 검증하는 방법 |
| | 종류 | • **일원변량분석** : 독립변인이 하나일 때 사용(주효과 분석)<br> 예) 가정배경에 따른 학업성적, 성별에 따른 학업성적<br>• **이원변량분석** : 독립변인이 두개일 때, 독립변인 간 상호작용 효과 검증<br> 예) 가정배경과 성별에 따른 학업성취도 분석<br>• **공변량분석**<br> - 두 집단에 통제되지 않은 변인을 공통변인으로 놓고 분석<br> - 실험연구에서 통제되지 않았거나, 통제하지 못한 변인이 종속변인에 미치는<br>  효과를 통계학적인 방법으로 조정하는 것 |
| 경로분석 | | 두 변인이 일관된 관계일 때 한 변인으로 다른 변인을 예언하는 것(직·간접적 영향 추정) |
| 요인분석 | | 변인 간의 상호 관련성을 유형화하고 판단하는 것으로, 구인타당도에 사용됨 |

# PART 10
# 교육연구

# 키워드로 흐름잡기

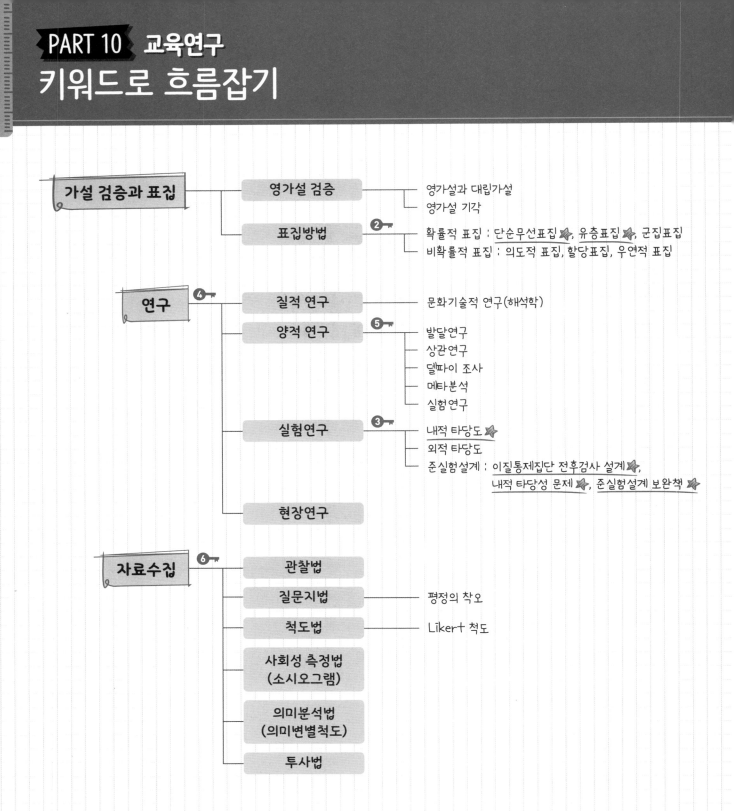

**가설 검증과 표집**

- 영가설 검증
  - 영가설과 대립가설
  - 영가설 기각
- 표집방법 ❷
  - 확률적 표집 : 단순무선표집 ✎, 유층표집 ✎, 군집표집
  - 비확률적 표집 : 의도적 표집, 할당표집, 우연적 표집

**연구** ❹

- 질적 연구
  - 문화기술적 연구(해석학)
- 양적 연구 ❺
  - 발달연구
  - 상관연구
  - 델파이 조사
  - 메타분석
  - 실험연구
- 실험연구 ❸
  - 내적 타당도 ✎
  - 외적 타당도
  - 준실험설계 : 이질통제집단 전후검사 설계 ✎,
    내적 타당성 문제 ✎, 준실험설계 보완책 ✎
- 현장연구

**자료수집** ❻

- 관찰법
- 질문지법
  - 평정의 착오
- 척도법
  - Likert 척도
- 사회성 측정법
  (소시오그램)
- 의미분석법
  (의미변별척도)
- 투사법

# 영가설 검증

## 01 영가설 검증의 단계

| 1단계<br>: 가설 수립 | • **일방검증** : 높거나 낮다라고 표현되는 영가설로 진술되는 것<br>　예 '김인식 교육학'을 수강한 학생은 그렇지 않은 학생보다 교육학 점수가 높을 것이다.<br>• **양방검증** : 통계적 가설검증에서 대립가설이 제시하는 결과가 일정 방향을 명시하지<br>　않는 검증<br>　예 '김인식 교육학'을 수강한 학생은 그렇지 않은 학생의 교육학 점수와 차이가 있을<br>　것이다. |
|---|---|
| 2단계<br>: 영가설 수립 | 처치로 인한 아무런 효과도 발생하지 않았다고 가설을 세우는 것<br>예 '김인식 교육학'을 수강한 학생과 그렇지 않은 학생은 차이가 없을 것이다. |
| 3단계<br>: 영가설<br>기각준거 수립 | • **기각준거** : α로 표시되는 의의도 수준(유의도 수준, 임계수준)은 영가설이 기각되거나<br>　기각되지 않는 것 사이의 경계를 이루는 확률치로, 행동과학에서는 α의 값을 관례적<br>　으로 0.05로 간주($p < .05$ 해석)<br>• 즉, 영가설이 5% 이하에 있다면 영가설이 기각되고, 대립가설이 채택됨<br>• **영가설을 기각하는 이유** : 논리적으로 보편적 가설이 참임을 증명하는 것보다 거짓임을<br>　증명하는 것이 훨씬 더 쉽기 때문 |
| 4단계<br>: 표본자료 수집 | • 가설에 필요한 준거를 세운 후 자료를 수집<br>• 표본자료를 이용하여 모집단 가설 검증 |
| 5단계<br>: 영가설 평가 | • **영가설 기각** : 표본자료가 영가설이 예측하는 것과 다를 경우<br>• **영가설 기각 실패** : 자료가 처치효과에 대한 증거를 제시하지 못한 경우 |
| 6단계<br>: 결과의 해석 | 95%의 확률을 가지고 영가설이 기각되고 대립가설을 긍정하는 결론을 내릴 경우, 이와<br>같은 결론을 내리는 데 오류를 범할 확률은 5%라는 의미<br>예 '김인식 교육학'을 수강한 학생과 그렇지 않은 학생 간의 교육학 점수는 차이가 있<br>　다고 추정한다. |

### 영가설과 대립가설
• **영가설** : 처치로 인한 아무런 효과도 발생하지 않았다고 가설을 세우는 것
• **대립가설** : 처치가 종속변인에 영향을 미친다고 예측하는 것

# Theme 2
# 표집

## 01 확률적 표집방법

| | |
|---|---|
| 단순무선표집 ★ | • 개념<br>　- 제비를 뽑을 때처럼 특별한 선정의 기준을 마련해 놓지 않고 아무렇게나 뽑는 방법<br>　- 난수표 이용 : 엄격한 절차, 아무렇게나 ✕, 샘플링될 확률이 동일 ⇨ 연구의 대표성 확보 때문(표집오차 개념)<br>• 조건<br>　- 전집에 포함된 모든 요소가 똑같이 표집될 기회를 가져야 함<br>　- 전집에 포함된 어느 특정한 요소의 선택이 다른 요소가 표집될 기회에 아무런 영향을 주지 않아야 함 |
| 유층표집 ★ | • 유층표집은 전집이 가지고 있는 중요한 특성을 기준으로 하여 여러 개의 하위 집단으로 구분하고, 이렇게 분류된 각 집단으로부터 무선표집하는 방법<br>• 무선표집보다 표집오차 작음 |
| 군집표집 | • 집단을 단위로 해서 표집하는 방법<br>• 집단이 랜덤으로 구성되어 있다면 집단을 구성할 때 무선으로 구성되었다는 것을 가정할 수 있을 때 사용하는 방법 |

## 02 비확률적 표집방법

| | |
|---|---|
| 의도적 표집 | 연구자의 주관적 판단에 의해서 전집을 잘 대표할 것이라 추측하여 사례들을 의도적으로 표집 |
| 할당표집 | 전집의 특성을 고려 ✕, 하위집단의 표집의 수를 할당하여 그 범위 내에서 임의로 표집하는 방법 |
| 우연적 표집 | 계획 없이 임의적으로 표집 |

### 비확률접 표집 특성
비확률적 표집은 대표성이 결여되어 있어 신뢰도·타당도가 없으며, 연구자의 주관적 판단이 개입될 수 있다.

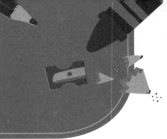

# Theme 3
# 연구

## 01 질적 연구(문화기술적 연구)

| 개념 | • 현상학, 해석학의 대표적인 질적 연구방법<br>• 개인 문화에 대해 과학적인 설명을 하는 학문으로서, 문자화되지 않은 원시문화를 과학적으로 연구하려는 현장연구의 한 형태이며 지엽적임(미시적 관점)<br>• 핵심적인 자료수집 방법 : 심층면접, 참여관찰 |
|---|---|
| 특징 | • **현상학적 특징** : 자연적으로 일어나는 현상을 서술<br>• **자연적 특징** : 연구상황을 조작하지 않고 자연 그대로의 상태를 연구<br>• **총체적 특징** : 자연상태에서 총체적인 접근방법을 사용하여 연구<br>• **반복적 특징** : 구체적 연구가설이 없고, 연구하는 과정에서 가설이 형성되고, 그 가설이 검증되고, 다시 새로운 가설을 형성함 |
| 신뢰도 타당도 | • **신뢰도** : 두 사람 간의 관찰과 해석의 일치도(채점자 간 신뢰도)<br>• **타당도** : 연구상황이 얼마나 자연스러운 상황인가(조작적 상황 ×) |
| 의의 | • 교육현상을 총체적으로 분석하여 교육문제 해결<br>• 교육 전반을 전체적으로 조망 |
| 질적 연구의 특징 | • **자연스러운 상황** : 타당도 문제<br>• 연구자는 자료를 수집하는 도구 역할, 해석을 통해 자료를 분석, 그것이 참여자에게 어떤 의미를 갖는가를 설명<br>• 조망의 폭보다 깊이를 추구, 장기간 동안 심층적으로 연구<br>• 현상학적 관점(이해의 목적), 귀납적 접근<br>• 총체적인 접근(분석적 ×), 맥락적·미시적 접근<br>• **행위자 행동 이해** : 어떤 의미를 갖는지 |

## 02 양적 연구

| 발달연구 | • 주로 시간의 경과에 따른 유기체의 변화에 관심을 두고 하는 연구<br>• 종류 | |
|---|---|---|
| | 종단적<br>연구방법 | • 동일한 연구대상을 오랜 기간 동안 추적·관찰(개인적 변화, 개인 내 차)<br>• 단점 : 넓은 범위의 개인차나 일반적 경향 파악 ×, 피험자 탈락 문제,<br>도구의 개선이 힘듦 |
| | 횡단적<br>연구방법 | • 동시적으로 여러 연령층의 대상자들을 택하여 발달 특징을 알아보는<br>방법<br>• 장점 : 일반적인 경향 파악이 용이<br>• 단점 : 개인 내 차이 비교 어려움, 시대적 상황을 진변량 취급(동시대<br>집단효과를 발달효과로 오해) |

| 상관연구 | • 예언하는 데 사용(결정계수 : $r^2$)<br>• 인과관계를 추정할 수 없어 실험연구를 할 수 없을 때 사용<br>• 변인들의 통제나 조작이 어려운 문제를 다룰 때 사용 |
|---|---|
| 델파이 조사 | • 전문가들의 의견을 종합하여 전문가들의 합의로 도출하는 방법<br>• 익명의 반복적 조사를 실시<br>• 각각의 연속적인 질문은 전 회 질문결과에 대한 보고와 함께 실시됨으로써 질문의 횟<br>수가 거듭될수록 예측이 서로 접근(주관적 ⇨ 객관적) |
| 메타분석 | • 각종 연구결과 자료들을 종합적으로 정리하여 재평가·분석하는 방법<br>• 지금까지의 연구결과를 모아서 하나의 결론을 내리기 위해서 다시 분석<br>　⇨ 일반적 결과 찾기 위해 연구결과 통합 |
| 실험연구 | • 인과관계를 규명하고자 하는 방법<br>• 실험에 변인을 통제하지 않으면 내적타당도가 낮아지므로 통제집단을 사용 |

## 03 실험연구

| 개관 | • 인과관계를 규명할 수 있는 가장 강력한 방법<br>• 실험조건의 계획적인 조작과 통제를 얼마나 완벽하게 하느냐에 성패가 달려 있음 | |
|---|---|---|
| 실험연구의<br>타당성 | 내적<br>타당도 | • 개념<br>　- 종속변인의 변화가 독립변인에 의한 것인지 또는 다른 요인에 의한 것<br>　　인지 판단(가외변인 통제)<br>　- 내적 타당도가 높다는 것은 종속변인의 변화가 독립변인에 의한 것<br>• 내적 타당도 저해 요인<br>　- 역사 : 사전검사와 사후검사 사이에 있었던 특수한 사건<br>　- 성숙 : 실험처리 이외에 시간의 흐름에 따라 나타나는 피험자의 내적 변화<br>　- 검사 : 사전검사를 받은 경험이 사후검사에 주는 영향(∵ 기억효과)<br>　- 도구 사용 : 측정도구의 변화, 관찰자나 채점자의 변화로 인하여 실험<br>　　측정치에 변화가 생김<br>　- 통계적 회귀 : 극단적인 표집일 경우 통계치가 전집의 평균으로부터 회<br>　　귀하는 경향<br>　- 피험자의 선발 : 실험집단과 비교집단 간에 동질성이 결여됨으로써 편<br>　　파적으로 나타나는 영향<br>　- 피험자의 탈락 : 피험자의 실험과정에서 중도 탈락하여 실험결과에 영향<br>　- 피험자의 선발과 성숙 간의 상호작용 : 성숙요인과 피험자의 선발요인<br>　　의 상호작용에 의해 실험의 결과가 달라짐 |
| | 외적<br>타당도 | • 연구결과를 일반화할 수 있는 정도<br>• 외적 타당도 저해 요인<br>　- 검사 실시와 실험처치 간의 상호작용 : 사전검사 실시로 피험자의 관심<br>　　이 증대되거나 감소<br>　- 피험자의 선발과 실험처치 간의 상호작용 : 피험자의 유형에 따라 처치<br>　　의 영향이 서로 다르게 나타남<br>　- 실험상황에 대한 반동효과 : 실험상황과 일상생활 사이의 이질성 때문에<br>　- 중다처치에 의한 간섭효과 : 한 피험자가 여러 가지 실험처치를 받는<br>　　경우에 이전의 처치에 의한 경험이 이후 처치에 영향 |

| | | |
|---|---|---|
| **준실험설계** | 설계 | • **준실험 설계** : 자연적 상태를 이용해 이루어지는 실험연구(내적타당도가 많이 위협)<br>• **설계 5 : 이질통제집단 전후검사 설계** 📌<br><br>    $O_1$                 ×(실험처치)              $O_2$<br>    $O_3$                                           $O_4$<br><br>    - **전제조건 1** : $O_1 \fallingdotseq O_3$<br>      ⇨ 이질집단이지만, 실험 전 성적만 비슷, 즉 성적만 통제<br>    - **전제조건 2** : $O_2 > O_4$(실험처치효과), $O_2 - O_1$ = 실험효과 크기, $O_3 \fallingdotseq O_4$<br>      ⇨ $O_1 \neq O_3$이면, 사전검사 점수를 통제하기 위해 사전검사 점수를 공변인으로 한 공변량 분석 이용 |
| | 내적 타당성<br>문제 📌 | • **피험자 선발** : 학교나 학급 같은 기존 집단은 실험집단과 비교집단 간에 동질성이 결여된 이질집단<br>• **피험자 선발 × 성숙 상호작용** : 학교에서 진행되는 실험은 윤리적 오류를 범할 수 없으므로, 신기성 효과와 같이 교사의 변한 행동에 학생들이 선발되었다는 것을 알아차리고 적극적으로 반응하게 되어 실험 결과에 영향을 줄 수 있음 |
| | 준실험설계<br>보완책 📌 | • **통제집단을 이용**<br>    - 실험처치 변인만을 제외하고 모든 실험 외적 변인을 통제, 실험처치의 효과를 타당하게 비교할 근거를 마련<br>    - 무선화 방법(무선표집과 무선배치) : 실험집단·통제집단 모두 실험의 모든 확률을 동일하게 만들고 통제집단과 실험집단을 등질화함<br>    - 짝짓기 방법 : 사전검사를 기준으로 서로 똑같거나 매우 유사하다고 생각되는 두 사람을 짝지어, 서로 다른 집단에 무선으로 배치<br>• **공변량 분석** : 실험에 영향을 줄 것으로 예견되는 것을 공통 변인으로 삼아 영향력 제거, 내적 타당도를 확보 |

## 04 현장연구

| | |
|---|---|
| 개념 | 현장의 교사가 주체가 되어 과학적인 방법으로 문제를 해결하는 연구방법 |
| 기본 전제(특징) | • **연구의 윤리성 보장** : 학교의 학생들을 연구의 대상으로 삼기 때문에 윤리성 보장 필요<br>• **교육적 효과 전제** : 이론 탐색이 아닌, 학교 현장 개선이 목적이기 때문에 교육적 효과 전제<br>• **장기간 연구** : 사람인 학생을 대상으로 하는 연구이기 때문에, 그 효과를 바로 확인하기 어려워 장기간 연구<br>• **일반화 ×** : 다양성을 가진 학교 현장과 학생을 대상으로 하는 연구이기 때문에 연구 결과 일반화에 한계 |

## 01 자료수집 방법

| 관찰법 | • 개념<br>　- 피험자에게 반응을 요구하지 않고 행동을 관찰하여 증거를 수집하는 방법<br>　- 측정대상에 영향 ✕(but, 결과 신뢰성 제기)<br>• **관찰 시 유의점** : 관찰자의 주관이 개입되기 쉬운 자료의 신뢰성과, 관찰 내용의 타당성 고려해야 함<br>• **관찰 단위** : 신뢰성을 위해서는 세분해야 함, 타당성을 위해서는 전반적인 것을 관찰<br>• **장점** : 어떤 대상에게나 사용 가능하고, 심화된 자료 수집이 가능<br>• **단점** : 선입견 등에 의한 신뢰성의 문제를 야기할 수 있고, 거짓된 행동을 할 때 타당성 문제 제기, 내적 심리상태 자료 수집의 한계가 발생 |
|---|---|
| 질문지법 | • 개념<br>　- 피험자가 물음이나 사실에 대해 자기 의견이나 관계되는 사실에 대답을 기술하는 방법<br>　- 조사대상이 다수일 때 적합하며, 부정적 어법을 피함<br>• **평정의 착오**<br>　- **후광효과** : 한 개인의 특성이 영향을 미치는 것으로, 한 개인의 특성을 긍정적으로 보면 다른 특성도 긍정적으로 보는 경향에서 오는 오류<br>　- **중앙집중 오차** : 가급적 좋은 점수도 나쁜 점수를 피하고 중간점수를 주는 경향<br>　- **논리적 오차** : 논리적으로 그럴 것이라고 추측하여 평정하는 것<br>　- **대비의 오차** : 평정자가 가지고 있는 특성이 평정받는 아동에게 있으면 신통치 않게 평정하고, 자기에게 없는 특성이 평정받는 아동에게 있으면 좋게 보는 현상<br>• **장점** : 제작 간편하며, 연구자와 관계없이 반응이 가능<br>• **단점** : 응답내용 사실 확인할 수 없음(신뢰도 문제) |

| 척도법<br>**19 중등** | • **개념(개요)** : 정의적 특성 평가를 위해 사용하는 방법<br>• **특징(장·단점)**<br>  – 장점 : 정의적 특성을 간접적으로 측정 가능하고, 손쉽게 자료 수집이 가능<br>  – 단점 : 반응 결과의 신뢰성을 판단하기 어려움<br>• **Likert 척도 원칙(특징)**<br>  – 모든 진술문의 동의 정도를 종합적으로 평정<br>  – 긍정·부정 질문 사용하며 비슷한 분량 사용(중립적 질문 사용 금지)<br>  – 선택지 많을수록 신뢰성 높아짐<br>  – 다양한 장면, 상황에서 사용 가능 |
|---|---|
| 사회성 측정법<br>(소시오그램) | • **개념** : 구성원 간의 호오의 관계 파악하기 위한 방법으로, 집단 내의 역동적 사회관계를 파악함<br>• **특징(장·단점)**<br>  – 집단의 사회구조 개선에 활용 가능<br>  – 특수문제 해결에 적용 가능<br>  – 소망일 뿐 현실과 일치하지 않는 경우가 많음<br>  – 특정 사건 발생 후에는 신뢰도, 타당도의 문제가 발생할 수 있음 |
| 의미분석법<br>( = 의미변별척도) | • **개념** : 어떤 사상에 관한 개념의 심리적 의미를 분석<br>• **방법** : '평가요인, 능력요인, 활동요인'으로 구성된 3차원의 의미공간에서 각 개념의 위치를 상대적으로 비교하여 분석<br>• 76가지의 대립되는 형용사를 이용하여 서로 다른 의미 개념을 양측에 대비시킴 |
| 투사법 | • **개념** : 피검자의 심층 내면세계를 그림이나 도형에 투사시켜 욕구, 성격, 상상력, 성취태도, 공격성 등을 파악<br>• **특징**<br>  – 정의적 특성 판단 가능<br>  – 임상적 진단에 사용되며, 해석적 방법으로 결과를 파악하기 때문에 주관적임 |

**기출문장 Check**

제시문에 언급된 척도법의 명칭과, 이 방법을 적용하기 위하여 진술문을 작성할 때 유의할 점 1가지를 제시하시오.

**19 중등**

PART 10

교육연구 ET 김인식 교육학 논술 콕콕 핵심 서브노트

# PART 11
# 교육방법

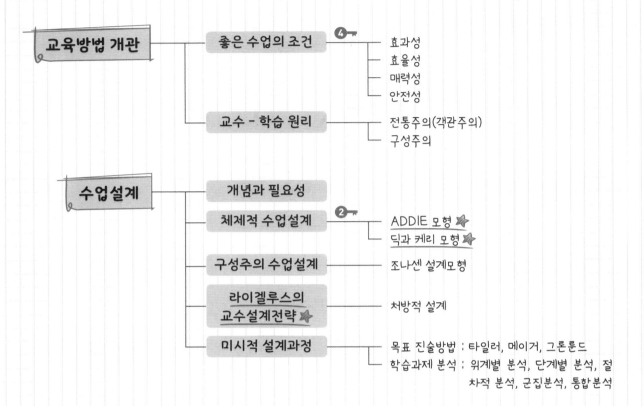

교육방법 개관 ── 좋은 수업의 조건 ❹— 효과성
　　　　　　　　　　　　　　　　　효율성
　　　　　　　　　　　　　　　　　매력성
　　　　　　　　　　　　　　　　　안전성

　　　　　　　── 교수 - 학습 원리 ── 전통주의(객관주의)
　　　　　　　　　　　　　　　　　구성주의

수업설계 ── 개념과 필요성
　　　　── 체제적 수업설계 ❷— ADDIE 모형 🌟
　　　　　　　　　　　　　　── 딕과 케리 모형 🌟
　　　　── 구성주의 수업설계 ── 조나센 설계모형
　　　　── 라이겔루스의 교수설계전략 🌟 ── 처방적 설계
　　　　── 미시적 설계과정 ── 목표 진술방법 : 타일러, 메이거, 그론룬드
　　　　　　　　　　　　　　── 학습과제 분석 : 위계별 분석, 단계별 분석, 절
　　　　　　　　　　　　　　　　　　　　　　차적 분석, 군집분석, 통합분석

교수 - 학습이론 ⑪🗝

├─ 학교학습모형(캐롤)

├─ 완전학습모형(블룸)

├─ 발견학습(브루너) ─┬─ 지식의 구조
│                    └─ 발견학습

├─ 유의미학습 ─┬─ 선행조직자 : 설명조직자, 비고조직자 ✨
│  (오수벨) ✨  ├─ 포섭 : 상위적 포섭, 종속적 포섭(파생적·상관적 포섭),
│              │         병렬적 포섭, 소멸포섭
│              └─ 학습조건 : 학습과제(실사성, 구속성), 관련정착 의미,
│                           유의미 학습태세

├─ 목표별 수업이론 ─┬─ 학습성과 : 언어정보, 지적지능, 인지전략, 운동기능, 태도
│  (가네) ✨         └─ 9가지 교수사태(단계) ✨

├─ ARCS이론 ─┬─ 주의력
│  (켈러) ✨   ├─ 관련성·적절성
│             ├─ 자신감
│             └─ 만족감

├─ 내용요소 제시이론 ─┬─ 수행×내용 매트릭스
│  (메릴)            └─ 1차적 자료제시

├─ 정교화 이론 ─┬─ zooming
│  (라이겔루스)  └─ 인지정교화 전략(방략)

├─ 적성 - 처치 상호작용
│  모형(크론바흐)

├─ 구성주의 이론 ✨  ⑧🗝 ─┬─ 인지적 도제이론
│                        ├─ 인지적 유연성이론
│                        ├─ 앵커드(정황/정착) 교수이론
│                        ├─ 상황학습이론
│                        ├─ 문제중심학습(PBL)
│                        ├─ 자원기반학습
│                        ├─ 상보적 교수이론
│                        └─ 자기조절학습(SLD)

└─ 내용교수지식(PCK)

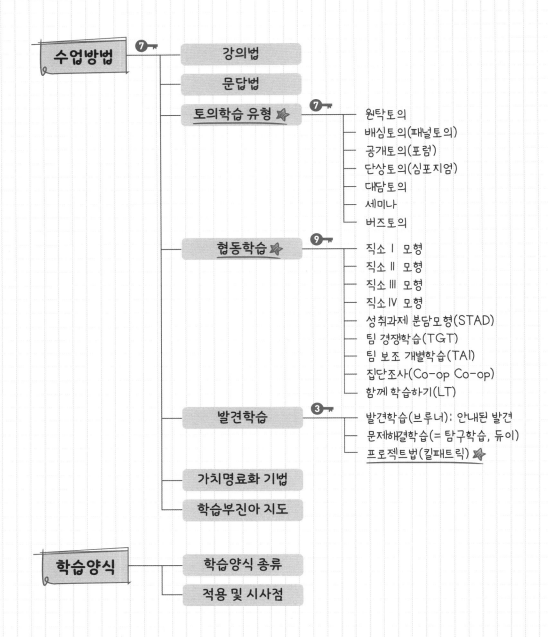

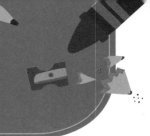

# Theme 1
# 교육방법의 개관

MEMO

## 01 수업

### I. 수업의 개념

가르치고 배우는 과정, 교육의 핵심과정, 교수의 개념과 혼용해서 사용됨

### 2. 좋은 수업의 조건 : 論 결론에 유용

| | |
|---|---|
| 효과성 | 목표로 하는 학습이 발생했는가 |
| 효율성 | 얼마나 경제적으로 그 목표가 달성되었는가 |
| 매력성 | 학습자와 교수자들이 얼마나 그 과정을 즐길 수 있으며, 좋아하는가 |
| 안전성 | 교수방법이 실천과 수행상 도덕적으로 문제가 없는가 |

### 3. 수업과 학습의 관계

| 관점 | 수업 | 학습 |
|---|---|---|
| 학생의 입장 | 피동적 | 능동적 |
| 목표 | 일정한 목표가 있어야 함 | 목표가 있을 수도 있고 없을 수도 있음<br>└ 잠재적 교육과정에 관심 |
| 행동변용방법 | 처방적<br>⇨ 수업은 학생에 따라 달라지므로 수업이 다양해질 수밖에 없음 | 기술적( = 서술적)<br>⇨ 학습은 일반적 기술을 의미하므로 |
| 주체 | 교사 | 학생 |
| 전체 | 환경의 계획적 조작 | 학습자의 자발 |
| 변수 | 독립변수 | 종속변수 |
| 전체 | 일의적 | 다의적 |
| 배경 | 본질주의, 신본질주의 | 진보주의(학생중심), 구성주의 |

## 02 전통적 교수 – 학습과 현대적 교수 – 학습

| 구분 | 전통적 교수 – 학습 | 현대적 교수 – 학습 |
|---|---|---|
| 철학적 배경 | 본질주의, 객관주의 | 구성주의 |
| 수업의 중심 | 교사 | 학생 |
| 교육목표 | • 명시지의 획득<br>• 능력의 상대적 서열화 | • 명시지를 통하여 암묵적 지식의 획득과 활용<br>• 창의적 지식 창출 및 활용 |
| 교육내용 | • 교과중심<br>• 전통적 지식 기억<br>• 결과 지향적 | • 실제적 지식<br>  ⇨ 실제 환경 안에서 이루어짐<br>• 자기주도적 지식<br>• 통합교과적·확산적 교육내용<br>• 과정 지향적 |
| 교육방법 | • 교사중심<br>• 강의법<br>• 동기유발 : 타율적·수동적·의존적 학습<br>• 획일적 집단수업 중심<br>• 오프라인 | • 학습자중심<br>• 다양한 교수절차<br>• 동기유발 : 자율적·자발적<br>• 자기주도적 학습, 개별화 수업 + 협동학습<br>• 오프라인, 온라인<br>• 문제중심, 토의식 발견학습 |
| 평가 | • 기본적 지식기반 평가<br>• 고급 수준의 문제해결력 평가<br>• 선다형·단답형의 평가 | • 필수적 지식기반 평가<br>• 창의적 문제해결역량 평가<br>• 포트폴리오 등 산출물 평가, 다양한 평가<br>  (수행평가, 논술형 등), 절대평가 |
| 교수법 | 강의법 | PBL |
| 교사의 역할 | 진리전달자 | 학습보조자, 학습촉진자, 코치(안내자) |

MEMO

PART 11

교육방법 터 건의식 교육학 논술 만점 서브노트

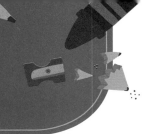

# Theme 2
# 수업설계

 MEMO

## 01 개요

| | |
|---|---|
| 개념 | • 수업목표를 학습자들에게 효율적(효과성, 매력성)으로 성취시키기 위하여 수업의 여러 과정을 체계적으로 계획하는 과정<br>• 각 부분은 서로 독립적이면서도 상호 의존적인 관계를 지님 |
| 과정 | 최종 수업목표의 규정 ⇨ 최종 수업목표 ⇨ 학습과제 분석 ⇨ 출발점 행동 진단 ⇨ 수업전략 결정 ⇨ 수업매체 선정 ⇨ 수업설계 평가 |
| 필요성 | • 수업자 자신의 자질, 능력, 선호하는 수업방법 등이 고려되어 계획되어야 함<br>• 효과적 수업을 위해서는 현실적인 제 여건이 고려되어야 하며, 이상적인 수업이 아니라 현실적인 수업을 해야 함<br>• 수업목표나 내용에 적합한 수업방법을 선택하고 제공하기 위해 수업 전에 치밀한 계획이 필요 |

## 02 체제적 수업설계(거시적 입장)

### I. 개념

체제를 구성하는 각 요소들의 기능을 독립적으로 최대한 발휘하면서 동시에 각 기능이 상호 보완적 관계에 놓이도록 하여 전체적으로 기능의 극대화를 이루도록 하려는 것

### 2. 체제적 접근의 필요성

① 교수 – 학습 관련 변인들이 효과적으로 작용할 수 있도록 수정·보완할 수 있는 기회를 마련

② 각 단계에 따라 주의 깊게 처방하고, 논리적인 순서에 따른 전체적인 틀을 제공함으로써 수업설계의 방향을 제시

③ 교수 – 학습 상황에서 간과하기 쉬운 관련 변인들을 효과적으로 통제·조정 ⇨ 교수 – 학습의 효과를 극대화

### 3. ADDIE 모형 ✦ 15 중등 추가

└ 분 – 설 – 개 – 실 – 평

| | |
|---|---|
| I단계 : 분석과정 | • 학습내용을 정의하는 과정<br>• **요구분석** : 현재 상태와 바람직한 상태의 격차를 결정, 불확실한 문제를 규명하기 위해 실시<br>• 학습자 분석(학습양식 및 태도 등), 환경분석, 직무(교사가 해야 할 일) 및 과제분석(범위와 계열성) ⇨ (교수자 제외분석) 교육목적 산출 |
| 2단계 : 설계과정 | • 교육훈련의 전체 모습, 즉 설계 설명서를 만들어 냄<br>• 수행목표의 명세화, 평가도구의 개발, 프로그램의 구조화 및 계열화, 교수전략과 매체의 선정<br>• 교수방법을 구체화 |
| 3단계 : 개발과정 | • 교수자료를 실제로 개발하고 제작<br>• 개발하는 중간에 계속적으로 형성평가를 실시, 교수자료 수정 |
| 4단계 : 실행과정 | 설계·개발된 프로그램을 실제 현장에서 사용하며, 이를 교육과정에 설치하고 계속적으로 유지·관리 |
| 5단계 : 평가과정 | 프로그램이 실행된 후, 프로그램의 가치를 판단(by 성취도 평가)하는 총괄평가 실시 |

**기출문장 Check**

일반적 교수체제설계에서 분석 및 설계 과정의 주요 활동 각각 2가지를 제시하시오.

15 중등 추가

## 4. 딕과 케리 모형 🏅 `22 중등`
└ 목교학 수평 전자 형수총

| 단계 | 내용 |
|------|------|
| 1단계<br>: 교수목적 확인 | 최종 목적을 설정, 교육과정 분석을 통하여 파악되고 설정 |
| 2단계<br>: 교수분석,<br>학습자 및 맥락분석 | • **교수분석** : 교수목적을 달성하기 위해서 학습자가 학습해야 하는 하위기능을 분석하고, 그 기능들이 어떤 절차로 학습되어야 하는가를 밝히는 것 ⇨ 수업내용 계열화<br>• **학습자분석** : 학습자의 특성(현재 수준이나 기능, 선호하는 취향, 태도), 학습상황<br>• **맥락분석** : 학습한 것을 활용하게 될 맥락을 분석 |
| 3단계<br>: 수행목표 기술 | 교수분석 및 출발점 행동 진술에 입각하여, 학습이 종결되었을 때 학습자가 무엇을 할 수 있을지를 구체적으로 진술 ⇨ 메이거 방식으로 진술하면 좋음 |
| 4단계<br>: 평가도구 개발 | 목표를 성취했는가를 알아볼 수 있는 검사문항을 개발 |
| 5단계<br>: 수업전략 개발 | • 교수 프로그램의 최종목표를 성취하기 위해서 이용하고자 하는 전략을 설정<br>• 교수 전 활동, 정보제시, 연습 및 피드백, 시험, 후속 활동 등의 교수전략을 개발<br>　⇨ 현대 학습이론, 학습 연구결과, 가르칠 내용의 특성, 학습자의 특성에 바탕을 둠 |
| 6단계<br>: 수업자료 개발 | • 수업전략에 따라 교수 프로그램을 실제로 만드는 단계<br>• 수업자료를 개발 시 학습목표와 내용, 학습자 특성을 고려하여 선정 or 개발 |
| 7단계<br>: 형성평가 실시 | • 개발이 완료된 교수 프로그램은 형성평가를 통하여 그 결과를 검토하고 수정·보완<br>• 개발된 프로그램의 사용 전에 실시<br>• **형성평가 형태** : 일대일평가, 소집단평가, 현장평가 |
| 8단계<br>: 교수 프로그램<br>수정(피드백) | • 형성평가 결과를 바탕으로 학습과제 분석의 타당성과 학습자의 출발점 행동 및 학습자 특성에 대한 가정을 재검토<br>• 평가문항, 교수전략 등 통합적으로 검토·수정 |
| 9단계<br>: 총괄평가 실시 | • 절대적 혹은 상대적 가치를 평가<br>• 교수 프로그램의 효과 및 계속 사용 여부 검증<br>• 보통 외부 평가자에게 의뢰 |

# 03 구성주의적 수업설계(학습자에게 유의미한 환경설계)

## I. 개요

| | |
|---|---|
| 개념 | • 학습이 일어날 수 있는 **환경을 설계**<br>• 풍부한 상황, 복잡하고 역동적인 문제 상황이 정교하게 표현되어 있는 상황 |
| 특징 | • 환경은 단순화된 상황이 아니라 풍부한 상황이며, 복잡하고 역동적인 문제 상황이 정교하게 표현되어 있는 상황 속에서 지속적인 탐구활동을 할 수 있어야 함<br>⇨ 맥락적 접근 필요, 문제는 명확<br>• 목표서술도 사전에 제시해주는 것이 아니라 학습자가 스스로 목표를 구성하도록 환경을 제공<br>• 평가대상이 사전에 명세화한 성취목표가 ×, 개별학습자가 구성한 지식이며, 평가의 핵심은 사고과정 |
| 시사점 | • **학습자중심의 학습환경 강조** : 학습이란 객관적으로 존재한 지식이 전달되는 것이 아니라 개인의 경험에 의해 구성되는 과정임을 강조하며 학습자를 학습의 주체로 봄<br>• **실제적 과제와 맥락 강조** : 지식은 실제로 사용되는 맥락과 분리되어서는 안 되고, 유의미한 학습이 이루어지기 위해서는 지식이 실제로 사용되는 맥락과 함께 제공<br>• **문제해결중심의 학습** : 문제에 대한 이해와 관련된 정보를 회상하는 능력, 문제해결 과정에 대한 초인지능력, 창의적 사고력을 촉진함<br>• **교사 역할의 변화** : 교사는 단순히 지식을 전달하기보다는 학습자의 흥미를 유발, 질문을 유도, 지속적인 피드백과 도움을 제공함으로써 능동적인 학습자로 길러낼 수 있음<br>• **협동학습의 강조** : 사회적인 상호작용은 근접발달영역을 확대해 나가고, 사회·문화적인 지식을 습득, 개인의 인지발달을 촉진시킬 수 있음<br>• **평가의 개념 및 원리의 변화** : 평가는 학습과정에서 실행, 학습한 지식을 새로운 상황에 전이할 수 있는 능력을 평가 ⇨ 실생활에서의 문제 대처 능력을 개선시킬 수 있음 |

## 2. 조나센의 구성주의 학습환경 설계 17 중등

| | | |
|---|---|---|
| **개념** | | • 학습자중심의 학습환경, 학습자가 학습활동에 자발적·주도적으로 참여, 의미 있는 학습환경 경험<br>• 지식을 능동적·자발적으로 구성할 수 있도록 조성된 학습환경 |
| **설계모형** | **학습환경 설계 고려 요소** | • 문제/프로젝트를 : PBL(맥락적, 다양한 해결책 있는 문제)<br>• 관련 사례를 통해 이해하고 : 지식의 구조 확장, 정교화, 문제 쟁점 파악<br>• 정보지원을 통해 비계를 설정하고(해결 가능 방안) : 정보 활용한 가설 설정·검증<br>• 인지도구를 통해 문제해석을 돕고 : 인지활동 지원(시각화 도구, 수행지원 도구, 정보수집 도구)<br>• 대화/협력을 통해 협상하고 : CMC를 통한 정보교환 등<br>• 사회/맥락적 지원을 통해 환경을 조성함 : 맥락 속에 내재된 실제문제 제시, 학습공동체 |
| | **교수활동**<br>└ 학습자의 학습활동 지원 | **모델링 (모형 제시하기)**<br>• 전문가의 수행행동에 초점<br>• 환경을 설계하는 것이기 때문에 교사 modeling |
| | | **코칭 (지도하기)**<br>• 학습자가 어떻게 수행하는가에 초점<br>• 동기부여, 수행을 분석하여 피드백을 제공, 수행방법에 대한 조언 |
| | | **비계 설정 (발판 제공하기)**<br>• 학습자가 수행하는 과제에 초점<br>• 학습자의 수행을 체계적으로 지원<br>• 학습자가 자신의 능력 이상의 학습과 수행을 할 수 있도록 임시적인 틀 제공<br>• **구체적인 방법** : 난이도 조절, 과제의 재구조화, 대안적인 평가제공<br>• fading |

## 04 라이겔루스의 교수설계전략

### I. 개념

#### (1) 교수설계이론의 처방성과 체계성 확립

| 처방성 | 교수결과와 주어진 조건에 따라서 상이한 교수전략과 방식이 처방 |
|---|---|
| 체계성 | 교수전략과 방식으로 나누어질 수 있는 <u>교수방법의 구성요소를 모두 고려함</u><br>└ 조직 · 전달 · 관리전략 |

#### (2) 수업설계의 교수변인

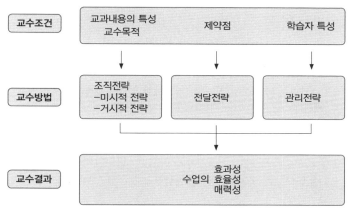

[그림 11-1] 수업설계의 교수변인

## 2. 교수설계전략

| 교수조건 | • 개념 : 교수방법과 상호작용을 하지만, 교수설계자나 교사에 의해 통제될 수 없는 제약조건<br>• 조건 : 교과내용의 특성, 교수목적, 학습자 특성, 제약점 |
|---|---|

| | • 서로 다른 교수조건하에서, 의도한 학습결과를 성취하기 위하여 사용되는 다양한 교수전략<br>　(처방적)<br>• 교수전략 | | |
|---|---|---|---|
| **교수방법** ✏ | 조직전략 | • 교수의 내용을 조직하기 위한 기본적 방법<br>• **미시적 조직전략** : 하나의 아이디어를 가르칠 때의 교수전략<br>　예 메릴의 구인전시이론<br>• **거시적 조직전략** : 복합적인 여러 아이디어를 가르칠 때의 교수전략<br>　예 라이겔루스의 정교화이론 | |
| | 전달전략 | • 교수의 과정을 이끌어가기 위한 방법<br>• 정보를 어떻게 전달, 평가, 피드백을 줄 것인가에 대한 전략 | |
| | 관리전략 | 교수과정의 어느 부분에서 어떠한 조직전략 또는 전달전략들을 사용할<br>것인지를 결정하도록 도와줌<br>예 매체나 교수자료 사용에 대한 스케줄, 점수기록에 관한 작업 | |

| 교수결과 | • 서로 다른 교수조건에서 사용된 여러 가지 교수방법이, 어떤 면에서 어느 정도의 효과가 있<br>　는지를 나타내는 교수활동의 최종 산물<br>• 내용<br>　- **수업의 효과성** : 학습자가 교수내용을 어느 정도 획득하였는가에 의해서 측정<br>　- **효율성** : 효과를 학습시간, 교사의 시간, 비용, 개발비용 등으로 나눈 것<br>　- **매력성** : 학습자가 학습을 계속하기를 원하는 경향에 의해서 측정 |
|---|---|

## 3. 서술적 이론과 처방적 이론

| 구분 | 서술적 이론(학습) | 처방적 이론(수업) | |
|---|---|---|---|
| 모형 | 교수의 조건 + 교수의 방법(독립변인)<br>= 교수의 결과(종속변인) | 교수의 조건 + 교수의 결과(독립변인)<br>= 교수의 방법(종속변인) | |
| 연구의도 | 교수결과 기술 | 교수목적 성취(규범적), 가치지향 | |
| 중점변인 | 교수결과 | 교수방법(처방) | |
| 결과기대 | 의도한 것 or 의도되지 않은 것 | 의도한 결과 | |

# 05 수업설계과정(미시적 입장)

## I. 수업목표 설정

| 수업목표 진술의 유의점 | • 수업목표는 구체적, 명확하게 진술 ⇨ 학습자들의 성취욕구를 자극<br>• 가능한 한 가시적·행동적인 용어로 진술<br> 예 ~을 할 수 있다.<br>• 수업목표 진술은 학습결과로 나타날 행동특성이라는 것을 유념 |
|---|---|
| 명세적 수업목표 진술의 장점 | • 교사가 수업목표를 명확하게 알면 무엇을 가르쳐야 할지 명확하게 인식하여 효과적으로 수업시간을 활용<br>• 학생들이 수업목표를 분명히 알면 학생 스스로 계획을 세울 수 있어 학습효과 증진<br>• 구체적, 세분화된 수업목표는 수업평가의 타당도와 신뢰도를 높임 |

## 2. 수업목표 진술방법

| 타일러<br>(전통주의) | 특징 | • 내용과 행동으로 진술이 되어야 하고, 학생에게 기대되는 행동이 세분화<br>• 형태 : ~ 을 ~ 할 수 있다.<br>• 총괄평가에 활용 |
|---|---|---|
| | 문제점 | • 내용분석의 위계관계에서 논리적 일관성이 확실하지 않음<br>• 행동분류의 조작적 정의가 극대화되지 않음<br>• 행동분류가 능력적 개념이기보다는 듣기, 말하기, 읽기, 쓰기 등 경험영역에 의거해서 분류 |
| 메이거  | 특징 | • 조건, 수락기준, 도착점 행위<br>• 총괄평가보다는 형성평가에 활용<br>• 타일러의 진술방법보다 조작주의적 방법을 극대화<br>• 성취용어로 진술되어야 함<br>• 학습이 끝난 후, 학생에게서 의도되는 결과로 진술되어야 함 |
| 그론룬드 | 특징 | • 이원적 진술방식<br> – 일반적인 수업목표 진술 : 의도된 학습성과 진술, 내재적 행동의 동사<br>  예 ~을 이해할 수 있다.<br> – 명세적인 수업목표 진술 : 관찰 가능한 도착점 행동으로 표현된 구체적인 학습성과 목록을 진술<br>• 정의적·심동적 영역의 목표를 진술하는 데 적합 |

## 3. 학습과제 분석

| 개념 | • 범위와 계열성을 정하기 위한 것 + 수직적 연계성, 평가기준<br>• 학습요소의 상호·위계적 관계를 표시한 수업지도 ⇨ 학습요소와 항목의 배열·확인 |
|---|---|
| 필요성 | • 단원에서 가르칠 학습요소(범위)가 분명<br>• 학습요소의 상호 관련성을 확인하여 학습의 순서(계열성)를 밝혀낼 수 있음<br>• 학습요소의 누락이나 중복을 찾아낼 수 있음<br>• 형성평가 실시기준 파악, 필요한 선수능력 파악 가능(수직적 연계성 파악) |

| 유형 | 학습위계별<br>분석법 | • 주로 지적 영역의 학습과제 분석 시 사용<br>  ㉙ 뺄셈에 관한 학습위계분석<br>• 주로 하위 단계(기능) 분석 |
|---|---|---|
| | 학습단계별<br>분석법 | • 위계가 불분명하지만, 학습순서가 분명할 때 사용하는 방법<br>• 정의적(인지적) 영역 모두 사용 |
| | 시간·기능별<br>분석법<br>(절차적 분석) | • 작업이 수행되는 과정에 따라 규정<br>• 최종 목적 행동을 위해 무엇을 할 수 있어야 함<br>  ㉙ 맨손체조 실시순서, 운동 |
| | 군집분석법 | • 위계적 관계가 없는 언어정보의 학습과제를 분석하는 방법<br>• 서로 관련이 있는 것끼리 연결하는 것이 효과적 |
| | 통합분석법 | • 위계분석 + 군집분석 : 어떤 행위를 선택하는 태도의 학습과제 분석에 활용<br>  ㉙ 지적 기능 또는 운동 기능을 선택하도록 하는 것<br>    ⇨ 지적·운동 기능 분석 + 언어정보 |

# Theme 3
# 교수 – 학습이론

## 01 캐롤의 학교학습모형

MEMO

### I. 개요

$$학습의 정도 = f \frac{학습에 사용한 시간}{학습에 필요한 시간} = f \frac{지구력 \cdot 학습의 기회}{수업이해력 \cdot 수업의 질 \cdot 적성}$$

① 학습에 필요한 시간은 가능한 한 줄이고, 학습에 실제로 소요하는 시간은 늘림으로써 학습의 정도를 극대화
② 수업의 질이 좋을수록 완전학습이 쉬워짐

### 2. 학습모형변인

| 변인 | | 내용 |
|---|---|---|
| 학생변인 | 적성 | 최적 조건하에서 학습성취에 필요한 시간( = 준비도) |
| | 수업이해력 | 교사의 설명이나 교수내용을 이해하는 능력으로 수업이해력이 높으면 학습시간 감소 |
| | 지구력 | 동기와 비슷한 개념으로, 학습자의 내부로부터 얼마만큼의 시간을 학습에 투입하기를 원하는가(몰두하는 시간) |
| 교사변인 | 학습기회 | 특정 과제를 학습할 때, 학습자에게 실제로 주어지는 시간 |
| | 수업의 질 | 수업의 질이 최적 수준에 도달하면 학습에 필요한 시간을 절약 |

### 3. 의의 및 특징

① 학습의 정도를 극대화하기 위해 학습에 필요한 시간을 최소화, 학습에 사용한 시간을 최대화하기 위한 노력
   ⇨ 시간의 개념 사용
② 학습에 필요한 시간에 관련된 적성 수준을 높이고, 수업이해력을 극대화, 질 좋은 수업을 한다면 학습에 필요한 시간을 최소화
③ 학습에 사용한 시간에 관련된 학습지속력을 최대한 유지, 학습기회를 충분히 제공한다면 학습에 사용하는 시간 최대화
④ 완전학습 가능성, 절대평가로 관심 변경(개인차 인정)

## 02 블룸의 완전학습모형

| 개념 | • 학급의 95%의 학생들이 주어진 학습과제의 90% 이상을 완전히 학습해 내는 학습<br>• 학습자료가 적절하게 계열화, 학습속도에 맞춰 학습기회가 충분히 제공되면 완전학습<br>이 가능하다고 봄 ⇨ 부적분포<br>• 발달적 교육학습, 개별적 학습 |
|---|---|
| 관련변인 | • 인지적 출발점 행동 : 학습과제를 학습하는 데 필요한 지식, 기술, 능력 ⇨ 보충<br>└ 선행학습 능력<br>• 정의적 출발점 행동 : 학습과정에 참여하기 위해 동기화된 정도, 자아개념, 열의<br>⇨ 동기유발<br>• 수업의 질<br>  - 제공될 수업이 학습자에게 미치는 적절성 정도<br>  - 하위요인 : 단서, 참여, 강화, 피드백, 학습교정 |
| 의의 | • 학습기회를 충분히 주면 대부분의 학생이 높은 성적<br>• 정의적 성장을 강조 : 완전학습에서 오는 성취감인 자아개념, 흥미 증진, 동기유발 |

## 03 브루너의 발견학습

### I. 개요

| 개념 | • 지식의 구조를 발견할 수 있도록 안내해 주는 교수이론<br>• 발견학습 : 교사의 지시를 최소한으로, 학생이 자율적으로 수업목표를 성취하도록 하<br>는 학습지도 형태 |
|---|---|
| 기본가정 | 어떤 교과든지 그 지적 성격에 충실한 형태로 표현된다면 어떤 발달단계에 있는 아동도<br>효과적으로 가르칠 수 있음 |
| 특징 | • 규범적 : 학습자가 어떤 조건에서, 어느 정도 학습해야 하는지, 그 조건과 준거를 제시<br>해야 한다는 점 ⇨ 학습자 중심<br>• 처방적 : 주어진 교육목표를 달성하기 위해 가장 효과적인 수업의 절차를 제시<br>• 가설검증 수업<br>  - 사건의 원인과 결과를 찾는 수업<br>    └ 듀이의 문제해결학습에 영향을 받음<br>  - 학습기회를 충분히 주면 대부분의 학생이 높은 성적 |

## 2. 구성요소(조건)

| 학습경향성 | • 학습활동이 이루어지기 위해서 학습자가 학습하려는 의욕이 우선적으로 생겨야 함<br>• 준비성의 개념으로, 학습자가 학습하고자 하는 동기만 있으면 된다는 것 | | | |
|---|---|---|---|---|
| 지식의 구조 | 개념 | | | 학문, 교과의 기저를 이루는 핵심 아이디어 혹은 개념이나 원리 |
| | 특징 | 표현<br>방식 | 작동적 표현방식 | 원리의 이해를 위해 행동으로 표현 |
| | | | 영상적 표현방식 | 원리의 이해를 위해 그림이나 도형으로 표현 |
| | | | 상징적 표현방식 | 원리의 이해를 위해 공식이나 문자로 표현 |
| | | 경제성 | | 지식의 구조는 핵심의 정보로 적은 양이 경제적이고 기억하기 쉬움 |
| | | 생성력 | | • 지식의 구조를 새로운 장면에 적용하고 활용할 수 있는 응용능력이 발달<br>• 전이력과 파급효과가 큼 : 학습하는 방법의 학습으로 발견학습 자체의 전이 |
| 학습계열 | • 학습과제를 순서대로 조직하고 제시하는 원리<br>    └ 나선형 교육과정 이용<br>• '작동적 ⇨ 영상적 ⇨ 상징적' 표현의 순서를 따름<br>• 가능성의 탐색경향성 촉진을 위해 적절한 수준의 불확실성이 유지되는 것과 관련 | | | |
| 강화 | • 외적 보상보다는 내적 보상을 강조하고 있음<br>• 내적 보상에 의한 의욕 및 동기를 내적 동기로 봄 | | | |

## 3. 발견학습

| 개념 | • 최종 형태를 학습자 스스로 조직하도록 하는 학습법<br>• 발견학습은 교사의 지시를 최소화하고, 지원은 최대화로 하여 학생의 자발적 학습을 통해서 학습목표를 달성하게 하는 교수 – 학습방법<br>• 교사의 안내활동에 따라 학습자는 사고하고 발견하기 때문에 안내된 발견을 의미<br>• 스스로 발견하는 연습을 통해서 학생들은 문제해결의 과정에서 학습하는 방법을 학습 |
|---|---|
| 조건 | • **학습태세** : 학습자의 내적 경향성이 갖추어져야 함<br>• **욕구상태** : 학습자의 동기는 보통 수준이 효과적<br>• **관련 정보의 학습** : 학습자가 학습과 관련된 구체적 정보를 많이 가지고 있을수록 좋고, 교사는 정보 제공자의 역할<br>• **연습의 다양성** : 정보에 접근하는 상태가 다양할수록(연습) 분류체계의 개발이 용이 |

PART 11

교육방법 ET 김인식 교육학 논술 콤팩트 합격 서브노트

| 장·단점 | 장점 | • 내적 동기유발에 의한 학습효과의 상승이 가능<br>• 학습하는 방법의 학습으로 학습의 전이력을 높일 수 있음<br>• 자연현상의 발견력, 탐구력 향상 |
|---|---|---|
| | 단점 | • 탐구과정에 학습자가 능동적으로 참여할 수 있는 환경여건의 조성이 어려움<br>• 지적 교육에 치중한 나머지 정의적 영역의 교육에 취약하여 전인교육에 소홀<br>• 학습부진아와 학습지진아에 대한 고려가 부족<br>• 실제 생활에 활용할 수 있는 지식과 기술의 교육이 미흡( = 경험적 입장이 미약) |
| 교육적 의의 | | • 지식의 구조에 대한 철저한 학습과 활용<br>• 발견학습을 하는 방법 그 자체를 학습(발견하는 방식)<br>• 학습자의 능동적인 학습을 강조<br>• 전이 중시 |

# 04 오수벨의 유의미(수용)학습

## I. 개요

| 개념 | | • 학습내용을 언어적 매개에 의하여 학생이 이미 알고 있는 내용과 관련시켜 수용하는 것<br>• 관련 정착의미 : 학습과제와 관련되어서 학습자에게 미리 정착되어 있는 의미<br>• 학생의 발달단계에 따라 인지구조가 다르기 때문에 인지구조(관련 정착의미)에 적절하게 학습자료를 제시 |
|---|---|---|
| 과정 | 독립변인 | • 유의미학습 과제 : 유의미한 아이디어의 집합체로, 논리적으로 유의미가를 가진 학습과제<br>• 논리적으로 유의미가를 가진 학습과제란 실사성과 구속성이 있는 과제 |
| | 매개변인 | • 기존의 인지구조를 매개로 하여 새로운 학습과제를 동화, 포섭<br>• 잠재적 유의미가 : 아직 유의미학습이 이루어지지 않은 상태 |
| | 종속변인 | 유의미한 학습을 통해 얻어지는 산물은 개념, 명제 등의 재생·파지·전이 |

## 2. 유의미학습 조건

| 학습과제가<br>갖추어야 할 조건<br>└ 논리적 유의미성 | 실사성 | | 특정 과제를 어떻게 표현해도, 그 의미가 변하지 않음(명확성) |
|---|---|---|---|
| | 구속성 | | 일단 임의적으로 맺어진 의미관계가 관습이 되면, 그 의미는 변경되지 않음 |
| 인지구조가<br>갖추어야 할 조건<br>└ 관련정착의미,<br>(선행조직자, 포섭자) | 선행<br>조직자 ✨ | 개념 | • 새로운 학습과제보다 추상성, 일반성, 포괄성의 정도가 높은 자료<br>• 사전에 제공하거나 미리 알고 있는 개념으로 새로운 정보나 자료를 수용하기 위한 정착 아이디어 |
| | | 종류 | • **설명조직자** : 학습과제와 학습자의 인지구조 간 관련이 전혀 없을 때 학습과제보다 상위에 있는 지식을 먼저 설명<br>예 포유류 : 포섭자, 고래 : 과제<br>• **비교조직자** : 학습자가 이미 알고 있는 정보와 학습과제가 유사할 때 그 차이를 분명히 하여, 상호 간에 변별력을 증진시키는 것 |
| | 포섭 | 개념 | • 선행된 것에 동화시키는 것<br>• 새로운 아이디어가 기존의 인지구조 속으로 동화 or 일체화 되는 과정 ( = 통합, 수용학습) |
| | | 종류 | • **상위적 포섭** : 이미 가진 아이디어를 종합하면서 포괄적인 명제나 개념을 학습하는 것<br>• **종속적 포섭** : 포괄성이 낮은 과제가 포괄성이 높은 인지구조 속으로 포섭( = 설명조직자)<br><br>**파생적 포섭** : 앞서 학습한 개념에 대해 구체적 예를 들어주면서 새로운 사례를 포섭<br><br>**상관적 포섭** : 새로운 아이디어의 포섭을 통해 이전의 학습개념을 수정, 확대, 정교화<br><br>• **병렬적 포섭** : 포괄성 수준이 비슷한 수준의 포섭 ( = 비교조직자)<br>• **소멸 포섭** : 새로운 정보가 인지구조 속에 통합되어 변별력을 상실하여 분리도가 0이 되어 망각된 상태 |
| 학습자가<br>갖추어야 할 조건<br>└ 유의미 학습태세 | | | • 주어진 과제를 자신의 인지구조에 의미 있게 관련시키려 하는 학습자의 성향<br>• 학습하려는 동기 |

## 3. 수업원리

| 수업원리 | • **선행조직자의 원리** : 추상성, 일반성, 포괄성의 정보가 높은 자료를 새로운 학습과제보다 미리 제시하는 자료<br>• **선행조직자(선수학습) 요약·정리의 원리** : 학습해 온 내용을 요약·정리해주면 학습이 촉진됨<br>• **점진적 분화의 원리** : 상위개념이 하위개념을 포섭할 수 있도록 과제를 제시<br>• **통합적 조정의 원리** : 새로운 개념이나 이미 학습된 내용과 일치되고 통합되어야 함<br>• **내용의 체계적 조직의 원리** : 계열성과 같은 의미<br>• **학습준비도의 원리** : 학습자의 기존 인지구조뿐만 아니라 학습자의 발달수준도 고려해야 한다는 원리 |
| --- | --- |

## 4. 장·단점 및 시사점

| 장점 | • 다량의 사실을 체계적으로 전달, 많은 학생을 짧은 시간에 교수<br>• 장기파지가 어렵기 때문에 단기파지가 필요한 다량의 과제를 학습시킬 때 필요 |
| --- | --- |
| 단점 | • 수업목표가 주로 인지적 영역에 국한, 고등정신기능을 함양하는 데 부적절    └ 개념을 설명하는 데는 유용<br>• 교사중심이므로 학생들의 활동기회 제한<br>• 교사의 능력에 따라 학습의 결과가 좌지우지<br>• 학습부진아나 학습지진아에게는 불리한 수업형태 |
| 시사점 | • **선행학습의 중요성** : 포섭자는 주어진 과제들을 보다 친숙하게 해주며, 새로운 과제의 개념적 근거를 제공해 줌으로써 학습과 파지를 촉진<br>• **학습자 특성을 고려한 유의미한 언어수업** : 기계적인 주입식 수업과 달리 인지구조에 내면화를 경험하고, 학습자 능동성이 반영되어 설명식 수업에서의 효과성·효율성 제시<br>• 학습자의 기존 인지구조를 밝히고 학습자료를 이 인지구조에 관련지어 제시 |

## 05 가네와 브리그스의 목표별 수업이론(강의법)

### 1. 개요

① 목표별 수업이론 또는 학습조건적 수업이론 ⇨ 목표와 내적 조건에 따라서 수업방법이 달라져야 함
② 정보처리이론의 영향을 받음     ┌ 내적 조건에 맞게 외부에서 부여하는 수업
③ 학교학습에는 <u>학습의 성과</u>, <u>학습의 사태</u>, <u>학습의 조건</u>의 3가지 요소가 관여
        └ 목표 5가지     └ 학습자 내부에서 정보가 처리되는 과정
④ 연령에 따른 학습방법의 차이점을 인정. 각각 다른 방법으로 학습해야 한다고 주장

## 2. 학습이론 모형

└─ 학습이론이지만, 결론적으로 보면 교수이론

| | | |
|---|---|---|
| **독립변인** | 외적 조건 | • **강화의 원리** : 보상이 있으면 강화가 됨<br>• **접근의 원리** : 자극과 반응이 시간적으로 접근<br>• **연습의 원리** : 학습과제를 되풀이하여 연습 |
| | 내적 조건 | • **선행학습** : 학습이 이루어지기 위해, 이전에 학습한 여러 내적 상태가 필요<br>• **학습동기** : 학습하려는 능동적인 자세<br>• **자아개념** : 자신감 필요<br>• **주의력** : 집중력 필요<br>∴ 내적 조건을 고려하여 외적 조건을 변화시키는 것 |
| **종속변인** | 학습성과 | 학습력의 파지·획득·전이 |
| | 학습성과<br>영역 — 언어<br>정보 | • 아이디어를 진술할 수 있는 학습된 능력. <u>명제적 지식</u><br>└─ 사실적 지식이나 선언적 지식<br>• 개별적 사물의 명칭, 단순한 사실적 정보<br>• 맥락 속에서 정보를 제시<br>• 주로 군집분석 |
| | 지적<br>기능 | • 상징(언어)을 사용해서 환경과 상호작용하는 방법을 학습하는 것<br>• 변별 ⇨ 개념 ⇨ 법칙 ⇨ 문제해결(최종 목적)<br>• 학습하는 방법에 관한 학습에 관련된 것, 방법적·절차적 지식<br>• 사물이나 현상을 비교·분석하여 범주화하고 개념화하여 법칙이나 원리를 이해하고 이를 <mark>문제해결에 적용하는 것</mark><br>• 학습을 위해서 외적 조건보다는 내적 조건의 준비가 더 필요하며, 내적 조건 중에서도 선행학습이 무엇보다도 중요<br>• 위계분석을 실시하나 때에 따라 단계별 분석도 가능 |
| | 인지<br>전략 | • 자신의 학습이나 사고에 대한 통제 및 관리능력<br>• 다양한 상황에서 문제해결 경험을 통해 개발, <mark>창안해내는 능력</mark><br>• 하루아침에 학습되지 않으며 연습이 중요한 학습원리로, 사고를 필요로 하는 일들이 되풀이될 때 사고전략 증진<br>• 인지전략은 단순한 사고가 아닌 다양한 형태의 내용을 파악해야 하므로 특별한 과제분석 존재 × |
| | 운동<br>기능 | • 육체적 움직임을 행할 수 있는 능력 ⑩ 바느질, 공 던지기 등<br>• 반복학습, 장기간에 걸쳐<br>• 시간·기능별 분석 |
| | 태도 | • 경험을 통하여 학습된 <mark>반응경향성</mark>(학습자의 선택)을 의미(~ 하려는 행동)<br>• 직접적인 보상을 제공(강화), 타인의 시범에 의해 효과적으로 학습된다는 대리적 강화에 의해 학습<br>• 인지적 요소와 정의적 또는 운동적 요소를 모두 가지고 있어 통합분석에 활용 |

## 3. 가네의 9가지 외적 교수사태(수업사태) ✐
└─ 주학선 자학 수피수파

① 학습자의 내적 학습과정을 지원하기 위한 9가지 외적 교수사태를 제안

② 즉, 외적 조건을 조성하는 것과 관련된 교사의 활동요소

| 학습단계<br>(내적 과정) | 교수사태(수업절차, 수업사태) | |
|---|---|---|
| 주의력 | 주의력<br>획득시키기 | 다양한 방법으로 학습자에게 주의력을 획득시키는 단계<br>(예) 중요성, 시청각자료 등 |
| 기대 | 학습목표 제시 | 학습이 끝났을 때의 조건이 무엇인지에 대해 기대감을 주는 단계 |
| 작동기억으로<br>재생 | 선수학습<br>회상 자극 | 새로운 학습과 관련된 선수학습이 무엇인지 결정한 다음 그것을 회상<br>시켜야 함 (예) 오수벨의 유의미학습 |
| 선택적 지각<br>(단기기억) | 자극(자료)<br>제시 | • 학습할 내용, 새로운 정보의 제시(낱낱의 지식 설명); 자극의 독특<br>한 특징 설명(기억용이)<br>• 학습내용 적용의 예를 설명<br>• 학습내용의 핵심요소를 설명<br>• 학습내용과 관련된 영상자료를 제시 |
| 부호화 :<br>장기기억저장 | 학습안내<br>제시 | 이전 정보와 새로운 정보를 적절히 통합(유의미한 지식구조 구축) 후,<br>그 결과를 장기기억에 저장할 수 있도록 지도 ⇨ 통합교수<br>(예) 헤르바르트의 '연합', 장기기억 |
| 반응 | 수행 유도 | • 학습자가 실제로 새로운 학습을 했는지를 증명하는 기회를 제공 및<br>내용확인<br>　(예) 연습문제를 작성, 숙제를 하거나, 수업시간에 질문에 대답 등<br>　　　실제로 학습자가 실행<br>• 형성평가(지식 수준) |
| 강화 | 피드백 제공 | • 수행이 얼마나 성공적이었고 정확했는지 확인하고 그에 대한 결과<br>를 알려주는 단계<br>• 긍정적인 피드백을 통해 강화의 기능을 제공<br>• 수행의 개선에 도움을 주어 얼마나 더 연습이 필요한지 인지하도록<br>도와줌 |
| 재생을 위한<br>단서 제공 | 수행평가 | • 다음 단계의 학습이 가능한지를 알기 위한 평가(이해)<br>• 이해의 점검을 위해서 전에 주어진 상황과 유사한 문제사태를 제공 |
| 일반화 | 파지와 전이<br>증진하기 | • 일반화되거나 적용될 수 있는 경험을 제공 (예) 헤르바르트의 '방법'<br>• 다양한 종류의 새로운 과제를 제시하여 전이 촉진, 반복과 적용 |

## 4. 교육적 의의

① 학습자의 인지수준이 다르므로 학습자에 따른 교수 - 학습방법의 차이를 인정하여 각각 다른 방법을 사용
② **처방적인 관점** : 학습자의 내적 학습능력을 고려하여, 교수자 변인인 학습의 외적 조건을 배열
③ 9가지 수업사태의 **순서를 변경, 생략할 수 있어** 다양한 방법으로 적용·응용
④ 학교 현장에서 교사들이 따라야 할 수업의 단계를 제시하여 유용성이 큼
⑤ 수업목표와 관련지어 어떤 방식의 수업이 효과적인지에 대해 목표별 수업방법을 다르게 제시

---

## 06 켈러의 ARCS이론(학습동기유발)  `15 중등`

### 1. 개요

① 교수 - 학습상황에서 동기를 유발하고 유지하기 위한 구체적이고 처방적인 전략들을 제시
② 미시적 이론
③ 매력성과 관련된 학습자의 동기전략을 제공

**기출문장 Check**

학습동기 향상을 위한 학습과제 제시방안 3가지를 제시하시오.

`15 중등`

### 2. 내용

| | | | |
|---|---|---|---|
| **주의력 (Attention)** | 개념 | 학습자극을 적절히 변화 ⇨ 호기심·탐구심 유발하여 학습에 대한 기대감 | |
| | **종류**<br>ㄴ 탐다지 | 탐구적 주의환기 | 학습자의 호기심과 탐구심을 자극<br>예) 문제해결 활동의 구상 장려, 신비감의 제공(신기성) |
| | | 다양성 전략 | 교수의 요소들을 변화시킴(여러 방법 혼합사용)<br>예) 일방적 교수와 상호작용적 교수의 혼합, 교수자료의 변화 추구(다양한 교수형태 사용) |
| | | 지각적 주의환기 | 감각적인 것과 관련, 비일상적인 내용이나 사건제시<br>예) 시청각 매체 활용, 주의 분산의 자극 지양 |
| **관련성·적절성 (Relevance)** | 개념 | 학습자의 흥미와 부합하면서도 학습자에게 의미와 가치가 있다는 것을 인식 | |
| | **종류**<br>ㄴ 친목동 | 친밀성 | 학습자의 과거 지식과 경험에 새롭고 낯선 내용을 연결시키는 것<br>예) 친밀한 예문 및 배경지식의 활용(사전지식과 경험활성화) |
| | | (자신)목표지향성 | 학습자의 목적달성에 의미 있을 때 동기가 잘 유발됨<br>예) 실용성에 둔 목표제시, 목적의 선택가능성 부여 |
| | | 학습자의 동기나 특성에의 부합 | 학습자가 필요나 동기와 부합되는 수업전략을 사용할 것을 주장<br>예) 비경쟁적 학습상황의 선택 가능, 협동적 학습상황, 다양성 수준의 목적 제시 |

| 자신감<br>(Confidence) | 개념 | | 능력 지각에 따른 성공에 대한 자신감과 긍정적 기대를 갖도록 함 |
|---|---|---|---|
| | 종류<br>└ 성필통 | 성공의 기회 제시 | 성공을 경험하는 기회나 성공에 대한 긍정적 기대감을 많이 가지도록 함<br>⑩ 쉬운 것부터 어려운 것으로 과제 제시, 적정 수준의 난이도 유지, 다양한 수준의 시작점 제공 |
| | | 학습의 필요요건 제시 | 매 시간마다 학습자들이 이해할 수 있는 요건을 분명하게 설명, 학습자가 해야 할 것을 강조<br>⑩ 수업의 목표와 구조의 제시, 평가기준 및 피드백의 제시, 선수학습능력의 판단 |
| | | 개인적 통제감 제시 | 사람들은 상당한 통제력과 성공할 수 있는 능력이 있다고 믿을 때, 자신감이 강해짐<br>⑩ 노력이나 능력에 성공귀착, 학습속도의 조절 가능, 학습의 끝을 조절할 수 있는 기회 제시, 계열성에 있어서 선택권 부여 |
| 만족감<br>(Satisfaction) | 개념 | | 자신의 기대와 결과가 일치(피드백, 공정성) |
| | 종류 | 자연적 결과 강조의 전략(일반화) | 학습을 통해 습득한 능력을 연습문제나 모의상황 또는 후속 학습상황을 통해 적용해볼 수 있는 기회를 제공<br>⑩ 연습문제를 통한 적용 기회 제공, 모의 상황을 통한 적용 기회 제공 |
| | | 긍정적 결과 강조의 전략(피드백) | 정답에 대한 적절하고 의미 있는 (내적)강화를 제공<br>⑩ 적절한 강화 계획의 활용, 의미 있는 강화의 강조, 정답을 위한 보상 강조, 외적 보상의 사려 깊은 사용, 선택적 보상체제 활용 |
| | | 공정성 강조의 전략 | 수업목표와 내용의 일관성을 유지하고 연습과 시험내용 간에 일치를 이루도록 노력<br>⑩ 목표와 내용의 일관성 유지, 연습과 시험내용의 일치, 연습난이도 수준과 시험난이도 수준 동일 |

# 07 메릴의 내용요소 제시이론(미시적 이론)

| 개요<br>(특징) | • **미시적 교수설계이론**( = 1시간 수업), 교수설계 변인들 중 교수방법 변인의 범주를 다룸<br>• 여러 개의 아이디어를 함께 가르치는 것 ×, **낱낱으로 떨어진 하나의 아이디어를 교수하는 방법을 처방**<br>• **학습자**를 교육공학과정의 요소로 포함, 또한 학습자 반응·평가요소·피드백의 개념을 도입하는 등의 교수이론을 적용<br>• 인지적 영역의 수업설계(내용차원) | |
|---|---|---|

## 수행 – 내용 매트릭스

### 개념

| 수행의수준<br>학습자 | 발견 | × | | | |
|---|---|---|---|---|---|
| | 활용 | × | | | |
| | 기억 | | | | |
| | | 사실 | 개념 | 절차 | 원리 |

내용의 유형(수업내용)

[그림 11–2] 수행–내용 매트릭스

• **수행 – 내용 매트릭스** : 수행 수준을 3가지로 나누고, 내용유형을 4가지로 나누어 그들의 관계를 매트릭스로 나타낸 것
• 사실은 있는 그대로의 것으로 기억의 대상이 될 뿐, 발견이나 활용의 대상이 아니므로 수행 – 내용 매트릭스에는 총 10가지의 차원이 존재
• **개념** : 각 차원에 해당하는 학습결과를 얻기 위해서 **어떠한 교수활동이 가장 적절한 것인가를 밝히려는 것** ⇨ 처방적

예) 절차 × 활용 ⇨ 어떤 '절차의 수업내용'을 학습자들이 '활용'하도록 수업목표를 설정하고 교수하는 것 ⇨ 처방적

### 유형

| **수행수준**<br>└ 기활발 | • **기억** : 무엇인가를 기억했다가 재생<br>• **활용** : 개념·절차·원리를 실제로 적용<br>• **발견** : 개념·절차·원리를 도출 or 창안해 내는 것 |
|---|---|
| **내용유형**<br>└ 사개절원 | • **사실** : 특정한 사물이나 사건의 낱낱의 지식<br>• **개념** : 특정한 사물이나 사건의 공통된 속성을 추상화·종합화한 것<br>• **절차** : 어떤 목적을 달성하기 위한 단계를 순서화한 계열<br>• **원리** : 어떤 현상의 발생 이유 설명, 앞으로 일어날 일 예측 |

PART 11

| | 개념 | • 교사에 의한 전달이나 인쇄매체, 전자매체 등을 통하여 학습자에게 제시되는 교수 형태<br>• 수행 – 내용 매트릭스의 교육목표들을 달성하기 위한 적합한 교수방법을 개념화한 것 |
|---|---|---|
| **자료의 제시형태<br>(display 예)** | **1차적<br>자료제시<br>형태** | • 교과내용 차원(인지적 교과) : 일반성과 사례<br>• 자료제시 차원(학습자 반응에 대한 기대) : 설명식 자료제시와 질문(탐구)식 자료제시<br>• 일차적 자료제시(수업) 매트릭스<br>　- **법칙** : 일반성을 설명하는 형태의 수업<br>　- **회상** : 일반성을 질문을 통해 학습자들로 하여금 찾아보도록 유도하는 수업방식 ⇨ 일종의 전시학습 확인<br>　- **예** : 교수자가 사례를 제시하거나 특정 사례를 설명해 주는 수업<br>　- **연습** : 학습자들이 사례를 들어 보도록 질문을 하거나 여러 가지 사례 중에서 적절한 예인 것과 그렇지 않은 것을 찾아보도록 탐구를 유도하는 수업방식 |

| 자료제시<br>교과내용 | 설명 | 질문(탐구식) |
|---|---|---|
| 일반성 | 법칙 | 회상 |
| 사례 | 예 | 연습 |

## 08 라이겔루스의 정교화이론(거시적 이론)

| | | |
|---|---|---|
| 개요 | | • 주로 개념, 절차, 원리를 다루는 것<br>• 수업과정을 줌렌즈에 비유 ⇨ 넓게, 좁게, 넓게 보는 것을 반복 = zooming(주기적 복습과 재점검), 파지<br>• 여러 개념을 계열화해서 순차적으로 가르치는 이론 + 거시적 전략 사용 |
| 인지적 교수학습 전략(방략)<br>└ 정선 요종비 인학 | 정교화 계열<br>(넓게) | • 학습과제를 위계적으로 분류하여 기본적이고 단순한 내용에서 점차 복잡하고 상세한 것으로 수업을 계열화<br>• 계열화에 있어서 개요정리로 시작, 개요정리란 다루어야 할 내용 중에서 가장 기본적이고 대표적인 개념 또는 활동만을 발췌<br>• 정교화 유형 : 개념적 정교화, 절차적 정교화, 이론적 정교화 |
| | 선행학습 요소의 계열화 | • 학습자가 이전에 배운 지식을 파악하고 이를 토대로 수업이 진행될 수 있도록 조직<br>• 교사는 학생이 이전에 배운 내용이 무엇이고, 그 내용을 이해하고 있는지 학습자의 준비도와 선행해서 학습할 것 파악 |
| | 요약자<br>(좁게) | • 학습한 것을 망각하지 않도록, 체계적으로 복습<br>• 아이디어 간결한 진술, 참조할 수 있는 예 제공, 진단적·평가적 연습문항 제공 |
| | 종합자<br>(넓게) | • 단일 유형의 아이디어들을 관련짓고 통합<br>• 가르치고 배운 아이디어를 비교와 대조를 통해서 종합의 활동이 이루어짐 |
| | 비유<br>(유추) | • 새로운 내용을 기존의 지식을 통해 적용하여 더 넓은 지식을 구성해 가는 것 ⇨ 새로운 것과 기존 것 관계짓기<br>• 학습과제 영역 외의 과제도 다룰 수 있고, 지식의 폭도 넓어질 수 있음 |
| 그 외 전략 | 인지전략의 활성화 | • 학습과제를 처리하는 방법을 선택하고 해결하는 능력을 기르는 것<br>• 학습과제를 스스로 처리하는 상황을 반복적으로 다양하게 제시 |
| | 학습자 주도의 관리 | 학습자가 스스로 학습내용과 학습전략들을 선택하고 계열화하여 어떻게 공부하고 학습할 것인가를 결정하는 것 |
| 의의 | | • 주기적인 복습과 종합을 통해 학습의 파지, 전이를 촉진<br>• 브루너의 나선형 교육과정을 수업상황에서 보다 구체화한 것 ⇨ 정수를 먼저 가르치고 그것을 점점 복잡한 수준으로 폭을 넓히면서 가르쳐야 한다는 나선형 교육과정과 일치 |

## 09 적성 – 처치 상호작용모형

| 기본개념 | • 학습자의 특성에 맞는 개별화 수업 중 하나<br>• 적성은 학생 개개인이 갖고 있는 개인적 특징으로 지능, 인지양식, 성취동기, 학습 불안 등을 말함<br>• 처치는 실험조건 내용 또는 절차상의 차이를 의미(교수방법)<br>• **상호작용** : 학습효과의 극대화 |
|---|---|
| 기본입장 | • 학습결과는 적성과 처치의 상호작용 결과<br>　⇨ 모두에게 효과적이고 적용 가능한 교수 – 학습방법이 있는 것이 아님<br>• 학습자 개개인마다 다른 적성을 가지고 있고, 그에 따른 교수방법이 다름<br>• 학습자 개개인의 적성에 적합하게 수업의 절차를 다양하게 변화시킴 ⇨ 개별화 |
| 시사점 | • 개별화<br>• **교수의 다의성** : 개별화의 보완, 개별화 수업은 현실상 적용하기에 어려움이 있어 다양한 수업을 실시하여 학습자들이 맞는 것을 선택하도록 조장<br>• **교수의 예술성** : 교수가 의도한 대로 되는 것만은 아님 |

### 그 밖의 개별화 수업의 예

| 무학년제 | 학년에 관계없이 능력별로 반을 편성하는 개별화 수업 |
|---|---|
| 팀 티칭 | • 2명 이상의 교사들이 모여 협력적인 관계로 함께 교수하면, 학습자의 교육효과를 높이는 방법<br>• 우수교사의 혜택을 많은 학생에게 제공<br>• 교사들은 자신의 전문성을 살릴 수 있음<br>• 학생들은 좀더 포괄적이고 전문적인 교수를 받을 수 있음 |

# 10 구성주의 교수 – 학습모형

## I. 개요

| | |
|---|---|
| 기본전제 | • **학습자** : 학습내용을 이해하기 위해서 적극적으로 자신들의 의미를 구성해야 함<br>• **수업** : 학생들의 현재 수준을 바탕으로 하여 보다 높은 지식과 이해수준으로 향상시킬 수 있도록 진행되어야 함<br>• **교사** : 학생들의 적극적 지식구성을 촉진하기 위한 다양한 수업방법을 활용해야 함 |
| 지식에 대한 견해 | 지식은 <u>선행지식</u>, <u>사회·문화적 맥락</u>에 따라 구성<br>└ 인지적 구성주의  └ 사회적 구성주의 |

## 2. 교수원리
└ 구성주의 수업의 일반적 결론, 일반적 구성주의 수업내용

| | |
|---|---|
| 학습자의 적극적 참여를 통한 의미구성의 촉진 | • 학습자가 능동적으로 새로운 정보를 기존의 지식과 조정할 때 더 의미 있는 학습이 이루어짐<br>• 스스로 의미를 구성하도록 학습환경을 조성하는 조력과정, 수행보조의 역할이 강조 |
| 맥락에 의거한 지식의 구성 | 지식은 그것이 획득되고 활용되는 구체적 맥락과 관련해서만 의미를 지니며 학습자들은 지식을 학습한 상황과 유사한 상황에서만 그 지식을 활성화<br>[참고] 문제는 명확 |
| 학습자의 사전지식 활용 | 정보처리의 효율성은 상당 부분 사전 지식의 수준과 정교성에 의해 결정 |
| 인지적 조력 | • 교사의 조력적 역할을 강조(전달자 ×)<br>• 모델링의 대상<br>• 필요한 경우에만 조력을 하며, 점차 학생들의 독립적·자기조절적 학습능력 증대에 따라 조력↓(fading) |
| 실제적 과제의 활용 | • 실생활과 연관된 문제들을 활용<br>• 추상적인 개념보다 생활과 관련된 내용을 더 중시(비구조화된 문제) |
| 학습자 공동체의 구축 | • 구성원들이 해당 분야의 전문적 지식을 구성하기 위한 공동의 목표를 추구<br>• 이 과정에서 경험과 자원들을 공유<br>• 상호 간 비판과 토의를 통한 공통의 지식을 형성하도록 돕는 인적·물적 네트워크<br>예) 사이버 공동체<br>• 협동학습 + 개별학습 |

PART 11

## 3. 다양한 교수 – 학습이론 ✍

### (1) 인지발달이론

| | | | |
|---|---|---|---|
| 인지적 도제이론 | 개요 | | • 중세의 직업교육에서 차용하여 인지에 접목<br>• 전문가와 초심자 간의 특정한 관계 속에서 실제적 과제를 해결해 나가는 과정을 통하여 새로운 지식을 구성함으로써 개념을 발전(다양한 맥락)<br>• 여기서 전문가는 초심자의 지식구성과정을 도와주는 역할 |
| | 교사<br>역할 | | • 문제에 대해 효과적으로 사고하고 인지적으로 처리하는 방법에 대한 시범<br>• 학습자와 교사는 과제를 수행하는 과정에서 문제의 다양한 측면에 대해 대화를 하고, 문제를 분석하고, 최적의 해결방안을 모색<br>• 시범을 보이고 탐구를 조장하고 지도하며 격려하는 역할 |
| | 방법<br>└ 모코딩<br>명성탐 | 모델링<br>(시연) | • 전문가에 초점<br>• 특정 사회집단에서 필요한 실제 과제의 문제해결 전 과정을 전문가가 시범 |
| | | 코칭 | • 문제해결을 위한 연습 및 사고과정을 자세히 설명하는 단계<br>• 필요에 따라 힌트와 피드백 등 외부적 도움을 제공<br>• 학습자의 학습을 돕는 것이 주된 목적이므로 학습자 수행에 초점<br>• 전문가의 외적 조력이 지도의 형태로 제공되어야 하며, 전문가의 조력은 힌트, 피드백, 모델링, 암시의 형태로 주어짐 |
| | | 스캐폴딩<br>(=비계 설정,<br>교수적 도움) | • 과제를 해결하도록 도움을 주므로 학습과제에 초점<br>• 문제해결을 위한 인지적 틀을 제시하는 단계로 학습자에게 도움을 줌<br>• 교수적 도움의 중지(페이딩) : 교사의 도움 없이 학습자가 스스로 문제를 해결할 수 있도록 |
| | | 명료화 | • 학습자가 학습한 지식, 기능, 태도를 명료하게 표현하는 과정<br>• 스스로 표현함으로써 지식을 보다 명료하게 할 수 있음 |
| | | 성찰<br>(반성) | 자신의 문제해결 과정을 교수자가 하는 것과 비교하여 반성적으로 검토하는 과정 |
| | | 탐색 | 학습한 지식과 기능을 새로운 방식으로 활용하는 방법을 탐색하도록 하는 것 |

| | | |
|---|---|---|
| 인지적 유연성 이론 (스피로) | 개념 | • 기본전제 : 여러 지식의 범주들을 연결 지으면서, 다양한 방법으로 급격하게 변화해 가는 상황적 요구에 탄력성 있게 대처하는 능력<br>• 즉흥적으로 자신의 지식을 재구성할 수 있는 능력<br>• 상황 의존적 스키마의 연합체를 형성하여 복잡하고 다원적 개념의 지식을 올바르게 재현할 수 있도록 해야 함<br>• 다양한 방법으로 급격하게 변하는 상황적 요구에 대처하는 지적 능력<br>• 새로운 상황의 요구에 맞도록 기억 내 지식을 각기 다른 방향으로 재구성하는 능력(다양성 강조) |
| | 원리 | • 복잡하면서도 세분화된 주제 중심의 학습<br>• 학생들이 충분히 다룰 수 있는 정도의 복잡성을 지닌 과제로 작게 세분화하여 다양한 소규모 예들을 제시(구체적 사례에 근거)<br>• 지식요소들은 단편적 ×, 고도로 통합적 |

## (2) 사회발달이론

| | | |
|---|---|---|
| 앵커드 교수이론 (정황·정착이론) 20 중등 | 개념 | • 상호작용적인 동영상 자료(매개체)를 통해 실제적인 문제를 파악·해결<br>• 모든 지식은 그 지식이 사용되는 실제적 맥락 속에서 가르쳐야 효과적<br>• 단순한 사실적 지식 제공 ×, 구체적이고 다양한 사례를 통해 실제 상황에서 활용한 가능한 지식을 제공<br>• 단순 강의가 아닌 하나의 이야기로 제시 ⇨ 학습내용 및 해결방안을 탐색 |
| | 특징 | • 통합교과적인 접근<br>• 정착수업은 학습자끼리의 상호 협력과 도움을 최우선으로 하며, 독립적인 사고가 가능하게 하는 데에 목적을 둠<br>• 수업의 효과를 극대화하기 위해 공학의 기능을 활용 |
| 상황학습이론 | 개념 | • 학습자를 그 상황에 참여시켜서 수업하는 것<br>• 실제적인 문제를 포함하는 환경에서 이루어지는 문화 적응 과정<br>• 실행공동체와 정당한 주변적 참여는 상황학습의 주요 개념 |
| | 이론 원리 | • 지식은 실제적인 생활맥락에서 제시되어야 함<br>• 학습장면이 다르면 전이가 어렵기 때문에 지식은 실제적인 생활맥락에서 제시되어야 함 |
| | 교수 원칙 | • 실제적인 생활맥락에서 제시<br>• 과제에 대해 스스로 그 의미를 찾아가는 학생 주도적 성격<br>• 협동적인 교류(사회적인 교류)와 지식의 사회적 구성을 통하여 학습이 진행 |

기출문장 Check
토의식 수업을 설계할 때 활용할 수 있는 정착 수업원리 2가지를 제시하시오.
20 중등

PART 11

교육방법 ET 김인식 교육학 논술 만점 서브노트

## (3) 문제중심학습(PBL, 베로우즈) 18 중등

| 개념 | • 정의 : 문제에 대한 이해나 해결책을 향한 활동의 과정으로 산출되는 학습<br>• 문제를 해결하기 위해 이루어지는 활동으로 학습자중심<br>• 구성주의적 인식론에 바탕을 둔 학습모형 |
|---|---|
| 목표 | • 문제해결을 위해 요구되는 정보, 지식, 해결 방법 등을 자기주도적으로 탐구<br>• 실제적 문제해결(복잡성과 실제성)<br>• 자기주도 학습과 협동학습 가능<br>• 학생들은 가설 – 연역적 방법을 활용하여 문제를 해결 |
| 문제 | • 문제중심학습은 문제로 시작<br>• 교육과정에 기초하여 쉽게 해결되지 않는 비구조화, 실제적, 복잡한 것<br>• 학습자가 접근하는 방식에 따라 도출되는 결론이나 해결책의 수준, 질적 등이 결정 |
| 학습자 | • 문제중심학습은 학습자중심<br>• 교수에서 학습으로의 전환<br>• 학습에 책임을 다하는 능동적 문제해결자, 자기주도 학습자 |
| 교수자 | • 지식전달자에서 학습진행자(학습촉진자)로 역할이 전환<br>• 교수자는 교육과정 설계자로서 문제를 설계, 학습자원을 정의, 활용계획을 세우며, 학습자 집단을 조직하고, 평가를 준비 |
| 평가<br>(상호작용) | • 학습자중심이며, 창의성이나 문제해결력 등 고등정신능력을 평가<br>• 학습의 전 과정을 통한 평가 : 평가는 학습의 처음부터 끝까지 지속적으로 이루어지는 것<br>• 자신에 대한 평가, 결과보다 학습과정에 대한 평가, 반추일지와 같은 종합적인 평가를 사용<br>• 자기주도학습 + 협동학습 |
| 교사 역할 | • 지적 : 학습자들보다 높은 단계에 있다는 것<br>• 양육적 : 학습자와의 공감대를 형성하기 위해 많은 노력을 기울인다는 의미<br>• 문답식 : 그들의 교수법은 근본적으로 문답식으로 진행<br>• 점진적 : 뛰어난 교사는 학습자에 항상 높은 기대를 요구(무리한, 불가능 ×) ⇨ ZPD<br>• 간접적 : 결과에 대한 직접적 피드백 ×<br>• 성찰적 : 학습자들로 하여금 자신의 견해와 생각을 분명하고 논리적으로 제시하게 도움<br>• 격려적 : 인지적 측면 + 동기적 측면의 상호 연계성 |

## (4) 자원기반학습

| | |
|---|---|
| 개념 | • 교과서 의존적 학습경험 및 지식환경을 지양<br>• 교과서 기본학습은 정보의 홍수라는 단점이 있다는 점에서, 다양한 자원을 활용하여 과제나 교육내용에 대한 현실적 감각을 좀 더 증대시키는 교수 - 학습방법<br>• 학습하는 방법의 습득(리터러시)<br>• 다양한 자원을 활용하여 학습하는 방법 습득 = 정보활용 수업<br>예) Big 6 skills literacy |
| 목표 | 정보를 이해하고 그 정보를 주제와 관련하여 생각하며, 관련된 정보를 이끌어내고, 조직하여 관련성을 알아내고 추론과 결론을 이끌어내기 위한 것 |

## (5) 상보적 교수이론

| | | |
|---|---|---|
| 개념 | | 사회적 학습, 교사와 학생, 학생과 학생 간 대화 형태로 학습과정이 전개되는 수업형태 |
| 목표 | | • 대화를 통해 교재의 의미를 보다 정확하게 이해(독해능력 향상)<br>• 자신의 학습과 사고를 직접 통제할 수 있는 기회를 제공 |
| 전략 | 요약하기 | • 중요한 정보에 초점을 두고 독자가 능동적으로 참여<br>• 읽은 내용 각자 요약 + 적절하지 못하면 다시 읽기 |
| | 질문 만들기 | • 텍스트 내에서 독자가 여러 가지 방법으로 생각할 수 있도록 하는 것<br>• 텍스트를 이해하고 있는지 서로 번갈아 가며 질문을 만들고 대답 |
| | 명료화하기 | • 명확하지 못한 것에 주의를 집중하고 다시 읽도록 하는 것<br>• 대답에 근거하여 요약을 명료화 |
| | 예측하기 | • 사전 지식에 기초하여 텍스트에서 찾을 수 있는 것이 무엇인지 예측<br>• 다음에 이어질 내용 예측 |
| 유의사항 | | • 적절한 맥락 안에서 구체적으로 시범<br>• 전략적 공부의 필요성과 중요성을 인식<br>• 피드백을 통해 학생들의 현재 수준에 맞추어 더 나은 단계로 발전할 수 있도록 격려 (scaffolding)<br>• 읽기활동에 대한 책임은 학생이며, 이것을 점진적으로 이양(fading)<br>• 교사 통제 × |

## (6) 자기조절학습

| 개념 | • 학습자 스스로가 자기 능력을 객관적으로 인식하고, 이에 알맞은 학습목표를 설정하며, 이를 달성하기 위한 실천계획을 세워 스스로의 힘으로 학습평가에 도달하는 것<br>• 자기효능감 지각의 기초 위에 자신의 학습목표를 성취하기 위해 스스로 특수화된 학습전략(초인지전략)을 사용<br>• 교사 : 안내 및 자료제공 |
|---|---|
| **구성요소 (하위전략)** ★ | **목표설정 (self-set goal)** — 스스로 목표를 설정하고 그 목표를 성취해 가는 것 |
| | **자기점검 (self-monitoring)** — • 행동 중인 자신을 관찰하는 것으로, 스스로 학습진행과정을 점검하는 것<br>• 중요한 목표를 향해 진보하기 위해서는 우리가 현재 얼마나 잘하고 있는지 알아야 하고, 수행의 어떤 측면이 잘 되고 있고, 어떤 측면을 개선할 필요가 있는지를 알아야 함 |
| | **자기교수/지시 (self-instruction)** — 특정 상황에서 어떻게 반응해야 하는지에 관해 생각나게 하는 것이 필요한데, 이때 사용될 수 있는 것 |
| | **자기평가 (self-evaluation)** — • 학교에서 교사는 학생들의 행동을 평가하지만, 궁극적으로 학생은 자신의 행동을 판단해야 함<br>• 포트폴리오, 자기평가, 동료평가 방법 등 다양한 것을 사용 |
| | **자기강화 및 벌 (self-reinforce)** — 학습의 성공과 실패에 대해 보상·처벌하는, 아동 스스로의 생각이나 계획을 나타내는 자기 지식적인 진술 |

**이론 종합**

| 이론 | 목표 | 방법 |
|---|---|---|
| 인지적 도제이론 | 새로운 지식 구성 | 도제제도(모델링 ⇨ 코칭 ⇨ 스캐폴딩 ⇨ articulation ⇨ reflection ⇨ exploration) |
| 인지적 유연성이론 | 다양한 상황 요구에 대처 ⇨ 인지 재구성 | 주제중심 학습(사례중심), 주제는 복잡하면서도 세분된 것 |
| 앵커드 고수이론 | 실제생활에 활용(문제해결) | 비디오 매체 사용 |
| 상황학습이론 | 실제생활에 활용(문제해결) | 참여(사회적 상호작용) |
| 자원기반학습 | 자원활용능력 신장, 학습하는 방법 습득 | 자원활용(Big 6 정보 literacy 전략) |
| 상보적 고수이론 | 독해력 증진 | 대화(요약 ⇨ 질문 ⇨ 명료화 ⇨ 예측) |
| 자기조절학습 | 스스로(조절), 초인지전략 활용 | (자기)목표 설정, 점검, 지시, 평가, 강화 |
| 문제중심학습(PBL) | 문제해결(실제적, 맥락적) | 자기주도학습, 협동학습 |

| 의미 | • 특정 내용을 특정 학생들의 이해를 촉진할 수 있도록 가르치는 방법에 대한 교사의 지식 |
| | • PCK의 발달은 특정 주제를 아직 가르쳐보지 못한 교사는 거의 지니지 못한 것으로 간주 |
| | 초임교사 |
| 구성요소 | 내용교수지식 |

[그림 11-3] 내용교수지식 구성요소

• **교과내용에 대한 지식** : 교과내용뿐만 아니라 단원 내 교과내용의 구성, 전시학습 및 후속학습과의 연계 등에 대한 지식 등

• **학습자 이해에 대한 지식** : 선행학습 정도, 흥미, 선호하는 교수 - 학습방법 등과 같은 특정 학습과 관련된 학생들의 특징

• **교수방법에 대한 지식** : 수업모형이나 집단구성과 같은 일반교수법, 교과내용에 대한 교사의 특별한 교수방법 등

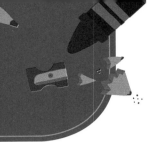

## 01 강의법

| 목적 | 지식의 전수 ⇨ 헤르바르트의 명료·연합·계통·방법 |
|---|---|
| 필요 | • 교과서나 참고서에 없는 사실의 전달<br>• 이해하기 어려운 내용 설명<br>• 전반적인 정보 및 방법 제시<br>• 태도나 가치관을 고취하고자 할 때<br>• 단점: 학습자 소외(능동적 참여 ×), 장기파지 × |

## 02 문답법

| 개념 | • 문답을 통해 스스로 결론을 지을 수 있도록 돕는 것, 귀납적<br>• **목적**: 확산적 사고, 다양한 사고<br>• **방법**: 개방적, 고차원적(평가적) 질문 |
|---|---|
| 장점 | • 학생참여도 ↑ ⇨ 수업의 효율성을 위해서 수렴적 사고뿐만 아니라 확산적 사고도 필요<br>• 문답은 구조화 정도가 적절할 때 학업성취에 최적의 효과 ⇨ 확산적 사고를 불러 일으킴 |

## I. 개요

| | |
|---|---|
| 개념 | • 집단의 지도성을 서로 분담하는 집단구성원들이 사실, 개념 및 의견을 목적에 따라 체계적인 방법으로 구두교환<br>• 학생의 참여와 역할이 강조되는 수업형태로서 모든 교과와 모든 학년에서 사용 |
| 목적 | • 학습자 참여 유도 – 학습자 참여와 역할이 강조됨<br>• 비판적 분석능력 신장과 태도 변화<br>• 협동적·창의적 기술 개발<br>• 사고의 활동을 깊고 다양하게 하는 동기<br>• 자기 발표능력과 타인의 발표내용의 요점을 파악하는 의사소통능력 향상 |
| 특징 | • 토의주제는 보는 이의 시각에 따라 다른 결론·주장을 펼 수 있는 것<br>• 언어표현능력과 논리적 추론능력을 갖추고 있어야 함<br>• 능동적 학습태도 필요<br>• 분위기는 개방적 |
| 유의사항 | • 교사가 결론을 내리는 것이 아니라 학생이 결론을 내림 ⇨ 교사가 결론을 내릴 때는 학생이 토의한 내용을 가지고 결론을 내려야 함<br>• 토의 주제는 모든 학생들에게 의미가 있고 흥미로운 것<br>• 교사의 역할(객관적 관찰자, 길잡이 역할, 대화의 촉진 역할)을 분명히 알아야 함<br>• 교사는 토의가 끝난 후, 토의 전반(잘된 점, 개선할 점)에 대해 논평<br>• 가치판단을 해서는 안 됨 |

## 2. 유형

| 원탁토의 | 기본적인 형태, 학생들이 대등한 관계 속에서 자유롭게 의사교환 |
|---|---|
| 배심토의<br>(패널토의) | • 소수의 배심원, 다수의 청중, 사회자의 진행에 따라 토의<br>• 특정 주제에 서로 의견을 달리하는 참가자들이 진행에 따라 청중 앞에서 토의<br>• 토의 주제는 일반적으로 찬·반이 가능한 것(유목적적 활동) |
| 공개토의<br>(포럼) | • 1 ~ 3인의 전문가나 자원인사가 사회자의 진행하에 15 ~ 60분 동안 공개연설 후, 청중이 질의하고 발표자가 응답하는 방식<br>⑲ 공청회, 기자회견<br>• 학생들이 직접 질의하며 토의에 참여하는 과정에서 학습 |
| 단상토의<br>(심포지엄) | • 2 ~ 3명의 전문가가 동일한 주제에 대해서 각자의 전문적인 견해를 제시하는 방식<br>• 참가전문가, 사회자, 청중 모두가 특정 주제에 관한 전문가<br>• 전문적인 정보와 지식학습 목적<br>⑲ 학회 |
| 대담토의 | • 청중 대표와 전문가집단(동수)에 의해 이루어지지만 사회자의 진행에 따라 일반 청중이 직접 토의 과정에 참가 가능<br>• 학습자 대표, 전문가나 자원인사, 사회자<br>⑲ TV에서의 교육문제 대담 |
| 세미나 | • 여러 사람(참가자 전원)이 토의하고 논쟁, 연수나 훈련의 기회를 제공<br>• 발표자, 참석자 전원이 해당 분야의 고도의 지식과 정보를 소유 |
| 버즈토의 | • 여러 개의 소집단이 열띠게 토의하는 과정<br>• 3 ~ 6명으로 편성된 여러 개의 소집단이 주어진 주제에 대해 6분 정도 적극적인 토론<br>• 소집단에서 토의한 것을 소집단의 대표자가 서로 발표하여, 전체적 결론 도달<br>• 소집단 토의를 통해 집단구성원 모두에게 직접 토의에 참여할 기회 제공, 언제 어디서나 사용 가능(융통성 있는 활용)<br>• 자유로운 분위기에서 진행되어 창의적이고 다양한 의견 제시<br>• 분과집단에서의 다양한 논의를 통한 의견수렴과 이에 기초하여 전체 집단에서 최종적인 판단을 내림으로써 민주적인 의사결정능력 함양 |

# 04 협동학습  14 중등

## I. 개요

| | |
|---|---|
| 개념 (특징) | • 다양한 학습능력을 가진 학습자들이 동일한 학습목표를 향하여 소집단 내에서 함께 활동하는 학습방법<br>• 전체는 개인을 위하여(All - for - one), 개인은 전체를 위하여(One - for - all)라는 태도가 형성 ⇨ 사회성·책무성을 강조<br>• **집단보상을 강조**<br>　- **문제점** : 집단 간 갈등 유발(편파)<br>　- **해결책** : 집단을 주기적으로 재조직 |
| 의의 | • **책무성** : 개인은 전체를 위한다는 태도 형성<br>• **사회성** : 전체는 개인을 위한다는 태도 형성<br>• 협동학습은 각기 다른 학습능력을 가진 학습자들끼리의 이질적 집단 구성<br>• 협력적인 상호작용을 촉진하기 위해 집단보상 제공 |
| 특징 | • **학습자 간의 긍정적 상호 의존성** : 구조적으로 동료들끼리 서로 도와야만 자신의 목적을 달성할 수 있기 때문에 서로 긍정적으로 의존함<br>• **개별 책무성** : 협동학습에서 모둠원 개개인은 다른 모둠원에 대해 개인적인 의무와 책임을 가지고 있음<br>• **이질적인 모둠구성** : 동료 간의 상호작용을 활발하게 하기 위해서는 한 모둠을 이루는 구성원의 질이 다양해야 함<br>• **균등한 성공기회** : 모둠이 개인의 기본적 능력에 관계없이 구성원 누구나 모둠의 성공에 기여할 수 있는 기회가 공평하게 주어짐<br>• **집단보상과 운명공동체** : 협동학습은 집단의 협동심을 강조하고 부익부 현상이나 무임승객효과를 없애기 위해 집단보상을 강조함으로써 집단의 운명공동체적 관점을 강조 |

| 전통적 소집단 학습의 문제점 | 봉효과 | 학습능력이 높은 학습자가 자기의 노력이 다른 학습자에게 돌아가기 때문에, 학습참여에 소극적 |
| | 무임승객효과 | 학습능력이 낮은 학습자가 적극적으로 참여하지 않아도, 높은 학습의 성과를 공유 |
| | 부익부현상 | 학습능력이 높은 학습자가 더 많은 반응을 보여 소집단 장악 ⇨ 각본을 통해 역할분담, 집단보상, 협동기술을 증진시키는 방법 |

| 구분 | 협동학습 | 전통적 소집단 학습 |
| --- | --- | --- |
| 상호 의존성 | 긍정적 상호 의존성에 기초 | 항상 존재하지 않음 |
| 개별적 책무성 | 분명한 개별적 책무성이 존재 | 다른 구성원의 성취에 무임승객이 될 수 있음 |
| 개인적 특성 | 이질적 | 동질적(이질적 아님) |
| 리더십 | 모든 구성원이 리더가 될 수 있음(책무성) | 주로 한 학생이 리더로 지정되고 책임을 짐 |
| 책임 | 상호 책임 | 상호 책임을 지는 경우가 드묾 |
| 협력관계 | 높은 학습성취를 위해서 좋은 협력관계를 유지 | 주어진 과제 완성에만 관심 |
| 학습할 때 필요한 사회적 기능들의 학습 | 직접 학습 ⓔ 리더십, 의사소통 기술 등 | 가정되거나 무시 |
| 과제수행에 대한 교사의 역할 | 집단과정 구조화 (이질적 집단구성) | 그런 관심이 주어지지 않음 |

*(위 표의 왼쪽 큰 항목: 전통적 소집단 학습과 협동학습 비교)*

| 장·단점 | 장점 | • 사회에 적응하거나 문제해결에 많은 도움<br>• 혼자서 하는 것보다 더 많은 것을 학습<br>• 자기 자신에 대한 이해를 넓히거나 타인에 대한 이해를 확장 |
| | 단점 | • 학습목표보다 집단과정만을 더 소중히 생각하는 경향 초래 ⇨ 사전에 협동기술 지도<br>• 집단별 성취의 부익부 빈익빈현상 ⇨ 제대로 된 협동학습을 위해 역할 분담, 집단보상 강조, 협동기술을 증진시키는 방법<br>• 집단 간 편파로서 상대집단에 적대감·자신의 집단에게는 호의 ⇨ 주기적 재구성 |

## 2. 유형

### (1) 직소(Jigsaw)모형

| 구분 | 직소 I | 직소 II | 직소 III | 직소 IV |
|---|---|---|---|---|
| 순서 | 집단구성<br>(모둠구성)<br>⇩<br>개인별<br>전문 과제 부과<br>(전문가용지)<br>⇩<br>전문 과제별 모임<br>및 전문가집단에서<br>협동학습<br>⇩<br>원 소속 집단에서<br>협동학습<br>⇩<br>개별평가<br>⇩<br>개인점수 산출 | 집단구성<br>(모둠구성)<br>⇩<br>개인별<br>전문 과제 부과<br>⇩<br>전문 과제별 모임<br>및 전문가집단에서<br>협동학습<br>⇩<br>원 소속 집단에서<br>협동학습<br>⇩<br>개별평가<br>⇩<br>개인점수(향상점수),<br>집단점수 산출<br>⇩<br>개별보상 및<br>집단보상 | 집단구성<br>(모둠구성)<br>⇩<br>개인별<br>전문 과제 부과<br>⇩<br>전문 과제별 모임<br>및 전문가집단에서<br>협동학습<br>⇩<br>원 소속 집단에서<br>협동학습<br>⇩<br>평가유예기<br>⇩<br>원 소속 집단에서<br>평가 준비<br>⇩<br>개인점수(향상점수),<br>집단점수 산출<br>⇩<br>개별보상 및<br>집단보상 | 집단구성<br>⇩<br>도입<br>(수업내용 소개)<br>⇩<br>개인별<br>전문 과제 부과<br>⇩<br>전문 과제별 모임<br>및 전문가집단에서<br>협동학습<br>⇩<br>퀴즈 I<br>(전문 과제 평가)<br>⇩<br>원 소속 집단에서<br>협동학습<br>⇩<br>퀴즈 II<br>(전문 과제 평가)<br>⇩<br>개별평가<br>⇩<br>개인점수(향상점수),<br>집단점수 산출<br>⇩<br>개별보상 및<br>집단보상<br>⇩<br>재교수<br>(선택활동) |
| 개념 | • 동료로부터 배우고 동료를 가르침<br>• 과제해결의 상호 의존성↑, 보상 상호 의존성↓ | • 개별보상에 집단 보상이 추가<br>• 과제 의존성↑, 보상 의존성↑ | 학습이 끝난 후에 일정 시간 퀴즈를 대비한 모 집단의 학습기회를 주어야 한다고 주장 | • 수업 시작 전 수업내용에 대해 흥미를 이끌도록<br>• 전문가집단의 정확성과 이해도를 점검하기 위해 전문과제와 관련된 퀴즈<br>• 재교수 : 어떤 문항을 놓치게 되거나 전체 학습과제에 대한 재교수가 필요할 때 선택적으로 실시 |

| 구분 | 직소 I | 직소 II | 직소 III | 직소 IV |
|------|--------|---------|----------|---------|
| 단점 | • 전문가들이 제 역할을 못 할 때, 나머지 학생들 피해<br>• 전문가가 가져온 학습 결과를 그저 베낌 | • 학습을 마친 후 곧바로 퀴즈를 보기 때문에 학습의 정리나 마음의 준비를 할 여유가 없음 | – | – |

### (2) 그 밖의 유형

| | |
|---|---|
| 성취과제<br>분담모형<br>(STAD) | • 이질적 학습자로 구성(높은, 중간, 낮은 학습자)<br>• 교사의 설명 ⇨ 기준점수 측정 후 모둠학습 ⇨ 평가 ⇨ 모둠점수의 게시와 보상<br>(기준점수 초과 팀에 집단보상)<br>• 개인의 성취에 대해 팀점수가 가산, 팀에게 주어지는 집단보상이 추가(개별 책무성 + 집단보상), 개별보상 ×<br>• 집단구성원의 역할이 분담 ×<br>• 이해가 목적 |
| 팀 경쟁학습<br>(TGT) | • 각 팀 간의 경쟁을 유도(공동작업구조, 집단 내 협동 집단 간 경쟁 보상구조)<br>• 집단 간 같은 능력 및 수준을 가진 학생끼리 게임(학습부진아도 성장 가능성)<br>• 개인점수 ×(집단점수만) |
| 팀 보조 개별학습<br>(TAI) | • 프로그램화된 학습자료를 이용하여 개별적인 진단검사를 실시한 후, 이를 근거로 각자의 수준에 맞는 단원을 개별적으로 학습 + 학습하다 어려우면 도움<br>• 개별학습 이후 단원평가 문제지를 풀고, 팀 구성원은 두 명씩 짝을 지어 문제지를 상호 교환하여 채점<br>• 80% 이상 점수 시 최종적인 개별시험<br>• 개별점수의 합( = 팀 점수), 미리 설정해놓은 팀 점수 초과 시 팀 보상 |
| 집단조사<br>(집단 탐구, GI)<br>/협동을 위한<br>협동학습<br>(Co-op Co-op) | • 모둠별로 각기 다른 학습주제로 탐구 후, 그 결과를 학급 전체가 공유하는 방식<br>• 교사와 학생은 전체 학급에 대한 기여도를 평가, 최종 학업성취에 대한 평가는 개별평가 또는 집단평가 |
| 함께하기학습 | • 개별적으로 시험을 보지만 성적은 자기 팀의 평균 점수를 받게 됨<br>• 집단의 평균이 일정한 수준 이상이 될 경우에는 집단별로 추가점수를 줌<br>• 무임승객효과, 봉효과의 문제 발생 |

# 05 발견학습(가설검증 수업)

## I. 개요

| | |
|---|---|
| 개요<br>(특징) | • 학습자중심의 학습, 인식의 기초가 되는 개념의 형성, 학습활동에 적극적인 태도를 형성<br>• 분석적 사고보다 직관적인 사고의 중시<br>• 연역적 사고와 귀납적 사고의 중시(가설의 설정은 연역, 가설의 입증과 일반화는 귀납)<br>• **실증적인 증거를 통해 학습** : 가설검증 수업<br>• 학생들 스스로 문제를 해결하여 원리나 지식을 획득하는 능동적 참여<br>• 교사는 안내자이자 촉진자(직접 제시 or 증명 ×) |
| 의미 | • **비구조화된 발견(피아제 관점)** : 아무것도 계획되지 않은 자연상태에서 개념이나 원리를 스스로 발견하는 개방형 발견<br>• **안내된 발견(브루너 관점)** : 교사의 단계별 지도를 받아 문제를 해결하는 학습 |
| 특징 | • 학생들의 능동적 참여<br>• 교사는 안내자이자 촉진자 |
| 조력 방안 | • 교육과정은 학생들이 가장 기본적인 원리를 발견할 수 있도록 조직해야 하는데, 그러기 위해서는 나선형 교육과정으로 조직해야 함<br>• 직관적인 사고를 강조해야 함<br>• 학생들의 발견을 촉진하기 위해 다양한 도구를 활용하여 직접적 또는 대리적 경험을 제고해야 함 |

## 2. 유형

| | | |
|---|---|---|
| 문제해결학습<br>(듀이) | 개념 | • 학교에서 배운 내용이나 지식을 활용하여, 문제를 파악하고 문제를 해결하는 것<br>• 반성적 사고를 통해 이미 배운 내용의 확산적 사고를 함양하는 것이 목적 |
| | 과정 | 탐구학습의 반성적 사고과정 단계 : 암시(문제확인) ⇨ 지성화(문제 검토) ⇨ 가설설정(해결방안 수립) ⇨ 추리(전개) ⇨ 가설검증 ⇨ 일반화 |
| | 장·단점 | • 장점 : 자발적 학습, 통합된 학습(지, 덕, 체), 고등정신기능(비판적 사고력, 창의력) 배양<br>• 단점 : 기초학력의 저하, 학습효율 저하, 교육현장 일관성 × |
| 프로젝트법<br>(킬패트릭) | 개념<br>(특징) | • 학생들이 자신의 흥미와 욕구를 기반으로 특정한 주제를 선정(구안법, 경험형 교육과정 차원)<br>• 그 주제를 해결하기 위해 심층적으로 연구하는 유목적(결과물 도출) 활동 |
| | 장·단점 | • 장점<br>  - 탈학문적 통합 가능 : 중핵 Cu. 측면<br>  - 학습동기 유발 : 경험형 Cu. 측면<br>  - 자주성과 책임감, 실제생활과 결부, 창의성 배양<br>• 단점<br>  - 교재의 논리적 체계 무시, 학생활동의 자유에 따른 무질서<br>  - 학생은 시간과 노력의 낭비만 가져옴<br>  - 집단적 구안학습의 경우 우수한 학생이 학습을 독점 |

## 3. 유사이론 비교

| | |
|---|---|
| 문제해결학습<br>vs<br>문제중심학습(PBL) | • 문제해결학습 : 학생들에게 미리 계획된 강의와 정보를 제공한 후 이를 바탕으로 질문을 제시하고 그에 대한 해결책을 찾아가도록 함<br>• 문제중심학습 : 문제 상황이 먼저 제시되고 그 안에 교과내용이 내재되어 있음<br>• 즉, 두 접근은 문제가 제시되는 형식이나 시점에서 두드러진 차이를 보임 |

| 프로젝트법<br>vs<br>문제중심학습(PBL) | 구분 | 프로젝트법 | 문제중심학습(PBL) |
|---|---|---|---|
| | 탐구대상 | topic | problem |
| | 제시 | 과제 형태 | 상황 |
| | 탐구과정과 결과물 | 결과물 산출이 목적<br>(탐구과정 관심 없음) | 문제해결과정 중시<br>(결과물 동일하지 않기 때문) |

# 06 기타

## I. 가치명료화 기법(래스)

① '무엇이 나의 가치인가'의 결정을 도와줄 수 있는 이론
② 도덕성 교육 중의 하나(콜버그의 도덕성 발달이론과 유사)
③ 가치를 일방적으로 전달하는 것이 아니라 도덕과 윤리문제에 대해 개인적 신념과 가치에 대해 능동적으로 숙고·성찰하도록 하는 프로그램으로, 인본주의 심리학의 원리를 적용
④ 진로지도에 사용  예 이 직업이 너에게 가치 있느냐?
⑤ 선택하기 ⇨ 소중히 여기기(선택한 가치 재검토 및 확인) ⇨ 행동하기

## 2. 학습부진아 지도

| 개념 | 정상적인 지능을 갖고 있으면서 무슨 이유에서인지 학습능률은 오르지 않고 학업성적이 그 능력수준에 미치지 못하는 아동 |
|---|---|
| 원인 | • 개인적 요인<br>  – 지적 장애<br>  – 신체적 장애<br>  – 성격적·정서적 요인<br>  – 학습흥미<br>  – 과거의 경험부족(기초학력의 결함)<br>  – 학습 습관의 부적절<br>• 가정적 요인<br>  – 양친의 교육적 태도<br>  – 가정의 불안정<br>  – 경제적 빈곤 |
| 특성 | • 변별력과 주의력 부족<br>• 기억력 부족<br>• 추상적 개념과 어휘력 부족<br>• 우뇌 기능 우수 |
| 해결책 | • 교사 입장 : 보상교육, PCK(표현방식) 발휘<br>• 학생 입장 : 동기유발, 선행학습, IQ 이외의 요소를 찾기 |

## 01 학습양식 종류

| 전체적·분석적<br>차원의 학습양식 | • 장의존자형과 장독립자형<br>• 평준자형과 첨예자형<br>• 수렴자형과 발산자형<br>• 총체자형과 계열자형 |
|---|---|
| 언어적·표상적<br>차원의 학습양식 | • 시각자형과 언어자형<br>• 시각자형과 촉각자형 |

## 02 적용 및 시사점

| 적용 | • 1단계 : 학습양식 탐색활동<br>• 2단계 : 교수활동 탐색활동<br>• 3단계 : 학습활동<br>  ⇨ 학습자가 직접 학습활동에 집중, 교사의 수업지도에 따라 직접 학습을 수행해 내는 과정이 되며, 학습의 성과를 드러내는 중요한 순간이므로 학문적 학습시간을 최대한 확보할 수 있도록 분위기 조성 |
|---|---|
| 시사점 | • 학습양식을 고려하여 교수양식을 다양화(ATI), **개별화 = 다양성 인정**<br>• 학생들로 하여금 자신들이 가장 효과적으로 학습하는 방식을 이해하도록 도움<br>  ⇨ 각자 좋아하는 방식으로 공부하도록 지도<br>• 학습양식이 때론 낙인으로 작용할 수 있으므로, 학습양식에 대해 아는 것 자체가 중요한 것이 아니라 학습자가 그에 적절한 학습전략을 융통성 있게 활용할 수 있도록 환경을 구성·자극함으로써 동기화를 제공하는 것 ⇨ 결론에 유용 |

## 01 수업의 실제

| | |
|---|---|
| 판서 | • 좌측 상단부터 시작하여 중앙, 우측 하단 쪽으로 옮겨가며 진행<br>• 대략 세로로 2등분 또는 3등분<br>• 판서내용의 삭제는 자주 하지 않음<br>• 판서와 설명을 다른 시기에 하는 것보다 이를 병행(초등학생은 동시에 하면 안 됨)<br>• 판서는 대개 몸을 학생 쪽으로 비스듬히 돌린 채 팔을 길게 뻗어서<br>• 색분필을 너무 많이 사용하지 않음 |
| 발문 | • 개념 : 확산적 사고를 하기 위한 것<br>   – 폐쇄적 질문 : 인지적 기억질문, 수렴적 질문<br>   – 개방적 질문 : 평가적 질문, 확산적 질문<br>• 방법<br>   – 발문내용의 일의성 : 하나의 발문에는 하나의 대답을 요구<br>   – 전체 질문 ⇨ 잠시 생각할 시간 부여 ⇨ 학생 지명<br>   – 학생의 답변이 부분적이면, 같은 학생에게 답을 확대시키도록 다른 질문(∵ 반성적 사고)<br>   – 분명한 질문보다 개연성이 높거나 개방적인 질문을 하고, 모호한 질문은 피함<br>   – 질문 반복 ×, 학생의 답변 되풀이 ×, 처음 질문에 유의 |
| 피드백과<br>교정기술 | • 즉각적 피드백과 교정적 피드백 ⇨ 신속하게, 학습 오류의 교정정보 중심으로<br>• 집단보다 개별적 피드백이 효과적<br>• 학습향상에 대한 피드백은 동기를 증가시키지만, 사회 비교나 수행지향적 피드백은<br> 동기 감소<br>• 벌(교정적 피드백) 사용 시 설명 필수, 대안 제시 |
| 동기유발<br>기술 | • 학습목표를 개인적 욕구와 결부  조직개발기법(OD)<br>• 목표를 뚜렷이 인식 예 MBO<br>• 자신의 학습결과에 대한 정보는 학습동기 유발에 도움 예 교정적·즉각적 피드백<br>• 부분해답 제공 ⇨ 문제를 해결하고자 하는 동기유발(도전감)<br>• 친숙한 자료, 시험에 관한 정보 제공<br>• ARCS 사용 ⇨ 게임 형식으로 전개 |
| 경청기술 | • 교사가 학생의 말을 진지하게 듣는 것은 교사와 학생의 의사소통을 원활하게 하는 데<br> 도움이 됨<br>• 교사에 대한 학생의 신뢰감을 향상 |

# PART 12
# 교육공학

**Theme 1** 교육공학의 기초

**Theme 2** 교수매체

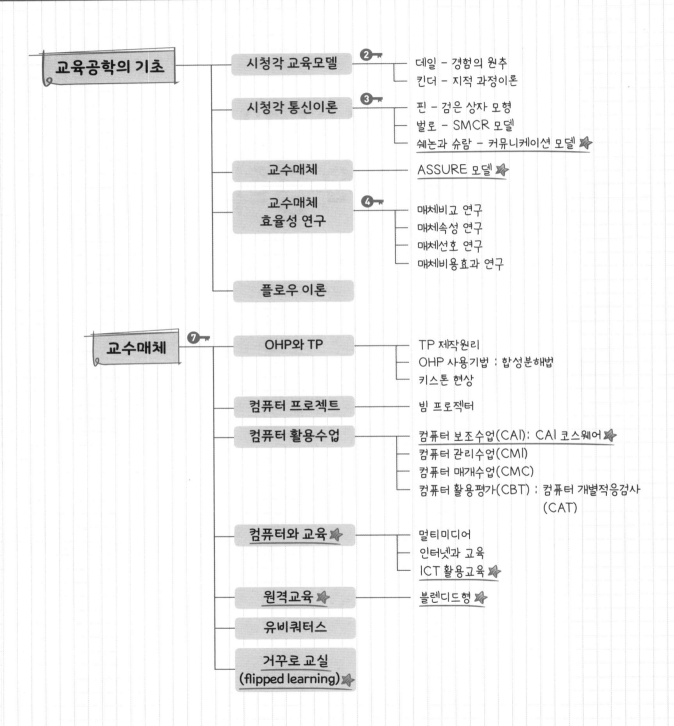

**교육공학의 기초**

시청각 교육모델 ②━
- 데일 – 경험의 원추
- 킨더 – 지적 과정이론

시청각 통신이론 ③━
- 핀 – 검은 상자 모형
- 벌로 – SMCR 모델
- 쉐논과 슈람 – 커뮤니케이션 모델

교수매체
- ASSURE 모델

교수매체 효율성 연구 ④━
- 매체비교 연구
- 매체속성 연구
- 매체선호 연구
- 매체비용효과 연구

플로우 이론

**교수매체** ⑦━

OHP와 TP
- TP 제작원리
- OHP 사용기법 : 합성분해법
- 키스톤 현상

컴퓨터 프로젝트
- 빔 프로젝터

컴퓨터 활용수업
- 컴퓨터 보조수업(CAI) : CAI 코스웨어
- 컴퓨터 관리수업(CMI)
- 컴퓨터 매개수업(CMC)
- 컴퓨터 활용평가(CBT) : 컴퓨터 개별적응검사 (CAT)

컴퓨터와 교육
- 멀티미디어
- 인터넷과 교육
- ICT 활용교육

원격교육
- 블렌디드형

유비쿼터스

거꾸로 교실 (flipped learning)

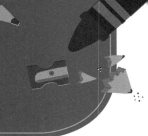

MEMO

## 01 시청각(통신) 모델

### I. 시청각 교육모델

| | | |
|---|---|---|
| 경험의 원추<br>(데일) | 개념 | • 진보주의 이론에 근거 ⇨ 어떤 경험을 시킬 것인가<br>• 시청각 교재를 <mark>구체성 – 추상성에 따라 분류한 모형</mark> |
| | 특징 | • 학습자가 가지고 있는 경험을 '행동적 단계, 영상적 단계, 상징·추상적 단계'로 나누어 설명<br>• 원추의 하부에서 상부로 올라갈수록 학습경험의 추상성이 높아지고, 상부에서 하부로 내려갈수록 구체성이 높아짐<br>• 추상성이 높아진다고 학습이 어려워지는 것은 아님<br>• 교재는 학습자의 지적능력이나 경험에 맞추어 선택하는 것이 필요<br>└ 맨 아래 단계부터 시작할 필요가 없음<br>• 구체적인 경험에 너무 치우치면 지적 경험을 체계화하는데 어려우며, 제한된 시간에 많은 정보를 제공하는 것이 어려움<br>• 추상적인 경험에 너무 치우치면 언어만을 사용한 개념형성에 어려우나, 효율성은 좋음<br>• **결론 :** 학습의 효과를 위해서는 구체적, 효율성을 위해서는 추상적으로 상황에 맞게 제공 = <mark>통합</mark> |
| | 의의 | 학습자 수준에 맞는 표현방식을 활용 |
| 지적 과정이론<br>(킨더) | 개념 | 개념형성의 과정과 피교육자의 발달단계에 알맞게 단계를 제시 |
| | 의의 | • 나선형 구조를 제시<br>└ 지식획득의 위계성 강조<br>• 준비성을 강조<br>└ 지적인 것은 비약적으로 발전하지 않고 점진적으로 발달함 |

## 2. 시청각 통신이론

### (1) 유형

| | | |
|---|---|---|
| **검은 상자 모형**<br>**(핀)** | 개념 | 교수 – 학습과정을 다양한 교수방법으로 조직, 체계적으로 통합된 조직체로 봄 |
| | 특징 | • 각각의 교수방법을 검은상자로 취급 ⇨ 내부 알 수 없음, 입력과 출력을 조정함으로써 어떤 반응을 얻을 수 있는 심리학적 개념으로 정의<br>• 다양한 교수방법이 학습상황에 따라 통합적으로 활용(체제적)됨으로써 교수 – 학습의 효율성을 증가 |
| | 의의 | • 교수공학의 기본단위는 개별적인 교수자료 ×, 통합된 교수체제<br>• 개별적 교수자료는 교사의 보조물이라기보다 교수체제의 구성요소<br>• 교수체제를 조직적으로 구성하기 위해 사전에 교수방법의 통합적 활용을 일관성 있게 계획 |
| **SMCR 모델**<br>**(벌로)** ✦ | 개념 | • 인간 상호 간의 효과적인 의사전달을 위한 커뮤니케이션 과정 분석<br>• 커뮤니케이션 과정을 총체적으로 봄 |
| | 특징 | • 송신자, 전달내용, 채널, 수신자로 구성<br>　┌ 학습내용<br>　└ 교사 or 학생　　└ 학생 or 교사<br>• 송신자 ⇨ 전달내용 ⇨ 채널 ⇨ 수신자에게 전달(쌍방향, 상호)<br>　└ 통신기술, 태도, 지식수준,　└ 인간의 감각기관 : 시·청·촉·후·미각<br>　사회체계, 문화양식<br>　┌ 내용, 요소, 구조, 코드 처리　┌ 송신자와 동일 |
| | 의의 | • 송신자와 수신자의 하위영역이 일치할수록 커뮤니케이션이 완벽<br>　⇨ 눈높이 교육 필요, 종속변인을 수정 못하니 독립변인 수정<br>• 메시지 내용을 구조화(코딩)<br>• 다양한 수업방법 사용<br>　└ 상황에 맞는 방법 |

PART 12

교육공학 ET 김인식 교육학논술 필연 서브노트

| | 개념 | 학습자에 맞춰가는 교육을 중시하는 모델 |
|---|---|---|
| 커뮤니케이션 모델 (쉐논과 슈람) | 기본 요소 | • **개요** : 송신자가 제시한 메시지를 수신자가 어떻게 받아들였는지에 관한 정보가 피드백 형태로 제시, 송신자는 이에 따라 다시 메시지를 보냄<br>• **경험의 장** : 송신자와 수신자 사이에 경험의 장이 많이 중복될 때 효과적인 통신이 발생, 원활한 상호작용 유발<br>• **잡음** : 커뮤니케이션 과정에는 필연적으로 다양한 형태의 잡음이 개입<br>부적절한 조명, 시끄러운 소리, 혼탁한 공기, 학생들이 주의집중 못하는 것들 등 ⌐<br>⇨ 잡음이 적으면 적을수록 원활한 소통<br>• **피드백** : 잡음과 경험의 차이에서 오는 문제(소음)나 커뮤니케이션 내용에 대한 피드백이 발생 ⇨ 피드백이 원활할수록 경험의 차이(소음)와 잡음에서 발생하는 문제를 해결 |
| | <u>의의</u> | • 교사가 커뮤니케이션을 통해서 학생경험의 장 쪽으로 메시지 영역을 넓혀야 함(소음 제거)<br>• 잡음이 들어가지 않도록<br>• 피드백, 해석, 재전달(형성평가, 학생들의 반응) 등 필요 ⇨ 커뮤니케이션에 문제가 없었는가를 확인) |

### (2) 교육적 의의

① <u>통신과정의 기본요소</u> = <u>교수 - 학습과정의 기본요소</u>
    ⌐ 송신자, 메시지, 수신자       ⌐ 교사, 학습내용, 학습자
② 통신과정에서 쌍방형 형태 = 교수 - 학습과정이 교사와 학생 간의 상호작용
③ 피드백 요소를 도입(학습에 대한 정보처리기능을 보다 효과적으로 수행)

> **시청각 통신 교육의 전제**
>
> • 상대방이 존재(학습자가 중시)
> • 통신기술이 중요
> • 체제로 발전(상호작용 : 교사, 학습자, 학습매체)

## 02 교수매체(연구)

### I. 개요

| | |
|---|---|
| 개요 | • 교사와 학습자 사이의 의사소통을 가능하게 하는 수단<br>• 학습내용이나 정보를 전달하고 상호작용이 일어나도록 하는 것 |
| 관계 | • 교수매체는 교수설계를 바탕으로 해서 이루어짐<br>• 항상 좋은 매체가 존재하는 것이 아니라, 수업에 따라 매체는 달라져야 함 |

## 2. 교수매체 활용 설계 - ASSURE 모델 ✄

| 개념 | 수업매체와 자료를 효과적이고 체계적으로 활용하기 위한 지침(매체 활용 설계) |
|------|------|
| 단계 | **학습자 분석**<br>일반 특성, 학습자 출발점 능력, 학습양식 분석(학습자와 관련된 것을 분석) ⇨ 필요 시 보충 |
| | **목표제시**<br>• 구체적인 목표를 진술<br>└ 메이거 방식<br>• 학습자가 획득하게 될 학습경험과 지식을 위주로 명시 |
| | **수업도구와 자료의 선정**<br>• 기존 자료 중에서 적합한 것 선택 or 목표에 맞게 수정·재편집 or 교재를 새로 제작<br>• 학습목표 달성을 위해 적절한 수업방법, 매체 및 자료를 선정 |
| | **수업도구와 자료의 활용**<br>**5P**<br>• 수업에 사용하고자 하는 매체자료를 점검(preview materials)<br>• 계획한 수업활동에 알맞게 순서를 조직하거나 자료의 부분적인 제시가 이루어질 수 있도록 매체자료를 준비(prepare the materials)<br>• 매체의 활용이 이루어질 환경을 준비(prepare the environment)<br>• 매체활용 수업의 주제와 내용, 주의집중의 필요성에 대해 학습자들을 준비(prepare the learners)<br>• 교수매체를 활용한 학습경험을 제공(provide the learning experience)<br><br>**특징**<br>• 사전 시사 : 교사는 수업 전에 자료를 면밀하게 검토하여 자료에 친숙해 있어야 함<br>• 사전 연습 : 교사는 적어도 수업 전에 한 번 이상 자료 제시에 관한 연습을 해야 함<br>• 학습자 준비 : 동기유발과 주의집중을 유도해야 함 |
| | **학습자의 참여 이끌기**<br>학습자의 참여를 이끌어 낼 수 있는 토의, 퀴즈, 연습문제 등을 준비 |
| | **평가와 수정**<br>• 학습자 성취도를 측정(총괄평가)<br>• 매체와 방법에 대해 평가 후 수정이 필요한 부분을 파악하고 보완(순환적 모형)<br>• 수업과정에 대한 지속적 평가 |

## 3. 교수매체 효율성 연구

| 매체비교 연구 | 특징 | • 단순히 매체를 사용하는 것이 매체를 사용하지 않는 것보다 효과적, 혹은 특정 매체(A)를 사용하는 것이 특정 매체(B)를 사용하는 것보다 효과적이라는 단순비교 (상이한 매체 사용 연구)<br>• 상이한 매체 유형이 학업성취도에 미치는 효과를 탐색<br>• 행동주의 패러다임에 근거 : 매체 사용(S) - 효과(R)<br>• 특정 매체가 다른 매체에 비해 일관되게 효과를 보인다고 가정 |
|---|---|---|
| | 한계 | • 새로운 매체 사용으로 인한 흥미유발 등의 신기성 효과가 비교 결과에 섞여 들어가 있음<br>• 새로운 매체가 효과적이라고 결론을 내리는데, 새로운 매체는 교수법의 변화도 수반하는 경우가 많아 매체만의 효과를 가려내기 어려운 경우가 있음<br>• 다양한 학습자 변인이나 교과목의 특성을 고려 ×<br>• 교수방법 혹은 내용변인의 영향을 통제 × |
| 매체속성 연구 | | • 상이한 매체 유형보다 매체가 지닌 속성(냉장트럭, 화물트럭) 자체가 학습자의 인지적 표상과 처리과정에 영향을 줄 것임 ⇨ 매체속성상 서로 다른 학습자에게 효과가 상이하게 나타날 것( = 상호작용)<br>• 매체가 가지는 속성 자체가 학습자의 인지적 기능을 증진시켜서 학습효과를 높일 것이라는 가정을 증명하고자 수행<br>• 인지주의 패러다임의 영향을 받아서 시작된 연구 ⑩ 회화수업은 OHP보다 동영상 |
| 매체선호 연구 | | • 가정 : 학생들이 선호하는 매체를 사용했을 때가 그렇지 않을 때보다 효과적이라는 믿음에서 출발<br>• 연구 : 선호하는 매체에 영향을 주는 정의적 특성 변인들이 학습에 미치는 효과를 탐색<br>└ 신념, 가치, 태도, 동기 등 |
| 매체비용 효과연구 | | • 가정 : 교수매체를 활용하는데 있어 비용 - 효과분석을 가장 기본으로 고려<br>• 연구 : 매체활용이 수업운영 비용 - 효과성에 어떠한 영향을 주는가? ⇨ 특정 조건하에서 매체의 활용이 경제적 효과를 산출<br>• 매체를 선택할 때, 저비용으로 높은 교수학습의 효과를 얻으려는 의도<br>• 매체 개발의 경제적 비용이 개발 콘텐츠의 질에 어떤 영향을 미치는지 연구 |

## 4. 플로우이론

| 개념 | 자신의 행위에 깊게 몰입하여 시간의 흐름이나 공간, 나아가 자기 자신도 잊어버리는 심리적 상태 | |
|---|---|---|
| 관계 | 도전 = 기술 | 몰입 |
| | 기술 > 도전 | 지루함 |
| | 기술 < 도전 | 불안 |
| 의의 | • 흥미있는 과제 활용<br>• 적절한 도전감을 제시(난이도 조절)<br>• 성취감으로 자아존중감 촉진 ⇨ 삶의 의미와 통합 | |

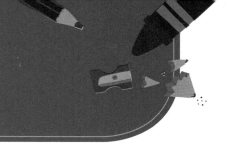

# Theme 2
# 교수매체

## 01 OHP와 TP

| OHP | • 투명판에 TP라는 투시화를 놓고 교사의 머리 위를 지나서 교사 뒤편에 있는 스크린에 제시하는 매체<br>• 암막장치가 없어 수업 중에 화면을 보면서 책을 보거나 필기가 가능<br>• 교사가 학생과 대면할 수 있어, 학생들의 반응을 쉽게 관찰 및 질문 가능<br>• 제작이 간단·저렴하고, 자료를 관리하기 간편·재사용 가능<br>• 주의집중이 쉽고, 불필요한 자료 투시 × |
|---|---|
| TP | • 제작에 경비↓, 시간이 오래 걸리지 ×, 제작에 부담을 주지 ×<br>• 반영구적으로 되풀이해서 사용 가능 ⇨ 판서시간 절약<br>• 그림이나 글씨의 첨삭하고, 색채와 그림 사용으로 다채로운 표현 가능 |
| TP<br>제작원리 | • 자료를 가로 형태로 제작<br>└ 스크린이 가로이기 때문<br>• 문자보다는 도표, 그래프, 차트 등의 시각자료를 구체화<br>• 한 화면에 한 개의 개념표현이 바람직<br>• 주제단어는 자료의 위쪽에<br>• **문자의 명료성** : 글자 크기 0.5cm 이상, 6 × 6 법칙<br>• 학습자들은 스크린에 투사된 상의 가로 길이의 2 ~ 6배 사이, 스크린 중앙을 중심으로 45도 이내 부채꼴 모양의 위치에 앉으면 됨<br>• OHP는 스크린으로부터 투사된 상의 가로길이의 1.3배 정도 떨어진 곳<br><br>**키스톤현상**<br>상이 찌그러지는 현상으로, 빛을 쏘는 것에 모두 생긴다. ⇨ 스크린 상단을 앞쪽으로 기울여 OHP와 스크린이 수직이 되도록 조정(빔 프로젝터는 '키스톤 버튼'이 있음) |
| OHP<br>사용기법 | • **부분제시법** : TP를 전체 다 보여주지 않고, 일부분만 단계적으로 보여주는 방법<br>• **합성분해법** : 하나의 같은 그림을 바탕으로 각각 다른 여러 개의 자료를 보여 주어야 할 경우에 여러 장의 TP를 겹쳐가면서 요소들 간의 상대적 관련성이나 관계를 강조  예 지도<br>• **기입소거법** : 과정을 확인하기 위해 쓰고 지워나가면서 활용하며, 즉흥적 활용보다 사전 계획에 의한 활용이 필요 ⇨ 형성평가 가능 |
| 장·단점 | • 장점 : 조작이 간단·편리, 암막장치가 필요 없음, 학습자의 관찰과 통제가 용이<br>• 단점 : 교사의 치밀한 준비가 필요, 동적인 상을 제시 ×, 교사가 준비한 자료를 일방적으로 제시하는 단조로운 수업이 되기 쉬움 |

## 02 컴퓨터 프로젝트

| 특성 | • 멀티미디어 자료 제시 가능(동영상)<br>• 한 번 제작해 놓으면 반복해서 영구적 사용 가능 |
|---|---|
| 유의사항 | • 내용은 되도록 핵심내용만 적게 넣거 자세한 내용은 유인물 활용<br>• 청중에 부담감을 주지 않도록, 텍스트보다 도형 등을 잘 활용하여 여백을 잘 살리기<br>• 다양한 멀티미디어 기능을 사용 ⇨ 지루함 ×, 흥미↑<br>• 장식효과에 치중 ×<br>• <u>단순히 판서를 위한 용도로만 사용하지 않도록</u> 함<br>      └ 판서는 오히려 칠판이 효과적 |

## 03 컴퓨터 활용수업

| 컴퓨터 보조수업<br>(CAI) | 개념 | 컴퓨터와 학생이 직접 상호작용하여 교사에 의한 수업과 유사한 기능을 하도록 하는 것 |
|---|---|---|
| | 특징 | • <mark>학습자</mark>가 흥미를 가지고 능동적 참여 가능<br>• 프로그램 학습을 CD - ROM으로 제작한 것<br>• 선형적임 ⇨ 학습자 수준에 따라 길을 정해줌<br>• 교육전문가가 개발 ⇨ 교사는 활용<br>• <mark>수업의 개별화</mark>를 촉진, 특히 학습부진아에게 효과적(오답은 계속 응답)<br>• 학생의 반응에 따라 다양한 안내를 받을 수 있고, 피드백 원리에 의해 학습시간과 교수효과의 극대화에 공헌, 개별화 수업<br>• 무한한 인내력(학생이 반응할 때까지), 고도의 정확성, 완벽한 기억력 |

| | | | |
|---|---|---|---|
| 코스웨어<br>유형과<br>사용 예 | 개인교수형 | | • 특정 영역에 대한 새로운 정보를 가르치고, 확인, 강화를 통해 학습자 스스로 학습할 수 있도록 설계<br>• 가네의 9가지 수업전략의 적용에 효과적<br>• 학습자는 마치 교사와 일대일 교수상황에서 학습을 수행하는 것처럼 프로그램과 상호작용 |
| | 반복연습형 | | • 새로운 정보 ×, 정규학습을 심화·보충<br>• 특정 과제의 암기 향상이 목적<br>• 이미 교수자가 교실수업이나 개인교수형을 통해 학습한 것을 연습 |
| | 모의실험형<br>(시뮬레이션형) | | • 실제상황과 유사한 상황, 학습활동이 위험할 때 사용<br>• 위험부담과 비용↓, 시간절약, 실험반복 가능 |
| | 게임형 | | • 학생의 동기유발에 매우 효과적(내적 동기), 스토리텔링 기법 사용(우연적 학습)<br>• 능동적, 적극적으로 참여하는 이점<br>• 학습자가 의식하지 못하는 과정에서 의도적이지 않은 우연적 학습이 발생<br>• 경쟁과 도전에 의해 쉽게 몰입 |
| | 장·단점 | 장점 | • 개별학습 가능<br>• 대량보급으로 사용이 용이<br>• 증가하는 정보를 효과적으로 가르칠 수 있음<br>• 학습속도가 늦은 아동에게 효과적 |
| | | 단점 | • 컴퓨터가 비쌈<br>• 학생의 반응을 인지하는 수단이 극히 한정 |

| 컴퓨터 관리수업<br>(CMI) | 교사의 여러 부수적인 업무와 관리를 지원<br>◉ 출결관리, 성적관리 |
|---|---|
| 컴퓨터 매개수업<br>(CMC)<br>22 중등 | • 시·공간을 초월한 비동시적 상호작용 가능, 협동적 문제해결(고차적 사고 기술), 최신의 정보교환 수단, 의사교환, 협동학습 가능<br>• 비교적 학생 수가 적은 코스에 적절<br>◉ e-mail, 채팅, 블로그 |
| 컴퓨터 활용평가<br>(CBT, CAT) | 피검사자의 능력수준에 부합되는 적정 곤란도의 문항을 제시하여 측정의 정확성 및 효율성을 높이려는 방식<br>⇨ 제한된 시간 내에 적은 수의 문제를 가지고 학습능력을 정확히 측정, 개별평가 가능 |

PART 12

교육공학 ET 김인식 교육학논술 만점 서브노트

**기출문장 Check**

온라인 수업에서 학생의 고립감 해소를 위해 활용할 수 있는 구체적인 교수-학습 활동 2가지와 그에 적합한 테크놀로지를 함께 제시하시오.

22 중등

## 04 컴퓨터와 교육 ✎

| | | |
|---|---|---|
| **멀티미디어**<br>20 중등 | 개념 | 컴퓨터가 중심 역할을 하는 환경에서 문자 정보, 그래픽, 사진, 음성정보, 비디오 정보 등이 상호작용적 연결에 의해 통합된 체제<br>⇨ 여러 개의 매체가 합쳐진 것 |
| | 특징 | • **상호작용성** : 원하는 정보를 받기도 하고, 새로운 정보를 창출하기도 함<br>• **학습자중심**이므로 사용자가 스스로 통제 수준 확대하지만, 학습자 스스로 통제하는 데 문제 발생 가능성 있음 ⇨ 방향감 상실<br>  └ 중요하지 않은 정보에 집중<br>• **비선형적** 정보의 사용으로 원하는 정보를 선택하여 사용자가 순서를 정함<br>  ⇨ 인지적 유연성 계발 가능<br>• 테크놀로지 발달로 많은 양의 정보를 수록 ⇨ 다양한 형태의 자료 제시<br>• **실제 상황과 유사한 체험**(풍부한 학습경험 제공) |
| | 고려사항 | • **방향감 상실** : 비계열적으로 조직된 교수매체에서는 방향감 상실이 발생하기 쉬움<br>• **인지과부하** : 하이퍼텍스트 환경에서는 학습자가 학습을 주도해야 하기 때문에 인지과부하가 발생하기 쉽고, 결과적으로 방향감을 상실하는 문제가 발생 |
| | 비교 | (아래 표 참조) |

| 구분 | CAI | 멀티미디어 |
|---|---|---|
| 목적 | 원하는 학습성과 목적을 결정 | 목적 결정 or 비결정 |
| 특징 | 선형적 | 비선형적 |
| 경로 | 개발자에 의한 프로그램 경로 | 학습자에 의한 발견될 수 있는 프로그램의 많은 경로 |

| | | |
|---|---|---|
| 인터넷 | | • **수업보다 학습 위주 환경 제공** : 정보제공자, 정보소비자, 학습자 개인적 요구를 바탕으로 스스로 학습<br>• **창의성과 종합적인 사고를 배양** : 정보 암기나 단순 검색보다는 정보를 정리하고 분류·종 합하여 필요한 정보로 만들 것인가를 아는 것<br>• **글쓰기와 커뮤니케이션 능력을 함양** : 자신만의 정보를 다른 사람이 이해하기 쉬운 말로 제시하기 위하여 논리력·작문력·의사소통 능력이 필요<br>• 시·공간을 초월하여 다양한 형태로 상호작용이 이루어짐 ⇨ 교사와 학습자 간, 학습자와 전문가와의 상호작용을 활성화<br>• Prosumer : 정보 생산자이면서 동시에 소비자<br>• 비선형적<br>• 협동학습의 장, 자기주도학습 가능 |
| ICT ✖ | 개념 | • 정보기술 + 통신의 합성어<br>• 정보기기의 하드웨어 + 소프트웨어 기술 + 기술을 이용하여 정보를 수집· 생산·가공·전달하는 모든 방법 |
| | 특징 | • **ICT 소양교육** : ICT를 다룰 수 있는 교육, ICT의 기술적 사용방법<br>• **ICT 활용교육** : ICT를 활용하여 교수 – 학습의 문제해결, 교과교육의 통합, 교육적 활용<br> ∴ 학습자들은 ICT 소양교육을 통하여 ICT에 대한 기본적인 기술능력을 습득하고, 이를 토대로 각 교과에서 ICT를 활용한 교수 – 학습활동을 전개<br> ⇨ 교수 – 학습목표의 효과적 달성이 목적 |

## 05 원격교육(e-learning, 온라인 수업) 🎯 21 중등

| 개념 | | 교수자와 학습자가 직접 대면 ×, 매체를 매개로 하여 교수 - 학습활동을 하는 교수전략 |
|---|---|---|
| 유형 | | • **보조학습형** : off-line 기본(전통적 면대면 방식), on-line 추가 · 보충적 작용<br>　예 e-mail이나 관련 사이트 제공. 오프라인에서 강의 못 들은 것을 온라인에서 듣도록<br>• **사이버형** : 인터넷 환경에서 전 교육과정인 교수 - 학습활동이 이루어지는 형태<br>　예 사이버 대학<br>• **블렌디드형** 🎯 |
| | 개념 | • 온라인(사이버 환경)과 오프라인(면대면 수업)이 대등하게 혼합된 형태<br>• 물리적 폐쇄성을 극복하여 학습자에게 편의성을 제공, 다양한 사회적 상호작용과 정보의 접근이 훨씬 더 용이 |
| | 장점 | • 시 · 공간의 제약으로부터 벗어난 자유로운 학습 ⇨ 교실수업 · 교실 이외의 한정으로 벗어남<br>• 자기주도적인 학습 가능 ⇨ 계획을 세우고, 이용시간을 조절, 자발적인 학습으로 학습의 효과 증진<br>• 학습자와 교사 간의 상호작용을 증진하여 적극적인 학습의 장 ⇨ 교사와 학생이 시 · 공간의 제약으로부터 벗어나 온라인상에서 의견이나 견해의 상호작용<br>• e-learning과 오프라인의 장점만 수용 ⇨ 수업 효율성과 효과성 극대화 |
| | 예 | • 면대면 형태의 교실수업이나 현장학습을 실시한 후 사이버 공간에서 수업을 진행하거나 사이버 공간에서 먼저 학습 후 교실 수업이나 현장학습으로 연계하여 진행<br>• 수업을 듣고 질문을 블로그에 올리는 것<br>• 수업을 듣고 심화 · 보충은 온라인으로 해결<br>• 토의수업 후 토의사항에 대해 자신의 견해, 질문을 학급 홈페이지에 게시, 급우들이 올려놓은 것을 토대로 결론을 도출하여 다음 시간에 제출 |
| 장 · 단점 | 장점 | • 학습자들이 원하는 시간과 장소에서 자신들에게 편리한 방식으로 교육<br>• 다수의 학습자들을 동시에 교육<br>• 각 지역에 있는 학습자원을 공유 |
| | 단점 | • 학습자의 자율성에 근거하므로 학습의 질을 관리 · 평가의 어려움<br>• 계속적인 지원조직이 필요하여 계속적인 투자가 필요<br>• 원격교육이 가격 면에서 경제적이지만, 시스템 구축을 위한 초기비용이 높음 |

## 06 유비쿼터스

① 모든 곳에 존재하는 네트워크라는 의미
② 언제, 어디서나, 내용에 상관없이 학습이 가능
③ 학습상황에서 수업요소를 즉각적으로 확인
④ 극대화된 구성주의
⑤ 시·공간을 초월(교실과 학교에 국한 ×)

## 07 거꾸로 교실(flipped learning)

| 개념 | 수업에 앞서 교수가 제공한 자료(온·오프라인 영상, 논문 자료 등)를 사전에 학습하고, 강의실에서는 토론이나 과제 풀이 등을 하는 형태의 수업방식 |
|---|---|
| 목적 | • **학습자 입장** : 학업 성취도 제고(교육적 목적)<br>• **학교 입장** : 비용 절감(경제적 목적) |
| 특징 | • 학습자는 집에서는 자기주도학습, 학교에서는 PBL이나 협동학습을 하며 능동적으로 변모되며, 수업시간이 고차적인 문제해결을 위한 시간이 되어, 수업의 질이 향상됨<br>• 학습자중심의 수업을 특성으로, 심화학습이 가능<br>• 학습자들끼리 문제를 해결하는 가운데 협동학습이 이루어짐<br>• 다양한 학습 가능(토론, 문제해결 등) |

PART 12

교육공학 ET 김인식 교육학논술 합격을 위한 서브노트

# PART 13
# 교육행정

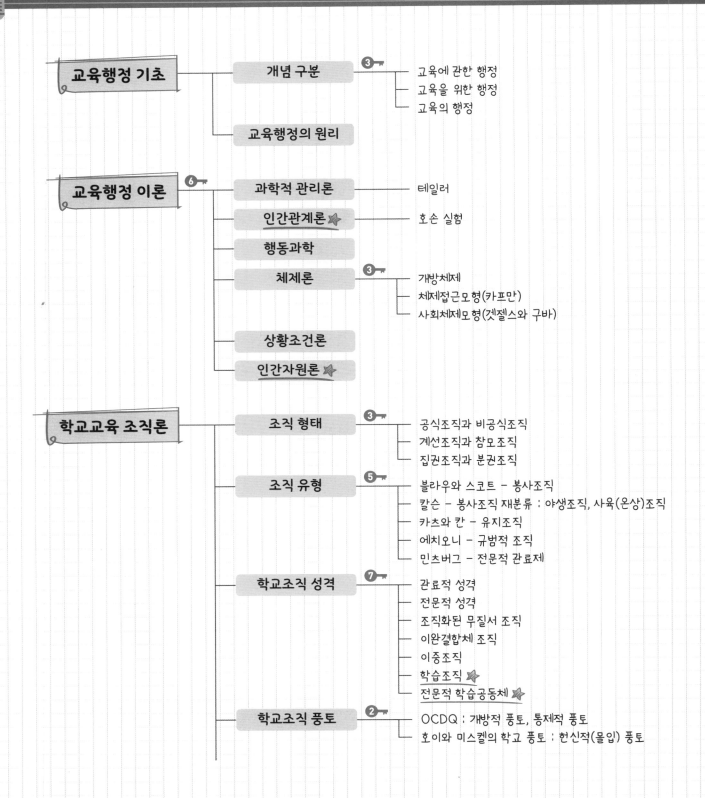

교육행정 기초 ── 개념 구분 ③🔑 ┬ 교육에 관한 행정
├ 교육을 위한 행정
└ 교육의 행정

교육행정의 원리

교육행정 이론 ⑥🔑 ── 과학적 관리론 ── 테일러

인간관계론 🌟 ── 호손 실험

행동과학

체제론 ③🔑 ┬ 개방체제
├ 체제접근모형(카프만)
└ 사회체제모형(겟젤스와 구바)

상황조건론

인간자원론 🌟

학교교육 조직론 ── 조직 형태 ③🔑 ┬ 공식조직과 비공식조직
├ 계선조직과 참모조직
└ 집권조직과 분권조직

조직 유형 ⑤🔑 ┬ 블라우와 스코트 – 봉사조직
├ 칼슨 – 봉사조직 재분류 : 야생조직, 사육(온상)조직
├ 카츠와 칸 – 유지조직
├ 에치오니 – 규범적 조직
└ 민츠버그 – 전문적 관료제

학교조직 성격 ⑦🔑 ┬ 관료적 성격
├ 전문적 성격
├ 조직화된 무질서 조직
├ 이완결합체 조직
├ 이중조직
├ 학습조직 🌟
└ 전문적 학습공동체 🌟

학교조직 풍토 ②🔑 ┬ OCDQ : 개방적 풍토, 통제적 풍토
└ 호이와 미스켈의 학교 풍토 : 헌신적(몰입) 풍토

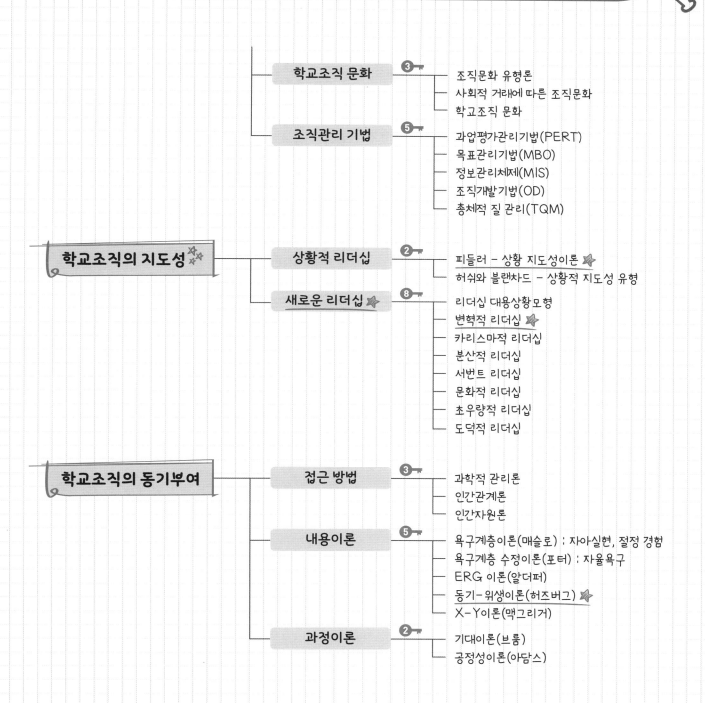

학교조직 문화 ③🔑
- 조직문화 유형론
- 사회적 거래에 따른 조직문화
- 학교조직 문화

조직관리 기법 ⑤🔑
- 과업평가관리기법(PERT)
- 목표관리기법(MBO)
- 정보관리체제(MIS)
- 조직개발기법(OD)
- 총체적 질 관리(TQM)

**학교조직의 지도성** ✿✿

상황적 리더십 ②🔑
- 피들러 – 상황 지도성이론 ✐
- 허쉬와 블랜차드 – 상황적 지도성 유형

새로운 리더십 ✦ ⑧🔑
- 리더십 대용상황모형
- 변혁적 리더십 ✐
- 카리스마적 리더십
- 분산적 리더십
- 서번트 리더십
- 문화적 리더십
- 초우량적 리더십
- 도덕적 리더십

**학교조직의 동기부여**

접근 방법 ③🔑
- 과학적 관리론
- 인간관계론
- 인간자원론

내용이론 ⑤🔑
- 욕구계층이론(매슬로) : 자아실현, 절정 경험
- 욕구계층 수정이론(포터) : 자율욕구
- ERG 이론(알더퍼)
- 동기–위생이론(허즈버그) ✐
- X–Y이론(맥그리거)

과정이론 ②🔑
- 기대이론(브룸)
- 공정성이론(아담스)

# 키워드로 흐름잡기

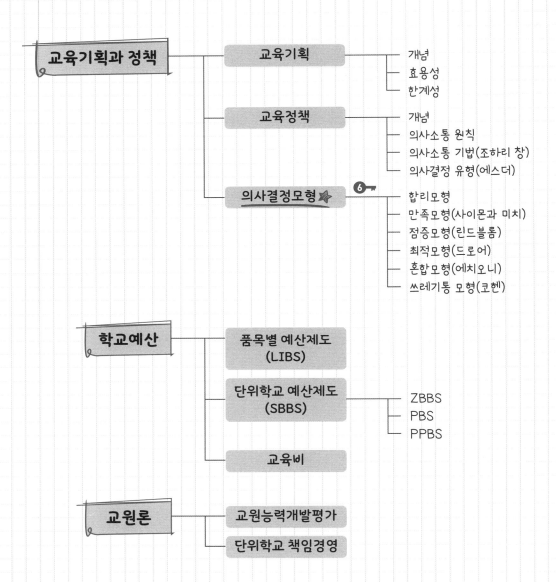

교육기획과 정책
- 교육기획
  - 개념
  - 효용성
  - 한계성
- 교육정책
  - 개념
  - 의사소통 원칙
  - 의사소통 기법(조하리 창)
  - 의사결정 유형(에스더)
- 의사결정모형 ⑥
  - 합리모형
  - 만족모형(사이몬과 미치)
  - 점증모형(린드블롬)
  - 최적모형(드로어)
  - 혼합모형(에치오니)
  - 쓰레기통 모형(코헨)

학교예산
- 품목별 예산제도 (LIBS)
- 단위학교 예산제도 (SBBS)
  - ZBBS
  - PBS
  - PPBS
- 교육비

교원론
- 교원능력개발평가
- 단위학교 책임경영

장학론 ⑭

- 임상장학
- 마이크로티칭
- 발달장학(발전장학)
- 협동적 동료장학
- 자기장학
- 전통적 장학
  (약식장학)
- 인간자원 장학
- 선택적 장학
- 교내 자율장학
- 지구별 자율장학
- 책임장학
- 요청장학
- 컨설팅 장학
- 멘토링 장학

# 교육행정의 기초와 이론

## 01 교육행정 기초

| 구분 | 세부 | 내용 |
|---|---|---|
| 개념 구분 | 교육에 관한 행정<br>( = 국가공권설) | • 국가공권설이라고 정의(법규적 관점)<br>• 교육행정을 국가통치권의 작용으로 간주<br>• 교육보다 행정을 중시<br>• 교육을 일반행정의 한 분류로 해석, 권력적·통제적 요소 강조 |
| | 교육을 위한 행정<br>( = 기능설) | • 조건 정비설<br>• 교육자와 학생 간에 이루어지는 교육활동을 지원하기 위한 보조적 활동<br>• 교육행정은 그 자체에 목적이 있는 것이 아니라, 교수 – 학습을 통해 교육목표를 달성하도록 돕는 수단<br>• 교육의 자주성 중시 |
| | 교육의 행정<br>( = 경영설) | • 목표관리 중심의 조정 행정<br>• 교육과 행정을 통합, 교육목표 달성을 행정의 최우선 과제로 취급<br>• 대표적인 제도 : 단위학교 책임경영제도(SBM) – 초빙 교장제<br>└ 단위학교에서 교장이 예산과정의 중심적인 역할을 담당하는 분권화된 예산제도, 신자유주의 관점으로 자율과 책임 강조 |
| 원리 | 민주성 | 참여를 통한 공정한 민의 반영(국민참여) |
| | 효율성 | 가장 능률적인 방법으로 최대의 목표를 달성 ⇨ 최소경비로 최대효과 |
| | 합법성 | 교육행정의 모든 활동이 합법적으로 법률 적합성을 가져야 함 |
| | 기회균등 | 능력에 따라 균등하게 교육(무상교육) |
| | 지방분권 | 주민의 적극적 참여 + 지역설정에 따른 행정 |
| | 자주성 | 교육이 그 본질을 추구하기 위하여 일반행정에서 분리·독립하고 정치와 종교로부터 중립을 유지 |
| | 안정성 | 적응성에 대응, 급격한 상황변화에 지속성·일관성 유지 |
| | 전문성 보장 | 전문가가 담당 ⇨ 교육에 관한 전문적 식견이 필요하므로 전문성을 요구 |

## 02 교육행정 이론

| 과학적 관리론 | 개념 | • 능률성, 생산성 강조, 경제적 보수 중시<br>• 조직과 인간 관리의 과학화를 주창하여 능률을 극대화<br>• 교원은 학생을 가르치는 데 전념, 별도 행정가가 학교행정을 책임져야 함<br>⇨ 교육의 분업(효율성)을 강조<br>• 교사중심 교육·주입식 교육과 일치하는 정신, 교과서중심·교과중심 교육과정의 정신<br>• 행정과정 중시 : POSDCoRB(Fayol, Gulick 등)<br>• 권위의 위계 강조 : 관료제<br>• Taylor의 행정관리론 : 경제적 요인만으로도 과업 동기 유발<br>• 아류 : 관료제, 행정관리론 |
|---|---|---|
| | 비판 | 인간성을 완전히 배제하여 심리·정서적 요인, 인간 상호 간의 상호작용 등을 무시<br>⇨ 자발적인 생산성을 저하, 인간소외 초래 |
| 인간관계론 ✍ | 개념 | • 호손실험 ⇨ 경제적·물리적 여건만을 중시하던 편협한 시각에서 벗어나서 인간의<br>└ 조명의 밝기와 능률의 상관 ⇨ 인간관계에 따라 능률 달라짐<br>사회적·심리적 여건의 중요성을 확인하고 그에 관심을 갖도록 하였다는 점에서 의의<br>• 집단의 사기, 직무만족, 응집력 중시(1차적) ⇨ 학교의 효과성 증대<br>• 교육행정의 민주화와 발전에 크게 공헌, 교육행정은 봉사활동<br>• 의사결정은 광범위한 참여를 통해, 행정적 권위는 집단에 크게 주어져야 함(참여)<br>• 대인관계와 비공식적 집단을 통한 소외감의 배제를 중시<br>• 교육에서 아동중심·흥미중심, 교육과정에서도 교과중심 교육과정에서 활동중심<br>(진보주의 물결) |
| | 영향 | • 자생집단의 중시 : 비공식적 조직의 중요성이 인정됨<br>• 민주적 지도성의 중시 : 지도자의 민주적 지도성이 조직 효과를 확보하는 데 유효함(광범위한 참여)<br>• 의사소통의 중시 : 업무의 조정과 구성원의 사회·심리적 욕구 충족을 위하여 의사소통이 중요시됨<br>• 각종 인사제도의 창안 : 구성원의 욕구충족에 기여 |
| 행동과학 | | • 효과적인 의사결정을 위해 제한된 합리성을 토대로 하는 행정적 인간형이 필요하다는 주장과 더불어 교육행정의 이론화에 크게 영향<br>• 지도자에 관심을 두고 나타난 이론 : 지도자에 대한 이론화 운동<br>• 과학적 관리론 + 인간관계론 = 조화 ⇨ 단일학문에서 다학문적 접근 중시 |

체제론

- 체제는 여러 부분으로 이루어진 전체 혹은 여러 요소의 총체
  └ 상호작용하는 여러 요소에 관심
- **개방체제( = 체제적 사고)**
  - 조직을 복합적이고 역동적인 개방체제로 보고 조직을 연구
  - 어떠한 사태나 현상을 단순한 시각에서 보는 오류를 방지
  - 모든 사태나 현상의 복잡성을 전제로 조직을 인식
- 체제적 사고의 기본모형: 투입 - 산출모형

[그림 13-1] 투입 - 산출모형

- 학교행정가는 학교를 하나의 사회체제로 파악하여 체제적 관점에서 접근
- **폐쇄체제와 개방체제 비교**

| 폐쇄체제 | 다른 환경(학교를 제외한 나머지)과 상호작용 × |
|---|---|
| 개방체제 | • 다른 환경(학교를 제외한 나머지)과 상호작용 ○<br>• 어떤 체제가 환경과 비교적 자유로운 상호작용을 할 때<br>  └ 교사는 학급을 운영할 때, 학교가 어떤 계획을 가지고 있는지 파악. 즉, 학교와 상호작용을<br>    통하여 이루어져야 함 |

- **카프만 체제접근모형**

| 1단계 | 문제 확인 | 요구사정에 의한 문제를 확인 |
|---|---|---|
| 2단계 | 대안 탐색 및 결정 | 목표관리기법을 사용(MBO) |
| 3단계 | 해결전략 선정 | 내용 - 이익 관계를 파악하는 투입 - 산출 분석(PPBS) |
| 4단계 | 해결전략 시행 | • 실제 해결전략과 도구가 이용되고, 적절한 실행 자료를 수집<br>• 사업평가를 점검하는 종합적 계획 관리기법인 PERT<br>  └ 과업평가 검토기법 |
| 5단계 | 성취효과 결정 | 처음에 요구했던 정도에 비해 얼마만큼 성취되었는가를 평가 |
| 6단계 | 피드백 | 필요에 따라 언제든지 체제가 수정·보완·재구성 |

- **겟젤스 & 구바 사회체제모형(역할 × 인성 상호작용)**

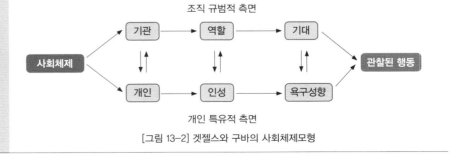

[그림 13-2] 겟젤스와 구바의 사회체제모형

| 상황조건론 | 상황조건에 맞추는 행동이 가장 좋은 행동<br>예 상황적 지도성 |
|---|---|
| 인간자원론 ✦ | • 인간관계론을 악용하여 종업원의 비위를 맞추어 이윤을 창출하는 데만 관심을 가져, 인간의 수단화에 반대<br>• 인간을 수단이 아닌 목적으로 보며, 조직원의 자아실현을 강조<br>• 인간 개개인을 강조하여 자아실현을 도와주면, 저절로 조직이 good ⇨ 조직개발운동(OD) 도입<br>• 인간관계론은 공동의 의사결정을 도입하고 나면 교사의 만족도가 증가하고, 이를 통해 학교의 효율성이 증가하여 인간을 수단으로 보는 반면, 인간자원론은 공동의 의사결정을 도입하면 학교의 효율성이 증가하고, 이를 통해 교사의 만족도가 증가함 |

PART 13

교육행정 ET 권지수 교육학 논술 콕콕 만점 서브노트

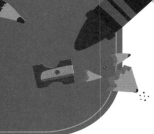

# Theme 2
# 학교교육 조직론

## 01 조직 형태

### 공식조직과 비공식조직

• 공식조직과 비공식조직

| 구분 | 공식조직 | 비공식조직 |
|------|----------|------------|
| 조직 형태 | 인위적, 문서화된 조직 | 자연발생적, 자라나온 조직 |
| 구성 | 능률(효율성) | 감정(만족) |
| 주요 이론 | 과학적 관리론 | 인간관계론 |

• 비공식조직의 순기능과 역기능 16 중등

| 순기능 | 역기능 |
|--------|--------|
| • 공식적 조직에 융통성 부여 – 만족감을 주고 집무집단을 안정화시킴<br>• 정보 교환 – 의사통로 확장<br>• 좌절감과 욕구불만의 배출구 역할 | • 파벌 조성 – 정실인사 행정<br>• 왜곡된 정보나 소문<br>• 조직책임의 무효화 |

### 계선조직과 집권조직

• 계선조직과 참모조직

| 구분 | 계선조직 | 참모조직 |
|------|----------|----------|
| 조직형태 | 수직적 조직 | 수평적 조직 |
| 기능 | 실제 집행 | 지원 보조 |
| 강조 | 권한과 책임 | 전문성 강조 |
| 특징 | 현실적, 실제적, 보수적(안정적) | 이상적, 이론적, 비판개혁적 |
| 업무 | 결정, 명령, 지휘, 집행 | 권고, 조언, 지원, 보고 |

• 집권조직과 분권조직

| 집권조직 순기능 | 분권조직 역기능 |
|-----------------|-----------------|
| 정책결정이 통일성 | 통일성 결여 |
| 능률성 강조 | 감독 약화 |
| 교육기회 불균형 해결 | 지방 재정에 따른 불균형 |
| 신속하고 강력한 수행 | 일관된 수행 곤란 |
| **집권조직 역기능** | **분권조직 순기능** |
| 반민주적 행정 | 민주 행정 |
| 지방민 참여기회 제한 | 주민 참여 확대 |
| 지나친 통제 | 민의 반영 |
| 획일적 운영 | 창의적인 다양한 운영 |
| 정치적 불안 | 정치적 안정 |

## 02 조직 유형

| 구분 | 수혜자 및 종류 |
|---|---|
| 호혜조직 | • **수혜자** : <u>조직구성원</u><br>└ 민주주의를 통한 구성원들의 참여와 통제가 이루어짐<br>• **종류** : 정당, 노동조합, 종교단체 |
| 사업조직 | • **수혜자** : 조직의 소유주(이윤추구)<br>• **종류** : 사기업체, 금융기관 |
| 봉사조직 | • **수혜자** : <u>고객</u><br>└ 자신의 문제를 해결하고자 하지만 방법 ×<br>• **종류** : <u>학교</u>, 병원<br>└ 블라우와 스코트는 학교조직을 봉사조직으로 분류하는 바, 학생(고객)이<br>학교를 찾게 되면 전문가인 교사는 특성을 고려하여 효과적으로 지도 |
| 공공복리 조직 | • **수혜자** : 일반 대중 전체(공공의 복리의 추구)<br>• **종류** : 군대, 경찰서 |

**블라우와<br>스코트의 분류**<br>└ 수혜자에<br>의한 분류

**칼슨의 분류**<br>└ 봉사조직의<br>재분류

| 조직의<br>고객<br>선발권 | | 고객의 참여 결정권 | |
|---|---|---|---|
| | | **YES** | **NO** |
| | **YES** | • **유형 1 야생조직**<br>- 생존을 위해 동일유형 조직들과 경쟁<br>⑩ 비평준화 지역의 고등학교, 자율형 공립·사립고교 | • **유형 3 강압조직**<br>- 군대, 그러나 군대는 봉사조직이 아니기 때문에 부적절<br>- 이론적 ○, 현실적으로 존재 × |
| | **NO** | • **유형 2 적응조직**<br>⑩ 미국의 주립대학이나 지역사회 대학 | • **유형 4 사육조직( = 온상조직)**<br>- 법에 의해 운영<br>⑩ 의무교육기관인 학교, 고교 평준화 지역의 공립고등학교 |

| 구분 | 수혜자 및 예 |
|---|---|
| 생산적 또는 경제적 조직 | • 부의 창출, 물자의 제조, 서비스 제공<br>• 종류 : 대부분의 공기업 |
| 유지조직 | • 사회의 안정성 유지와 인간의 사회화<br>• 종류 : 학교, 병원 |
| 적응조직 | • 사회변화에 적응하도록 하는 조직<br>• 사회변화에 따라 발생하는 문제를 해결, 지식 창출, 이론을 발전시키는 것에 주안<br>• 종류 : 대학, 연구소, 조사기관 |
| 관리적 또는 정치적 조직 | • 단체를 조정 및 통제하는 기능<br>• 종류 : 정부 각 기관, 정당, 노동조합 |

**카츠와 칸의 구분** ― 기능에 의한 분류

• 권력 – 참여관계의 조직 유형

| 참여의 종류<br>권력의 종류 | 소외적 | 타산적 | 도덕적 |
|---|---|---|---|
| 강제적 | 강제적 조직(형무소) | | |
| 보상적 | | 공리적 조직(기업체) | |
| 규범적 | | | 규범적 조직(학교) |

• 종류

| 강제적 조직 | • 권력의 종류 : 조직이 사용하는 권력은 위협·매질·감금 등 육체적·물리적인 강제적인 수단<br>• 참여의 종류 : 구성원은 개인의 의사와는 상관없이 참여 |
|---|---|
| 공리적 조직 | • 권력의 종류 : 봉급, 임금과 같은 물질적·금전적 대가와 같은 보상적 권력<br>• 참여의 종류 : 보상이 만족할 만한가 아닌가 하는 실리를 따져 참여 |
| 규범적 조직 | • 권력의 종류 : 당위성과 상징적 의미부여를 강조한 규범적 권력<br>• 참여의 종류 : 인간으로서 도의적인 윤리와 의식을 갖고 참여 |

**에치오니의 분류**

**체벌의 조직적 성격**
체벌은 강제적 조직에 속한다. 이는 학교조직과 일치하지 않으며, 학교조직은 규범적 조직을 지향한다.

**민츠버그의 전문적 관료제**

- 학교는 관료제적인 특성(위계적인 조직)
- **일반적 관료제와 구별되는 점** : 구성원인 교사가 고도의 교육을 받은 전문가, 교육과정·교수방법·교육평가 등에서 상당한 자유 재량권을 갖고 행사하는 전문가
- 다른 관료조직과 달리 교사는 직무수행의 통일된 표준을 갖기 어려움
- **엄격한 감독을 받지 않아** 교사들이 조직의 상위자의 기대에 부응하고 있는가를 확인하기 위해 여러 수단을 활용
  - 예) 교사자격증 요구, 표준화된 교육과정과 교과서 사용, 학교학습평가
- 학교에서는 교사들이 전문가임을 인정, 의사결정에 있어서 교사들의 많은 참여를 보장
- 관료제와 전문직제의 혼합적인 조직형태
- 조직의 주요 조정기제는 기술의 표준화

## 03 학교조직 성격

**관료적 성격** `15 중등`

- 과학적 관리론 관점
- 특징에 따른 순기능과 역기능

| 특징 | 순기능 | 역기능 |
|---|---|---|
| 분업(전문화) | 숙련된 기술 | 권태감 |
| 몰인정 | 합리성 | 사기저하 |
| 권위의 계층 | 지위에 순응, 하부조직 조정 | 의사소통 단절(권위적) |
| 규칙과 규정 | 계속성, 통일성 | 경직성, 본말전도 |
| 경력지향성 | 동기유발 | 업적과 연공 갈등 |

**전문적 성격**

- 자율성을 갖기 위해, 교사 자신의 이익을 위한 것이 아닌 스스로를 통제할 수 있는 윤리 강령의 제정과 간섭이나 통제로부터 자신의 권익보호를 위한 전문적 단체의 결성이 필요
  ⇨ 임의적 성격
- 자율성을 갖기 위해, 고도의 전문 지식이 요구 ⇨ 강제적 성격
  └ 응용이 가능한 이론체계를 가진 것
- 지식을 가지기 위해서는 장기간의 직전교육과 현직교육, 전문지식이 갖추어졌는지를 확인할 수 있는 자격증 제도가 필요 ⇨ 강제적 성격
- 자율성을 통하여 고객에게 봉사
  └ 블라우·스코트는 학교를 봉사조직으로 분류
  ⇨ 論 : 위의 개념으로 보면 교사는 전문직의 기준에 해당됨
    └ 스스로의 지식을 가지고 수업에 자율성을 가지기 때문에

**기출문장 Check**
학교조직의 관료제적 특징 2가지를 제시하시오.

`15 중등`

PART 13

교육행정 ET 권지수 교육학 논술 만점 서브노트

| | | |
|---|---|---|
| **조직화된<br>무질서<br>(코헨)** | | • 조직 내의 강한 개성과 전문성으로 인하여 자율적 견제와 조정이 이루어지므로 의도적 통제가 적용 ×<br>• **특성** |
| | 목표의 모호성 | • 교육조직의 목적이 구체적 ×<br>• 교사, 행정가, 학부모들마다 서로 다른 입장에서 갈등 |
| | 불분명한 과학적 기법 | • 교사, 행정가, 장학요원이 사용하는 기술이 명확 ×<br>• 적용하는 사람에 따라 개인차 |
| | 유동적 참여 | 학교조직에의 참여가 간헐적, 고정적이지 않음<br>⑩ 졸업, 전근 |

| | |
|---|---|
| **이완결합체<br>조직<br>(와익)**<br>15 중등 | • 개념 : 서로 연결은 되어 있으나, 각자가 독자성을 유지하면서 어느 정도 분리되어 있는 모습<br>• 두 가지의 성격이 결합, 관료제보다 전문직의 특성을 좀더 강조<br>• 각자가 독자성이 유지되어 전문성과 자율성 보장<br>⑩ 모든 일을 교장에게 보고하지 않으며, 교장의 지시를 완벽하게 따르지 않는다.<br>• 교육의 과정은 학교는 공장의 생산과정과 달리 투입과 산출의 인과관계를 분명하게 파악 ×<br>• 학교 구성원들에게 더 많은 자유재량과 자기결정권을 부여<br>• 각 부서 및 학년 조직의 국지적 적응을 허용하고 인정<br>• 환경변화에 적응하기 위해 학교조직에서 이질적인 요소들이 공존하는 것을 허용 |

| | |
|---|---|
| **이중조직** | • 개념 : 학교는 느슨하게 조직된 측면도 있고, 엄격한 관료제적 특징도 가지고 있음<br>• 수업 등과 관련한 특정한 측면에서 볼 때는 느슨한 결합구조를 가진 조직<br>• 행정관리라는 보편적인 조직관리의 측면에서 볼 때는 엄격한 결합구조<br>⑩ 시간표, 학칙과 같은 행정적 입장은 관료제 측면, 교육과정을 재구성하고 다양한 학습의 기회를 제공하는 것은 전문적 측면 |

| | | |
|---|---|---|
| **학습조직<br>으로서의<br>학교**✦ | 개념 | • **최근 패러다임** : 기존의 조직관리 방식에서 벗어나 교사들이 스스로 역동적으로 움직임의 주체가 되어 그 변화를 주도하여 경영<br>• 새로운 기술을 습득하고 창조·활용하는 능력을 통해 환경에 능동적으로 대처해 나가는 조직<br>└ 개인수준의 학습개념 ⇨ 조직수준 확장 |
| | 원리<br>└ 개정공시팀<br>15 중등 | • **개인적 숙련** : 개인적 역량을 지속적으로 넓혀가고 심화시키는 행위<br>• **정신모형** : 사고의 전환<br>└ 구성원은 상호 단절을 극복하고 교육개혁을 위한 도전의식과 실험정신을<br>가지며, 행정가는 권위적 행동에서 탈피하고 개방적인 쌍방향 의사소통을 취함<br>• **공유된 비전** : 조직 구성원들이 공통적으로 가지고 있는 것을 바탕으로 각기 갖고 있는 열망을 한 방향으로 정렬<br>└ 조직이 추구하는 방향이 무엇이며, 그것이 왜 중요한지에 대해 모든 구성원들이 공감대를 형성<br>• **팀 학습** : 구성원들이 팀으로 학습 ⇨ 개인수준의 학습↑, 조직학습 유도<br>• **시스템적 사고** : 조직에서 일어나는 사건들을 전체적으로 인지하고 이에 포함된 부분들을 역동적인 관계로 인식 |

**기출문장 Check**

학교조직의 이완결합체적 특징 2가지를 제시하시오.

15 중등

**기출문장 Check**

학습조직의 구축 원리 3가지를 설명하시오.

15 중등

| 전문적<br>학습공동체 ✦<br>22 중등 | 개념 | 교사들 간의 협력을 통한 학교 변화와 전문성 신장에 둠 |
|---|---|---|
| | 원리<br>(특성) | • 공동체(팀) : 공동의 목표를 설정하고 팀이 되어 함께 일하며, 공감대가 형성되어 있어야 함<br>• 학습 : 학습되어가는 그 자체, 학습 행위 자체를 의미<br>• 전문가<br> - 교사의 전문성 인정 ⇨ 전문적 활동 보장<br> - 전문가로서의 교사들의 경험과 판단을 중요시함 |

MEMO

**기출문장 Check**

학교 중심 연수를 활성화하기 위해 학교 차원에서 지원할 수 있는 구체적인 방안 2가지를 제시하시오.

22 중등

# 04 학교조직 풍토

## I. OCDQ(핼핀과 크로프트)

① 사기점수에 따라 개방에서 폐쇄로 분류

② 개방적 풍토 특성 : 목표달성과 구성원의 사회적 욕구를 동시에 추구하며, 자발적·융통적이고 만족감이 높아 높은 사기를 가짐

③ 통제풍토가 친교풍토보다 사기점수가 높은 것은 성취감 때문

## 2. 호이와 미스켈의 학교 풍토

| | | 교장의 행동 | |
|---|---|---|---|
| | | 개방적(간섭×) | 폐쇄적(간섭) |
| 교사의<br>행동 | 개방적<br>(전문성) | • 개방적 풍토<br> - 상호작용적, 우호적, 교사들 서로 간 존중, 수용적<br> - 학교장은 교사의 제안을 잘 받아들이고(융통적), 교사들은 업무 달성을 위해 매우 헌신(자발적) | • 헌신적 풍토( = 몰입풍토)<br> - 교장은 통제적, but 교사는 전문적 성과를 보여줌 ⇨ 교사들은 서로 협조적, 응집력, 열성↑<br> - 학교장의 관리가 비효율적이지만, 교사들의 업무 수행은 효율적임 |
| | 폐쇄적<br>(전문성×) | • 방관적 풍토( = 일탈풍토)<br> - 교장은 개방적·사려적<br> - 교사는 교장을 무시 | • 폐쇄적 풍토<br> - 학교장은 불필요한 업무만을 강조하여 교사들이 반감을 가지고 업무를 태만히 하는 풍토 |

⇨ 교장이 지나치게 간섭하면, 헌신적 풍토로 이끌어야 함

# 05 학교조직 문화

## I. 조직문화 유형론(Sethia & Glinow)

| 냉담 문화 | • 인간과 성과 모두 무관심<br>• 사기저하, 냉소주의, 방임적 지도성<br>• 조직의 효과성보다는 기득권과 이해관계에 의해 운영 |
|---|---|
| 보호 문화 | • 구성원 복리 강조, 성과 강조 안 함<br>• 온정주의 철학에 근거<br>• 구성원이 조직 지도자에 순응, 구성원의 충성심과 애정으로 조직 생존하고 번창 |
| 실적 문화 ✨ | • 복지에 소홀, 높은 성과만 요구<br>• 성공추구 문화가 대표적<br>• 인간은 소모품, 보상은 개인의 성과에 따라<br>• 성공, 경쟁, 모험, 혁신, 적극성 등이 기본 가치 |
| 통합 문화 ✨ | • 성과와 인간 모두에 높은 관심<br>• 인간에 대해 온정적이지만 존엄성 인정<br>• 협동, 창의성, 모험, 자율의 정신<br>• 최대한의 자율 허용 |

## 2. 사회적 거래에 따른 조직문화(Quimn & Megrath)

| 합의 문화 | • 내적 체제지향, 분산적 권력 배분<br>• 조직 거래는 토의, 참여, 합의에 기초 ⇨ 팀워크, 높은 사기, 신뢰감 |
|---|---|
| 이념적 문화 ✨ | • 발전적 문화로, 체제지향은 외적, 권력 배분은 분산<br>• 조직 초점이 외적 경쟁과 성과, 광범위한 목표와 카리스마적 지도성 발휘<br>• 자원획득에 경쟁적, 혁신성 등이 강조 |
| 계층적 문화 | • 내적 체제 지향과 집중적 권력 배분<br>• 체제 유지위해 공식적 규칙과 규정 강조<br>• 안정성, 조정, 책무성, 통합과 균형 강조 |
| 합리적 문화 ✨ | • 외적 체제지향과 집중적 권력 배분<br>• 권력의 집중화, 통합된 활동, 타조직과의 경쟁 유발하는 대외적 초점<br>• 효율성, 생산성, 이익과 영향이 중심적 가치, 조직의 성과 극대화에 관심 |

# 3. 학교조직 문화(Steinhoff & Owens) 20 중등

| | |
|---|---|
| **가족 문화** | • 가정이나 팀에 비유<br>• 교장이 부모나 코치로 묘사<br>• 학교는 애정이 있고, 우정적이며 보호적 |
| **기계 문화** ✦ | • 학교를 기계에 비유<br>• 학교는 목표 달성을 위해 교사를 이용하는 하나의 기계 |
| **공연 문화** ✦ | • 서커스, 브로드웨이 쇼, 연회 등으로 비유<br>• 공연과 함께 청중의 반응이 중시됨<br>• 교사는 멋진 가르침을 추구 |
| **공포 문화** | • 자신의 위치를 유지하기 위해 무엇이든 희생제물로 삼음<br>• 학교를 형무소로 비유<br>• 구성원은 서로 비난하고 적의를 가짐 |

MEMO

**기출문장 Check**

스타인호프와 오웬스가 분류한 학교문화 유형에 따른 학교문화 유형의 명칭과, 학교 차원에서 그러한 학교문화를 개선하는 방안 2가지를 제시하시오.

20 중등

PART 13

교육행정 ET 김인식 교육학 논술 콕콕 만점 서브노트

# 06 조직관리 기법

| | |
|---|---|
| 과업평가 검토기법<br>(과업평가 계획기법)<br>(PERT) | • 과업의 수행과정을 도표화하여, 과업을 합리적·체계적으로 수행<br>　　　　　　　└ 특정 활동과 다른 활동을 구별해주는 시점<br>• 2가지 요소 : 활동, 단계<br>　　　　　　└ 구체적인 작업 활동<br>• 활동과 단계 간의 관계를 인과관계의 흐름으로 표시하는 플로차트를 작성<br>• 과업의 진전 상황을 쉽게 파악하여 시간에 맞추어 과업을 완수할 수 있도록 해주는 합리적인 접근방법<br>• 효율적인 예산 통제가 가능하며, 최저비용으로 일정 단축이 가능<br>• 과업 진행 중에 평가와 조정이 가능 |
| 목표관리기법<br>(MBO)<br>(드러커, 오디온) | • 드러커가 소개, 오디온이 체계화<br>• 조직구성원의 전체적인 참여와 합의를 중시 ⇨ 관료제 방지 가능, 전체적인 참여와 합의 중시<br>• 목표설정에 구성원의 참여, 목표를 명료화·체계화 ⇨ 관리의 효율성↑<br>• 학교운영의 분권화와 참여를 통해 관료화를 방지 ⇨ 교직 전문성 향상<br>• 상위관리자와 하위관리자가 공동 목표 규정 |
| 정보관리체제<br>(MIS) | • 정보를 통해서 조직을 관리<br>• 의사결정자가 합리적인 결정을 내릴 수 있도록, 관련된 정보들을 수집·처리·보관하였다가 적시에 효율적으로 제공하는 체제 |
| 조직개발기법<br>(OD) | • 개인의 욕구가 달성되면, 덩달아 조직의 목표도 달성<br>　⇨ 인간자원론적 관점(자아실현)<br>• 행동과학적인 지식과 기술을 활용하여, 조직의 목적과 개인의 욕구를 결부<br>　⇨ 조직 전체의 변화와 발전을 도모<br>• 학교조직의 구조, 가치, 신념을 변화시키기 위한 교육전략 활용 |
| 총체적 질 관리<br>(TQM) | • 신자유주의 맥락, 단위학교 책임경영제와 관련되어서 자율권을 주고 그에 따라 평가(책무성), 변혁적 지도성을 사용<br>• 수요자 중심, 지속적인 개선, 학교장의 강력한 지도성, 학교 구성원의 헌신, 총체적 참여(참여적 의사결정) |

## 01 상황적 리더십

| 개요 | 상황에 따라 효과적인 지도성 유형이 달라져야 함 |
|---|---|

<table>
<tr><td rowspan="4">상황 지도성이론<br>(피들러)</td><td colspan="2">• 상황적 요소에 따라 각기 다른 지도성을 발휘해야 효과적<br>• 상황적 요소</td></tr>
<tr><td>구분</td><td>내용</td></tr>
<tr><td>지도자 - 구성원 관계</td><td>지도자가 갖는 부하직원에 대한 신뢰, 지도자에 대한 부하직원의 존경(양호, 불량)</td></tr>
<tr><td>과업구조</td><td>부하직원들의 과업특성 : 구체적 목표·방법·성과의 기준은 있는가?(구조적, 비구조적)</td></tr>
<tr><td></td><td>지도자 지위권력</td><td>부하직원의 행위에 영향을 줄 수 있는 정도(강, 약)<br>⇨ 지도자 권한</td></tr>
</table>

| | • 지도성 행위와 상황변인 | |
|---|---|---|
| **상황적 지도성 유형<br>(허쉬와 블랜차드)** | 지도성 행위 | • **과업 행위 :** 지도자는 직원에게 무슨 과업을 언제, 어떻게 수행할 것인가를 설명하여 일방적인 의사소통에 전념<br>• **관계성 행위 :** 사회·정서적인 지원, 심리적 위로를 제공하고 일을 촉진하여 쌍방 의사소통에 전념 |
| | 상황변인 | • **직무 성숙도 :** 개인적 직무수행능력<br>• **심리적 성숙도 :** <u>개인적 동기수준</u><br>     └ 성취욕구, 책임을 수용하려는 의지 |
| | • 상황 지도성 모델 : 지도성 행위와 구성원의 성숙도의 조합 | |
| | 지시형 | • 높은 과업, 낮은 관계성<br>• 구성원의 동기와 능력이 낮을 때 효과적 |
| | 지도형 | • 높은 과업, 높은 관계성<br>• 구성원이 적절한 동기를 갖되 낮은 능력을 갖고 있는 경우에 효과적 |
| | 지원형 | • 낮은 과업, 높은 관계성<br>• 구성원이 적절한 능력을 갖되 낮은 동기를 갖고 있는 경우에 효과적 |
| | 위임형 | • 낮은 과업, 낮은 관계성<br>• 구성원이 높은 능력과 동기를 갖고 있는 경우에 효과적 |

### 기출문장 Check
교사 지도성 행동 측면에서 학생들의 학습동기를 유발하기 위한 방안 2가지를 제시하시오.

14 중등

| 리더십 대용상황 모형 (케르와 제메르) | 개념 | • 기본 틀은 지도자 행동, 상황, 효과성(결과)의 개념 <br> • 상황에 맞지 않는 리더십일 때 두 가지 상황 <br><br> **대용상황** 구성원의 태도·지각·행동에 영향을 미치는 지도자의 능력을 대신하거나 감소시키는 상황 <br><br> **억제상황** 지도자 행동의 영향력을 무력화시키는 상황 |
|---|---|---|
| | 상황 변인 | • 구성원의 특성 : 구성원의 능력, 보상에 대한 무관심 <br> • 과업의 특성 : 구조화된 일상적 과업, 내재적 만족을 주는 과업, 과업에 의해 제공되는 피드백 <br> • 조직의 특성 : 절차의 공식화, 규정과 정책의 신축성, 행정가와 구성원 사이의 공간적 거리 |
| | 특징 | • 과업수행이 지도자가 가지고 있는 것에 의존하지 않고 구성원, 과업, 조직 특성에 달려 있음 <br> 예 구성원이 높은 능력·경험·식견·수행 절차 분명·일상적으로 수행하는 과업일 경우 지도자의 리더십이 거의 필요 × <br> • 지도자의 행동이 어떤 상황에는 중요한 영향, 다른 상황에서는 왜 아무런 영향을 주지 못하는지를 이해하는 데 도움 |
| 변혁적 리더십 🔊 19 중등 <br> **구성 요소** <br>└ 영개이지 MCIS | 개념 | • 구성원의 신념, 가치관, 목적, 조직문화를 변혁시켜 구성원들로 하여금 기대 이상의 직무수행을 하도록 동기를 유발 <br> • 구성원들의 욕구와 능력을 인정, 잠재력을 일깨워 구성원들로 하여금 보다 더 훌륭한 사람으로 향상시키는 지도성 <br> • 구성원들을 변화시키는 리더십(Bass) |
| | 이상적 영향력 | • 리더가 분명한 입장, 구성원들과 고난을 함께, 타인의 욕구를 고려, 조직의 비전을 완수할 수 있도록 권력을 행사하면서도 자신의 이익을 구하지 않음 <br> ⇨ 인격적 감화를 통한 영향력 <br> • 구성원들로부터 신뢰와 존경, 리더를 추종 |
| | 영감적 동기화 | • 리더는 조직의 미래와 비전을 설명하고 사명감을 고취시키며, 구성원을 참여, 구성원들은 조직비전에서 바라는 기대를 분명하게 전달 ⇨ 비전제시, 사명감 고취 <br> • 공유된 비전의 힘으로 구성원 서로 간에 결속 |
| | 지적 자극 | • 리더는 새로운 프로그램·문제해결에서 창의성을 격려, 고착화된 기존의 일 처리방식 제거, 공개적 비난 × <br> • 창의적으로 문제를 해결하는 데 도움 <br> ⇨ 수업·생활지도 등 새롭게 보도록 자극 |
| | 개별적 고려 | 성취나 성장욕구가 강한 개인에게 특별한 관심 |

### 기출문장 Check
바스의 지도성 명칭과, 동료교사와 함께 이 지도성을 신장할 수 있는 방안 2가지를 논하시오.

19 중등

| 카리스마적 리더십 | • 리더가 탁월한 비전, 가능성이 있는 해결책, 압도하는 인간적 매력 소유<br>⇨ 구성원의 헌신적인 복종과 충성<br>• 구성원들의 지각에 의해서 스스로 변화가 이루어지는 귀인적 현상<br>• 교사는 기본적으로 수업에 대한 전문적인 지식이 있음 | |
|---|---|---|
| 분산적 리더십 | 개념 | • 지도성에 대한 중앙집권적 사고를 부정하는 것<br>• 지도성 과업 : 다중적인 환경요인과 상황과 환경에 의해서 분산적으로 이루어진다는 것 |
| | 구성 요소<br>(특징) | • 상황 : 상황에 따라 리더십이 달라질 수 있음을 의미<br>• 리더 : 분산적 리더십의 리더는 구성원을 포함하는 요소로, 모두가 리더가 될 수 있음<br>• 구성원 : 교사들의 전문성 개발과 교수 - 학습 개선을 핵심으로 하는 전문가 학습공동체 형성에 있어서도 중요함<br>└ 구성원 간의 상호 신뢰가 전제 |
| 서번트 리더십 | • 공동의 목표를 이루는 데 있어 정신적·육체적으로 지치지 않도록 환경을 조성·돕고, 인간존중을 바탕으로 잠재력을 발휘하도록 이끌어 줌<br>• 리더와 구성원 간의 관계는 상하 관계보다 수평적인 동료 관계에 가까움<br>• 리더는 구성원들이 자율적으로 업무를 수행하도록 권한과 책임을 부여 | |
| 문화적 리더십 | • 조직의 문화를 올바른 방향으로 개선하는 것을 수반하여 리더의 영향력이 구성원들에게 전달<br>• 개개인에게 초점을 두기보다는 조직의 문화에 초점을 둠<br>• 가치와 의미 추구 욕구를 만족시켜 구성원을 조직의 주인으로 만들고, 조직의 제도적 통합을 가능하게 함<br>• 리더십을 발휘하기 위하여 조직의 문화를 체계적·구체적으로 파악<br>└ 언어, 가치관, 행동양식, 신념, 규범, 비공식조직 등의 문화의 하위 구성요소 | |
| 초우량적 리더십 | • 구성원들이 스스로 지도자로서 능력을 계발·활용할 수 있도록 함<br>• 지도자는 모든 구성원들이 자신을 스스로 이끌 수 있는 능력을 개발하도록 도움<br>⇨ 조직의 과업수행을 효율화, 생산성↑<br>• 학교 조직 내의 모든 교원을 지도자로 성장시킴, 구성원의 지도자<br>⇨ 지도자의 지도자(super-leader)<br>• 교원들이 자율적으로 팀을 형성하고 협력적으로 직무를 수행할 수 있는 조직문화를 만듦 | |
| 도덕적 리더십 | • 리더의 도덕성 및 윤리성을 강조(Seogiovani)<br>• 리더는 구성원들에 대한 자신의 언행에 있어 도덕적 모범/구성원들에게 요구하는 과업 또한 윤리적으로 문제 없음<br>• 리더의 내면적인 자질을 특히 강조(수업시간에는 수업에 충실) | |

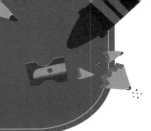

MEMO

## 01 동기부여 접근 방법

| 과학적 관리론 | 경제적 보수, 교환적 지도성<br>└ 금전적 보상이나 처벌 위험 |
|---|---|
| 인간관계론 | 사회적 관계 ⑩ 비공식조직<br>└ 대인관계를 통해 일체감을 얻음 |
| 인간자원론 | 자아실현<br>└ 스스로 동기부여 가능 |

## 02 내용이론

| 욕구계층이론<br>(매슬로우) | • 특징 : 〈교육심리학 참고〉<br>• 시사점 : 인간의 욕구체계가 단계적·복합적으로 작용, 자아실현의 중요성(절정 경험) |
|---|---|
| 욕구계층<br>수정이론<br>(포터) | • 생리적 욕구 제거 : 생리적 욕구에 의해 동기유발이 되는 조직구성원 ×, 이를 사용하는 관리자도 없기 때문에<br>• 자율욕구 추가<br> - 매슬로우의 소속 및 애정의 욕구와 자아실현의 욕구 사이에 삽입<br> - 중요한 의사결정에 참여, 작업환경에 대한 통제력 발휘, 목표설정에 관여, 자원을 활용할 수 있는 권한의 행사 등 자신의 환경이나 운명을 통제하고자 하는 욕구 |

| ERG이론<br>(알더퍼) | 개요 | 수준 | 욕구 | 내용 |
|---|---|---|---|---|
| | | 고<br>↑<br>↓<br>저 | 성장욕구 | 자아실현, 일부 존경의 욕구 |
| | | | 관계욕구 | 타인과 관계를 맺으려고 하는 욕구<br>⇨ 안전의 욕구, 애정 및 소속의 욕구, 일부 존경의 욕구 |
| | | | 존재욕구 | 생존을 유지하기 위한 욕구 ⇨ 생리적 욕구, 안전의 욕구 |
| | 비교 | 매슬로우 | | • 만족 - 진행 접근법<br>└ 만족해야 다음 욕구로 진행<br>• 강도가 큰 우세한 욕구만이 동기요인으로 작용<br>• 하위단계의 충족이 상위단계 충족의 전제 |
| | | 알더퍼 | | • 좌절 - 퇴행 접근법 주장 : 욕구가 충족되지 않을 경우 낮은 단계의 욕구로 이행 ⑩ 대학원을 진학했다가 실패 ⇨ 취미활동 전념<br>• 3가지 욕구가 강도의 차이는 있을지라도 동시에 나타날 가능성 주장 ⑩ 사진작가 : 자아실현, 생리적 욕구와 결부<br>• 하위단계의 욕구가 충족되지 않아도 상위단계의 욕구 발생 가능성 |

| | | | |
|---|---|---|---|
| **동기-위생 이론** ★ (허즈버그) | 개요 | | • 만족요인과 불만족 요인은 서로 반대 개념이 아닌, 상호 독립된 별개의 개념<br>└ 불만족의 반대 개념은 불만족이 없는 것,<br>만족의 반대 개념은 만족이 없는 것<br>• 직무만족 유발 요인은 동기요인, 직무 불만족 유발 요인은 위생요인<br>• 동기요인의 충족을 위해서 위생요인의 충족이 전제(100%는 아님) |
| | 요인 (특징) | 동기요인 | • 직무 만족의 요인과 관련<br>└ 성취, 책임, 발전 등<br>• 충족되지 않아도 불만 ×, 만족되면 긍정적 태도 유발 |
| | | 위생요인 | • 직무 불만족을 초래하는 요인과 관련<br>└ 행정, 감독, 임금 등<br>• 불만족 요인이 존재할 경우 불만을 갖지만, 불만족이 없다고 해서 직무 만족에는 크게 기여 × |
| | 시사점 | | • **직무 재설계** : 구성원들의 전문성과 역량에 따라 인력을 적재적소에 효율적으로 배치 ⇨ 직무에 대한 즐거움과 만족감, 그들의 전문성을 인정하고 내재적 동기를 유발<br>• **직무 풍요화 전략** : 직무수행상의 책임을 증가시키고 자유 재량권과 권한 부여, 자신의 능력을 발휘할 수 있는 기회 제공 ⇨ 직무 속에서 보람·흥미·심리적 보상을 얻도록 하는 것<br>• **수석교사제 도입** : 직무 자체를 통해 만족을 얻을 수 있도록 인사체계 개선, 풍부한 교직 경험을 갖춘 교사가 자긍심, 전문적인 지식과 기술, 교육 실제에 대한 연구결과를 바탕으로 하여 신임교사나 예비 실습교사를 지도 |
| **X-Y 이론** (맥그리거) | 개념 | | 인간관에 따른 동기유발 방법 |
| | 유형 | X 이론 | • 성악설 관점 : 인간은 선천적으로 일을 싫어함, 책임을 회피, 지시 받기를 좋아하고, 야망이 없고, 안전을 원함<br>• 처벌, 통제, 보상을 주어야만 함<br>• 과학적 관리론, 권위주의적 리더십 |
| | | Y 이론 | • 성선설 관점 : 자기지시와 자기통제를 행사하여 맡은 임무를 수행<br>• 조직의 제반여건과 운영방법을 개선하여 조직목표를 위해 스스로 노력하도록 유도(자율성)<br>• 인간관계론, 민주적 리더십 |

## 03 과정이론

| | | |
|---|---|---|
| 기대이론<br>(브룸) | 개념<br>(기본<br>요소) | <br>성과기대<br>보상기대<br>1차적 산출<br>2차적 산출<br>노력<br>성과<br>보상<br>유의성<br>유의성<br>[그림 13-3] 브룸의 기대이론<br>• **유의성(유인가)** : 성과와 보상에 대하여 가지는 매력 혹은 인지적 가치<br>• **성과기대(노력과 성과의 연계)** : 과업에 관련된 노력이 어떤 수준의 성과를 가져올 것인가에 대한 신념의 강도<br>예 내가 열심히 하면 성공할 수 있을까?<br>• **보상기대(성과와 보상의 연계)** : 성공적인 과업수행은 인정을 받고, 보상을 받을 것이라는 지각된 확률<br>예 내가 어떤 일을 성공한다면, 무엇을 보상으로 받을 것인가? |
| | 시사점 | • 교장은 교사들이 노력만 하면 성과를 얻을 수 있다는 믿음을 심어주기 위해서 교사를 위한 훈련 프로그램 안내, 지원, 후원<br>• 성과에 대한 보상을 구체화 ⇨ 성과와 보상의 연결<br>• 보상에 대한 매력의 정도를 증진하기 위해서 보상내용을 파악하고 바라는 보상을 적절히 제공<br>• 역할기대를 분명히 함 ⇨ 자신의 역할이 분명하면 노력에 집중, 성과가 높아져 보상을 받을 수 있음 |
| 공정성이론<br>(아담스) | • 자신의 상태와 타인의 상태 비교 ⇨ 공평하게 대우받는다고 인식 ⇨ 만족스러운 동기유발(형평의 욕구)<br>• 타인의 투입에 대한 산출과 비교하여 동일하면 공정성 지각<br>• 과대보상 or 과소보상 ⇨ 불공정성 지각(동기유발 ×) | |

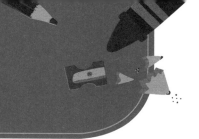

# Theme 5
# 교육기획과 정책

## 01  교육기획 17 중등

| 개념 | • 미래의 교육활동에 대비하여 교육목표 달성을 위한 효과적인 수단과 방법을 제시하는 것<br>• 교육정책 결정의 효율성과 안정성을 보장해 주는 것 |
|---|---|
| 효용성 | • 교육정책 수행과 교육행정의 안정화에 기여<br>• 교육행정 혹은 교육경영의 효율성과 타당성을 제고할 수 있음<br>• 한정된 재원을 합리적으로 배분할 수 있도록 해줌<br>• 교육개혁과 교육적 변화를 촉진하는 역할을 수행<br>• 합리적인 통제를 가능하게 하며, 평가 또는 심사 분석을 통해 목표를 수정할 수도 있고, 진도를 조절할 수도 있음 |
| 한계성 | • 교육기획은 미래에 관한 정확한 예측을 기초로 하는데, 인간의 예측 능력은 불완전<br>• 정확한 미래 예측을 위해 필요한 가용할 정보와 자료의 취득에 항상 한계가 있음<br>• 전제 설정이 매우 어려운 일이고, 설정했다 하더라도 그 변화를 예상하기 어려움<br>• 교육기획 수립에 필요한 시간과 비용, 노력 등은 항상 한정<br>• 정치적·사회적 압력에 의해 변경되거나 실현되지 못하는 경우가 많음<br>• 교육기획의 목표설정은 명확하게 계량화하기가 곤란함<br>• 교육운영의 경직성으로 개인의 창의성을 위축시킬 수 있음 |

PART 13

교육행정 ET 김인식 교육학 논술 콕콕 만점 서브노트

## 02 교육정책

### 1. 교육정책 개념

① 정치적 과정을 통해 결정되는 국가의 통치 작용
② 교육제도와 그 운영에 관한 기본지침이 됨
③ 교육문제 해결을 위한 대안의 선택과정
④ 교육이념을 구현
⑤ 교육행정에 대한 기본지침이 됨

### 2. 의사소통

| 원칙 | • **명료성(clarity)의 원칙** : 전달하는 내용이 보다 분명하고 정확하게 이해될 수 있도록<br>• **일관성(consistency)의 원칙** : 전달 내용은 전후가 일치되어야 한다는 것으로, 명령이나 지시에 있어서 1차와 2차의 모순이 있을 수 없어야 함<br>• **적시성(timeliness)의 원칙** : 필요한 정보는 필요한 시기에 적절히 입수되어야 함<br>• **적정성(adequacy)의 원칙** : 정보의 양과 규모는 적당해야 함<br>• **배포성(distribution)의 원칙** : 내용은 비밀을 요하는 특별한 경우를 제외하고는 모든 사람들이 알 수 있도록 공개해야 함<br>• **적응성(adaptability)의 원칙** : 의사소통의 내용은 구체적인 상황에 따라 융통성과 신축성이 있어야 함<br>• **수용성(acceptability)의 원칙** : 피전달자가 적극적인 반응을 보일 수 있도록 수용성이 있어야 함 |
|---|---|

| 기법<br>(조하리의 창) | • 조하리의 창 |
|---|---|

| | 정보가 자신에게<br>**알려진 부분**<br>└ 타인의 말을<br>주의 깊게 들음 | 정보가 자신에게<br>**알려지지 않은 부분**<br>└ 타인의 말을 주의 깊게 듣지 × |
|---|---|---|
| 정보가 타인에게<br>**알려진 부분**<br>└ 타인에 정보제공 | 개방된 부분<br>(민주형) | 맹목적 부분<br>(독단형, 내가 나를<br>모르는데, 남이 나를 앎) |
| 정보가 타인에게<br>**알려지지 않은 부분**<br>└ 타인에게 정보제공 × | 잠재된 부분<br>(과묵형, 나는 나를 아는<br>데, 남이 나를 모름) | 미지적 부분<br>(폐쇄형) |

• 효과적인 의사소통을 위해 개방된 부분의 영역을 넓혀야 하며, 자기를 노출하고 피드백을 많이 받을 때 가능

| 유형<br>(에스더의 분류) | 합리적 – 관료적<br>유형<br>(합리적 관점) | • 결집된 관료적 조직 내, 명확한 목표달성 ⇨ 상당히 규범적<br>• 합리성을 구현하므로 관료적·체계화된 조직을 운영하는 중앙집<br>권적 조직에 적합한 의사결정 유형 |
|---|---|---|
| | 참여적 유형<br>(참여적 관점) | • 조직의 세분화된 목표성취를 위해 참여자 사이에 합의를 토대로<br>목표의 최적화를 반영<br>• 규범적·관료적인 조직보다는 인간의 능력과 자율성이 보장되는<br>전문적 조직에 적합 |
| | 정치적 유형<br>(정치적 관점) | • 조직 내에서 실행되기보다는 조직 외부세력이나 여러 요인들에<br>의해 의사가 결정<br>• 목표달성을 위한 조직 간의 경쟁으로 항상 갈등이 존재, 해결 대<br>안의 탐색과 관련된 집단이나 세력과 타협 |
| | 조직화된<br>무정부 유형<br>(우연적 관점) | • 확실한 목표나 일정한 절차에 따른 결과가 아니라 우연적인 상<br>태에서 의사결정이 이루어지는 형태<br>• 합리적 선택이 이루어진 후 행동이 옮겨지는 것 × ⇨ 우선 행동<br>부터 하고 나서 선택을 강구<br>• 문제와 해결책이 뒤섞여 있다가 우연히 하나의 해결책을 선택<br>한다고 해서 '쓰레기통 모형'이라고도 함 |

MEMO

교육행정 ET 권으식 교육학 논술 콕콕 만점 서브노트

## 3. 의사결정모형 🔊 21 중등

| | | |
|---|---|---|
| **합리모형** | 개념 | • 인간의 전능성을 전제, **이성에 근거한 최선책을 결정**<br>• 목표를 명확히 규정, 그것을 달성하기 위하여 종합적 관점에서 합리적으로 결정하여 최소의 경비로 최대의 효과를 기대 |
| | 단점 | • 지나치게 이상적·규범적(심리·사회적 동물임을 간과)<br>• 일상적·반복적인 정형적인 문제해결에는 적용 가능 but, 전례가 없는 새롭고 비구조적·비정형적 문제해결에는 적용 가능성이 희박 |
| **만족모형**<br>**(사이먼과**<br>**마치)** | 개념 | • 합리모형의 한계를 전제하는 현실적·실증적인 모형<br>• 사회·심리적 측면(감성)을 중요시<br>• 최적의 대안보다는 만족스러운 대안을 추구(차선책)<br>• 대안의 탐색은 현존상황에 관련된 것으로 제한 |
| | 단점 | • 정책결정과정을 지나치게 주관적인 과정으로 봄<br>• 현실 만족적이므로 다분히 보수 경향 ⇨ 급변하는 상황 속에서 적용 어려움<br>• 보편타당성이 문제됨 |
| **점증모형**<br>**(린드블롬)** | 개념 | • 기존의 정책에서 한 단계 더 수정하여 개선된 대안을 추구<br>• 현실적인 정책결정과정 제안 + 정책의 실현 가능성을 높이기 위한 방안 제시 |
| | 단점 | • 급격한 사회로 인해 새로운 정책의 토대가 될 과거의 정책을 발견할 수 없을 경우 적용이 어려움<br>• 의지성이 결핍되어 보수주의에 빠질 우려, 쇄신과 혁신을 설명하기 곤란 |
| **최적모형**<br>**(드로어)** | | • 가장 이상적인 모형<br>• 의사결정은 합리적인 고려만으로 이루어지는 것이 아니며, 정책결정과정에 있어서 초합리적인 것, 직관·판단·창의와 같은 잠재의식이 개입된다고 봄<br>• 질적인 접근(모든 것이 고려)<br>• 창의적인 정책결정과정에 도움<br>• 이상에 지나치게 치우칠 우려(지나치게 유토피아적) |
| **혼합(관조)**<br>**모형**<br>**(에치오니)** | | • 합리모형의 합리성 + 점증모형의 실용성 = 양적 혼합<br>　└ 정책의 기본적인 방향설정을 결정 ⇨ 세부적인 문제를 다룸<br>• 이 둘의 상호작용에 의한 정책결정을 강조<br>• 장기적 전략과 단기적 변화를 동시에 이룰 수 있음 |
| **쓰레기통**<br>**모형**<br>**(코헨)** | | • 조직화된 무질서 상태를 전제로 하여, 이러한 조직에서 이루어지는 의사결정모형<br>• 갖가지 쓰레기가 우연히 한 쓰레기통 속에 모이듯이, 서로 다른 시간에 통 안으로 들어와서, 우연히 동시에 한 곳으로 모두 모이게 될 때 비로소 결정이 이루어짐<br>• 모든 결정행태에서 발견 ×, 일부 조직<br>• 불확실한 미래, 급변하는 사회에 필요<br>• 교육기관 등에서 쉽게 발견할 수 있는 만큼 그 실용성이 인정된다는 장점이 있음<br>　예 WDEP 기법 |

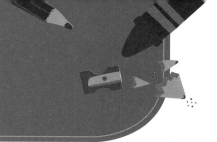

## 01 품목별 예산제도(LIBS)

| | |
|---|---|
| 개념 | 지출대상을 인건비, 시설비, 운영비 등과 같이 품목별로 세분화하여, 지출대상과 그 한계를 명확히 규정 ⇨ 예산집행에 있어 전용 or 부정을 방지하는 통제를 지향 |
| 장·단점 | • 장점 : 예산 담당자의 자유 재량행위를 제한, 세출예산에 대한 엄격한 사전·사후 통제 가능, 회계책임을 분명하게 함, 차기 예산을 편성하는 데 필요한 정보를 수집<br>• 단점 : 성과 파악 ✕, 예산 운영의 탄력성이 부족하여 자원이 비효율적으로 사용됨 (신축성 있게 대응 ✕) |

## 02 단위학교 예산제도(SBBS)

| | |
|---|---|
| 정의 | • 단위학교 책임경영이 강조되어 도입된 방법(학교 특성 고려)<br>• 교장이 예산과정의 중심적인 역할(분권화된 예산제도); 총액 배분<br>• 학교 예산 책무성이 증가, 특별한 교육적 배려가 필요한 학생들의 요구 반영, 교사와 학부모의 참여가 증대(학운위의 심의사항) |
| 유형 | 영기준 예산제도 (ZBBS)  | • 예산편성 시, 전년도 예산에 구애받지 않고 모든 사업·활동에 대해 새롭게 검토하여, 우선순위를 설정 후 이에 따라 자원을 배분<br>• 학교가 시행하는 사업 가운데 실효성·성과가 떨어짐에도 불구하고 전년도 교육계획을 답습해왔기 때문에 계속 유지되는 사업이 있을 수 있는데, 이러한 사업을 선별하고 정리하는 데 유용한 예산 제도<br>• 금액 중심이었던 예산편성 방식을 목표활동 중심으로 전환<br>• 장점 : 창의적이고 의욕적으로 일할 수 있는 환경 조성(전교직원의 적극적 참여 유도)<br>• 단점 : 사업이 기각되거나 평가절하되면 비협조적 풍토 |
| | PBS | 성과에 따라 차등지급 |
| | PPBS | • 목표에 따라 자원배분(효과성과 효율성 제고)<br>• 기획(planning) ⇨ 프로그래밍(programing) ⇨ 예산편성, 재정계획 (budgeting) |

## 03 교육비

| | |
|---|---|
| 표준교육비 | 일정 규모의 단위학교가 정상적인 교육활동을 수행하기 위해 필요한 최저 소요 경비 |
| 단위교육비 | 학생 1인에게 소요되는 평균 경비 |

## 01 교원능력개발평가

| 필요성 | • <u>우수교원 확보를 통한 공교육의 내실화</u>(승진자료로 사용 ×)<br>• 학부모, 학생의 교육만족도 제고<br>• 평가주체가 多 ⇨ 평가의 공정성, 타당성, 신뢰성↑ | |
|---|---|---|
| 장·단점 | 장점 | • 평가주체 多 ⇨ 평가의 공정성·타당성·신뢰성↑<br>• 다면평가를 통해 다양한 계층 간의 의사소통 기회↑, 인간관계 개선<br>• 자기반성의 기회 |
| | 단점 | • 동료교사 평가로 온정주의적, 인신공격적인 평가가 될 가능성<br>• 학생들은 인기투표식 평가가 될 가능성<br>• 학부모들은 교원에 대한 정보가 부족한 가운데 평가가 이루어짐 |
| 평가 참가자<br>문제점과 해결책 | 동료 교사 | • **문제점**: 온정적인 평가나 인신공격적 평가<br>• **해결책**: 수업공개, 수시로 수업과 생활지도 참관, 윤리의식 강화 |
| | 학부모 | • **문제점**: 자녀의 말에 근거해서 평가, 평가기준이 학력신장으로의 경향<br>                                      ┌ 학교나 학습 홈페이지를 통해<br>• **해결책**: <u>학부모 연수, 교사와 접할 수 있는 기회 제공</u><br>               └ 교원평가의 취지·내용·평가방법 숙지 |
| | 학생 | • **문제점**: 인기투표식 참여<br>• **해결책**: 취지에 대한 올바른 이해 |
| 교사 노력 | • 취지에 대한 철저한 이해가 필요<br>• 평가결과를 토대로 전문성을 계발하는 노력 ⇨ 자기점검을 위한 피드백 자료로 사용<br>• 평가자로서 전문성과 책임성을 구비 | |
| 교원 평가표 | 평가 영역 | • 교사 : 학습지도(12개) + 생활지도(6개)<br>• 교장·교감 : 학교경영(8개) |
| | 결과 통보 | • 교육감·학교장은 개별교원에게 평가지표별·평가종류별 환산점 및 합산점수를 통보<br>• 단위학교 전체 평가결과값은 학교 정보공시제를 통하여 공개 |

## 02 단위학교 책임경영

| 의미 | 단위학교의 자율적이고 창의적인 운영을 통해 교육의 성과를 높이는 학교경영<br>⑩ 초빙교장제 |
|---|---|
| 필요성 | • 학교에 자율성과 책무성을 동시에 요구(신자유주의)<br>• 교육청에 의한 지시 위주의 학교경영 방식을 지양, 학교경영에 대한 권한을 단위학교에 부여 |
| 특징 | • **교육행정이론 측면** : 교육의 행정으로 경영설에 해당<br>　　　└ 교육과 행정을 하나, 교육의 목표달성 최우선 ⇨ 효율성 강조<br>• **교육재정론 측면** : 단위학교 예산제도를 채택<br>• **교사전문성 측면** : 학교의 자율성이 강조 ⇨ 학교교육의 일차적 당사자인 교사들의 자율성이 요구되므로 전문성 신장과 맥을 같이 함<br>• **참여적 의사결정 측면** : 학교운영위원회를 설치하여, 단위학교 내 의사결정의 분권화 유도<br>• **학교경영평가** : 책무성 차원에서 수요자들에게 질적인 관리가 필요한 바, 학생들이 배워야 할 것을 제대로 배웠는가를 확인하는 작업 필요 ⇨ 최소한의 수준을 성취할 수 있도록 교육과정의 질 관리 필요 |

## 01 개요

| | |
|---|---|
| **장학의 목적** | 수업개선을 통한 성취도 향상 |
| **실시 근거** | 교사의 자율성 |
| **절차** | 임상장학의 절차 따름 |

## 02 장학모형 14 중등

| | | |
|---|---|---|
| **임상장학** | **개념** | • 교사를 환자로 보고, 교사의 문제행동이나 부족한 수업기술을 개선해주기 위한 장학<br>• 교사의 필요 요청에 의해 교사중심으로 이루어지는 장학<br>• 지시적 ×, 장학사와 교사의 상호작용<br>• 장학담당자와 교사가 함께 수업안을 계획, 검토 |
| | **목표** | 수업기술의 전문적 성장 |
| | **과정** | • 1단계(사전계획 협의회) : 친밀한 관계를 형성, 상호 이해를 같이 하고, 사전계획을 세우고 상호 약속을 하여 일종의 계약을 하는 단계<br>• 2단계(수업관찰) : 협의회의 약속대로 필요한 객관적 자료수집을 위해 교실 방문, 실제 수업 관찰<br>• 3단계(피드백 협의회) : 수업한 자료를 놓고 협의, 수업개선과 수업기술 향상의 전략 모색 |
| **마이크로티칭** | | • 수업시간, 학생 수, 수업기술 등을 모두 줄여서 실시<br>• 수업 – 장학지도 – 재수업으로 연결되는 순환과정에서 교수방법, 수업절차 등을 수정해 나가는 것<br>　예 모의수업을 실시하고 이를 비디오로 녹화 ⇨ 비디오를 반복적으로 보면서 수업내용을 관찰·분석 ⇨ 분석 내용을 토대로 수업 실시자에게 피드백을 제공 |

| | |
|---|---|
| **발달장학**<br>**(발전장학)** | • 교사의 발전 정도에 따라 다른 장학방법 적용<br>• 교사의 발전 정도<br><table><tr><td>낮은 수준</td><td>부적격 교사 ⇨ 지시적 장학 필요</td></tr><tr><td>중간 수준</td><td>분석적 관망교사 or 분망한 교사 ⇨ 협동적 장학</td></tr><tr><td>높은 수준</td><td>전문가 교사 ⇨ 비지시적 장학 필요</td></tr></table> |
| **협동적 동료장학**<br>`18 중등` | • 교사의 자율성과 협동성을 기초로 함 ⇨ 교장·교감이 계획·주도 ✕<br>• **둘 이상의 교사**가 상호 간의 교실수업을 관찰하고, 관찰에 대한 피드백을 주며 공통된 전문적 관심사를 토론하여, 그들의 전문적 성장을 위해 협동하기로 동의하는 공식화된 과정<br>• 학교의 형평과 교사들의 필요와 요구에 기초하여 다양하고 융통성 있게 운영<br>• **초등학교** : 같은 학년끼리<br>• **중등학교** : 같은 교과의 교사끼리<br>　㉾ 교과협의회, 수업관찰, 독서회 등 |
| **자기장학** | • 임상장학을 필요로 하지 않거나, 원하지 않는 교사가 독립적으로 자신의 전문적 성장을 위하여 연구하는 과정<br>• **교사 자신의 필요와 요구**를 존중하여 다양한 방법으로 전개<br>　㉾ 대학원 진학, 연수, 학생평가 활용, 전문서적 탐독<br>• 계획서를 수립·제출하고 실천, 그 결과를 보고<br>• 자기 성장의 의지를 가지고 노력하는 자에게 적합<br><br>　**학습연구년제**<br>　• 교원들의 전문성을 향상시키기 위해 교원들로 하여금 일정 기간 동안 학교에 복무하지 않고 소속 학교 외에서 연구활동을 할 수 있도록 지원<br>　• 특별연수의 일환으로 시행하므로 연수 종료 후에는 연수 기간과 동일한 기간을 연수 분야와 관련된 직무 분야에서 복무 |
| **전통적 장학**<br>**(약식장학)** | • 교장이나 교감이 **간헐적으로 짧은 시간 동안** 학급순시나 수업참관을 통하여 교사들의 평상시 수업과 학급경영을 관찰하여 지도·조언<br>• 약식장학의 계획 수립 ⇨ 약식장학의 실행(학급순시, 수업참관) ⇨ 약식장학의 결과<br>　└ 교장은 교사와 사전에 꼭 협의, 학급순시·수업참관 계획 수립<br>협의(피드백) |

**기출문장 Check**

교내장학 유형의 명칭과 개념, 그 활성화 방안 2가지를 논하시오.

`18 중등`

PART 13

교육행정 ET 김인식 교육학 논술 콕콕 만점 서브노트

Theme 8 장학론 **339**

| 인간자원 장학 | • 장학의 형태보다는 철학적 입장<br>• 대다수 교사는 주어진 직무 이상으로 책임감을 발휘하도록, 이는 곧 자아실현을 의미 (목적)<br>• 학교 의사결정에 교사가 참여하여 학교의 효과성 증대, 그 결과 교사의 직무 만족 증대<br>• 학교 경영자의 기본 과제는 교사들이 학교의 목표달성에 능력을 최대한 발휘할 수 있는 환경을 조성하는 일<br>• 교사를 목적(수단 ×), 내적 만족 |
|---|---|
| 선택적 장학 | 교사의 발달수준과 장학적 필요가 각기 다르므로 교사에 따라 장학의 방법이 각기 달라져야 한다는 배경에서, 여러 가지 장학의 대안들 중에서 교사가 원하는 것을 스스로 선택·결정<br>예 초임교사 ⇨ 임상장학, 동료의식이 높은 교사 ⇨ 동료장학, 그 외 교사 ⇨ 약식장학 |
| 교내 자율장학<br>**22 중등** | 교내에서 자율적으로 이루어지는 장학 ⇨ 장학자가 교내 인사 |
| 지구별 자율장학 | 지구(동일지역) 내 인접한 학교들 혹은 교원들 간에 수업 및 교육활동의 개선을 위하여 상호 협력하는 활동<br>예 합동강연회, 학교 간·교원 간 유대강화 |
| 책임장학 | • 장학사가 학생의 학업성취와 관련된 교사의 교수행위를 책임지고 장학활동을 하는 것<br>• 실질적으로 수업 개선이 되어 학업성취가 향상될 수 있도록 장학활동<br>• 장학사는 주어진 학습에서 어떤 학습목표를 강조할 것인가를 교사가 스스로 결정하도록 도움 |
| 요청장학 | • 일선학교나 교사가 장학의 필요성을 느껴 장학담당자를 초청하여 실시하는 장학<br>• 불시에 학교를 방문하는 것보다 나은 장학방법이지만, 학교가 자발적으로 초청하는 데 익숙하지 않거나, 언제든지 응할 준비가 되어 있지 않은 것이 현실이기 때문에 시행하는 데 어려움 |

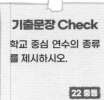

**기출문장 Check**

학교 중심 연수의 종류를 제시하시오.

**22 중등**

| | 개념 | • 교사의 자발적 의뢰에 따라 <mark>교내·외의 전문성을 갖춘 사람(장학요원)</mark>이 교원들의 직무상 문제를 진단하고 해결을 위한 대안 마련 및 실행 과정을 지원하는 활동<br>• 장학담당자와 교사 간의 수평적 관계, 교사의 자발성을 최대한 보장<br>• 임상장학(교육계 내 장학자), 컨설팅 장학(교육계 내외 장학자) |
|---|---|---|
| **컨설팅 장학** ✏️ | 구성 요소 | • **목적** : 교수 – 학습과 관련된 <mark>전문성 계발</mark>, 이를 통해 학교의 질 개선<br>• **대상** : 교사의 교수 – 학습에 직·간접적으로 관련된 문제 혹은 과제<br>　例) 교과지도, 생활지도, 학급경영, 특별활동지도<br>• **의뢰인** : 교원(교사), 소속 학교 교장·교감<br>• **장학요원** : 누구라도 가능, 수평적인 관계 중요, 동료교사 가장 선호, 그 밖에 교수, 연구원, 변호사, 의사 등 전문성을 갖춘 사람 |
| | 원리 | • **자발성** : 교원이 스스로 그 필요성을 느끼고 자발적으로 도움을 요청하여 시작<br>• **전문성** : 교원이 도움을 필요로 하는 문제를 해결할 수 있는 사람이라면 장학요원 가능<br>• **자문성** : 장학요원은 교원을 대신하여 문제를 직접 해결 ×, 그 문제를 해결하도록 자문과 조언, 따라서 최종적인 책임은 장학요원이 아니라 자문을 의뢰한 교원<br>• **독립성** : 의뢰인과 장학요원이라는 평등한 관계에서 상호작용<br>• **일시성** : 계약기간 동안 제공되는 일시적인 서비스, 약속된 문제가 해결되면 장학은 종료<br>• **교육성** : 장학의 전 과정은 교원에게는 <mark>장학요원으로부터 컨설팅 장학</mark> 자체에 관한 학습의 과정<br>　└ 요원도 문제해결뿐만 아니라 새로운 기법, 방법, 사례를 배울 수 있어야 함 |
| | 의의 | • 교사의 자발성을 최대한 보장 ⇨ 전문성 계발에 스스로 책임을 지도록 하여 자긍심↑<br>• 학교에서 일어나는 문제를 다양한 장학요원을 활용하여 효과적으로 교실수업을 개선 |
| **멘토링 장학** | | • 멘토는 인간적 교감과 신뢰성을 바탕, 소통과 도움<br>• 멘티는 멘토에 대한 존경을 바탕, 배우고자 하는 자발적 의지 필요<br>• 수업에만 국한 ×, <mark>교사의 전문적 신장과 인간적 관계의 정서적 안정 도모</mark> |

# 부록

# 교육학 기출문제 분석

## 📝 기출문제

오늘날과 같은 초연결 사회에서는 다수의 사람이 소통하면서 협력하는 것이 중요하다. 이러한 시대적 추이를 반영하여 ○○고등학교에서는 토의식 수업 활성화를 위한 교사협의회를 개최하였다. 다음은 여기에서 제안된 주요 의견을 정리한 것이다. 그 내용은 지식관, 교육내용, 수업설계, 학교문화의 변화 방향에 관한 것이다. 이를 바탕으로 '토의식 수업 활성화 방안'이라는 주제로 서론, 본론, 결론을 갖추어 논하시오. [20점]

| 구분 | 주요 의견 |
|---|---|
| A교사 | • 토의식 수업을 활성화하려면 먼저 지식을 보는 관점의 변화가 필요함<br>• 교과서에 주어진 지식이 진리라는 생각이나 지식은 개인이 혼자 만드는 것이라는 생각에서 벗어나는 것이 중요하며, 이와 관련하여 비고츠키의 지식론이 많은 시사점을 줄 수 있음<br>• 이 지식론의 관점에서 보면, 교사와 학생의 역할도 기존의 강의식 수업에서의 역할과는 달라질 필요가 있음 |
| B교사 | • 교육과정 분야에서는 교육내용의 선정과 조직방식에 대한 교사의 전문성이 강화될 필요가 있음<br>• 교육내용 선정과 관련해서는 '영 교육과정'에 관심을 가지는 것이 도움이 됨<br>• 교육내용 조직과 관련해서는 생활에 필요한 문제를 토의의 중심부에 놓고 여러 교과를 주변부에 결합하는 방식을 활용할 필요가 있음 |
| C교사 | • 토의식 수업이 활발하게 이루어지기 위해서는 수업방법과 학습도구도 달라져야 함<br>• 수업방법 측면에서는 학생이 함께 다양한 관점에서 문제를 탐색하며 해답을 찾아가는 데 있어서 정착수업을 활용할 수 있음<br>• 학습도구 측면에서는 학생이 상호협력하여 지식을 생성하기 위해 인터넷에서 수집한 정보를 공유하고 공동으로 수정, 추가, 편집하는 데 위키(Wiki)를 활용할 수 있음(예: 위키피디아 등)<br>  – 단, 위키를 활용할 때 발생할 수 있는 문제점에 유의해야 함 |
| D교사 | • 학교문화 개선은 토의식 수업 활성화를 위한 토대가 됨<br>• 우리 학교의 경우, 교사가 학생의 명문대학 합격이라는 목표 달성에 필요한 수단으로 간주되는 학교문화가 형성되어 있어 우려스러움<br>• 이런 학교문화에서는 활발한 토의식 수업을 기대하기 어려움 |

배점

• **논술의 내용 [총 15점]**
  – A교사가 언급한 비고츠키 지식론의 명칭, 이 지식론에서 보는 지식의 성격 1가지와 교사와 학생의 역할 각각 1가지 [4점]
  – B교사가 말한 '영 교육과정'이 교육내용 선정에 주는 시사점 1가지, B교사가 말한 교육내용 조직방식의 명칭과 이 조직방식이 토의식 수업에서 가지는 장점과 단점 각각 1가지 [4점]
  – C교사의 의견에서 제시된 토의식 수업을 설계할 때 활용할 수 있는 정착수업의 원리 2가지, 위키를 활용할 때 발생할 수 있는 문제점 2가지 [4점]
  – 스타인호프와 오웬스(C. Steinhoff & R. Owens)가 분류한 학교문화 유형에 따른 D교사가 우려하는 학교문화 유형의 명칭과 학교 차원에서 그러한 학교문화를 개선하는 방안 2가지 [3점]
• **논술의 구성 및 표현 [총 5점]**
  – 논술의 내용과 '토의식 수업 활성화 방안'의 연계 및 논리적 형식 [3점]
  – 표현의 적절성 [2점]

# 기출 분석 총평

2020학년도 교육학 논술 문제는 '토의식 수업 활성화 방안'이라는 주제로 (1) 비고츠키 이론(구성주의 수업), (2) 영 교육과정과 중핵 교육과정, (3) 정착수업이론과 위키 활용 수업, (4) 스타인호프와 오웬스의 학교조직 문화에 대한 것이다. 이를 구체적으로 살펴보면 다음과 같다.

### 논제 1  비고츠키 지식론(사회적 구성주의 수업이론)

이 문제는 가장 기본적인 문제였다. 심리학과 교육방법이 통합된 문제로 출제된 것으로, 비고츠키의 사회적 구성주의에 기반한 구성주의 수업에 대한 관점이다. 이것은 논제에 해당하는 '토의식 수업 활성화 방안'의 일환으로 학생중심이어야 한다는 관점에서 출제된 것이다. 수업에서 가장 기본적으로 다루고 형성평가와 모의고사에서 늘 다루던 '학생중심' 논제에 대한 문제로 우리 「김인식 군단」은 모두 해결했으리라 생각된다. 모두들 Brove~~

### 논제 2  교육과정(교육내용)

이 문제는 영 교육과정과 중핵 교육과정에 대한 문제였다. 영 교육과정과 중핵 교육과정은 교육과정 파트에서 출제되어야 할 시기가 된 것으로 간주하여 수업, 형성평가 그리고 모의고사에서 항상 강조한 것이었기 때문에 별 문제가 없었을 것으로 생각된다. 그러나 중핵 교육과정 대신에 탈학문적 통합을 답으로 쓴 사람이 다수 있는 것으로 판단되는데, 본인은 '탈학문적 통합'도 충분히 답이 될 수 있을 것으로 사려되나, 출제자의 의도와 함께, 각 시 · 도에서 채점이 어떻게 진행되는가에 따라 정답으로 채점될 수도 있는 사항이다. 이 문제도 논술하는 데 큰 문제가 없었을 것으로 생각되어 이 또한, 「김인식 군단」은 모두 해결했으리라 생각된다.

### 논제 3  정착수업과 위키 활용 수업(인터넷 활용 수업)

일단, 정착활용 수업도 수업과 형성평가, 그리고 모의고사에서 늘 다루어진 문제이다. 그러나 갑자기 위키를 활용한 수업이라는, 조금은 생소한 '위키'라는 단어 때문에 잠깐 혼란을 겪었을 수도 있다. 그렇지만 제시문에 나타난 것처럼 '인터넷을 활용한 정보 활용 수업'이라는 용어의 정의를 가지고 '인터넷 활용 수업(WBI)'와 동일한 문제라는 것을 감지할 수 있어서 큰 문제가 되지는 않았을 것으로 생각된다. 이 또한 수업과 형성평가, 그리고 모의고사에서 다루어진 것이기 때문에 「김인식 군단」은 모두 해결했으리라 생각된다.

### 논제 4  스타인호프와 오웬스의 학교문화

이 부분은 일단 스타인호프와 오웬스의 학교문화 유형에 대한 명칭을 쓰라는 것을 1점으로 설정하고 있는데 본인의 수업에서 놓친 문제이다. 이 문제는 '2007년 사립전문상담' 선발고사에서 객관식으로 한 번 출제된바 있는 문제이다. 그래서 2018년에는 교육행정학 특강으로 수업이 이루어졌었는데, 작년에 아무런 출제 의도가 없는 것 같아, 올해는 특강을 하지 않은 본인의 실수. 그러나 5/6월 기출 분석에서 기출문제로 다룬 일이 있어 조금 소홀히 한 느낌이 들어 학생들에게 미안한 마음이 든다. 그래서 내년(2020년)에는 교육행정학 특강을 1~2월 기본반에서부터 시간을 할애해서 조금 자세하게 실시할 예정이다. '우리를 죽이지 못하는 것은 우리를 강하게 만든다.'는 니체의 말처럼 2020년에는 보다 더 철저히 준비하면 되는 것이기 때문에 '그냥' 감사한 맘으로 내년을 준비하려 한다. 그러나 기계문화에 대한 개선방안을 쓰는 문제는 교사중심보다는 학생중심이어야한다는 것으로 해결할 수 있어 논술하는 데는 아무런 문제가 없었을 것으로 보인다. 물론 이러한 학생중심 수업에 대해서는 수업시간에 늘 관심을 가지고 여러 곳에서 다루었던 문제들이기 때문에 「김인식 군단」은 해결했으리라 생각된다.

#### 선생님 코멘트

이상의 문제를 확인해보면, 2020학년도 교육학 문제는 〈제시문〉을 근거로 주어진 논제인 '토의식 수업의 활성화 방안'과 관계지은 문제들이었으며, 모두 '학생중심의 토의'가 이루어져야한다는 하나의 주제를 가지고 있는 것으로 판단할 수 있다. 그러다보니 첫째, 구성주의 수업과 관련지은 문제들이 다수 출제되었다는 특징이 있다. 둘째, 2017년부터 시험과 동일하게 기본적인 개념과 명칭을 묻는 문제가 여럿 있었다. 이는 교육학에 대한 기본적인 개념을 제대로 파악하고 있어야 한다는 것을 시사한다. 이러한 유형의 문제들은 2017년 여름에 있었던 '교육학 논술 개선을 위한 시험문제 유형의 변화'와도 맥을 같이하는 것으로 보인다. 즉, 교육학 논술에서 논술만을 출제하기 보다는 전공문제와 비슷하게 간단한 서술이나 괄호 넣기 형식의 문제가 가미된 듯한 느낌을 받는다. 이렇게 본다면 예를 들면, 2015 개정 교육과정에만 국한된 어떤 한 부분만을 공부하는 것보다는 교육학 전반에 대한 공부가 필요해 졌다는 것이다. 이러한 경향은 내년에도 계속되리라 생각한다. 셋째, 작년과 동일하게 특징보다는 장·단점 그리고 해결책을 물어보는 문제가 포함되어 있어 교육학 논술이라기보다는 고직논술 같은 냄새를 풍기고 있다는 것이다. 이러한 고직논술 형태는 채점에 있어 어려움이 발생할 수 있는바, 시도에 따라서는 동일한 답지이어도 점수의 차이가 발생할 수 있어 채점의 신뢰도에 문제가 발생할 수 있다고 생각된다. 이러한 문제를 해결하기 위해서는 이론만 달달 암기하는 것이 아니라, 주어진 이론과 내용이 현장에 어떻게 적용될 수 있는지를 수업하면서 늘 생각해 본 '면접 팁'과 'ET로서의 팁'을 충분히 활용하면 모두 해결할 수 있는 것이다. 그렇기 때문에 교재를 독학하는 것보다는 수업시간에 함께 생각해보는 것이 좋은 수업방식이라는 김인식의 고집이 먹혔다고 볼 수 있다. 물론 고직논술이라기보다는 교육학 이론에 근거한 교육학 논술이라는 카테고리는 변화가 없다. 채점의 객관성 확보를 위해 기본적이면서도 다양한 이론에 관심을 가질 필요가 있다.

2015 개정 교육과정은 학생중심의 수업을 강조하고 있지만, 아직도 우리나라 학교 현장, 특히 고등학교는 학생중심 수업이라기보다는 대학입시라는 목표를 향해 나아가는 교사중심의 수업이 전형적인 방법으로 자리잡고 있다. 이와 같은 현상 속에서 토의식 수업과 같은 학생중심 수업을 전개하기란 여간 어려운 일이 아니며, 특히나 우리 교사들이 이러한 학생중심의 수업을 적극적으로 전개하고자 하는 의지도 박약하다고 볼 수 있을 것이다. 이와 같은 관점에서 학생중심 수업의 일종인 토의식 수업을 활성화 할 수 있는 방안에 대해 논하고자 한다.

우선, A 교사와 관련지어 살펴보면, 첫째 비고츠키 지식론은 사회적 구성주의이다. 비고츠키는 사회적 관계 속에서 서로의 대화를 통해 지식을 구성해간다고 보는 구성주의 입장을 취하고 있다. 이 지식의 성격은 상대적이라는 것이다. 다시 말해, 구성주의는 다양성을 강조함으로써 어떤 것도 결코 절대적이라고 보지 않아 다양성을 강조하는바, 비고츠키가 주장하는 지식도 절대적인 것이 아니라 상대적이라는 것이다. 즉, 무엇이 옳고 그른지에 대한 정확한 구분 없이 자신에게 필요하고 긍정적이면 무엇이든지 옳다고 보는 상대적 지식론을 주장한다. 그리고 이러한 관점에서 교사는 지식을 전달하는 전통적 관점에서 벗어나 학생들이 자신에게 올바른 지식을 찾아가도록 돕는 안내자의 역할이나, 협력자 또는 보조자로서의 역할을 담당하게 되며, 이 반대로 학생들은 수동적으로 지식을 수용한다고 보는 전통적 입장에서 벗어나 스스로 답을 찾아가는 자기주도적이고 능동적인 학습자의 역할을 강조하게 된다. 이와 같은 상대적 지식론을 받아들인다면 학생중심의 토의식 수업이 활성화될 수 있을 것이다.

다음으로, B 교사와 관련지어 살펴보면, B 교사가 말한 영 교육과정은 의도적으로 제외시키거나 배제시켜버린 교육과정을 말하는바, 교육내용 선정에 있어서 표면적 교육과정보다 더 중요한 것이 선정되지 않아 소홀히 한 것은 없는지, 하류층의 문화도 중요한데 이데올로기성에 의해 배제된 것은 없는지에 대해 다시 한번 살펴볼 필요가 있다. 그리고 B 교사가 말한 교육내용 조직방법은 중핵 교육과정으로 이 교육과정이 토의학습에 미치는 장점으로는 학생들의 흥미를 기본으로 하고 있다는 면에서 학생들이 적극적으로 참여하게 된다는 것이며, 학생들이 해결하고자 하는 프로젝트를 선정해 해결하는 과정에서 문제해결이 가능하다는 것이다. 그러나 학생들의 생활에 필요한 문제를 중핵으로 하고 여러 교과를 주변으로 함으로써 강의식 수업보다 상대적으로 지식 전달이 비효율적이며, 교사가 수업을 조직하는 데 있어 더 많은 시간이 소요된다는 단점이 있을 수 있어 토의식 수업을 효율적으로 운영하기 위해 주의해야 할 것이다.

덧붙여서, C 교사가 언급한 정착수업의 원리 첫째는, 현실의 문제를 기본으로 한다는 것이다. 다시 말해, 정착수업을 토의학습에 적용하면 토의학습의 목적을 현실문제 해결에 두고 학생들이 현실적이며 실제적으로 당면하게 되는 현실의 문제를 해결하는 데 도움이 된다는 것이다. 둘째는, 해결해야 할 문제가 담긴 정황을 매개체로 수업하게 된다는 것이다. 다시 말해, 해결해야 할 문제가 담긴 이야기를 비디오 매체 등을 통해 학생들에게 제시하고 그와 같은 맥락에서 현실의 문제를 해결하도록 돕는다는 것이다. 그리고 위키를 사용할 때 발생할 수 있는 문제점으로는 첫째, 학습자가 적극적으로 참여하게 되나, 위키활용 수업과 같은 인터넷을 활용한 수업은 비선형적으로 구성되는바, 학습자들이 방향감을 상실할 우려가 크다는 것이다. 다시 말해, 학습자들이 스스로 학습의 모든 것을 구성해야 하는바, 지금 어떤 것을 탐구하고 있는지, 어느 부분에 도달했는지 등에 대한 학습의 방향감을 상실할 우려가 크다는 것이다. 둘째, 위키활용 수업은 학습자 스스로 모든 것을 해결해야 하는바, 장의존적인 학생들에게는 인지적 과부하가 발생할 수 있다는 것이다. 즉, 하나하나 정보를 처리하는 선형적인 수업방법과는 달리 모든 정보가 한꺼번에 노출되고 문제를 해결해야 하는 과정도 스스로 탐구해야 하므로, 특히 장의존적인 학생들에게는 너무 많은 정보로 정보를 순차적으로 처리하는데 문제가 발생하게 되어 인지과부하 현상이 발생하게 된다. 따라서 인터넷과 같은 것을 토의학습에 활용할 때는 이와 같은 문제점을 해결할 수 있는 다른 방법도 함께 사용할 것이 필요하다.

마지막으로 D 교사와 관련지어, 스타인호프와 오웬스가 분류한 학교문화 유형은 기계문화에 해당하는 것으로 제시문에 나타난 것처럼 학생들의 대학입시만을 강조함으로써 학교가 수단화되는 현상이 발생하게 된다. 따라서 이러한 학교문화를 개선하기 위해서는 첫째, 학습자중심의 수업을 진행함으로써 학생들이 학교에서 목적으로 대우받아 행복감을 맛볼 수 있도록 함과 동시에, 둘째, 창의성 교육이나, 전인교육과 같은 학생중심의 학습문화가 작용될 수 있도록 해야한다. 이와 같은 기계문화의 문제점을 해결하기 위해 토의학습을 적극적으로 사용하는 것이 필요할 것이다.

이상으로, 토의식 수업 활성화 방안이라는 주제로 논하였다. 2015 개정 교육과정에서는 학습자들이 즐거운 학습활동이 이루어질 수 있도록 학습자중심의 수업을 전개할 것을 요구하고 있다. 그러나 작금의 우리나라 고등학교 현장은 학습자중심의 수업이라고 할 수 있는 것들이 전혀 없는 실정이다. 따라서 토의식 수업과 같은 것을 활발히 활용함으로써 학생중심의 수업이 될 수 있도록 많은 노력을 기울이는 것이 요구된다.

# 부록
# 2021학년도 교육학 기출문제 분석

## 📝 기출문제

다음은 ○○ 고등학교에 재직하고 있는 김 교사가 대학 시절 친구 최 교사에게 쓴 이메일의 일부이다. 이 내용을 읽고 '학생의 선택과 결정의 기회를 확대하는 교육'이라는 주제로 교육과정, 교육평가, 수업설계, 학교의 의사결정을 구성요소로 하여 서론, 본론, 결론을 갖추어 논하시오. [20점]

---

보고 싶은 친구에게

… (중략) …

  학생의 선택과 결정의 기회를 확대하기 위해 우리 학교가 학교 운영 계획을 전체적으로 다시 세우고 있어. 그 과정에서 나는 교육과정 운영, 교육평가 방안, 온라인 수업설계 등을 고민했고 교사 협의회에도 참여했어.

  그동안의 교육과정 운영을 되돌아보니 운영에 대한 나의 관점이 달라진 것 같아. 교직 생활 초기에는 국가 교육과정의 내용을 있는 그대로 실행하는 관점으로 교육과정을 운영해 왔어. 그런데 최근 내가 새롭게 관심을 가지게 된 관점은 교육과정을 교사와 학생이 함께 생성하는 교육적 경험으로 보는 거야. 이 관점으로 교육과정을 운영하는 방안을 찾아봐야겠어.

  오늘 읽은 교육평가 방안 보고서에는 학생이 주체가 되는 평가가 학습에 도움이 된다는 내용이 담겨 있었어. 내가 지향해야 할 평가의 방향으로는 적절한데 그 내용이 구체적이지는 않더라. 학생이 스스로 자신을 평가하게 하면 어떠한 효과를 거둘 수 있을지, 그리고 내가 수업에서 이러한 평가를 어떻게 실행할 수 있을지 더 자세히 알아봐야겠어.

… (중략) …

  요즘 온라인 수업을 하게 되었어. 학기 초에 학생의 일반적인 특성과 상황은 조사를 했는데 온라인 수업과 관련된 학생의 특성과 학습 환경에 대해서도 추가로 파악해야겠어. 그리고 학생이 자신만의 학습 목표를 설정하고 학습의 주체가 되는 수업을 어떻게 온라인에서 지원할 수 있을지 고민하다가, 학습 과정 중에 나와 학생뿐만 아니라 학생들 간에도 소통이 이루어지도록 토론 게시판을 활용하려고 해.

  교사 협의회에서는 학교 운영에 학생들의 요구를 반영하는 방안에 대해 논의했어. 다양한 의사결정 방식들이 제안되었는데 그중 A 안은 문제를 확인한 후에 목적과 세부 목표를 설정하고, 가능한 대안들을 모두 탐색하고, 각 대안에 따른 결과를 예측하고 비교해서 최적의 방안을 찾는 방식이었어. B 안은 현실적인 소수의 대안을 검토하고 부분적으로 수정해서 현재의 문제 상황을 조금씩 개선해 나가는 방식이었어. 많은 논의를 거친 끝에 B 안으로 결정했어. 나는 B 안에 따른 구체적인 방안을 다음 협의회 때 제안하기로 했어.

… (하략) …

---

┤ 배점 ├

- **논술의 내용 [총 15점]**
  - 교육과정 운영 관점을 스나이더 외(J. Snyder, F. Bolin, & K. Zumwalt)의 분류에 따라 설명할 때, 김 교사가 언급한 자신의 기존 관점의 장점과 단점 각각 1가지, 새롭게 관심을 가지게 된 관점에 적합한 교육과정 운영 방안 2가지 [4점]
  - 김 교사가 적용하고자 하는 평가 방식이 학생에게 줄 수 있는 교육적 효과 2가지, 이 평가를 수업에서 실행하는 방안 2가지 [4점]
  - 김 교사가 온라인 수업을 위해 추가로 파악하고자 하는 학생 특성과 학습 환경의 구체적인 예 각각 1가지, 김 교사가 하고자 하는 수업에서 토론 게시판을 활용하여 학생을 지원할 수 있는 구체적인 방안 2가지 [4점]
  - A 안과 B 안에 해당하는 의사결정 모형의 단점 각각 1가지, 김 교사가 B 안에 따라 학생들의 요구를 반영하기 위해 제안할 수 있는 구체적인 방안 1가지 [3점]
- **논술의 구성 및 표현 [총 5점]**
  - 논술의 내용과 '학생의 선택과 결정의 기회를 확대하는 교육'의 연계 및 논리적 형식 [3점]
  - 표현의 적절성 [2점]

# 🔍 기출 분석 총평

2021학년도 교육학 논술 문제는 '학생의 선택과 결정의 기회를 확대하는 교육'이라는 주제로 (1) 스나이더의 교육과정 실행 관점, (2) 자기평가의 교육적 효과와 실행방안, (3) 온라인 수업을 위한 상황조사와 토론 게시판 활용을 위한 학생지원 방안, (4) 합리모형과 점증모형의 의사결정모형에 대한 것이다. 이를 구체적으로 살펴보면 다음과 같다.

## 논제1 스나이더의 교육과정 실행 관점

이 문제는 우리가 수업시간뿐 아니라 모의고사에서도 확인했던 것이다. 특히 스나이더의 교육과정 실행 관점에 해당하는 충실성 관점, 상호적응 관점, 형성 관점 중에서 충실성 관점과 형성 관점에 대해 알고 있어야 한다고 거듭 강조했었는데, 이 2개의 관점에 대한 문제가 출제되었다. 우리 「김인식 군단」은 모두 해결했으리라 생각된다.

## 논제2 자기평가 방식이 학생에게 줄 수 있는 교육적 효과와 실행 방안

이 문제는 최근 평가 방식이 자기평가 방식과 함께 동료평가 방식을 선호하고 있으며, 자기평가 방식 중 가장 대표적인 것인 자선적 글쓰기(자기성찰 일지)라는 관점에서 접근할 필요가 있다고 보고 모의고사에서도 다루었던 논제이다. 따라서 자기평가 방식의 교육적 효과에 대한 것도 우리 「김인식 군단」은 모두 해결했으리라 생각된다.

## 논제3 온라인 수업을 위한 상황조사와 토론게시판 활용을 위한 학생지원 방안

이 문제는 교육공학적 접근으로는 CMC(컴퓨터 매개 통신/수업)를 활용하거나, 자원기반학습, 블랜디드 러닝, 인터넷 활용 수업과 관련지은 문제점 등으로 정답을 할 수 있었을 것으로 예견된다. 또한 모의고사에서 '정보격차'와 관련된 문제를 해결하면서 다시 한번 더 접하게 되어 큰 문제없이 해결했을 것으로 생각된다. 이 문제도 우리 「김인식 군단」은 별 문제없이 해결했으리라 생각된다.

## 논제4 의사결정모형(합리모형, 점증모형) 단점과 학생요구 방안

이 문제 역시 수업시간과 모의고사에서 함께 해결했던 문제이다. 합리모형과 점증모형 그리고 혼합모형을 중심으로 살펴보았기 때문에 아무 문제없이 해결했을 것으로 생각하며, 더 나아가 점증모형을 위해 학생 요구를 어떻게 반영할 것인가 하는 것은 MBO기법 등과 관련된 교직관과 관련지어 답을 하면 되는 문제로서 정답이 너무 열려있는 문제이니, 올바른 교직관을 가지고 있는 우리 「김인식 군단」은 별 문제없이 해결했으리라 생각된다.

### 선생님 코멘트

이상의 문제를 확인해보면, 2021학년도 교육학 문제는 기본에 충실하다면 쉽게 해결할 수 있었을 것으로 생각하며, 다소 교직논술적 관점에서 출제된 운영방안이나 실행방안 등은 수업시간에 어떻게 해야 ET가 될 수 있을지에 대한 것들과 함께 논술과 면접 팁을 생각했던 것들을 가지고 충분히 해결할 수 있는 문제들이었다. 이러한 관점에서 특징을 살펴보면, 작년과는 달리 기본 명칭을 묻는 문제들은 배제되었다는 것이다. 이전까지는 논술이라기보다는 기본지식을 물어보기 위해 개념의 명칭을 묻는 문제들이 다수 출제되었었는데, 이번에는 그러한 문제가 하나도 출제되지 않았다. 둘째, 교직논술의 관점에서 해결해야하는 다수의 것이 출제됨으로써 어떤 이론을 암기하기 보다는 완벽한 이해를 통해 학교 현장에 어떻게 적용할 수 있는가에 대해 늘 고민하는 수험 자세가 필요하게 되었다. 셋째, 코로나-19와 관련지어 현재의 교육적 상황을 어떻게 해결할 수 있을까에 대한 실질적인 문제가 출제됨으로써 시대적 필요에 부합하는 것들에 대한 고민이 필요하게 되었다. 이상을 종합하면, 주어진 이론과 내용이 현장에 어떻게 적용될 수 있는지를 수업하면서 늘 생각해 본 '면접 팁'과 'ET로서의 팁'을 충분히 활용하면 모두 해결할 수 있는 것이다. 그렇기 때문에 교재를 독학하는 것보다는 수업시간에 함께 생각해보는 것이 좋은 수업방식이라는 김인식의 고집이 먹혔다고 볼 수 있다. 물론 교직논술이라기보다는 교육학 이론에 근거한 교육학 논술이라는 카테고리는 변화가 없다. 이렇게 해서 우리 김인식 군단은 올해도 또 100% 적중의 신화를 쓰게 되었다.

(괄호는 다른 답이 가능함을 설명한 것입니다.)

　우리나라의 수업은 교사중심의 강의식 수업을 기반으로 하고 있다. 특히 고등학교는 대학입시라는 목표를 달성하기 위해 효율성을 강조하는 강의식 수업이 가장 기본이 되는바, 2015 개정 교육과정에서 강조하는 학습자중심의 수업과는 다소 거리가 있는 것도 사실이다. 이러한 현실 속에서 그래도 어떻게 하면 학습자중심의 수업이 이루어질 수 있는지에 대한 고려와 함께 이를 수업에 활용하기 위한 교사의 노력이 필요하다. 이와 같은 관점에서 학생의 선택과 결정의 기회를 확대하는 교육이라는 논제로 주어진 제재를 활용하여 논하고자 한다.

　먼저, 김 교사가 언급한 자신의 기존 관점은 스나이더의 교육과정 실행 관점에 따르면 교육목표 충실성 관점에 해당한다. 충실성 관점은 국가 교육과정의 내용을 있는 그대로 실행하는 것이기 때문에 교육과정을 합리적으로 운영할 수 있다는 장점이 있다. 다시 말해, 국가 교육과정에는 교육목표에 따라 어떻게 교육과정을 선정하고 운영할 것인지가 구체적으로 진술되어 있으므로 그에 따라 교육과정을 운영하게 되면 가장 합리적인 운영이 가능하다는 것이다. 그러나 이렇게 국가에서 설정해 놓은 교육과정을 운영하게 되면 일률적인 교육과정의 운영에 따른 학교의 특성이나 학습자의 특성을 고려하지 못하는 단점이 생길 수 있다. 즉 정해진 대로 교육과정을 운영하게 되면 학생의 선택과 결정이 기회를 확대할 수 없게 되며 교사의 자율성이 침해되는 문제점이 발생하게 된다. 이러한 문제를 해결하기 위해 새로운 관점을 가지게 되는 관점은 형성관점이다. 형성관점이란 교사와 학생이 함께 생성해가는 교육과정으로, 교사와 학생은 학습의 특성과 과정을 결정짓는 핵심적인 위치에 있게 된다. 이러한 형성관점에 적합한 교육과정 운영방안은 학생의 선택과 결정의 기회를 부여할 수 있는 교육과정을 운영하면 되는 것으로 학습자중심의 교육과정 운영이 요구되는바, 첫째, 경험형 교육과정의 하나인 현성교육과정을 운영하는 방안을 생각해 볼 수 있다. 현성교육과정은 학생의 요구를 중심으로 교사와 학생이 상호 협력하여 교육과정을 구성하는 것으로서, 교사에 의해 일방적으로 교육과정을 계획하는 것을 배척하는 교육과정이기 때문에 학생의 선택과 결정의 기회를 보장할 수 있다. 둘째, 구성주의 교육과정을 운영하는 것이다. 구성주의 교육과정은 학생이 주체가 되어 학생의 문제를 스스로 해결할 수 있도록 환경을 조성해주며, 그들이 원활하게 문제를 해결할 수 있도록 교사는 보조자, 협력자의 역할을 수행하는 것이기 때문에, 학생들이 자신의 문제를 스스로 선택하고 결정할 기회를 부여할 수 있다는 점에서 형성관점의 교육과정 운영방식이라고 볼 수 있다.(이외, 교육과정 압축도 심화수업을 할 수 있다는 차원에서 학생의 선택과 기회를 확대하는 교육과정 운영이라고 볼 수 있는 것처럼, 이외 여러 가지 가능)

　다음으로, 김 교사가 적용하고자 하는 평가방식은 자기평가 방식이라고 볼 수 있는데, 이러한 자기평가 방식이 학생에게 줄 수 있는 교육적 효과로는 첫째, 피드백을 통한 학습 개선에 도움을 줄 수 있다는 것이다. 자기평가 방식은 자신의 학습활동을 스스로 평가하는 것이기 때문에 무엇 때문에 이러한 학습결과가 도출되었는지에 대해 가장 잘 알고 있는 학생 스스로 진정한 학습개선에 대한 피드백 자료를 제공해 줄 수 있다는 것이다(마찬가지로, 피드백을 통한 자기강화에 사용될 수 있다. 자기평가는 스스로 자신의 활동을 평가하는 것이기 때문에 학습활동이 제대로 올바르게 진행되었다면, 자신에게 스스로 강화를 제공하는 활동으로 사용될 수 있다). 둘째, 자기조절학습 능력의 신장을 가져오게 된다. 자기조절학습은 자기목표설정, 자기점검, 자기교수, 자기평가, 자기강화로 구성되는바, 자기평가 방식을 활용하는 것은 결국 자기조절학습 능력을 신장시킬 수 있는 계기가 되어 학생의 선택과 결정의 기회를 확대하는 교육방법이 될 수 있다(이외, 자기주도학습 능력을 신장시킬 수 있다. 자기주도학습은 자신의 경험에 대한 비판적 반성이 요구되는바, 자기평가는 결국 자신의 경험에 대한 비판적 반성을 동반하는 활동이기 때문에 자기주도학습 능력을 신장시킬 수 있다. 혹은, 메타인지를 강화하는 효과가 있다. 자기평가는 단순한 평가를 넘어 왜 그러한 학습활동이 올바르고 그른지를 확인하는 것뿐 아니라, 보다 더 좋은 학습활동을 만들기 위해서는 어떻게 해야 하는지에 대해 스스로 사고하고 결정하는 것이기 때문에 메타인지 능력을 강화하는 학습효과가 생길 수 있다. 등등). 그리고 이 자기평가를 수업에서 실행하는 방안은 첫째, 자기성찰일지를 활용하는 것이다. 자기성찰일지는 학습자에게 자신의 학습동기, 성실성, 만족도, 성취도, 다른 학습자들과의 관계 등에 대해 스스로 생각하고 반성할 수 있는 기회를 제공하며, 교사에게는 학습자에 대한 관찰이나 수시평가가 타당하였는지를 검토해 볼 기회를 제공하게 된다. 둘째, 체크리스트를 활용하는 것이다. 자기성찰일지는 질적인 방법이지만, 체크리스트는 양적인 방법으로 교사가 자신의 수업과 학생들의 학습활동에 대한 평가자료를 몇 개의 체크리스트를 준비해 매시간 활용하는 방법도 있을 수 있다(혹은, 형성평가와 같이 매시간 수업이 끝나면 형성평가와 함께 자기평가를 시행함으로써 교수개선뿐 아니라 학습개선에도 활용할 수 있다. 등등).

덧붙여서, 김 교사가 온라인 수업을 위해 추가로 파악하고자 하는 학생 특성은 인지양식을 분석해보는 것이다. 온라인 수업은 교사의 감시하에 이루어지는 수업이 아니라, 학생의 선택과 결정에 의해 이루어지는 수업이기 때문에 현장수업보다 비선형적이므로 학습자의 스스로 결정권이 많이 강조된다. 따라서 장의존 학생들은 장독립 학생들보다 자기주도학습 능력이 부족한바, 이러한 학생들은 없는지 확인할 필요가 있다. 또한, 학습환경은 온라인 수업에서 오는 정보격차의 문제를 확인할 필요가 있다. 정보격차란 지식과 정보에 대한 접근이 경제적 계층, 성, 연령에 따라 불균형하게 나타나는 현상을 말한다. 이러한 정보격차의 문제는 결국 온라인 수업을 제대로 받을 수 없도록 만드는 학습환경이 될 수 있는바, 이와 같은 상황을 분석하는 것이 필요하다. 다음으로 토론 게시판을 활용하여 학생을 지원할 수 있는 구체적 방법으로는 첫째, 자원기반학습이 이루어질 수 있도록 많은 자료를 학교 홈페이지나 수업 토론방 등에 탑재하는 것이다. 자원기반학습은 학생들이 교과서 중심의 수업을 지양하고 다양하고 광범위한 자료를 중심으로 자기주도적 학습을 할 수 있도록 만들어 놓는 학습환경인바, 온라인 수업을 위해 필요한 장치이다. 둘째, 단체 토론방을 개설하는 것이다. 단체 토론방은 학습활동 중에 나타날 수 있는 문제점이나 의문사항을 토론방에 제시하고 그에 대해 답글을 달아줌으로써 학생들과 원활한 의사소통이 이루어질 수 있을 것이다(혹은, 댓글 달기를 적극적으로 활용할 수 있다. 교사의 교수활동에 대해 실시간으로 댓글을 달게 함으로써 즉각적인 교수-학습 피드백이 될 수 있어 학생의 결정권이 보장되기도 할 수 있다. 혹은 모둠학습을 조장한다. CMC를 적극적으로 활용한다. 등등).

마지막으로, 의사결정모형 중 A안은 합리모형으로 이 모형의 단점은 지나치게 이상적이기 때문에 사회적·심리적 측면이 경시된다는 것이다. 다시 말해, 합리모형은 가능한 대안들을 모두 탐색하고, 그 대안들의 결과를 분석하고 최적의 방안을 찾는 것으로 인간의 합리성에 근거한 방식이기 때문에 너무 이상적이고 인간의 심리적인 면을 간과할 수 있다. 둘째, B안은 점증모형으로 점증모형은 정책결정 과정에서 선택되는 대안은 대체로 기존 정책의 문제점을 개선해 나가는 것이라는 전제하에 이루어지는 의사결정모형이다. 즉, 현존상황과 관련된 소수의 대안과 그 예상 결과들에 대한 계속적인 비교를 통하여 행동방안을 결정하기 때문에 가장 보수적이라는 단점이 있다. 다시 말해, 현존 분석을 통해 진일보한 결정을 내리기 때문에 급변하는 사회에 적응하기 어렵다는 것이다. 그리고 B안에 따라 학생들의 요구를 반영하기 위한 구체적인 방안으로는 MBO(목표관리 기법)을 사용할 수 있다. MBO기법은 구성원의 참여를 통해서 활동목표를 명료화하고 체계화하여 관리의 효율성을 높이는 관리기법으로, 조직의 상위 관리자와 하위 관리자가 공동목표를 함께 규정하고, 기대되는 결과 측면에서 각 개인의 주요 책임영역을 설정하여 활동하는 것인바, 목표설정에서부터 학생들을 참여시키게 되면 학생의 선택과 결정의 기회가 확대될 수 있다(혹은, OD기법을 활용할 수 있다. OD기법은 구성원의 욕구와 조직의 목표를 일치시킴으로써 구성원의 자아실현을 도와줌으로써 덩달아 조직의 효과성을 높이는 방식이다. 따라서 OD기법을 사용하는 것은 의사결정에서 구성원인 학생의 선택과 결정의 기회를 제공해 주는 관점에서 중요한 방안이 될 수 있다. 등등).

이상으로, 학생의 선택과 결정의 기회를 확대하는 교육이라는 논제로 주어진 제재를 활용하여 논하였다. 학생의 선택과 결정의 기회를 확대하는 교육은 2015 개정 교육과정에서 주장하는 학습자중심의 교육을 강조하는 것이다. 이러한 것은 결국, 기존의 교사중심 수업에서 벗어나 학습자가 주체가 되는 수업을 강조해야 한다는 맥락에서 수업의 중심을 학습자에게 두도록 하는 것이다. 이를 위해서는 우리 교사들이 기존에 가지고 있던 권위주의적인 교사중심의 강의법에서 벗어나 학생이 중심이 되는 수업이 이루어질 수 있도록 하는 관점 전환과 함께 수업의 기득권을 과감하게 내려놓을 수 있는 결단이 필요하다 하겠다.

## 기출문제

다음은 ○○ 중학교에서 학교 자체 특강을 실시한 교사가 교내 동료 교사와 나눈 대화의 일부이다. 이 내용을 읽고 '학교 내 교사 간 활발한 정보 공유를 통한 교육의 내실화'라는 주제로 교육과정, 교육평가, 교수전략, 교원연수에 대한 내용을 구성 요소로 하여 서론, 본론, 결론을 갖추어 논하시오. [20점]

김 교사 : 송 선생님, 제 특강에 관심을 가져 주셔서 감사합니다. 선생님은 올해 우리 학교에 발령받아 오셨으니 도움이 필요하시면 말씀하세요.

송 교사 : 정말 감사합니다. 그동안은 교과 간 통합에 주로 관심을 가져왔는데, 김 선생님의 특강을 들어 보니 이전 학습 내용과 다음 학습내용이 자연스럽게 연결되어야 한다는 수직적 연계성도 중요한 것 같더군요. 그래서 이번 학기에는 교과 내 단원의 범위와 계열을 조정할 계획입니다. 선생님께서는 교육과정을 어떻게 재구성하시는지 함께 이야기할 수 있을까요?

김 교사 : 그럼요. 제가 교육과정 재구성한 것을 보내 드릴 테니 보시고 다음에 이야기해요. 그런데 교육 활동에서는 학생에 대한 이해가 중요하잖아요. 학기 초에 진단은 어떤 방식으로 하려고 하시나요?

송 교사 : 이번 학기에는 선생님께서 특강에서 말씀하신 총평(assessment)의 관점에서 진단을 해 보려 합니다.

김 교사 : 좋은 생각입니다. 그리고 우리 학교에서는 평가 결과로 학생 간 비교를 하지 않으니 학기 말 평가에서는 다양한 기준을 활용해 평가 결과를 해석해 보실 것을 제안합니다.

송 교사 : 네, 알겠습니다. 이제 교실 수업에서 사용할 교수전략을 개발해야 하는데 딕과 캐리(W. Dick & L. Carey)의 체제적 교수설계모형을 적용하려고 해요. 이 모형의 교수전략개발 단계에서 개발해야 할 교수전략이 무엇인지 생각 중이에요.

김 교사 : 네, 좋은 전략을 찾으시면 제게도 알려 주세요. 그런데 우리 학교는 온라인 수업을 해야 될 상황이 생길 수도 있어요. 제가 온라인 수업을 해 보니 일부 학생들이 고립감을 느끼더군요. 선생님들이 온라인 수업을 하는데 필요한 정보를 공유하는 학교 게시판이 있어요. 거기에 학생의 고립감을 해소하는 데 효과를 본 테크놀로지 기반의 교수·학습 활동을 정리해 올려 두었어요.

송 교사 : 네, 온라인 수업을 하게 되면 활용할게요. 선생님 덕분에 좋은 정보를 많이 얻을 수 있어 좋네요. 선생님들 간 활발한 정보 공유의 기회가 더 많아지길 바랍니다.

김 교사 : 네. 앞으로는 정보 공유뿐만 아니라 교사들 간 실질적인 협력도 있었으면 해요. 이를 위해 학교 중심 연수가 활성화되면 좋겠어요.

── 배점 ──

- **논술의 내용 [총 15점]**
  - 송 교사가 언급한 교육과정의 수직적 연계성이 학습자 측면에서 갖는 의의 2가지, 송 교사가 계획하는 교육과정 재구성의 구체적인 방법 2가지 [4점]
  - 송 교사가 총평의 관점에서 학생을 진단할 수 있는 실행 방안 2가지 제시, 송 교사가 활용할 수 있는 평가 결과의 해석 기준 2가지를 각각 그 이유와 함께 제시 [4점]
  - 송 교사가 교실 수업을 위해 개발해야 할 교수전략 2가지 제시, 송 교사가 온라인 수업에서 학생의 고립감 해소를 위해 활용할 수 있는 구체적인 교수·학습 활동 2가지를 각각 그에 적합한 테크놀로지와 함께 제시 [4점]
  - 김 교사가 언급한 학교 중심 연수의 종류 1가지, 학교 중심 연수를 활성화하기 위해 학교 차원에서 지원할 수 있는 구체적인 방안 2가지 [3점]
- **논술의 구성 및 표현 [총 5점]**
  - 논술의 내용과 '학교 내 교사 간 활발한 정보 공유를 통한 교육의 내실화'의 연계 및 논리적 형식 [3점]
  - 표현의 적절성 [2점]

# 🔍 기출 분석 총평

2022학년도 교육학 논술 문제는 '학교 내 교사 간 활발한 정보공유를 통한 교육의 내실화'라는 주제로 (1) 교육과정, (2) 교육평가, (3) 교수전략, (4) 학교중심 연수에 대한 것이다. 이를 구체적으로 살펴보면 다음과 같다.

### 논제 1 교육과정

첫 번째, 수직적 연계성에 대한 문제는 수업시간뿐 아니라 문제풀이나 모의고사 등에서 계속적으로 다루어 온 문제이다. 수직적 연계성은 학습자의 발달 수준을 고려한 것이기에 이와 관련지으면 되는 문제이다. 다음으로, 교육과정 재구성은 제시문의 '교과 내 단원의 범위와 계열성을 조정' 하는 것이라는 것에 근거하여 범위를 위해 통합형 교육과정, 계열성을 위해 나선형 교육과정 등을 사용하면 되는 문제로 제시문을 잘 이해했으면, 우리 「김인식 군단」은 모두 해결했으리라 생각된다. 항상 제시문에 답이 나와 있다고 말한 것을 기억했으면 좋았을 텐데.

### 논제 2 교육평가

이 문제는 배점에 '총평의 관점에서'라는 것에 관심을 두었으면 '총평이 무엇이지'라고 의아해했을 수도 있다. 그러나 제시문 김 교사의 언급에서 '학기초의 진단은 어떤 방식이 좋을까'라는 것에 근거하여 일단은 진단평가와 관련된 것이라는 것을 파악했으면 아무런 문제가 없었을 것으로 판단된다. 우선, 진단평가의 실행방안에 대한 것은 '진단평가는 모든 것을 진단하는 것이 좋다'라는 계속된 수업 내용을 기억했다면, 그리고 '학습자 이해는 인지적 차원과 정의적 차원으로 구분해야 한다'는 것을 계속 강조한 수업을 기억했다면, 인지적 차원과 정의적 차원으로 답을 구성할 수 있는 문제였다. 또한, 평가결과의 해석을 위한 기준은 상대평가를 제외한 기준, 즉 준거를 찾으면 되는 것으로 성장, 능력, 준거참조 등에 대한 것이니 문제를 이해했다면 이도 쉽게 해결할 수 있었던 문제이다. 이 또한 우리 「김인식 군단」은 모두 해결했으리라 생각된다.

### 논제 3 교수 전략

첫 번째, 딕과 케리의 교수전략 개발의 구체적 전략 2가지는 그냥 '수업을 위해 어떤 전략들을 사용하면 되는가'에 대한 것을 쓰면 되는 것으로 너~무 답이 많아 어떤 것을 썼든, 소설을 썼어도 다 답이 될 수 있는 너무 광범위한 것을 출제한 것으로 출제자의 실수로 여겨진다. 다음, 학생의 고립감 해소를 위한 교수–학습 활동과 그에 맞는 테크놀로지에 대한 질문이었는데, 우선 고립감을 해결하기 위해서는 상호작용을 강조하는 활동을 쓰면 되는 것으로 큰 문제는 없었을 것으로 생각한다. 그런데 이에 해당하는 테크놀로지에 대한 것을 질문함으로써 교사들의 일반적 업무를 넘어서는 문제로 여겨진다. 그러나 인터넷을 활용한 테크놀로지는 어떤 것이든 다 답이 될 수 있는 문제로, '테크놀로지'라는 다소 생소한 논제 때문에 조금 어려움을 느꼈을 것으로 생각하나 큰 문제는 아니었다. 이 문제도 지문을 이해했다면 우리 「김인식 군단」은 별 문제없이 해결했으리라 생각된다.

### 논제 4 학교중심 연수

이 문제는 우선 '웬 연수?'라는 생각에 막혔다면 조금은 생소한 것으로 생각될 수 있으나, 이 문제는 우리가 해결한 장학과 관련지으면 되는 문제였다. 학교중심 연수는 교내자율장학과 관련지으면 되는 문제로 큰 문제는 아니었다. 그리고 구체적인 지원방안은 우리가 늘 관심을 가졌던, 전문적 학습 공동체, 학습조직, 교내자율장학, 전문성 신장 등 다양한 관점에서 답을 하면 되는 것이다. 이 또한 연수가 장학과 관련된 것이라는 것을 이해한 우리 「김인식 군단」은 별 문제없이 해결했으리라 생각된다.

---

📝 **선생님 코멘트**

이상의 문제를 확인해보면, 2022학년도 교육학 문제는 처음에는 '우리가 암기한 것이 출제되지 않았네…'라는 생각을 할 수 있지만, 제시문을 이해한 수험생이라면, 그리고 기본에 충실한 수험생이라면 큰 문제 없이 해결할 수 있는 문제들이다. 다른 학년도와 달리 특히 구분되는 특징은 기본 내용을 암기(특히, 앞글자 외우기 등)만 해서는 문제를 풀 수 없었다는 것이다. 다시 말해, 교육학의 키워드를 암기하는 것에서 더 나아가 기본적 내용을 철저하게 이해하는 것이 필수적이라는 것이다. 이러한 것은 2021학년도 시험에서도 동일하게 지적된 것이지만, 특히 2022학년도는 이해에 더 근거한 시험 문제였다는 것이다. 그래서 우리 김군들은 다른 수험생들에 비해 한층 더 문제해결의 우위를 점했을 것으로 생각한다.

현재 우리나라는 포스트모더니즘의 철학적 배경에 의해 개개인의 다양성을 존중하는 분위기가 확산됨에 따라, 교육계에서도 이전의 획일적인 교육에서 벗어나 학생의 다양성을 인정하고 그것을 키워줄 수 있도록 노력해야 하는 것이 당연시되었다. 그런데, 그러한 다양한 교육을 실현하기 위해서는 우선적으로 학교와 교사의 전문적 역량이 더욱 강조되어야 한다. 이러한 관점에서 학교 내 교사 간 활발한 정보 공유를 통한 교육의 내실화를 위해서 학교와 교사가 어떤 것들을 고려해야 하는지 살펴보고자 한다.

먼저, 수직적 연계성이 학습자 측면에서 갖는 의의는 첫째, 이전에 배운 내용과 새로 배울 내용 간의 연계성을 고려하여 수업을 실시하기 때문에 계열적 학습이 가능하다는 점이다. 특히, 위계적인 학습이 필요한 교과에서 수직적 연계성을 고려한다면, 효과적인 순서로 위계적 교과 내용을 배울 수 있어 학습해야 할 내용의 누락을 방지할 수 있다. 둘째, 학생이 자신의 학습 능력에 맞는 학습을 할 수 있다는 점인데, 새로운 내용을 배우기 전에 이전에 배운 내용에 대해 반복하고 두 내용과 연관지은 수업을 진행함으로써 체계적인 반복이 가능하고 수업 내용을 이해하는 데 용이하다. 그리고, 송 교사가 계획하고 있는 교육과정 재구성의 구체적인 방법으로는 첫째, 범위의 재조정을 위해 통합적 교육과정을 운영하거나 교육과정 압축 방법을 사용할 수 있다. 구체적으로 교육과정 압축은 지식의 구조를 중심으로 교육과정을 핵심화하는 재구성 방법으로써 불필요한 시간을 줄이고 학습자의 능력에 비례한 학습이 이루어질 수 있도록 수업내용을 압축함으로써 시간의 낭비를 방지하고자 하는 방법이다. 둘째, 계열을 재조정하기 위해서는 나선형 교육과정을 활용하는 방법이 있다. 나선형 교육과정은 지식의 구조를 중심으로 범위와 난이도가 넓어지며 심화되는 교육과정 구성 방법인바, 이를 활용하면 교육과정 재구성을 계열성을 강조하는 관점에서 이루어 낼 수 있다.

다음으로, 송 교사가 총평의 관점에서 학생을 진단할 수 있는 방안은 첫째, 인지적 측면에서, 학생의 학습 준비도를 확인하기 위해 이전의 총괄평가 결과나 학업성취도 평가 결과 또는 진단평가를 실시하고 그 결과를 분석하는 것이다. 둘째, 정의적인 측면에서, 학생의 학습동기와 자아개념 등을 알아보기 위해 개별 면담을 실시하거나 질문지 법 등을 이용할 수 있다. 또한, 학생 간 비교를 하지 않기 위한 평가 방법의 기준으로는 첫째, 능력참조 평가를 활용할 수 있다. 능력참조 평가는 학생들이 자신의 능력에 비추어 어느 정도 최선을 다했는가를 확인하는 평가방식이기 때문에 학생 간 비교가 아닌 개별평가 방식으로 사용할 수 있다. 둘째, 성장참조 평가를 활용하여 학생의 초기 수준과 비교하여 어느 정도 성취가 높아졌는지를 확인할 수 있는데, 이를 통해 학생은 자신의 이전 수준과 현재 수준을 비교할 수 있고 개별 학생의 성장 정도를 알 수 있다.

덧붙여서, 송 교사가 개발해야 할 교수전략은 첫째, 학생의 기초 학습 능력을 키워줄 수 있도록, 강의법을 활용할 수 있는데 대표적인 예로 오수벨의 유의미 학습을 활용할 수 있다. 이를 통해 교사는 수업 내용을 학생들에게 유의미하게 수용시킬 수 있다. 둘째, 학생들이 배운 내용을 적용하고 활용할 수 있도록 수업 내용과 관련 있는 주제로 문제해결학습과 토의토론 수업을 접목시켜, 학생 중심의 교육을 실시할 수 있다. 그리고, 온라인 수업 시 학생의 고립감을 해소시킬 수 있는 방안은 첫째, CMC 즉, 컴퓨터 매개 수업을 활용하여 인터넷 상에 학급방을 개설하고 프로젝트 학습을 실시하여, 학생들이 학습 내용을 탐구하고 자신이 찾은 자료들을 학급방에 게시하여 서로 공유하도록 할 수 있다. 둘째, 실시간 쌍방향 수업 시, 줌 등의 화상채팅 프로그램을 활용하여 수업 중에 소모임 방을 개설한 후, 학생이 소그룹으로 모여서 협동학습을 할 수 있도록 수업을 계획할 수 있다. 위의 두 방법을 통해 학생들은 시공간을 초월하여 서로 상호작용할 수 있기 때문에, 학생의 고립감을 해소하는 데 도움이 될 것이다.

마지막으로, 학교 중심 연수에는 교내 자율장학이나 동료장학과 같은 방법을 활용할 수 있다. 이를 위해 학교 차원에서 지원할 수 있는 구체적인 방안으로는 첫째, 전문적 학습 공동체 활동을 활성화할 수 있도록 교사들의 전문성을 인정해 주는 학교 풍토를 조성해 줄 수 있다. 민츠버그에 의하면 학교는 일반적인 관료적 집단이 아니라 교사들의 전문성이 강조되는 전문적 관료제 집단이기 때문에 교사들의 전문성이 보장되는 것이 필요하기 때문이다. 둘째, 교과 협의회나 학년 협의회 등을 활성화하기 위해 교과별 교무실이나 회의실, 학년별 교무실 등을 상시적으로 운영함으로써 보다 더 활발한 활동을 할 수 있도록 근무 환경을 조성해 줄 수도 있다.

이상으로, 학교 내 교사 간 활발한 정보공유를 통한 교육의 내실화와 관련된 제재에 대해 살펴보았다. 포스트모더니즘 시대에 수요자의 요구에 부합하는 내실 있는 학교교육을 실시하기 위해서는 다양한 활동이 이루어져야 하지만, 무엇보다 가장 중요한 것은 우리 교사 개개인이 전문직으로서의 사명감과 함께, 학생들을 가장 중요하게 생각하고 학교교육과정을 운영하는 것이 필요할 것이다. 이를 위해 늘 자기연찬을 통해 자신의 전문성을 향상시키기 위한 노력이 요구된다 하겠다.

**개정 2판 1쇄 발행**　　　2022년 6월 20일

| | |
|---|---|
| **지은이** | 김인식 |
| **펴낸곳** | 해커스패스 |
| **펴낸이** | 해커스임용 출판팀 |

| | |
|---|---|
| **주소** | 서울특별시 강남구 강남대로 428 해커스임용 |
| **고객센터** | 02-566-6860 |
| **교재 관련 문의** | teacher@pass.com |
| | 해커스임용 사이트(teacher.Hackers.com) 1:1 고객센터 |
| **학원 및 동영상 강의** | teacher.Hackers.com |

| | |
|---|---|
| **ISBN** | 979-11-6880-331-2 |
| **Serial Number** | 02-01-01 |

**🕂 해커스임용**

- 임용 합격을 앞당기는 해커스임용 스타 교수진들의 고퀄리티 강의
- 풍부한 무료강의·학습자료·최신 임용 시험정보 제공
- 모바일 강좌 및 1:1 학습 컨설팅 서비스 제공